THE BURMA ROAD

The Epic Story of the China-Burma-India Theater in World War II

滇緬公路

二战“中缅印战场”的壮丽史诗

[美] 多诺万・韦伯斯特 / 著　朱靖江 / 译

九州出版社
JIUZHOUPRESS
全国百佳图书出版单位

图书在版编目（CIP）数据

滇缅公路 ： 二战“中缅印战场”的壮丽史诗 / （美）韦伯斯特（Webster,D.）著 ； 朱靖江译. -- 北京 ： 九州出版社，2015.7（2017.9重印）
ISBN 978-7-5108-3879-8

Ⅰ. ①滇… Ⅱ. ①韦… ②朱… Ⅲ. ①国民党军－抗日战争时期战役战斗－史料 Ⅳ. ①K265.210.6

中国版本图书馆CIP数据核字(2015)第187080号

著作权合同登记号：01-2015-4777

滇缅公路：二战“中缅印战场”的壮丽史诗

作　者	［美］多诺万·韦伯斯特 著　朱靖江 译
出版发行	九州出版社
地　址	北京市西城区阜外大街甲 35 号（100037）
发行电话	(010)68992190/3/5/6
网　址	www.jiuzhoupress.com
电子信箱	jiuzhou@jiuzhoupress.com
印　刷	三河市九洲财鑫印刷有限公司
开　本	787 毫米 ×1092 毫米　16 开
印　张	23
字　数	300 千字
版　次	2015 年 9 月第 1 版
印　次	2017 年 9 月第 2 次印刷
书　号	ISBN 978-7-5108-3879-8
定　价	45.00 元

目　录

序　章

每每与他们相会于那些故友重逢的场合或宁谧的家中，老战士们总是警告我说：甚至不要再想着去看它一眼。

他们当中的每一个人都坚信：那条在等二次世界大战期间曾指引他们跋涉过陡绝的印度喜马拉雅山垭口、深入闷热蒸腾的缅甸丛林直至进入中国的道路，在时光的涤荡下早已经湮灭无痕。他们毋宁说那条路本身仅仅以一场陈年的旧梦而存在着，并断言道路如弦索般纤细的两条轨迹——如今已有六十年的历史——怕早就被山崩、雨浸以及沼泽般蔓延的热带丛林所吞噬了。

但现在，一步紧随着一步——在一月中旬某个沁凉的早晨——我的双脚正踏在老战士们曾反复警告过我的同一条砾石路上。在道路两旁丛林的墙隙之间，我仿佛穿行于上百英尺高的绿色帷幔，出发去找寻那些老战士的战友们阵亡的沙场，那些他们曾亲身付出了血汗——或许最为重要的——那些如此深刻地烙印在生命里，以至于当他们被从午夜的噩梦中撼醒，仍可以品咂到酸涩的枪弹烟尘、仍可以感觉到丛林蚂蟥在潮湿的棉布军服下蠕动的地方。

在晨曦中，这条向前伸展的道路逶迤右转，往复曲折地消失在另一座丛林覆盖的山巅。而在我眼前，这一行程初始的开端——就在嘈杂的印度人聚居区利多镇东北方几英里开外，最早铺成道路的砾石与柏油已然坑洼破烂。路肩风化散乱于森林的边际，在一些路段，斑驳的孔穴横亘于整块路面，将一条条断裂的伤痕留在它残缺的身躯之上。

刚好与老战士们所确信的相反——那条道路依然存在着。三十英尺的宽幅，它蜿蜒蛇行于藤蔓悬垂的古木林翳之下，复又仰身折向浓绿欲滴的莽莽群山。它悄然滑过印度边防军的哨所营房与土著部落的丛林茅舍；从它的辙印上经行的，不单有摩托以及满载着煤炭工人的巴士，更有满载盗伐得来的柚木的卡车——虽然这样的砍伐在多年以前就被宣布为非法。这片文明世界的边地是如此之遥远，看起来没有人会在乎这里究竟发生着什么。

周五的早晨，十点钟光景。在我头顶上方万里无云的天空里，太阳正透过树梢，将金晃晃的圆斑投映在路面上。空气潮湿，气温约在 65 华氏度。几缕晨雾从森林中飘溢而出，淡然的雾色将我周遭的日光柔和了下来。道路两旁的丛树梢头，灰色的长尾小鹦鹉在腾挪跳跃。一辆吱嘎作响的牛车从我身边经过，车身上紧捆着几截柚木的树干。一头印度神牛就在前面不远处的道路上游荡：白色的毛皮，一支牛角被涂成光洁的绿色，另一支则是黄颜色的——它看上去根本无视那些拐来绕去想要躲开它的车子们。我抻了抻腰杆。喧闹的利多镇上，卵石铺就的市集外边，在“拉吉旅舍”一间带马桶与冷水淋浴喷头的小房间里，我躺在胶合板床上渡过了上一个长夜。整个夜晚，当地人都出来站在旅馆门外的空场上，瞪着二楼的阳台，向我——这个陌生的到访者——扯开嗓子问候。

“你好，美国人！”他们喊叫着。然后他们就站在碎石地面向上张望，期待我走上狭窄的阳台，向他们挥手致意。而在小巷的另一头，一家寒碜昏暗的餐馆里，火苗在泥炉中跳跃闪烁，煨热了咖喱，并且映照着餐馆油黑烟墨的四壁。一群孩子在巷子里玩板球，也时不时地朝我喊上几声。在起先的半个小时里，我对楼下的欢迎人群所做出的唯一回应，仅仅是房间里那盘蚊香的一缕青烟，顺着通风口散逸出去，随它飘入茫茫的夜空。

最终，当意识到我不可能无视他们的存在，并奢望一份耳根清净时，我走下楼梯，和一个名叫德杰拉的 12 岁小女孩打羽毛球。她身高大约四英尺，骨瘦如柴，乌黑发亮的头发齐腮修剪，肤色黝黑并有一双深深的黑眼睛，德杰拉满面笑容地问我道："你从哪里来？"德杰拉说，她和家里人也是才到这镇子上不久。六个月前，他们全家刚从孟加拉搬到本地街边的一间小房子里。她的父亲之所以迁居到利多，是为了在当地煤矿找一份矿工的活计。然后，德杰拉递给我一把弦索断裂的球拍，我们就在小巷里一张假想的球网两边，上下翻飞地抽打起一枚小小的塑料羽毛球。

几分钟之后，我对和德杰拉一起打球表示了谢意，随即穿过香料店的门面——也就是"拉吉旅舍"的一楼，像一只动物园里的野兽那样被从头到尾地打量着，返回了我那间位于二层楼上的客房。

"你好，美国人！"在我锁紧门闩、钻进蚊帐，并且吹灭了屋里唯一的光亮——一支蜡烛之后的好几个小时里，那召唤我的声音还在小巷深处回响不绝。

现在，又一个早晨，我注视着这条道路，拎起行囊继续我的旅程。第二次世界大战期间架设的木头电线与电话线杆勾勒出道路的轮廓——玻璃绝缘器依然还在原位，曾经密织的线网却早已难觅踪迹。回首 1942 年末，就在这条道路开始被美国工兵营破土修造时，没有一位盟军的指挥官或士兵会相信，未来的 27 个月里，当他们在崇山峻岭中开岩凿壁，抑或在沼泽湿地上夯土搭桥，以每天一英里的速度延伸这条路线的时候，日本人会寸步不舍地向他们发动致命的攻击。还在道路完全竣工之前，日本的狙击手与炮弹（再加上疾病和事故），就让这条全长 1100 英里的道路途经的每一英里土地上，永远倒下一名盟军士兵。

在这条道路刚刚动工的 1942–1943 年，盟军的官兵同样也不会相信，在这场战争的中国－缅甸－印度战场上，每每因战斗而阵亡一人，就会另有十四人由于罹患（甚至死于）疟疾、痢疾、霍乱等传染时疫，丛林湿疹以及此前无人所知的一种名为“灌丛斑疹伤寒”的传染病而减员。他们也决不会相信，就在这条道路完工之前，“中－缅－印战区”最受人爱戴却又暴躁易怒的指挥长官——美国将军“醋乔”史迪威——将被迫离职；他们的性情乖僻却让部下誓死效忠的特种部队领导人——英军少将沃德·温盖特——将会在一场令人震惊的意外事件中阵亡；再有，或许也是最让人无法接受的：他们曾浴血奋战、拼死修筑的这条公路，甚至在它刚刚完工之际，就将被视为过时的废物而遭到无情地丢弃。在精疲力竭地离去之前，史迪威除了靠一句蹩脚的拉丁语格言作为其最后的支撑之外，几乎已无力回天。这句“Illegitimati non Carborundum”，被他译作“别让那帮混蛋把你压垮”，成了史迪威最为著名的一句座右铭。

我跨过一条流水淙淙的阴沟，它用水泥砌成的槽床因为常年潮湿而呈棕红的水锈色；沟底的水流绞缠如辫，淌过藤蔓悬垂的地下。这条道路曾被冠以诸多名称——譬如利多公路、史迪威公路、匹克大道、“每英里亡一人”之路、山姆大叔高速路——但它最通行的名字却是颇为简单的几个字：缅甸公路（中国一般称之为“滇缅公路”——译注）。尽管历史学家们或许将其礼赞为第二次世界大战期间最为伟大的工程壮举之一，但那些老兵们却一次又一次地断言：它只可跻身于现代历史上最被人遗忘的道路之列。而最为重要的莫过于，他们宁愿相信：它仍应保持着那份孤绝的姿态。

就在前方，这条道路穿过印度阿萨姆邦，在一个名为斋兰普尔的边界小镇进入阿伦纳查尔·普拉代什地区。此后，它逶迤而上，盘旋在帕特凯山脉两列海拔4000英尺的山麓之间，在班哨关翻越帕特凯山的第二高峰，最终深入缅甸境内。

我登上阿萨姆邦的最后一座山丘向下俯望，斋兰普尔镇低矮的棚屋散布在丛林蓊郁的山谷里。山羊与野猫四处乱窜，居民从一间茅舍游荡到另一间茅舍——在这里大约有20来座建筑物。就在小镇的中心，一座二战时期留下的活动钢便桥横跨过泥泞的纳姆齐克河，斋兰普尔的检查站就设置于此地。桥的跟前，道路右侧，一座带有环形走廊的黑柚木屋显得饱经风霜，这便是哨所的安全检查办公室。身着咔叽布制服、头戴蓝色贝雷帽的哨兵们坐在椅子上打盹，他们的机关枪斜倚在回廊的栏杆上。

看到我向他们走来，士兵中一个身高六英尺、鼻梁上架着一副航空太阳眼镜的壮汉挺身站起。一群白色羽毛的小鸡乱哄哄地穿过了街道。在路的左侧稍稍靠后几英尺，正对着检查站的方向，是一座墙壁洞开的警备室，沙包堆成的防护墙后面，一挺架在底盘上的机关枪更具威严。一条子弹带从摆在地上的铁皮箱中伸出头来，填进机枪的后膛里。随着我步步逼近，一名原本趴在警备室阴影里的木桌上打瞌睡的机枪手，悄然转移到他的武器身后。他伸手抓住机枪右侧的枪栓，“咔咔”两声拉动手柄，将手指扣在了扳机上。

在这两座房子的中间就是关卡的闸门：一根交替染成红白两色的长竹竿。它像一条杠杆那样被压低下来阻住通路；一块大石头被缠入绳网，绑在靠近警备室的竹竿一端，充作保持平衡的配重。

“你好！”我朝那个戴太阳镜的哨兵打了个招呼，展颜一笑。他回报以一张冷脸。“你好。”他说，“请出示你的证件。”我将护照和签证递给了他。这下他笑了笑，然后就闪身消失在房间里。我可以听到他正通过电台向什么人呼叫。电波的频率嘈杂混乱，在一片噪音之中，他的声音依稀可辨：“是的，”他报告说，“没错，他是个美国人。”

印度北部的大部分地区迄今依然是外国人的禁足之地。其中一些地方甚至从19世纪早期的英国殖民统治时期开始，就严禁外人到访。如今，第二次世界大战结束以后的第 56 年，也是印度挣脱英国控制独立以来的第 54 年，印度东北部终于在现代历史上第一次缓缓地向外界开启了门户。与印度主体社会不同，部族体制仍然在东北部地区占有主要地位。在这一区域彼此隔绝的山谷中，至少并存着 105 种以上的地方语言，几十年以来，一些势力较大的部落为争取他们自己的自由而与印度中央政府长期作战。正因如此——并且以我个人的人身安全为根本理由——我未能获得考察滇缅公路在印度境内最后十八英里所必需的“限制性区域许可证”。

我注视着在眼前奔走的鸡群，用手掌摩挲着拦路门杆上的油彩。我指了指桥下二十英尺宽的混浊河流，向另一个哨兵询问：“水里有鱼吗？”那是个小伙子，依然半躺在他的椅子里，把穿着黑皮靴的双脚搭在门廊的栏杆上，斜挎的来复枪紧贴着他的小腹。他比那个戴墨镜的士兵要瘦小一些，大约 25 岁年纪，咔叽布军服下面是条瘦骨嶙峋的身子。

“当然有！”他回答道，“有一次我们还见过一条大鱼。”他举起双手，空出十八英寸左右的间隙，思忖两手之间的距离是否恰当。

“太阳镜”再度出现在我面前，面带微笑：“生日快乐，韦伯斯特先生！”他说。我早就把今天是我的生日忘得一干二净，太阳镜一定是从我的护照上记下了这个日期。“韦伯斯特先生……”他停顿了很久，“您到这里干什么来了？”

在接下来的十分钟里，我向“太阳镜”解释了我沿着全长 1100 英里的利多公路 – 缅甸公路旅行的计划。在印度，我希望能再沿这条路上行 18 英里，至名为“班哨关”的山顶上抵达印度与缅甸的边界。在那以后，我将飞去仰光，从缅甸境内再度启程至班哨边界。我很清楚，因为印 – 缅边境恐怕是世界上把守得最为严密的边界线之一，所以我不可能今天直接从印度入境缅甸。但我前往“班哨关”的目的之一，就是想通知双方的哨兵：我将会从边境的另一侧再度出现，这样当他们在下个月又一次见到我时，就不会感到紧张慌乱。

一言以蔽之，我告诉“太阳镜”说，我的滇缅公路之行将穿过印度的雨林与喜马拉雅山麓的丘陵，下经缅甸低地蒸笼一样闷热的丛林地带，最终攀上中国西南地区的西藏高原，在云南省昆明市结束我的旅行。我会在沿途必要的情况下徒步、搭车，或租用交通工具，但最重要地，我将寻找那些在战争中幸存的人们，让第二次世界大战期间这条最为漫长的战线上所发生的壮丽故事——如今已为大多数人所淡忘——重新被注入血肉与灵魂。这段旅程将会持续三个月的时间。

“太阳镜”又笑了笑，他以一种戏剧式的迟缓动作摘掉了脸上的墨镜。尽管他的头发乌黑，皮肤是印度人最为典型的深棕颜色，他的眼睛却是令人吃惊的浅灰色——它们让我有些心神不宁。

“我只想看一眼‘班哨关’，”我对他说，“这样我就可以说我曾经到过那里。”我提起背包，将它靠着墙，放到门廊的条木地板上。门廊里有荫凉，并且我意识到今天早晨的太阳已经开始火热。“我会把我的东西放在这里，”我说，“这将是我肯定返回来的信物。”

我把手伸进裤兜里，年轻的哨兵立即警觉起来。他坐在自己的椅子上晃动着身体，双脚牢牢地踩着木地板，用他的来复枪指着我。

“只是拿包香烟而已。”我说，“有谁吸烟吗？”

我打开一包尚未开封的万宝路香烟，将烟盒放在门廊的栏杆上。作为一种不那么昭彰的小小贿赂，这招在此前一直颇为奏效。

“太阳镜”摇摇头，再度一笑：“不，谢谢你。”“你是否清楚，”他接着说，“阿伦纳查尔·普拉代什是旅游者行动受限制的区域？”我点点头：“是的。”

“你是否清楚你的签证上没有附带一份限制性区域许可证？”我又点了

点头。

“既然是这样，”他说，“那么你就知道问题出在哪儿了。想要进入阿伦纳查尔·普拉代什地区旅行——想要经过利多公路到达‘班哨关’——你就需要办理限制性区域许可证。如果你没有获得这份证件，那我也爱莫能助。我既不可能为你签发一份，也不可能对此睁一只眼，闭一只眼。我必须把你遣送回去。”

我告诉这名士兵我曾如何与印度驻华盛顿的大使馆联络，如何等待了足足六个月以接受取得限制性区域许可证的各项调查，以及在这半年的煎熬之后，印度使馆官员却通知我说，鉴于我以记者身份出访印度，这份许可证恐怕还是难以到手。我对他谈起使馆的官员们甚至建议我来这个边境哨卡，直接找戍守的卫兵们碰碰运气。特别是因为我只打算在阿伦纳查尔·普拉代什停留——多久？——才半天而已；不过是沿着公路走上十八英里——倘若能笔直地穿过丛林，只有区区六英里的距离。

“我很高兴能在斋兰普尔待上一段时间，为了表示我的诚意，”我指着我的背包，说道，“我已准备了一个星期的口粮：鲜咖啡、大米和豆子之类的，还有一瓶苏格兰威士忌。我很乐意把吊床悬挂在那边……”我伸手指向公路另一侧，警备室旁边的两棵树。那厢的机枪手还在原地待命，虎视眈眈地把守在他的致命武器后面。

“太阳镜”又在露齿微笑：“韦伯斯特先生，你尽可以待在边界的这一侧，欢迎备至。但法律是很清楚的，你不可以进入阿伦纳查尔·普拉代什。没有一份限制性区域许可证，你就不可以前往班哨。实际上，我接到的命令就是射击任何敢于违反该项法律的人。先将他们射倒在地，当其丧失行动能力之后，再调查他们为什么非法穿越边界。这是非常严肃的问题，你明白吗？”

我一面点着头，一面将目光投向那条河流。我飞越了大半个世界来到这里，坐在拥挤不堪、令人筋疲力尽的汽车中在印度跋涉了六天，晚上睡在硬板床上，靠扁豆汤充饥，还要忍受本地人像看马戏一样注视着我的神情。而眼前——就在距“班哨关口”区区几英里丛林旅程的地方——一排枪林弹雨竖起的围墙却即刻将我与我的目的地隔绝开来。

“当然，”“太阳镜”接着说，“你也可以返回德里，再次申请一份限制性区域许可证。正如你所说的，前景并不乐观，可能要花上几周甚至几个月等待被批准。但你也不妨一试。很遗憾我无法提供进一步的帮助。”

“你可以亲自陪同我去班哨，”我抛出提议，在苦苦哀求的时候努力让自己笑容灿烂，“在你今天换岗之后。我会很高兴为占用你的时间而支付费用。我这么不远万里地跑过来，在离目的地这么近的地方被拦住，未免太令人沮丧。”“不行。”他说，“法律规定得很清楚。我再说一遍，我很遗憾。”

在检查站的旁边，有一个小小的木板棚子，看来是一家与哨所卫兵长期共存、相伴相生的饭馆兼杂货铺。“太阳镜”朝那房子的方向喊了一声，他走到门廊边上，伸长脖子四下张望，直到看见棚子里木头板凳上坐着的一个小个子男人。“太阳镜”用地方土话交代了几句，那个男人站起身来，走到了店铺柜台的后面。一位当地纳迦部落的老妇人向铺子门外窥望了几眼，在她的脸上，自发际线往下经过双眼以及鼻翼两侧镶嵌的黑色小纽扣之间，都刺有暗蓝色的线纹。我向她挥了挥手，她却慌忙躲进了屋里。

“太阳镜”转身面向我，“请你理解，韦伯斯特先生，这些法规不能违犯。本地走私猖獗，叛乱分子众多。这些法律之所以存在确乎有着充分的理由。我并不乐意下命令向你射击，但那就是法律。”他居然还在笑着。

“现在，”他继续说，“我为咱们点了壶茶。你的茶里想加些牛奶，糖，还是二者都要？”“都要。”我说。“太阳镜”朝杂货铺里的男人又喊了起来，而我将脖子伸出门廊另一侧的围栏，试图让目光穿过小镇、掠过山谷，一直望到班哨关口。我目光所及只有连绵的丛林与山峦。甚至那条路在拐过第一道弯之后也消失匿迹了。这糟糕透顶的十八英里啊!

茶送来了。我们在门廊里找到两把椅子坐下，然后又多聊了几句，这只是更加深了我的挫折感。几分钟之前，这个家伙还以一种毫不含糊的口气告诉我，如果我不照他说的去做，他就会一枪毙了我。现在他却端给我茶水和淡黄色的糖果茶点，而我则把我妻子、孩子们的照片拿给他看。

或许那些老战士们是对的。或许我的确不应该前来找寻这条道路。不管怎样，我眼前的情形都越来越带有一种超现实的色彩，它的彬彬有礼几乎不能掩饰“太阳镜”所暗示的生命威胁。小口地品着茶，我终于理会到：倘若我拔腿往“班哨关”的方向跑去，他们真的会在我生日的这一天，把我乱枪撂倒在这破烂的街头。枪弹抑或是友谊?阻挠抑或是协助?前行的通路被堵死，但我又极不情愿转身后退。而争论已经是不可能的——并且无论如何，进一步谈判的可行性被这种边疆风味的茶道表演彻底扼杀了。

终于，坐在尘灰满布的门廊阴影里，当我的沮丧与绝望在晌午蒸腾的闷热中几乎达到极限时，我忽然破颜一笑。我意识到，较之这世界上其他任何人，唯有史迪威最能理解我此时的心境。

第一章

丛林无处不在。它蔓延的藤蔓牵绊住行进者的脚踝；它蒸腾的热气耗损了他们的体力。每一回，当他们登上又一座6000英尺高的山顶，他们只能眺望着下方如絮毯般起伏的绿色雨林，任由其凝滞的目光缓缓攀升至丛林远方的地平线上。在他们的前面，隐现于远方的迷雾里，下一道阻隔在他们与安全地带之间的陡峭山岭依稀可以得见。无可幸免，他们还将要爬上那座山峰。

他们是由114名又累又饿的褴褛之众组成的行进队列——美国人、英国人、印度人与缅甸人；有些是平民，有些则是军人打扮——此时他们正躲避数千日本军队穿越丛林的追踪搜捕，追兵撵在他们后面只不过15到20英里。

那是在1942年。时值5月，正是南亚国家缅甸最为潮湿闷热的月份。在此晚春时节，无分昼夜，那里每日的气温都超过100华氏度，湿度几乎总维持在100%的水平。

可是每一个黎明微曦的清晨，他们都被唤醒，收拾好寥寥的几件行装，沿着几条大致通向西北印度方向的山间小道奋力前行。在这支队伍的排头——作为行动的领路人——是一名身材矮小消瘦、视力近乎全盲的59岁男子。他小腿上扎着帆布绑腿，一顶一战时期的扁顶平边作战帽皱巴巴地扣在脑袋上，盖住了满头浓密粗硬的灰白头发。他将一枝短粗的黑钢制汤普森冲锋枪端在胸前，随时准备开火射击。尽管看上去有些弱不禁风，但此人的每一步行动都显得迅捷灵敏。虽然他的身份是美国陆军三星将军，并且是第二次世界大战期间中国战区军事行动的美国指挥官，在他身着的咔叽布军服上，却没有任何显示军阶的徽章或标志。

他就是约瑟夫·W·史迪威中将——尽管他更以“醋乔”的诨号驰名于其麾下的大军。在那个时候，他正在从缅甸沿陆路全面撤退至印度的途中，后面有两个师团的日军官兵在紧紧追杀。尽管史迪威是一名职业军人，但缅甸却是他头一次真正地指挥战斗的战场——而他得到这一任命才三个月之久。自从他于 1942 年 2 月下旬就任以来，在短短几十天中，他就眼看着其周边的局势由微妙难言迅速滑向灾难的泥沼。

在本周早些时候，史迪威与他最亲信的助手和军官们正驻扎在缅甸中部地区，一架机舱宽大的 C–47 运输机飞临此间，要将他们拯救到印度境内的安全地带。史迪威认为，如果他在撤退过程中搭飞机去印度，就是弃军中同僚以及在缅甸境内由他指挥的几个师的中国军队于不顾。于是他做出了一个最具其行事风格的决定：将尽可能多的军官与司令部工作人员塞进运输机，却淡淡地拒绝了对他本人的救援，只是简单通知飞行员说他“喜欢步行”。

飞机腾空而起，将史迪威、一批铁杆的军事顾问以及那些没有资格乘机撤退的人们留在地面上。将军阐述了他的行动计划：他将偕同所有留下的人一起向北行进，在缅甸北部的安全地区与归他指挥的数千中国军队汇合。但甚至就在史迪威刚开始安排战略转移的当口，如潮水般入侵的日本步兵先头部队已经从南边、东边以及东北方向包围了他和他的人马。短短几天的时间里，这些进犯的敌军——再加上大部分车辆被缅甸雨时成沼、晴天则干硬如刀的泥路所损坏——使得史迪威等人既无法与中国军队会师，也不可能使用任何种类的代步工具。史迪威和他的麾下全要靠自己。唯一的出路，照史迪威的判定，只能是徒步。他们这一批人必须徒步穿越 140 英里的高山与丛林地带，抢在一路追捕他们的日军之前，抵达印度的安全区。

1942年5月6日的黄昏，史迪威给印度的司令部发去了最后一条无线电讯息：

携一百人的队伍共赴霍马林和英帕尔。包括司令部人员、西格莱夫医疗队以及中途掉队者。

我们备有武器、食品与地图，目前徒步行军于印多以西50英里处。没有必要担心，中国部队正是沿这条路线前往印度。这一地区的控制权完全落入小股力量手中，试图遏制暴徒骚乱的希望彻底落空。我们将尽力保留电台至更远处，但我相信这可能是一段时间内发出的最后一条消息了。

再见！

史迪威。

在他发出这条电讯（以及另一条由他的助手弗兰克·多恩发出的要求空降食品的信息）之后，史迪威命令下属将这台重达200磅的大块头电台砸烂——它的文件与密码也被烧毁——这样一来，通讯系统就不会落入敌军手中。接下来，在5月7日的破晓时分，当日军正从若干英里以外的地方，自南向北，以一种狂暴的速度向他扑来时，史迪威始终不懈地挫败有关其指挥权因徒步逃离缅甸而将崩溃的印象。每时每刻，他所想到的全然不是离开，而是归来。

实际上，“醋乔”原本早就准备好动用已部署的英－印陆军部队，加上他的美军部队（一旦他们抵达战场）以及中国领导人蒋介石授权由他指挥的10万中国军队，重新夺回缅甸。但是在他能够再度攻占缅甸并赶走日本人之前，史迪威知道，他眼下的工作却是跋涉到印度的安全地带。

与史迪威一道上路的有戈登·西格莱夫——在缅甸人眼中，他是一位烟瘾奇大的传教士与满怀人道主义的外科医生——他经常因为英国姓氏的谐音而被错称为“香烟大夫”。在他的身后，是十九名看似弱不禁风的缅甸护士；一名独得天时的新闻记者：杰克·贝尔登；十九名史迪威手下的军官；五名手持卡宾枪与冲锋枪的士兵；十二名未能随大部队撤离的英军突击队员；七名西格莱夫救护队的成员；十三名中国军队战士以及由二十四匹骡子——它们是临行前夜，由史迪威从一位偷运鸦片和玉石的走私者手中租来的——组成的运输队。

5 月 7 日，当太阳升起，骡子背上的驮包捆扎妥当之后，史迪威站在一片林间空地上，向他的队伍发表演说。他向同伴们建议，鉴于食物供给有限，他们每天至少要行进十四英里。随后他提醒各位，只有严格的个人纪律才能确保生存的可能，并且——正如他头天晚上说过的——如果有谁认为自己无法服从命令，尽可以大声地说出来，这样他可以得到一周的口粮，自谋生路。没有人举手示意。“当我们从这里脱身之后，”史迪威总结道，“或许你们当中的许多人会对我恨之入骨，但我仍将告诉你们一件事：你们将会活着走出去。”

接下来，在粉红色的晨曦尚未从天空消褪之际，史迪威已然转身，以陆军操练时每分钟 105 步的标准步速，穿越茂密的丛林，开始向北方行进。几小时之后，他们来到一条名为昌吉河的小河岸边，史迪威等人一路所循行的模糊小径在这里完全消失。没有一个节拍停顿，史迪威径直蹚入水中，继续前进，并且在河流对岸稍靠下游的某处重新找到了那条路的轨迹。

在那天上午，史迪威的纵队反复穿越这条河流达 9 次之多。到上午 10 点左右，队伍中的几名成员开始掉队。西格莱夫医生手下一位名叫桑水的缅甸女护士因患肺结核体力不支，很快就不得不在他人的搀扶下行进，抱着一条航空气垫渡过昌吉河。另一名成员，史迪威自己的助手弗兰克·梅里尔中校，也在临近中午时分崩溃了。他同样也要靠同伴的拖拽与气垫的浮力才能行走或渡河。为了在丛林的酷热中求得一份凉意，一些队员将他们的衣袖和裤腿裁短，但结果却是灾难性的：他们给了蚊子和灰绿色的丛林蚂蟥轻易贴身的机会，迫使他们不得不在行进途中，不停地拍打、撕扯在皮肤上欢宴的害虫。到下午 1 点，总长 140 英里的旅程才不过跋涉了几英里，尾随在史迪威身后的队伍已经溃不成军。为了保证每一个人都不落伍，他被迫同意每行进一小时休息十分钟的动议。

在他们的前面，是两个星期一百四十英里的苦旅：难以穿越的灌木竹丛、令人沮丧的迂回路线、陡峭而且丛林密布的山岭、咬人的蚂蚁、嗜血的臭虫和蚂蟥、严重脱水、饥肠辘辘、多刺藤蔓的牵绊、泥泞不堪的露营地、使人浑身瘙痒的沙蝇、破裂的行囊、开小差的驮夫、灼人的骄阳、凶猛的野象、向内逆生的趾甲、打满水泡的脚掌、险些断肠的食物中毒以及此起彼伏的急性痢疾。但是，即便才是在出发的第一天，史迪威早已将一个更为伟大的目标毫不动摇地置于他的头脑中。一旦他率领他的队伍安全地抵达印度，他就将调转身形，重返缅甸，完成他所担当的真正使命：将日本人从亚洲大陆驱逐到大海里去。

尽管他的军旅生涯早已因顽强地战胜各种恶劣形势与诡谲命运而著称于世，但 1942 年 5 月 7 日，注定成为了“醋乔”史迪威一生当中所经历的最为黑暗、也最受挫折的一天。

1883 年，史迪威诞生于他的父亲位于美国佛罗里达州的松树种植园中。自小在纽约州扬克斯市一座能够俯瞰哈德逊河的公寓楼里长大，约瑟夫·沃伦·史迪威是一个蓝眼睛的北方佬、西点军校的毕业生、令人肃然起敬的严厉家伙。他身高大约 5 英尺 7 $\frac{3}{4}$ 英寸，据说就是因为 1/4 英寸的高度差距，他曾被美国军事学院拒之门外。在 17 岁的时候，这位聪明伶俐的准军校生满载荣誉，提前一年从扬克斯高中毕业。据史迪威的传记作家的说法，以及一位邻居的回忆，他在西点军校体检之前，足足在床上躺了一个星期，希望地心引力的暂时失灵能将他抻长一点点。但是这个故事却并不属实，因为1900年西点军校对17岁投考者的最低身高要求是5英尺3英寸，对史迪威来说，这个标准不在话下——由此躺倒在床一周的说法就显得毫无意义了（但是这个故事依然出色地展现了史迪威如何因其人格的力量，甚至还在他的青年时代就成为传奇故事的主人翁）。1900年，在他的父亲通过一位朋友向麦金利总统进言，为儿子谋求一个军校学生的指标之后，西点军校准许史迪威参加了入学考试。

在西点军校，史迪威在语言学方面的成绩几乎无人能及，他同时还展现出制图学与射击学上的天赋。他早已养成的狂暴型竞争精神更是独树一帜：他曾率队横跨美国大陆，在大学橄榄球比赛中获得校名字母徽章，将校际篮球比赛引入西点军校，并且连续两年担任社交活动指导员——俗称“舞会经理”。到第三学年的时候，史迪威将他特权阶级的背景完全抛到脑后，开始用代码交谈、思考与书写，这是西奥多·罗斯福总统掌权时期最有实用价值的一种时尚文化（“噢！见鬼！”成为最受史迪威青睐的一句口头禅）。虽然他的家人一直用他的中名“沃伦”称呼他，但忽然之间，史迪威只在被称作“乔”的时候才会答应——因为西点军校的所有学员都是以首名互相知悉，但“约瑟夫”听起来似乎过于正统。1904年，经过四年的学习生活，乔·史迪威在他124人的班级里，以第32名的成绩毕业。

史迪威的毕业成绩排名没能使他如愿加入陆军工程兵部队——而他一贯对被其讥为“燕麦扬场机”的骑兵部队嫌恶有加，认为他们太过飞扬跋扈。于是史迪威请求加入步兵团。他表示，他希望立刻投入战斗。在第一次被分派任务时，他选择了前往菲律宾服役，参与一项镇压当地摩洛族人起义的警察式行动。该行动是后来被称为“橙计划”的美国战略性政策中的一部分，旨在控制菲律宾群岛，并阻止同样满怀帝国主义野心的日本将该群岛纳为己有。但对于刚被授予陆军少尉军衔的史迪威而言，这一岗位与其说是政治使命，毋宁说是一次人生的阅历。在那个时候，菲律宾群岛或许是地球上唯一一处能够让美国人彰显武功的地方。

很不幸，无论是菲律宾抑或是别的什么地方，真正意义上的战争都近乎一片空白。于是在此后的十一年间——经历了菲律宾的平叛以及美国在加勒比海地区的一系列武装干涉——史迪威始终在陆军系统内迁来调去，大部分时间都耗费在办公桌或讲台的后面。在这一历史时期，他在“战场”上赢得荣耀的最高潮，竟然是1905年在菲律宾的一次军事演习中，他一举战胜本国军队的事迹。为赢得与一名骑兵中尉设定的赌局，史迪威给他手下的步兵兄弟们配备了一批床单，然后让他们躲藏在狭窄的壕沟里。当骑兵发起冲锋时，步兵猛然从地底下跳出来——手中床单招展——顿时令马群陷入混乱。步兵部队甚至还没有作战，就已经取得了这场模拟战斗的胜利。

在菲律宾任职十四个月之后，史迪威被调回西点军校教授并研究语言学，这一职位曾让他短时期赴西班牙工作，并出差到墨西哥与危地马拉。当返回纽约之后，史迪威认识并迎娶了他妹妹的一位朋友——文妮弗莱德·史密斯——他总喜欢称她为“温妮”（Win——英语中“获胜”的意思——译注），他们二人组建起了家庭。在这一时期，他们对旅行与新奇文化的热爱与日俱增。1911年，他们共赴菲律宾就任一项为期两年的职位，途中他们在日本度过了一段快乐的游乐时光。

1917年，史迪威总算又有了在战争中施展身手的机会。他先在法国担任协约国军队的联络官，随后又成为一名G2（情报）官员。很可惜，这两份工作对于打字与语言能力方面的要求至少不比对战斗勇气的需要更低。虽然在凡尔登战役期间，史迪威身处围城达六周之久，虽然他也曾对前线进行了数次“大人物”式的访问，并将一次在残肢断臂间的行走描述为“非常有趣的一天”，但他依然非常沮丧，在战争的大部分时间里都像“血淋淋的办公室里一个该死的只会胡扯的办事员……被桌子和打字机所包围着。”当战争结束时，尽管作为一名 G1（人事）官员公务繁忙，史迪威却在等待下一项任务的过程中日渐百无聊赖。非常不幸的是，对于一个如此不懈地渴望着战斗与冒险的人来说，史迪威在一战期间的大部分经历，只能用他在停战日之后从法国给温妮发出的一张便条加以总结：“坐着，就只是坐着而已。”

命运开始正式介入乔·史迪威的生活。在战争结束之后——裹胁在数以千计的军官之中，试图在战后臃肿不堪的军队中谋得一份生计——史迪威从陆军情报部门攫得了陆军部驻中国首任“语言军官”的职位。这将有助于他增进对中国原本非常肤浅的了解，也意味着更为深入的语言和文化训练以及异国风情的旅行生涯，同时，这也是他在一个刚刚向西方敞开大门的国家里创建功业的崭新机会。紧随着推翻清朝统治者的民众反抗运动，中国人民正在一位曾经流亡海外的内科医生——同时也是进步政治家——孙中山的领导下，从五千年以来闭关自守的古老王朝向一个民主政体的国家迈进。

对于一个思想活跃、即将步入中年的人来说，这份“新中国崛起”的图景拥有一种难以言表的吸引力。在两次世界大战之间的许多年月里，史迪威曾经三次以不同的身份驻留中国，对这个国家的语言、文化、习性乃至其领袖人物之深入了解，鲜有其他美国人能够望其项背。他和温妮最终生育了五个孩子，在他们的父亲任职中国期间，这些孩子都在那里被抚养长大。史迪威曾在中国监理了一项公路修筑工程，他还负责指挥美国第十五步兵团的一营官兵（并因此与另一名美国军官乔治·马歇尔相熟，此人不久以后即对他的生活产生了重大的影响），自 1935 年至 1939 年，在他以上校军衔担任美国驻华陆军武官的时期，史迪威还认识了孙中山去世之后他的政治继承人：蒋介石。

不在中国的时候，史迪威继续向陆军高层进发，在美国思想最超前的乔治亚州本宁堡步兵学校担任教职。实际上，正是在经受着三十年代大萧条时期的本宁堡，言辞刻薄的史迪威赢得了他“醋乔”的雅号。在那时候，他从西点时期就已初露端倪的直率质朴、反对特权的立场宣告彻底定型。如果说在私下里，史迪威还以有趣和坦诚见称（甚至依然能操持起他青年时代的贵族做派），成年期之后的史迪威——或许是受挫于没有经历过多少实战，并因此在军旅生涯中晋升缓慢——有时更倾向于性格上的喜怒无常、愤世嫉俗，而且会不时冒出几句创意非凡却肮脏刻毒的打油诗来。

他同样以一种狂暴凶猛的风格执教。史迪威将课堂讲授的工作大都托付给其他教员，终日在乔治亚州的森林与原野上指导军事演习。他摒弃对古老军事理论的经典式研习，并以对快速实战解决策略的训练，培养了整整一代军事指挥官。史迪威注定是一个狂热的教练与吹毛求疵者。有一回，当他在战场上怒吼着，把几名学员对一次侦察失误（该失误令军队处于险境）所做出的解释批判得体无完肤的时候，一位具有艺术天赋的年轻军官为史迪威绘制了一幅漫画：他的头从一个醋罐子里伸出来，贵族气质的瘦削面孔做出尖酸的鬼脸。当这张肖像被钉在学校的一块告示牌上之后，史迪威却对它喜爱有加，还询问那位“艺术家”：他能否复制这幅作品，并把它寄给朋友们。

时光飞逝。史迪威上校把他四十至五十多岁的大好年华不是留在了中国，便是奉献给了美国本土的军事教学与战术训练事业。现在，他开始考虑从陆军退役，搬到加州卡梅尔市他与温妮共同修建的海滨洋房里去。在一份自我评估表中，他曾对自己判言：“任何一项能够名垂史册的工作都将与我无关。”

幸运的是，他的上司：本宁堡军校副校长乔治·马歇尔将军另有一套观感。在对史迪威的成绩评价上，马歇尔认为他“在和平或战争期间能够胜任任何指挥工作”，并称他是“一个教导天才”。在其后的一年中，马歇尔把史迪威描述为“节操高尚，工作过于勤勉”的人，并在其年度总结里注明史迪威“在战术与技术思想方面领先于他的时代”。

在军事演习与战术训练中，史迪威终于赢得了傲视同侪的骄人战绩。他所指挥的军队在部署与整合上均无例外地首屈一指，而且史迪威对于设下各种古怪的战术陷阱迷惑进而毁灭对手，有着一种无与伦比的热爱。

1940 年，在路易斯安那州举行的一场军事演习中，史迪威率领一支三万人的进攻部队对战一支四万人的防御部队，在原计划持续两周的演习第一天就赢得了战斗的胜利。与对方估计其将于日出时发动正面进攻的预测迥异，史迪威指挥其部队在凌晨三点动身，通过一系列广域的翼侧机动战术，于早晨七点钟之前便在路易斯安那境内疾速推进了 70 英里，在交战的第一夜便夺得了亚历山大城，从而大获全胜。怀着他长期以来对战马的憎恨，史迪威对于占领了由乔纳森·韦恩莱特指挥的第一骑兵团司令部感到特别的骄傲。仅仅数年之后，韦恩莱特在菲律宾群岛指挥抵抗日本军队侵略期间，又付出了非常惨重的代价。

1939 年 6 月，当乔治·马歇尔晋升为上将，凌驾于美军 34 名高级军官之上，成为美国陆军部代理总参谋长（并于当年 9 月 1 日正式就任）之后，史迪威的职业前途也展露出平步青云的乐观景象。根据富兰克林·罗斯福总统的直接指令，马歇尔的任务是重建美国军队，为欧洲山雨欲来的战争补充军备，以及在军中注入由史迪威所创立的快刀斩乱麻的决策作风。为了有助于这项工作的进行，由马歇尔所签发的第一批陆军准将晋升令当中的头一号，就是约瑟夫·W·史迪威。

马歇尔为他这位本宁堡军校的前同事勾勒了一份辉煌的前景：他早已决定派遣史迪威部署并指挥美国在北非地区的所有军队与作战计划。鉴于北非是盟军在欧洲作战的跳板，这将给予“醋乔”以美国历史上权力空前的战场指挥官职位。第二次世界大战很快将在地球上全面爆发，而史迪威已然被选定成为将指引美国军队穿越凶险莫测的欧洲征途的那个人。

但是，又一次，命运将介入史迪威的生活历程。

在史迪威被晋升为陆军准将的 1939 年，美国军队正处于物质与精神的低潮时期。由于大萧条所导致的军费短缺，美国陆军仅有 17.5 万人，位居世界第 19 大军事力量，排名在第 18 位的葡萄牙与第 20 位的保加利亚之间。枪炮弹药同样供给有限，也没有机械化部队能承担运送士兵的任务。由于人力、装备与资金极度匮乏，以至于在整个三十年代，全面、满员的地面战场军事演习每隔四年才举行两周的时间。

同样在这十年当中，最终酿成第二次世界大战的火苗在欧洲、北非与亚洲愈演愈烈。在欧洲，阿道夫 · 希特勒统治下的德国早已吞并了奥地利全境与捷克斯洛伐克的部分领土，到 1939 年 9 月，它最终武装占领了波兰，正式宣告了第二次世界大战的爆发。意大利在 1936 年将埃塞俄比亚纳入其北非殖民地的版图（随后被称为阿比西尼亚），又于 1939 年 4 月入侵阿尔巴尼亚——并迅速地盘踞在那里。到 1939 年 5 月，感应到希特勒的野心与能量，意大利独裁者贝尼托 · 墨索里尼与这位纳粹德国的元首缔结了“钢铁盟约”，建立起一个柏林 – 罗马轴心，时刻准备着威胁西方世界的大部分国家。

在地球另一侧的中国，一场内战也已经厮杀了许多年。自从 1926 年孙中山博士去世之后，一场争夺现代中国统治权的斗争摧折了她尚在襁褓期的共和制度，这片广袤的国土与其说皈依于民主政体的名下，不如说是被武装割据的地方军阀分而治之。虽然蒋介石仍然掌握着国民党并且担任中国军队的总司令，但他的权力却岌岌可危。尽管蒋介石依旧控制大部分中国国土以及军事力量，可是他的军队却有增无减地落入各地将军们自己的手中。他们将士兵当作个人的家丁以管辖民众，在必要的时候，也负责征集税款中饱这些将军们的私囊。

在中国，鲜明对立于国民党与各方军阀的，另有一位重要人物，那就是新近崛起并足智多谋的共产党领袖毛泽东。他通过抗租风潮、工人罢工以及斗争地主的农民集会等方式，动摇了国民党的政权基础。实际上，在 1930 年代的前几年，蒋介石对共产党的军事围剿反而使毛泽东麾下的红军成倍壮大，并激发了更多的农民起义与抗争运动。

中国的内部困扰还导致外来威胁在几乎不为人注意的情况下乘虚而入。1931 年，趁着中国内乱、无暇他顾的时机，日本入侵并占领了满洲——中国大陆东北部一片辽阔而几乎未设防的领土。作为其侵略的借口，日本人宣称中国民族主义者炸毁了满洲城市奉天附近一条日本人拥有的铁路，这迫使日本政府更严密地捍卫它在中国的利益。

对于日本这个空间狭小、资源短缺的岛国而言，对满洲地区的占领是它通过帝国主义政策保护其国家的一道显而易见的战略锋线。在一段时期内，日本的侵略行径被其美化为“将日本的高等文化输入中国，以交换土地和财货”。但不久以后，日本人开始声讨西方与亚洲之间的任何商贸往来，拼凑出一场所谓“亚洲人的亚洲”的运动，而日本当仁不让地宣称它自居于领导者的地位。

中国与她最大的贸易伙伴——美国并不认可日本的这番“美意”。当这两个国家（连同英国一起）向国际联盟抗议日本对满洲的侵略行径时，日本的回应是从国联断然退出。日本还在辩论中玩弄文字游戏，继续否认他们对中国发动了战争，将他们的入侵称作是一次“事件”，而不是一场正式的战争行为。国联对此并未予以有力的反驳。

在其后的六年中，日本凭着同样站不住脚的借口，强占了中国多座重要的城市与海港，并将一百万日本公民与三十万日军士兵遣送到日占中国领土，至 1937 年，北平、天津以及青岛、厦门、汕头等港口城市均为日本人所控制，而以肥沃的“天下粮仓”闻名华夏的中原黄河谷地也未能幸免。虽然中国军队在每一次接踵而至的“事变”当中进行了越来越有力的反击，但蒋介石继续奉行以领土换取时间的策略。他唯恐一旦让其军队放手一搏，他的将军们却会调转枪口攻击自己。

1937 年 10 月，当一支日本海军舰队驶入上海——中国最大的商业与金融城市，同时也是她最后一个自由口岸——的海港时，中国军队终于主动出击，向日本舰船开火。为报复此次攻击行动，日本军队动用了俯冲式轰炸机和海军炮火，持续轰炸这座城市达三个月之久。在这场对上海的蹂躏暂告完结之前，一张第二次世界大战期间最令人难忘的照片在世界范围内公开发表，并最终唤醒全球民众注目日本帝国主义者在中国的侵略暴行。这幅照片残酷得一目了然，无须任何注释：它展示了一个肮脏而烟熏火燎的婴儿，在一场刚刚结束的轰炸之后，坐在荒废的街道当中被炸得稀烂的电车轨道上。然而，就算世界各国终于见证了日本侵略者赤裸裸的恐怖行径，要想缓阻日本人的入侵势头却似乎已为时过晚。上海港——中国最后一个自由口岸迅速落入日本的控制之下。当上海的港口最终关闭对外贸易的门户时，这个世界上人口最多的国度面临被扼杀窒息的险境。再没有物资能够通过海路流入或流出这个国家，中国的国际贸易至此被迫全部经由陆路进入其境内。

在这些物资补给路线当中，滇缅公路列居榜首。这条全长 715 英里，连接中国西南城市昆明与缅甸铁路终端腊戌市的双车道公路，是一条将货物运往中国的主要通道。虽然这是维系中国生命力的一种较为不便的方式，但这条道路却是由 20 万中国劳工于 1937 年至 1938 年的早期一锹一镐修造出来的，而他们当中几乎没有谁曾为这艰辛的劳动获得过酬劳。滇缅公路这条卵石铺就、蜿蜒错落的通衢大道，逶迤穿行于自古时起便梯田叠嶂的陡峭山谷，更沿着桥梁跨过波涛汹涌的湄公河（澜沧江）与萨尔温江（怒江）。道路纤细难行，但它却是中国获得宝贵的战略物资储备的最后几缕希望所在。

滇缅公路在蒋介石的心目中，或许也将很快成为他出逃的路线。在上海沦陷之后，日本将其注意力溯扬子江而上，投到蒋介石所领导的中国国民政府首都南京。这是一座华美的城市：绿树成荫、石径通幽，掩映着红墙绿瓦的佛教寺院，耸立起砖木修造的八角钟楼。当日本军队逆长江从上海向中国内地推进的时候，蒋介石被迫从南京迁都至内陆城市重庆，这座“陪都”距滇缅公路在中国的起点昆明市仅咫尺之遥。上海的陷落令蒋介石最终意识到日本人赤裸裸的侵略野心，他日益为日本究竟想霸占多少中国领土而感到心惊肉跳。为了阻止日本吞并整个中国的可能性前景，蒋介石开始认真考虑一项新近由日本政府提出的关于“调整”两国关系的提议：该提议要求中国将日本业已占领的所有土地划归日本所有。

但是就在蒋介石拖延不决，意在希望国际社会能够施加压力，阻止日本的侵略行径之际，日本军队兵临南京城下。由于没有防空炮火以及部队之间的无线电通讯，1937 年 12 月 12 日，随着中国军队的草草撤退，南京迅速地陷落于日军手中。在 1937 年 12 月中旬至 1938 年 1 月这其后的一个月中，作为历史上最为恐怖的战争暴行之一，“南京大屠杀”，在这座城市凶残地上演。在四周时间里，五万日本士兵在拥有百万人口的南京城大肆施暴与屠戮。成批的中国农民被集体屠杀，无论是少女还是老妇都惨遭轮奸，然后被残毁躯体直至死亡。男人们经常被日本军人团团围住，作为练习刺杀的活靶。当这种“游戏”兴致将尽时，士兵们会以刺穿“人靶”的心脏或喉咙来结束这场血腥的狂欢。在另一些时候，成群结队的中国男子被带出城门外，由机关枪扫射而死。在这样的一天中，大约两万中国人被枪杀并集体掩埋。在这样一座以高雅和优美而被中国人视作彰显了其文明成就的城市里，中国的鲜血却正在地沟里凝固。在一个月的时间内，据估计约有三十万余中国人因日本军队的暴行而丧生，而南京的房屋民宅、政府办公楼、仓库与各种建筑物都被日军付诸一炬。到 1938 年 1 月底，扬子江中淤满了死者的尸体，水底的龟鳖鱼蟹争相吞噬着腐烂人肉的盛宴。

在长达七年蹩脚的强词夺理与日趋好战的各种“事变”之后，日本人最终露出了他们的青面獠牙。在“德 – 意轴心”与迅猛加速的日本战争机器的共同推动下，世界大战如野火一般向整个地球蔓延。但没有几个即将遭到攻击的国家真正做好了战争的准备。

到1941年12月，欧洲的大部分版图已经落入德国人之手。运用俯冲式轰炸机的狂轰滥炸与机械化的“闪电战”战术，随之以扫荡肃杀的侵略军团，希特勒“第三帝国”的铁蹄践踏了荷兰、比利时、挪威、南斯拉夫、希腊以及法国的大半河山。在1940年5月至6月间，33.7万法国和英国军队被德军驱赶至法国北部的敦刻尔克海边。他们被一支由655艘民用船舶——从游艇到渔船——组成的舰队摆渡过英吉利海峡，而大批重型武器均遗弃给了敌军。德国与意大利军队同时横扫北非地带，尽管德军对英国的强攻仍然遭到英军顽强的抵抗，希特勒还是将他的侵略野望转向东方，挥师向苏联进军。

就在同一时期，日本入侵并占领的区域面积是德国战时版图的两倍。通过一系列难以捉摸的攻击行动，并借助于它日渐成长的海军力量，日本抢占了南中国海数座石油蕴藏丰富的列岛，随即侵略并控制了北印度支那（即现今的越南），切断了滇缅公路之外仅存的一条通往中国的物资供应路线。为了彻底孤立中国，日本人开始与缅甸的殖民统治者——英国人——谈判，要求他们关闭滇缅公路。在日本东京，正在如火如荼地讨论着“将全世界纳入同一个屋檐下”的蓝图。日本的政治与军事领袖东条英机将军被确证他将会迅速统治整个东南亚地区，菲律宾、荷属东印度群岛以及大洋洲的各个岛屿。为了驯化即将遭受侵略的国家，日本人花费了整整十年的时间派遣高级军官乔装成新闻记者入驻各地区首府。他们在各国的国防军中接触并资助亲日的叛乱势力。受到德国在欧洲骄人战绩的激励，1940年9月，日本政府与德意轴心签订了三方协定，将整个世界以东、西半球划分各自的势力范围。

从美国与英国的立场来观察，德国、日本的崛起令这两个国家深感恐惧，不得不采取行动。当德国人攻占了不列颠海岸附近的海峡群岛，用飞机轰炸伦敦以及英格兰中部地区并且造成灾难性后果时，英国军人继续不屈不挠地守卫着他们的领空，在被称作“不列颠之战”的战斗中顽强地抗击空中的入侵者。然而，尽管英国军队号称有460万人之众，但英军及其殖民地武装力量却装备低劣，而且分散在世界各地，甚至远及远东地区的新加坡与缅甸。美国总统罗斯福为应对英国的危难时局，将50艘美军驱逐舰调拨给英国海军，以换取美军对英属加勒比海殖民地区军事基地的使用权。

对美国而言，虽然1941年8月新通过了一份总额50亿美金的“全面防卫”一揽子法案（该法案将装备120万陆军士兵，加之同等规模的空军以及大西洋、太平洋两支海军），但实际上美国军队仍只有27.5万兵员。为赢得时间增扩军事力量，美国与抗击德、日的各个国家签订了“租借法案”。通过这些约定，美国同意向正在作战而又供给不足的国家提供武器、弹药及军需物资，但没有一支美国军队被部署应对尚未可知的战争前景。

但是太平洋地区的“次要”战争很快便跃居至与欧洲战事同等紧要的地位。1941年12月7日，日本悍然发动了其开战以来最野心勃勃的攻击行动。日本空军迅猛东来，在一个早晨便几乎摧毁了停泊在珍珠港的美国海军舰队。十八艘军舰，其中包括八艘主力战舰被击沉、倾覆或严重损毁。在同一次遇袭事件中，美国陆军和海军一共丧失了将近四百架飞机，并有约四千名美军士兵与水手阵亡或受伤。就在几个小时之后，12月8日的午夜刚过，日本军队开始了他们对英属马来亚（今马来西亚）入侵之前的轰炸行动。

日本令人恐怖而又诡异难料的战争计划迅速向太平洋各个地区全面铺开。与德国军队相似，日本似乎拥有难以胜数的士兵和武器，而军人对武器的运用能力都出神入化。美国人对日军的恐惧妄想一度深入骨髓，就在“珍珠港事件”之后短短几天，就有谣言流传说日本战舰已经停靠在加利福尼亚的海岸线上。

日本对美国的猝然袭击，让尚未做好参战准备的美国人被迫陷入一种两线作战的困境。而被迫困守家园的英国人则不得不担忧：他们远在新加坡、缅甸与印度的亚洲殖民地将很快被日本侵略者鲸吞殆尽。

对于同盟国而言，世界局势已经失去控制，而他们的敌人眼下仍是一副不可战胜的样子。日本残酷地压垮了每一个与之较量的战争对手，德国虽然因为英国人的抵抗而略受挫折，但已长驱直入苏联腹地——并在沿途屠杀了数以万计的俄罗斯农民——正进入攻打莫斯科的作战范围之内。对英国、中国、苏联与美国的领袖们来说，如何以及从何处发动反攻这一课题，与其说有多少答案，还不如说难题更多。

时间从 1941 年转瞬而至 1942 年，盟国领导人与各方信使们频繁会晤，试图在变动不安的世界局势下制定对策。经过多次讨论之后，他们确定了“欧洲优先”的计划，即最先从北非开始驱逐敌军。如果能够在那里夺回控制权，盟军将会以突尼斯为跳板跨越地中海，再沿着靴状的意大利国土进入南部欧洲。当时机成熟的时候，盟军会以横渡英吉利海峡重归法国的大举攻势，辅助这一军事挺进计划的顺利实现。而执行这些进攻任务的军队将会得到盟国最早、也是最主要的物资支持。

在东方，“太平洋战争”的战事规划却远没有如此简单明了。日本如今已占领了三倍于德国夺得的地方，而且日本所控制的区域大多为开阔的海洋——极难追击、进攻和摧毁敌军的一片疆域——在太平洋上的各个岛屿以及沿海的大陆地带，日本人丝毫没有减缓其进攻态势的蛛丝马迹。

与美国人所见略同，日本人也意识到菲律宾在地理位置上堪称是整个东半球的战略枢纽。于是在 1941 年 12 月 10 日——由于国际日期变更线的缘故，实际上仅晚于他们轰炸珍珠港之后数个小时——六批当中的第一批日本士兵在菲律宾吕宋岛登陆，从马尼拉的南北两个方向，向美国与菲律宾驻军发动钳形攻势。就在日军在菲律宾的第一波攻势将近结束之前，日本空军已经摧毁了半数闲置在机场上的美国飞机。短短几周之内，该战地区的美国军事长官道格拉斯·麦克阿瑟将军便命令他的部队从马尼拉全部撤离。

12 月 23 日，关岛落入日军手中。两天之后，在圣诞节当日，被英国殖民统治长达一百余年的香港也成为日本人的囊中之物。日本帝国的战争机器看起来既无坚不摧又贪得无厌。而在 1942 年 1 月上旬，就在日本军队开始入侵婆罗洲与泰国之际，盟军匆忙为新近成立的中国战区（至 1942 年中叶，该战区扩充为“中国 – 缅甸 – 印度战区”，简称 CBI）创建了一支美国特遣部队。中国战区以及随后之“中缅印战区”的全部意义就在于保卫仍旧掌握在英国、中国与美国手中的亚洲领土。但在一开始，其唯一的目的只是将中国苟延在战局之内，并确保英国在印度的殖民统治。因为这两个国家不单承担着通往中亚地区门户的作用，而且更是将日本与德国勾连到一起的显而易见的陆路通道。

保卫这两个古老大国的使命令人望而生畏，而如何行动的方略更是暧昧不明。按照乔治 · 马歇尔将军的估计，这将是“这场战争当中最不可能完成的任务”。无论谁担任这一战区的统帅，都只能排在盟军物资补给与人力配置的末尾。在中国的盟军指挥官很难指望获得任何来自印度或缅甸的英国军事支持，因为英国正集中精力在本国领土上对抗德国人的威胁，而绝大多数士兵、武器与注意力，都将被留用在她自己的英伦三岛上。

这就是眼前的现实。在中国——以及随后的“中缅印战区”——几乎没有什么支持或后援可言。要想将四分五裂而且物资匮乏的中国人、印度人、尼泊尔廓尔克人、英国以及美国军队在中缅印战区凝聚在一起，需要一位富有远见、毅力与决心——更不用说满腹韬略、深谙战术创造性的领导者。这份工作同时也要求就任者能够维持与蒋介石的关系（蒋与其说谋求和美国的伙伴关系，不如说更热衷于租借法案所提供的美国物资），还应会说和理解几种主要的中国方言，此外，或许是最重要的一点，他应当可以令沉默寡言而又矜持自重的蒋介石感到心情舒畅。

起先，为了填补这一职缺，盟军曾提议由美国将军休 · 杜拉姆担任该指挥官。但是新近就任盟军中国战区总司令的蒋介石对此建议却显得比以往更为冷淡。美国陆军部长亨利 · 史蒂门森与马歇尔将军只好重新考虑人选。谁能胜任中国的第二号人物？史蒂门森与马歇尔讨论过乔伊斯、理查森、艾奇伯格等一批将军的可行性，但似乎谁都无法拥有适应这一职务所必需的各种奇才异能。

这时史蒂门森打出了他攥在手心里已经数月之久的一张王牌。他向马歇尔建议说，乔·史迪威是能够胜任中国指挥工作的恰当人选。尽管这一职位的各种要求的确勉为其难，但史迪威却几乎符合每一项必须的条件。更何况，他早已用半生岁月拥有了在中国工作的实践经验。当史蒂门森和马歇尔推荐史迪威担任蒋介石的副手时，这一提议马上获得了通过。

1942 年 1 月 23 日，乔治·马歇尔致电史迪威，请他到陆军部自己的办公室来。在这间能够望见窗外宽广的林荫大道的房间里，马歇尔告知他的老朋友，率领盟军突入北非并最终进军欧洲不再是史迪威的使命，他将在中国得到另一项工作。

转瞬之间，“醋乔”史迪威眼睁睁地看着他美国历史上最具名望的战地将军梦想猝然破灭（这一不朽的职位最终由艾森豪威尔将军赢得），与他所期望的事业正好相反，史迪威将被赋予一项在整个二战版图最潮湿、最泥泞、最不为人所知、最无组织纪律、也是最为次要的角落指挥战斗的艰难使命。

“你愿意去吗？”马歇尔问道。“赴汤蹈火，在所不辞。”史迪威回答说。

2 月 11 日，乔·史迪威奔赴印度，就任新诞生的中缅印战区指挥官。经过近乎一生的等待，史迪威终于得以在战场上指挥军队，而他仅需向中国战区总司令蒋介石以及他最坚定的支持者乔治·马歇尔阐述其战略即可。经由当时自华盛顿至印度唯一一条空中航线（从迈阿密经巴西 – 北非 – 波斯，最终抵达德里）的十四天旅程期间，史迪威草拟了一份他自己的职责和功能清单。当他做完统计工作，史迪威惶恐地发现：他居然要担当起八份门类各异的全职工作来。

他的职责包括担任中缅印战区美国军队的指挥官、中国最高统帅的参谋长、中缅印战区租借法案项目在华督办人、该战区任何战争委员会的美方代表。他同时还负责维护滇缅公路通行、以盟军的方法训练200万中国士兵、设立并监管从印度出发穿越险恶的喜马拉雅山系为中国空运租借物资的“驼峰”计划以及设计并修建一条自印度与滇缅公路相衔接的陆路补给线——日后将被称作“利多公路”。

但是史迪威还面临更多迫在眉睫的问题。自从日本人偷袭珍珠港之后，短短四个月的时间里，日本“皇军”的铁蹄已经踏翻菲律宾，攻击了澳大利亚与新几内亚，现在正挥师直捣婆罗洲、泰国、新加坡、马来亚、印度尼西亚以及荷属东印度群岛的油田。如今他们更如潮水一般自泰国边境涌入缅甸——这个东南亚地区未被占领的最后一个国家，它也是阻隔在日本侵略者与印度之间唯一的缓冲地带，更无须提及其作为中国获得外界支援的最后一条动脉——滇缅公路的经行地所具有的战略意义。

2月23日，正在史迪威从开罗飞往巴格达的中途，日本第56军的两个团自缅甸东南边境挺进一百多英里，控制了缅甸宽广的锡唐河东岸所有的乡村地区。在破晓时分，日军已经准备好进攻部署在锡唐河低岸地区的三个由英国人指挥的印度、缅甸旅。日本人的攻击目标是横跨河面的一条汽车－火车两用桥。如果日军能够夺取该桥的控制权——在上下数百英里内只有这唯一的一座桥梁——他们就可以跨越横亘在他们与缅甸的商业之都，也是最大的海港仰光之间最后一道天堑。盟军对这座桥梁迟早会成为日本人的战利品心知肚明，一些印度爆破专家花费多日，不顾日本战机对桥梁钢架的疯狂扫射，在长达1650英尺的桥面周围设好炸药。他们得到的命令清楚无误：一旦把守桥梁再无可能，整座大桥都将被炸成碎片。

在此前的几天里，就在印度工兵紧张作业的时候，守桥士兵每一个晨昏都蜷缩在沙包后面，成为日军射击的目标，并且眼看着恐惧的缅甸农民试图游过宽达500码的锡唐河以逃脱日本人的追杀。每一个新的泅渡者都会招致对面丛林中或芦苇密布的岸边一连串密集的日军枪弹，打穿河中逃亡男子或妇女的身体，血涡一漩，便将又一名受难者沉入河底。

此时，就在晨光初升的时候，一千多名日本兵在灌丛的掩护下，匍匐着穿过桥头的一条双道公路，随时准备向守桥的印度士兵发动突袭。当黎明到来，这一失误被盟军发现之际，局势已经十分清楚，一旦日军进攻的时刻最终降临，大桥不可能被成功地把守住。同样也可以确定的是，当进攻开始之后，能否顺利地摧毁桥梁也难以预料。因此只有唯一的一种方法可行：提前炸桥。

在天还没亮的时候，一道要求守卫该地区的印度和缅甸军队迅速撤退的指令传达下来，但在桥头沙包边操作机关枪的士兵几乎没有谁听到了这条消息。随后，在破晓之前几分钟，负责炸毁桥梁的军士阿赫迈德·巴希尔·可汗中尉开始执行他的使命。他点燃了备用的安全导火线，注视它燃向连在大桥钢架中的炸药组。然后，可汗中尉将自己的身体尽量埋在保护沙包的下方，打开了一具电子开关盒的顶盖，它同样也与桥上的炸药相连。他转动盒中的一枚旋钮，接通电流，随即手腕轻轻一抖，启动了炸药装置的主电路。

一道令人目盲的闪光——随之以一股令人窒息的滚烫气流和一声震耳欲聋的轰然巨响，这座桥梁在清晨苍白的晨曦里爆炸，将炽热的金属碎片倾盆大雨一般泻入河中，也落入锡唐河两岸稻田的泥沼里。

长如永恒的一分钟里，整个场景凝固在昏迷般的寂静中。当硝烟逐渐散去，两边的士兵继续以一副难以置信的表情凝视着那座桥梁。尽管经受了数千磅炸药所引发的剧烈爆炸，尽管金属碎屑与残渣的毛毛细雨还在向河流两岸倾洒，组成大桥的六条横梁当中，只有一条被炸得粉碎落入河中。整座桥梁仍然大体上完好无损，随时都可以重新开放，再度通车。实际上，它所受损的程度，仅在于让数百名陷落在锡唐河对岸的印度及缅甸士兵无法抽身逃跑。

随着形势明朗，守桥者们开始意识到他们身处的困境时，在晨风中忽然又传来一阵新的喧哗：那是日本士兵爆发的嘲讽笑闹声。几名缅甸和印度军人投降了，更多的人则遵从了他们唯一的选择：游过锡唐河逃往安全地带。就在那一天的中午，当长江的浊水因南京大屠杀死难的中国农民尸体而梗塞时，锡唐河里也漂满浑身弹孔的死者，他们当中的每一个人都身穿咔叽布军装，佩戴着印度、缅甸军队的军徽。

对于多灾多难的中缅印战场来说，通往仰光的道路对日本军队依然畅通无阻，这实在是另一个灾难性的转折点。经过四天的修复与加固工作之后，日本人跨过锡唐河大桥，再度朝向缅甸最大的城市与海港进军。

缅甸局势已经危如累卵。

当史迪威赶到缅甸时，刚好来得及看到它的覆灭。3 月 4 日，史迪威抵达重庆，对蒋介石进行了首次拜访。尽管在字面上蒋统率着 400 多万兵马——这堪称世界上最大的一支军队——实际上这支军队却支离破碎，混乱无序。中国军队的大多士兵都没有受过军事训练，甚至没有武器装备（大部分人连靴子都没有）。他们的一日三餐只有米饭，每五名士兵才能分得一条毯子。中国军队的 346 个团中，许多都是由继续自居为独立军阀的将军们所掌控。这些人坚信他们的“私人军队”在执行其意愿时大可以凌驾于总司令的意志。

在他的位置上，蒋介石很清楚他的处境，包括其军队的战斗能力。为了不让打着他的旗号的敌人获得武装，他坚持不将武器和物资供应给其亲信以外的任何部队。直到史迪威来访四天之后，当晚用毕晚餐，这位总司令才最终对史迪威反复提到召开战备会议的要求做出了回应。但是他并非打算与史迪威并肩耕作，而是就他个人选择的军事策略进行了一场包罗万象、长达两个多小时的演讲。在这通讲话结束之前，蒋介石还指示史迪威说，应该让日本人继续其侵略行动，并且绝不能大规模地集结中国军队——以免增加被日军单次进攻而遭全军覆灭的风险。

“这是什么命令啊！”史迪威当夜在他的日记中写道，“真是一团糟……或许日本人会在后面撵着我们，为我们解决这个问题。”

史迪威陷入了一场没顶之灾。到3月7日，仰光终于陷落，当守城的英国、印度和缅甸军队弃城而逃的时候，他们甚至都没有向盟军司令部通报消息。滚滚难民扶老携幼地涌向北方。随着城市的街道市场空落下来，浪荡街头的罪犯团伙与精神病人——在撤退命令下达之后，这些人也被放了出来——焚烧房屋，劫掠商铺。炮火声连天彻夜不绝于耳，这些留在城里洗劫掳掠的坏人若不在干伤天害理的坏事，就定是躺倒街头喝得酩酊大醉。

仰光城中戴尔霍希大街的丝绸市场已经化为灰烬，该城最主要的商业中心法尔大道也已铁锁横街，门窗紧闭。在仰光港口盟军租借物资仓库中各式各样的物品里，有1200辆装配到不同程度的卡车、数千只橡胶轮胎、供一万至两万士兵食用的大米和其他食品、装满香烟的木箱、数百箱威士忌酒、150余箱香槟、5万条毯子以及包括大型昂贵的马达与发电机在内的电子和工业设备。而在这座城市富裕的郊区地带，仰光最豪华的住宅均已被洗劫一空，焚为焦土。

丧失了堂皇的殖民法律与秩序的仰光沦为一座盗匪横行的城市。罪犯们就在马路边上摆摊售卖抢来的物品，而那些还滞留在仰光的缅甸人射杀他们邂逅的任何一个印度人，以发泄他们长久以来的憎恨。随后他们就用腰间佩带的两英尺长的“达斯”大刀砍剁死者的头颅。只消短短几天的工夫，南亚地区最宁谧的城市就变成了一座活火地狱。一天夜里，一位名叫乔治·罗杰尔的《生活》杂志摄影师不顾军事宵禁令，一手握着一把手枪，另一手拎着他的照相机，在疯狗的哭嚎、橡胶燃着的滚滚浓烟、精神病人的错乱抽搐以及焚毁楼房的熊熊大火中，出发记录这座可怖的城市。在一座围墙倒塌的佛教寺庙外，罗杰看到的一幅场景正可以概括这座曾经气势威严的城市——仰光的陷落之难：那是排成一列的20座镏金佛像，每一座都高达12英尺，而它们金色的表面被烈焰中的城市所反射的火光映照得一派血红。

史迪威匆忙离开重庆，乘飞机直抵盟军设在缅甸中部城市曼德勒以北的司令部。在“不幸的”3月13日星期五，史迪威遇到了负责指挥自仰光撤退的英国军队统帅——陆军中将哈罗德·亚历山大爵士。正是这同一位英国将军，在他抵达缅甸之前，刚刚于1940年在德国的军事进攻下指挥了联军的“敦刻尔克大撤退”。亚历山大以一种冰冷而拒人千里之外的防卫姿态，听任史迪威以他那副惯常的乖僻脾气对其冷嘲热讽。当亚历山大听说史迪威指挥着从蒋介石手下调集的十万中国军队时，他的反应仅仅是一声“太棒了”，然后亚历山大注视着这个美国人，以史迪威的口吻说道：“就好像我是刚刚从大石头底下爬出来一样。”这番回敬之辞令史迪威在几天之内回味不已。

由于日军继续从仰光向缅甸北方推进，同时也一路南征，对于史迪威和盟军而言，另外两个现实问题越来越明显。首先，在日本人造作的“亚洲人的亚洲”的口号煽动下，一部分缅甸军队已经被日军成功地从英国人的手中策反过来。这些缅甸士兵随即加入了由昂山将军指挥的主要由海外流亡者拼凑而成的“缅甸独立军”。由于这种合作关系的改变，原英缅军人便为日本入侵者提供了致命精确的情报与向导。其次，经过过去5年在东南亚地区的艰苦鏖战，日本帝国军队已经非常熟悉丛林作战法则，而英军与印度军队却并非如此。日本人经常会在大路附近开辟小道，在英、印军队的周边隐形行军。他们惯常向北奔袭，超过那些撤退的英、印部队，然后设置路障，截断道路，最终给予他们毁灭性的打击。

为了终止盟军的损兵折将，史迪威和亚历山大达成共识，在仰光以北150英里处缅甸国土狭窄的腰部地区组织一次抵抗。在那里，缅甸三条南北向的河谷比邻并流——喜马拉雅山系的支脉将不同的水系彼此分隔开来——亚历山大的英、印军队将防御该国的西翼地带，部署在卑谬城附近广阔的伊洛瓦底江沿岸。史迪威与中国军队（美军的到来还要在几个月之后）则沿锡唐河与萨尔温江，防守在缅甸东部一线。对史迪威来说值得庆幸的是，英国军队将由威廉姆 · J · 斯利姆中将出任战地指挥官。这名将领身材高挑、神情真挚、直言不讳，史迪威迅速对其产生了尊重之情。

但是许多实际问题接踵而至。由于从仰光起始的补给线被日军切断，英国人只能靠吃被象鼻虫——或者叫“维他命 W”，士兵们这么称呼这种昆虫（象鼻虫的英文为 Weevil）——污染过的牛肉干和硬饼干度日。斯利姆的英国与印度军队还被迫从潮湿的海岸地区撤退到缅甸的“干热地带”：一片位于该国中部的尘沙漫天、仙人掌密布的高原地区。

“这方国土，”威廉姆 · 斯利姆写道，“绝非绿意盎然、浓荫密布的景象，而是间或散布着几片焦旱丛林的褐色裸地。那些穿过低洼丘陵的河道都已干涸，其通常的后果便是难耐的炎热与风尘。”

这片干热地带与其说是热带丛林类型，还不如说更近似一片沙漠。不消多日，英军已经因为干渴导致战斗力严重削弱。为了得到一点润泽，斯利姆手下远离河道的士兵被迫小便在自己的手中，再用尿湿的手指沾抹他们的嘴。在酷热无情的烈日下，他们的皮肤与嘴唇都开始破裂出血。

而日本军队仍在进军中。每天的伏击战都会给英军造成更惨重的伤亡。当他们捉到活着的英军战俘时，日本人通常会剥光他们的衣服，将他们绑在树上，用他们作刺杀训练的活靶。另一些时候，日本人赶在了撤退英军的前面，便把还有一口气的英军或印军士兵驱赶到路障前面，当英国军队抵达的时候，日军便从这些人背后的路障里将他们乱枪射杀。

疲惫不堪，饥渴难熬，与那些直到被炮火包围才现出原形的敌人作战，斯利姆的部队很快再度溃退。4 月 5 日，史迪威听说英军在斯利姆的授命下，将仰光以北 200 英里的仁安羌地区所有 5000 座石油井架全部摧毁了——这是盟军在缅甸汽油与原油供给的唯一来源。接着他又听说英国军队已经从油田撤退，将史迪威的中国军队西翼完全暴露给日军。尽管孤军无援，史迪威依然命令中国人坚守阵地，但他们却被迫转往山区。他手下的一支部队，人数上千的中国第 55 团在日军的攻击下伤亡惨重，此后竟再没有重新组建起来。

“这支队伍居然无迹可寻。”当史迪威与美国《生活》杂志的记者杰克·贝尔登一道搜寻中国第 55 团的下落时说，“这是我所见过最该死的事情。昨天夜里我还有一个团，可是今天，它却全然不见了。”

他的第一次战地指挥出演，就在全世界领导人的众目睽睽之下，令“醋乔”觉得自己像是裸体暴露在聚光灯下。“如果日本佬把我轰出了缅甸，我将会被看作一个怎样的白痴啊！”他在 1942 年 4 月 1 日的日记里这样写道。这篇日记的开篇正是:“我是个愚人节的傻瓜吗？”

正在缅甸前线作战陷于崩溃的紧要关头，总司令蒋介石又不断地给史迪威发来备忘录，推翻其就中国军队可在何时、何地被如何使用所做出的授权批准，这更使局势错综复杂起来。随后“芥末”（Gi–mo，史迪威开始这么称呼蒋）开始为其军队的福利待遇提出种种不切实际、甚至不着边际的要求。其中一条发给史迪威的指令，命令所有中国的阵亡将士都应被成殓在松木棺材中运送回国，使他们得以安息在宗族的坟墓里。另一条命令则要求在缅甸的中国军队每四名士兵应分享一个西瓜。

到 4 月 20 日，日本人已经推进到缅甸与中国的边境，威胁着滇缅公路的生死存亡。4 月 25 日，英国将军亚历山大通知史迪威说，根据英国指挥部的命令，他的军队将从缅甸向印度作战略性撤退。在这场召开于缅甸皎施城一座住宅内院的会议期间，日军的一次空袭令双方司令部成员都狼狈不堪地寻找隐蔽点，唯有两位将军安之若素：当炸弹投落时，亚历山大挑衅似地站在空敞的院子里向上瞪视，而史迪威则倚着门廊的围栏安静地吸着香烟。

史迪威如今只有孤军作战，而他得到的消息更是噩耗不断。4 月 29 日，他获知日军攻占腊戌，切断了滇缅公路。单凭这一起事变，“醋乔”便已心知，他在缅甸的使命将暂时告一段落了。英国人、印度人、缅甸人以及廓尔克军队都已开拔向印度撤退，穿过的那片国土如今已成为缅甸的匪帮强盗们强奸、纵火、沿路打劫的乐园。中国和印度军队对他们曾经统辖过的缅甸人深怀恐惧，更无相互理解可言。他们开始射杀视野所及的每一个缅甸人，即便这些人并不具有任何威胁性。在入侵日军的前方，大约 90 万缅甸难民缺衣少食地被驱赶着也在向北方逃亡。在几个月里，他们可能徘徊在古老的商道与猎人的小径上，跌撞着穿过茂密无路的丛林，又或者翻过似乎高不可攀的喜马拉雅山，最终——如果他们幸运的话——抵达印度、中国或雪域西藏。但倘若他们并不走运，随时都可能因为疾病或灾难而孤独地倒毙在森林里。在缅甸北部偏远的城镇里，衣衫褴褛、疲乏彻骨而且饥肠辘辘的难民经常蜷缩在一起瑟瑟发抖。

一位名叫杰弗里·泰森的英国军官，在撤出缅甸的途中负责收容印度军队的掉队士兵。他曾如此描述这样的一个难民营："一片空场上零星散布着几幢摇摇欲坠的窝棚，那里是一家老小共同栖身或死亡的地方。我见到一个母亲和她的孩子彼此搂抱着死在一起，在旁边的窝棚里，是一位分娩时死亡的母亲的残躯，而婴儿才只生出了一半。而在另一处营地，总共有 50 多人死亡。有时，一些虔诚的基督教徒会在他们死前将一具木质的小十字架插在土里，另一些人已经化成枯骨的手中仍然紧握着圣母玛丽亚的圣像。一名死去的士兵还戴着他的偏檐帽子，他身上所有棉布的衣物都已经腐烂掉了，但这顶羊毛织成的帽子却依然巧妙地顶在他的骷髅头上。能够摧毁一切的热带丛林已经剿灭了一些较为老旧的窝棚，覆盖了死者的残骸，并将他们的一切都还原作尘沙与肥土。"

当史迪威计划着将他自己和中国军队撤出缅甸——先用火车向北运至密支那的飞机场，再乘飞机飞抵印度——各种祸事继续使他深陷危局。当他 5 月 1 日一早醒来的时候，他听说一位名叫罗卓英的中国将军强行征用了一辆货运列车，要将他的军队连夜送往密支那。这列火车与另一辆未按计划行驶的火车头在同一条轨道上迎面相撞，彻底封死了这条运输线。“很不幸，”史迪威在他的日记里写道，“他（罗卓英）居然没有被撞死。”

在同一个早晨，史迪威开列出一个清单，写明他的下属参谋谁将被空运出境，谁又将和他待在一起，然后他通过电讯发布了撤退的命令。当天傍晚时分，航空运输部队卡莱布·海恩斯和罗伯特·斯科特两位上校从印度启程飞往史迪威设在瑞波的司令部。他们接到的命令是：“完成撤退任务：史迪威及其参谋官员，十万火急。”

当这两名飞行员抵达史迪威用作办公室的茶叶种植商住宅时，他们发现史迪威正坐在桌边写字。当海恩斯向史迪威通报了要将他空运出境的命令之后，史迪威透过他厚厚的眼镜片斜眼看着这位飞行员，然后宣布拒绝这一空中营救计划。史迪威的参谋部成员被下令登机直飞印度，但将军本人却要留在当地。他计划不管采用何种可能的方式都要前往密支那，与中国军队再度会师。

5 月 3 日，史迪威亲手挑选的 80 余名部属连同一些掉队的残兵一道，乘坐几辆汽车，开始了北向密支那的旅程。而日本人就在 20 英里以南的地方追逐着他们。但是出发不久，他们的小汽车与卡车就被缅甸干泥巴路上深深的牛车辙沟折磨得难以行进。

第一辆报废的是他们的侦察车。“把那该死的东西烧掉……继续前进。”史迪威命令道。当一辆辎重卡车的车轴突然折断时，史迪威指示其队员“烧毁这狗日的家伙。”又一辆运输车的曲柄油箱报废。“烧了它！”史迪威发出号令。当一辆补给卡车的引擎着火以后，史迪威下令将汽车倾覆以扑灭火情。然后队伍中的几名成员奉命在彻底焚烧这辆卡车的残骸之前，先从车厢中清理出可携带的给养。短短两天之内，车队中所有的卡车和吉普车都被迫废弃，而且通往密支那的旅程也由于日本侵略军插入史迪威与其目的地的中途，切断了每一条交通线路，因而已经再无到达的可能。5 月 7 日清晨，在头天夜里用电台通知盟军指挥部他将改道印度之后，史迪威率领着一队人与骡子，在林间鸟儿与猴子的窃窃私语声中，徒步穿越丛林，朝着西北方向走去。在三天时间里，他们一次又一次蹚过河流与溪水，夜间睡在泥地或简陋的窝棚里，靠少量的菜汤、大米、腌牛肉和茶水维生。当他们行军时，西格莱夫的缅甸女护士哼唱着赞美诗，特别是那首极其冗长的《前进！基督徒战士们》。在 5 月 9 日早晨，似乎是为了特意强调他们所处位置的偏远，这群人邂逅了一只正在丛林灌草间自鸣得意的巨大雄象。史迪威和他的几名军官手握钢枪，严阵以待，好在一场有可能血腥暴力的对抗，最终被幸运地回避掉了。

另一个早上，史迪威发现捆扎在一头骡子背上的铺盖卷比其他的要粗大许多。他把它卸下来，得知这件行李属于一个下级军官。而当史迪威发现那里面裹着床单、枕头、充气床垫、额外件数的衣服以及偷偷储藏的食物时，更是怒不可遏。

当太阳升起后，史迪威召集整支队伍来这个“窝藏点”现场开会。“我让你们在此列队，”他说，“就是要你们看到，这个团体中的一名成员是如何罔顾你们其他人的利益——只要他自己能舒服自在。我不在此点出他的名字，是担心你们会伤害他，这将减缓部队的行军速度。到达印度之后我将处理这桩事件。但几分钟后当我们出发的时候，这些东西的主人必须将它们留在原地。我还希望他能相应地感到耻辱。”

当史迪威怒气冲冲地离开之后，队列中的一员用手比画着将军头戴的一战宽檐军帽向前撅起的样子，引来众人的一阵哄笑。随即，他们的窃窃私语也放开了音量：“吔！连他的旧军帽看起来都疯疯癫癫的。”

经过三天的强行军，史迪威一行抵达了河宽水浅的乌玉河，而疟疾与痢疾也成为旅行中如影随形的伙伴，队伍中的许多人都日渐衰弱。不过在乌玉河边，却有几艘竹筏在等待着。原来史迪威早就派遣缅甸人到河边提前扎好竹排，随时准备搭载着他们顺流西下一百英里，直达下游的印度。当男人们往筏子上装运物品的时候，西格莱夫的护士们也用藤蔓和草叶给竹筏编织凉棚，再将它们固定在竹子制成的框架上。苦干一个钟头之后，史迪威的“舰队”终于开始撑篙破浪，向下游启航，虽然在每一个难于通过的浅滩，船员们都不得不跳下搁浅的竹筏，在水中跋涉。他们航行了整整一夜，第二天清晨，他们发现浓重的阴云掩盖了日出的光焰。一场暴雨随之降临。而这初降的几滴雨水，宣告了缅甸一年当中长达三个月的雨季的如期到来。

当天晚些时候，云开雨霁之后，一架双引擎飞机在河道上空飞行，然后又盘旋回来。整支队伍不约而同地惊惧畏缩——等待着一阵机枪扫射或炸弹轰击——随即他们发现飞机上印有“英国皇家空军”的红 – 蓝色标志。于是队员们开始朝飞机挥手欢呼，飞机则开启了投弹舱，三次低空飞掠之后，在河流下方的岸边空投了补给物资。史迪威、西格莱夫和几名军官跳下船，飞奔着抢在从附近灌丛中跑出来争夺食物的丛林土著人前头拣拾那些口袋。史迪威让当地人拿走了一些袋子；随后，几天来头一次，全体成员饱餐了一顿盛宴，将因空投损坏了包装盒的几听牛肉罐头一扫而光。

这架飞机的光临为史迪威的长征队伍注入了活力：至少他们还没有被人遗忘。空投为鼓舞士气所做出的第二项贡献是药品的补给。有了药物的帮助（治疗疟疾的奎宁和治疗痢疾的药品），病弱的成员逐渐恢复了气力。又经过两天撑筏涉水的旅行，他们终于抵达了霍马林小镇，乌玉河在这个距印度不远的地方与波涛翻卷的亲敦江交汇。在那里，他们与自家的骡队会师。当大部分人沿乌玉河溯流而下的时候，骡队却走过了一条距离较近，但更需要体力支撑的陆路旅程。在霍马林，西格莱夫医生的手下人甜言蜜语地哄诱一位当地商人打开店门，购买到新鞋子、手电筒的新电池以及“一大堆香烟”。旅队的情绪终于欢快起来，就在亲敦江的对岸，印度已经在向他们挥手致意了。

次日——5 月 13 日早晨，在骡队先行渡江之后，史迪威分队乘坐三艘独木舟横渡数百码宽的亲敦江。就在另一侧的江岸边，将军辞退了缅甸脚夫，改换成对当地情况更为熟悉，并且更善于行走山路的纳迦部落山民。史迪威立刻对纳迦人大方的举止与凶猛的形象产生了好感。他们当中的许多人都身穿熊皮缝制的服装，鸟冠状的长发沿头部中线下垂，头颅的另一半则剃得精光。纳迦人喜欢与外来人分享他们的米酒，将五十磅重的物品肩上他们背包一样的木质托架上，对纳迦人来说也是轻而易举的活计。

他们继续赶路。第二天清晨，在史迪威将一条水蛭从身上摘除之后——"粗大、翠绿的吸血鬼，足足有八英寸长，"他在日记里写道——旅队在瓢泼的季风大雨中垂直下行了3000英尺，来到纳迦丘陵地区。当他们抵达几间窝棚围城的小寨时（实际上这正是印－缅边境的小镇考卢），一位露齿微笑的英国军官蒂姆·夏普早已恭候多时了。根据最高司令部的指示，他被派来迎接并补给史迪威一行，同行的除了四百名脚夫之外，还有几只用作烧烤大餐的生猪、一位药品充足的大夫、各种新鲜包装的肉类、饮食、香烟以及威士忌酒。

虽然旅行队总算摆脱了日本人的威胁，但通往英军驻印度军团司令部——英帕尔的旅程，还要再在坡谷起伏的纳迦丘陵跋涉六天才能彻底结束。好在夏普对这一地区了如指掌，而且充裕的驮畜也能够为伤病员代步，因此史迪威的旅队有一天竟然行进了21英里。终于，在5月19日，一位驻守在英帕尔城外岗楼里的英国军官从他的办公桌向外张望，看到了史迪威征尘满面的队伍在倾盆大雨中从丛林里鱼贯而出。史迪威，依然戴着他的平边作战帽，腿上扎着帆布绑腿，走在队伍的最前列。甚至身患结核病的桑水与心脏功能异常的弗兰克·梅里尔少校也和他并肩走在一起。

这位英国军官希望能知道，在这次走出缅甸的长征中，一共损失了多少人员？站在午后的大雨中，史迪威将目光投向他的队伍。一丝明朗的笑容扯皱他清瘦的面孔："无一损失。"他告诉那名军官，"一个都没有少。"

三天以后，史迪威搭乘一架盟军运输机飞赴德里。在这次飞行途中，陪同他的除了各路诸侯之外，还有英军将领亚历山大。此公仅仅在三个星期——却长得仿佛穷尽一生——之前，不单抛弃了史迪威，也抛弃了缅甸。

在其间的几天里，史迪威从亚历山大和斯利姆将军那里得知，虽然史迪威的团队平安无事地从缅甸撤退出来，但对英国、廓尔克和印度人而言，逃出缅甸却是他们一个世纪以来伤亡最为惨重的军事行动。缺乏口粮与饮水、被日本狙击手和“恐袭组”追杀，以及沿着地图上无法找到的牛车小路颠簸北行，由于道路的无可通行，这些由英国人统领的部队，与美国人一样，不得不放弃了他们大部分机械化运输工具和重型装备。

经过四天撤退，斯利姆的部队终于抵达亲敦江。他们发现部队可以利用卡勒瓦镇以北的六艘渡船摆渡过江。但渡船停泊的码头——一个由两百英尺高的悬崖环绕的马蹄铁形状的洼地——是进行伏击的最佳地点。第二天清晨，当斯利姆坐在船头，成为第一批摆渡的乘客时，日本人开始攻击了。红色的曳光子弹擦着将军的头顶呼啸而过。

不久之后，伤亡惨重的英军、廓尔克军和印度军不得不用他们手头上任何武器向日本人还击。一架博福斯式防空高射炮将枪口从天空指落大地，直接瞄准了日本陆地目标猛烈开火。与此同时，日军来复枪弹交织的火网似乎从每一个角度倾泻而出。

就在最后一船士兵准备过江之前，斯利姆下令将余下所有的枪弹、迫击炮弹以及军用物资全部销毁。在日军的枪林弹雨之下，英国工兵将这一巨量的炮弹储备与炸药连接在一起。当这最后一艘运兵船安然抵达印度一岸之后，斯利姆一声令下，遗留在对岸的武器和弹药在巨大的爆炸声中灰飞烟灭。

日本军队决定不予追击，而是开始检视他们的作战成果。在轮渡码头上杂陈着 1200 具英军、印军与缅甸军人的尸体，超过 2000 辆汽车，110 辆坦克以及 40 门野炮。但即便是仓皇撤退的英军摆脱了日本人的威胁，这也并不意味着斯利姆得以解忧脱困。在他前方疟疾横行的卡博山谷，还有沼泽与丛林密布的 90 英里苦旅在等待他们徒步穿越。

由于旅途的艰辛与压力，满头棕发的斯利姆将军早已丢弃了大部分私人用品，更准备暂别他每日刮脸的习惯。第二天早晨，斯利姆发现他原本乌黑的胡须竟一夜之间变得花白。为了不让手下官兵因他的迅速衰老感到震惊，此后的每一天，斯利姆都要用他一名助手弄来的“剃刀残片”刮胡子。经过六天泥泞不堪、汗水浸透的艰苦跋涉，英国军队终于安全抵达了英帕尔城。但对于斯利姆和大英帝国来说，此行的损失惊心动魄：一万二千人幸存了下来，但一万三千人命丧中途。

现在，就在前往德里的飞机上，史迪威与他“走出缅甸”的故事可谓闻名遐迩。史迪威钢铁意志的撤退行动使他成为英雄（虽然他本人对此感到难以理解）。特别是同行者中包括亚历山大将军——在德国人枪口下指挥横渡英吉利海峡的“敦刻尔克大撤退”的英国“英雄”——这份联想就更令人暗自心痛。当史迪威的飞机在德里着陆之后，他发现数百位新闻记者早已经望眼欲穿，便立即召开了一次记者招待会。经过一个多小时彬彬有礼的问答，史迪威就中－缅－印战区的使命与盟军有多大把握战胜日本人等问题，向新闻媒体——以及全世界——展示了在将来的日子里，他们究竟能从他身上期望什么。

就在新闻发布会结束之前，史迪威长时间地凝望着眼前的记者们。“历史上从没有一位军事指挥官自愿从战场上撤退。”他告诉在场的新闻记者，“所有的撤退都是极其可耻的行为。我宣布，我们刚刚遭受到一场非常惨重的挫败。我们被驱逐出缅甸——而这令人倍感羞耻，无地自容。我认为，我们应该找出失败的症结所在，打回去，再重新夺回缅甸。”

第二章

仰光陷落之后不久，就在史迪威、亚历山大和斯利姆指挥的军队——更不必说还有九十多万缅甸难民——仓皇北逃，以躲避日军攻击的时候，满载着日本帝国军队士兵的运兵船已经驶进了余火未熄的仰光码头。

从日本至缅甸的航程可谓长路漫漫。顺着中国沿海一路南下，再绕过印度支那半岛，在日本占领下的台湾高雄港和印度支那的西贡港，每一艘船只都要经停很长的一段时间，这样，自日本到达仰光所花费的时间大致需要三个月左右。

如今，总算抵达缅甸，登陆的日本占领军发现仰光几乎已是一座废城。其中一位年方23岁、名叫小田渥美的年轻士兵惊讶地发现，虽然他身为第54运输团的一员，而且早已精于驾驶帝国军队的任何一种车辆，但在缅甸，他所能支配的仅仅是一辆大车以及拉车的马匹——而如何驾驭这种动物，却超出了他此前的任何经验。对于小田来说，这其实是日本在“亚洲人的亚洲”这一贪婪诉求下，过度分散其有限资源的第一个危险信号，但作为坚信日本文化与军事力量无与伦比的帝国士兵，小田依然承担起他的职责，骄傲地将这份工作接管起来。

与日本士兵中受过教育的许多人一样，小田信仰日本严格的武士道传统：绝不质疑下达给他的命令，绝不承认内心的恐惧，以及——或许是最重要的，绝不能向敌人屈服。根据武士道的准则，一名战士与其成为战俘，毋宁自杀身死。但是在此时此刻的仰光，武士道要求小田所做的却是照料与饲养一头他毫无概念的牲畜。在故乡冈山的大学里，小田曾被培训为一名电气工程师，毕业之后，他在东京找到一份无线电制造业的工作。接着，当他 23 岁时，小田被征召入伍，接受了为期六个月的军事训练。而现在，既然不知道还有什么别的事情可做，他就像军训时养护那些小汽车与大卡车那样，精心地照料着他的马儿和大车。尽管这匹马壮大的体形和容易受惊的脾性令他恐慌，但小田坚持每天都亲手喂养他的"运输车"，亲手梳洗它的全身毛皮——连马蹄也不放过。

经过在仰光港口两周的待命之后，大兵小田终于获知他的任务：他将满载着一马车的大米、枪支、弹药以及宿营必需品，向仰光以北 120 英里外锡唐河谷中的同古城进发。抵达该城之后，他将协助日本步兵团，通过一系列向北方的阶段性跃进，占领并控制整个缅甸。对于包括小田在内成千上万的日本军队而言，在缅甸境内这些初期步骤，仅仅是他们在二战期间这一最费心劳神的前线上漫长、艰苦而又荒诞怪异的炼狱旅程的开始。

穿过地形复杂的缅甸领土，大约五万日本军队从仰光出发，向北方呈扇状进发，准备与数周或几个月前从东部经由陆路进入缅甸的日本入侵部队会师。

当这支占领军逶迤北进的时候，他们穿行在这个国家荒野的河流与山区中，并开始在城市以及遥远的丛林地带设立要塞，在那些地方，入侵的先头部队正等待着他们带来的新鲜给养。但正如对缅甸的防御最终成为盟军的一场噩梦一样，该国的山川地形对日本占领者而言同样充满了重重险阻。

缅甸形如一条连接起马来半岛与印度次大陆的楔石拱道，它的地形之复杂在南亚诸国堪称翘楚。日本人立刻尝到了缅甸地貌与气候的苦头。在南部，沿着地势低洼的海岸线，土地如沼泽一般沤渍腐湿，凝滞而闷热的空气持续消减着士兵的精力与士气，更不用说它所造成的疟疾等传染疾病。在更为内陆的地区，几列陡峭的山系将地形抬升至这个国家的“干热带”中央高地：环绕着曼德勒城四周的宽广、贫瘠、烈日炎炎的高原地区。就在几个月前，英国军队因为水源短缺而陷入最初的苦难境地。而在曼德勒的北方，险峻并时有白雪覆盖的崇山峻岭——也正是喜马拉雅山的余麓——正从缅甸森林密布的低地拔地而起。

有鉴于如此错综复杂的地形，想要在缅甸彻底清除抵抗者的任务无疑艰巨异常。在丛林地区，仍然有小股的缅甸、中国和印度的士兵藏匿其间，并展开零星的战斗。尽管与日军为友的缅甸独立军（由流亡将军昂山及其日本同事铃木圭司上校指挥）看似平定了一些国人的反抗，但缅甸人很快就发现，日本人对他们所谓“亚洲人的亚洲”之类宣传口号的态度，在缅甸和在中国一样只是无谓的幌子。很快就有消息说，日本占领者对待缅甸公民的残暴程度和他们在南京屠戮中国人一般无二。那种随心所欲的刺刀挑杀、极刑处死、轮奸强暴都成为家常便饭，死者经常曝尸街头，或者悬挂在路灯竿上示众。甚至连昂山将军也不得不质疑他对日本人的忠诚理由何在。

在日军方面，随着他们日渐深入缅甸山峦叠嶂的丛林地带，疟疾与寄生虫迅速消磨着他们坚定的意志。令日本人的麻烦和乱子雪上加霜的是，他们遭遇了两类同样前所未见却同样可怕的掠杀者。

第一种掠杀者在士兵小田的运输排宿营于丛林深处的午夜时分，找上了这支 12 个人的小分队。当他们在一小片林间空地休憩时，运输队拴牢笼好的牲口开始无缘无故地惊惶不已，嘶叫跳跃着想要摆脱束缚。随后，一只八英尺长的老虎从黑暗的灌丛中一蹿而出，从后面发起攻击，将正跪在空场边侍弄篝火的哨兵笹呎劈头盖脸咬得粉碎。只听见老虎一声咆哮与一声短促的尖叫，这名士兵便命丧虎口，被拖入莽莽丛林之中。后半夜，那些幸存者在空场的中心点燃一堆篝火，再背对着火焰围成了一圈，他们手中的枪支都子弹上膛，随时准备应付不测。

在白昼的光明到来之后，小分队循着遇难士兵的血迹追寻了足足两英里。最终，他们在一棵枝繁叶茂的菩提树下看到一汪猩红的血泊。向树上望去，受害者笹呗被咬碎的骨头正悬挂在离地面十五英尺高的横枝之上。

从此，这只猛虎便成为尾随他们的捕猎者。几天之后，当这只老虎在附近一个村子旁的丛林里杀死了一名缅甸土著之后，日本人从另一棵菩提树上取下这名死者遗体的残肢，然后将它丢在树边的地面当作诱饵，他们又在距地十八英尺高的安全树梢上搭建了一座守望平台。那天夜里，虽然日本人在黑暗中全力搜寻老虎的踪迹，却只能听见午夜丛林瑟瑟嗦嗦的轻柔风声。时光流逝。在凌晨两点或三点的时候，随着一声预警式的野性嚎叫，那只老虎从树边的灌木丛里跳出，只一个纵跃，便箭一般地弹上了树顶守望台。

这头野兽的速度与力量——以及它闪亮得像在燃烧般的双眼——是如此骇人，以至于日本士兵登时从梦中惊醒。就在他们摸索着想打开来复枪的保险栓时，老虎用它巨大的前爪击穿了小田右边一名士兵的身体。当它张开血盆大口咬碎了另一个受害者的头颅和脖子时，其他人竟只能惊恐万状地看着他一命呜呼。

极度震恐再加上惊慌失措，这些士兵开始用他们的拳头和枪托击打这只老虎。最后，经过看似漫无止境的半分钟殴打、叫嚷与咆哮，老虎纵身跳下平台，在一排枪弹的追击下逃入原始森林。在此后三年时间里，大约有两百名士兵在小田的运输分队里轮班当差，其中不少人被不同的老虎追捕、杀害与吞噬掉。但是在整个战争期间，没有一名小田分队的士兵曾经捕杀到这些老虎当中的任何一只。

如果说被老虎猎杀还不算足够可怕，在日占区较北方的地带，一些更为恐怖的事件开始在后方支援部队中暗地流传。日本士兵经常被发现如熟睡一般地躺倒在丛林的地表，但是再靠近检查，就会发现他们的喉咙已经被切断，双耳也遭血淋淋地割掉了。另一些时候，日本兵沿着大路或小径行进时，会见到友军部队官兵早已倒地阵亡，他们的尸体上有一连串不规则的刺孔，而他们的耳朵也被以外科手术般精确的刀法，从头颅两侧干净利索地摘除掉。

日本人已经进入了克钦人的领地。无论是远古时代，英国人统治的殖民时期，还是今日支离破碎的缅甸共和国，缅甸在漫长的岁月里与其说是一个统一的国家，还不如说它始终以部落联盟的形式存在着。虽然缅甸人的主体从血缘上看是藏人的后裔，但人种学者却在缅甸境内区分出135个操不同语言的部族。当代缅甸政府在本国境内承认了67种语言和8个民族的官方地位。

虽然这些部落中的大多数族人都是心性平和的佛教徒，但少数最为隔绝偏远的部族——尤其是芒人、纳迦人、克伦人和克钦人——都是原始万物有灵论的信仰者，几个世纪以来一直为独立进行着激烈的斗争。实际上，在英国殖民统治时代，英皇政府实在拿这些极端好战的缅甸土著没有办法，便听任他们自生自灭，将他们的部落范围划为禁地，不让那些开采缅甸富饶的资源——红宝石、蓝宝石、鸦片、海洛因、玉石与柚木——的势力擅自进入。

到1942年7月，日本帝国军队向北方推进得足够深远——已经深入到缅甸楔石形国土三分之二的部位——他们开始遭遇克钦人。在大多数情况下，克钦人与日本人的早期交手都是有输无赢、惨烈血腥的。日本人面对又一种他们无法理解的缅甸文化与语言，便大肆屠杀敢于反抗其侵略的整个村庄，再将这片屠杀的血肉场付之一炬，直到曾经是村落的山头化作一片焦炭的空场。

鉴于敌我情势已定，克钦人精明地选择了不与日本人正面交锋，二战期间第一场真正的游击战拉开了帷幕。一开始，那些掉入“克钦陷阱”的日本士兵最先遭到灭顶的厄运。克钦人的陷阱由名叫“祥击”的竹签制成：竹签的一端被打磨得如剃刀一般锋利，再淬火以强化其硬度，然后它们锋利的尖端还被涂抹上一层人粪。将这些竹签插入土中，尖锐的一端正对准打算跃入路边灌木丛寻求隐蔽的人体——成排的“祥击”被压弯，安置在狭窄的丛林小径上或公路的两旁，最后覆盖上一层茅草作为伪装。

当他们的陷阱装置完成之后，克钦人便在一个安全的距离之外埋伏起来。一旦一名日本士兵或一列日本小队走上这条小道，克钦人就会用他们古旧的燧发枪开上一枪，枪声一响，日本人通常会跳进路边的灌木丛里隐蔽起来，正好把身体插进“祥击”签上，其后果，不是失血过多而死，便是被腐烂的粪便感染上致命的丛林传染病。

为了提前知晓日军的军事行动，克钦人还发明了一套土法预警系统。他们砍倒竹子，将竹竿纵劈至一半的长度，然后将一英尺长的木棍塞入劈开的竹筒中间，再把一条绊线连在这些“击发棒”上。克钦人将这些绊线的另一端拉过密林小径或马路，打桩钉入土中。当日本士兵在行进中落脚拉动绊线时，“击发棒”会从嵌入的竹竿内弹出，令原本撑开的竹子两半“啪”的一声重新合拢。这种声音在半径半英里之内的丛林中清晰可闻。

最后，尽管日本人继续在丛林中开辟新的小径，而不是沿着原有的道路前进，但克钦人在这方面比他们的敌人更为老到。作为靠狩猎获得主要食物来源的半游猎民族，克钦人几乎完全用不着小径或大路，他们更青睐在灌木丛中巡游茂密的热带丛林。对日本人来说，克钦人是一支如鬼魂一样悄无声息地出没在碉堡和宿营地周围的可怕敌人。小田和他的日本战友从不知晓克钦人究竟在什么地方。“他们无处不在，却又难觅其踪。这真是太可怕了。”

为了回击克钦人残酷的“影子战争”，日本人中止了他们向缅北推进的步伐，而对于盟军来说，他们日后重新夺回仰光的第一个根据地也总算有了着落。1942 年 8 月，随着日军在密支那停住了北上的行动——这里刚好是缅甸由南至北 700 英里国土总长度三分之二处——英国飞机开始在克钦村庄与稻田的上空俯冲，投撒用英文和克钦人主要语言景颇文书写的传单。这些宣传资料上印有盟军的通告：待到秋天稻米收获之后，英国军队将重返缅甸。传单上还夸耀说，那时英国人和克钦人将“把日本佬赶回曼谷去”！

几周之后的八月下旬，一架标有英国皇家空军徽记的轻型飞机在缅甸最北部葡萄谷的一座机场盘旋备降——只有一条深辙土跑道的这座机场，以它的无线电导航塔而得名“赫兹堡”。似乎是为了与“中缅印战区”此前一系列灾难性的开端相呼应，这架飞机在赫兹堡坑洼的跑道上降落时猝然解体，万幸的是，从飞机里钻出来的士兵虽然有些狼狈，却毫发无伤。当尘埃落定之后，那些驻守在赫兹堡的克钦战士以及看热闹的难民们终于弄明白：这支前来与克钦人并肩反抗日本人的“英国军队”原来只有两个人，一位名叫甘博尔的中校和一位名叫里奇的上尉。

甘博尔是一个虎背熊腰、粗壮耐劳的澳大利亚人。他曾在英国殖民时期的缅北生活过一段时间，粗通两句景颇语。在不到一个小时的时间里，他已经招募了 20 多名克钦人，为自己组建的武装队伍点燃了火种。

一开始，甘博尔和里奇只能为他们的克钦武装提供些从印度东北部机场空投来的大米、豆子、干肉作为日常给养。由于印度没有富余的盟军武器——因为“中缅印战区”在每一份物资装备清单中总是位居末尾——甘博尔和里奇被迫用克钦人自己的“军火”将就充数，那不过是一些长矛、发射弹丸的前膛短枪以及他们惯用的锋利长刀而已。一段时间之后，随着印度方面意识到武器稀缺的境况无可改善，已被称作“北部克钦联军”（简称 NKL）的这支部队开始接收从印度空投来的火器枪械：大多是从东印度种植园的英国殖民冒险家手中收购或租借得来的双筒短枪。

到 1942 年 11 月，北部克钦联军已经拥有 500 余名战士，还有更多的人急切地等待加入。他们也开始以一种更有组织的作战方式迫使日本人步步后退。英军驻印度的司令部——他们直接指挥甘博尔与里奇——提醒克钦联军不要过于有规律或猛烈地伏击日本军队，因为这类战斗可能招致日军全面的进攻，并摧垮联军尚未羽翼丰满的军事力量。但是，克钦人发动的小规模战斗越来越正规化，日本人也已对此做好了最坏的准备。当克钦联军决定出击时——甘博尔和里奇教导他们：只有在必胜的情况下才与日军交战——照北部克钦联军的英国军官伊安·菲洛斯·戈登的话说，日本人经常逃窜得比“被烫伤的猫”还快。随后，参战的克钦排得胜回营，“手里拎着一打串在绳子上的耳朵，当作是他们的战利品。”

一位克钦名字叫“阿古迪”的十四岁小兵也在为甘博尔工作。与许多克钦联军的娃娃兵一样，阿古迪通常进行间谍侦察方面的工作。甘博尔派他执行搜集情报的任务：穿上本地人的服装，潜入那些缅甸人和日本人混居的地带。“我们被告知绝不能开枪，绝不把我们的枪支带进城镇，这就是我们要遵从的指令。”阿古迪说，“在侦察途中，我们的纪律是除非自己面临死亡的威胁，否则不可杀伤人命……或至少我们应在不引人怀疑的情况下杀死日本人。但我们一有机会，还是会杀掉日本人。我倒不是说我们从杀戮之中得到快感，但在见识过日本人对待缅甸百姓的残酷手段之后，我们都觉得我们是在履行一项爱国主义的职责。”

在战争的头一年，阿古迪并没有杀死太多的日本人。“那是在后来，”他说，“当我们得到英国和美国人的支持，开始和他们作战之后。”

但有一次，还是在战争初期，当他在日本控制的前哨地区度过整整一夜，于拂晓时分穿越丛林返回驻地的途中，他就履行了一次爱国主义的职责。当他踏入克钦的土地时，正撞见三名日本哨兵躺在林中睡觉。“他们向上一看，大惊失色。”他说，“但几秒钟之内，他们就统统下地狱了。砰！砰！砰！每一颗子弹射进一个人的脑袋。然后我就匆忙赶回司令部，甚至都没来得及歇一下，割掉他们的耳朵。我当时最担心的是，枪声可能会引来更多的日本人。”

几个月之后，随着克钦人掌握了越来越丰富的战斗技巧和武器装备，北部克钦联军开始精心打磨他们的游击战术。惯用的“袢击”竹签伏击仍在发挥效力，克钦人又逐渐精通另一种陷阱的设置：他们把绊线与底部挖空的竹碗相连接，在竹碗的下面，安置有瞬间起爆引信的手榴弹，被牢牢固定在地面上。当敌人的腿脚拉动陷阱的绊线，掀飞倒扣的竹碗时，手榴弹上压缩弹簧的点火引信就会向上弹起，引爆炸药，造成更大的伤亡。

为了统计敌人死亡的人数，克钦人仍在采用他们简单却不免野蛮的记账方法。但是，当他们技法娴熟地割取日本人的耳朵时，克钦人并不知道：他们在无意中找到了整个二战期间对付日本人最具威慑力的心理战武器。在1940 年代，大部分日本人都是佛教徒或神道教徒。

他们相信每一个人的身体都是一座神殿，必须完整无缺才能升上天堂。更有甚者，这两种宗教都认定死者的灵魂都将从耳朵里拉入另一个世界，无须多言，克钦战士的割耳行动对日本人而言简直是难以容忍的暴行。失去双耳的灵魂无法升入天堂的悲惨景象，在每一名日本士兵——尤其是那些战斗在最前线的军人——的脑海中挥之不去，帝国军队的战斗士气迅速低落下来。由于克钦间谍出色的渗透能力，以及北部克钦联军在丛林地区灵活的机动性，每一次当日本人向这些恶灵般的土著战士发动反击的时候，他们都会发现克钦人早已经布置好了另一副反攻倒算的天罗地网。

对士兵小田来说，原来对阵亡的恐惧迅速被另一种更深入骨髓的恐怖所遮蔽：他明白一旦自己战死在日军与克钦人的边陲阵地，他将会在死后被割掉双耳，再也无法升入天堂。虽然他依旧勇敢地坚守岗位，但失去耳朵的想法却总在折磨着他，正如它也时时折磨着克钦土地上的每一个日本士兵。

当阵亡在缅北的日本军人从数百名上升到数千人的时候，日本人最终决定发动一场“帝国反击”。但是，一直要到 1944 年 3 月，日本人才觉得有足够的信心从密支那出发，沿着伊洛瓦底江向北方进军。才走了不到60英里，刚好在密支那到赫兹堡的中途，他们就与克钦军队展开了一场争夺桑普拉巴姆村（“草丘”村）的拉锯战。日本人和克钦人如进行外科手术一般精密地战斗着，争夺每一间房屋，消灭对方的哨兵或小股战斗队伍。当日本军队发现克钦人牢牢地掌握着战局时，他们召唤来一场猛烈的战机轰炸，又发起了一场全方位的地面攻势。本地的克钦人第一次意识到，“你杀掉的日本人越多，他们冒出来的就越多。”

尽管有空袭的破坏性因素，但克钦人实际上是自己酿成了桑普拉巴姆村战斗的伤亡损失。在被日军驱逐出桑普拉巴姆村之后，他们在北方伊洛瓦底江的支流庞禅卡河（意译为“小河”）岸边建立起一条牢固的防线。当日军的先头侦察部队抵达庞禅卡河时，克钦人操起他们手头每一件武器，向日本人发动了一场攻击，阻住了日军前进的势头。这也是有组织的日本军队在缅甸所到达过的最北线。

不过在那时候，有关克钦战士和他们的游击战术所取得的传奇胜利，早已传到了中缅印战区的指挥部。流传在驻印度军队中的一个故事，讲的是一位姓名已经失传的克钦战士，为了保护自己在荒山野岭免遭老虎袭击，爬上一棵大树过夜。就在他开始打瞌睡的时候，六名在丛林中巡逻的日本士兵也来到此人栖身的同一棵大树下面，准备在那里宿营过夜。在黑暗之中，当日本人背靠着树干陷入沉睡之后，那个克钦战士从树顶上爬下来，用他的大砍刀一刀一个，切断了六名日本兵的喉咙。等他们的血液流尽之后，克钦人在他的战利品中又增添了十二枚日本人的耳朵。

当北部克钦联军的英勇战绩逐渐传出缅北后，甚至一贯对非常规部队持怀疑态度的史迪威将军，也被克钦人所展示出来的技巧、知识和才智所震惊。不过，尽管承认克钦军队成就不凡，但史迪威始终断然拒绝相信——由八名英国军官组成的——北部克钦联军指挥部所申报的日军伤亡数字。直到六个多月之后，北部克钦联军宣称有数千日本人死在他们的手上。

为了让自己彻底搞清楚，史迪威最终邀请一名美国人指挥的克钦战士参加一次会议。在向克钦人的战斗表现表示祝贺之后，史迪威问道，你们凭什么如此确切地统计出日军阵亡者的数目。“你们怎么知道得这么清楚？”史迪威想要知道，“你们怎么能这么言之凿凿？”

克钦人二话不说，从腰带上解下一根悬着的竹筒。他将筒子的堵头拔掉，然后——把竹筒倒转过来——在他和将军之间的桌子上倒出一摞又小又黑的块状物。这些发黑的小块好像干瘪的水果碎片，要么是杏干，要么也许是桃干。

“那是些什么东西？”史迪威问道。“日本人的耳朵。”克钦士兵回答道，“将这些耳朵除以二，您就可以准确地知道我消灭了多少小日本。”史迪威瞠目结舌。他让这位克钦战士退席，并很快向指挥克钦联军的盟军军官发布了一道将令，要求他们制止克钦人的“猎耳”行径。在这道命令之外，史迪威还附上了战争公约中禁止损毁敌人尸体的某些相关段落。

从此以后，他也不再对克钦部队统计出来的歼敌人数提出任何的异议。

第三章

在美军第二次世界大战的官方史书中，历史学家查尔斯·F·罗曼努斯和芮雷·苏泽兰德曾指出，“一般而言，战争计划要先于物资准备，而物资准备在顺序上又应早于实际战斗。但缅甸北部战役最引人注意的一个方面……就是物资筹备、战略计划和战斗活动都在同时进行。”

由于这一根本性的程序错乱，史迪威不得不在他本人及其战区成员重返缅甸之前，苦苦等待了整十八个月——从1942年6月中旬直到1943年11月。在这段时间里，史迪威除了继续位列盟军战略与物资供应重要性清单的倒数第一名，他还就率部重新杀回缅甸向盟军统帅部提出过不下半打的作战方案。每一套计划都拥有一个响当当的代号，譬如“斗牛士”、“海盗”、“人猿泰山”或者“铁爪”之类，但由于他的上司别有企图，再加上物资供应严重短缺，史迪威所策划的每一次攻势都阻力重重，最终不了了之。

即便第一批美军部队从旧金山漂洋过海，经过漫漫征途抵达了印度的加尔各答和孟买，史迪威也没能令盟军统帅部就他提出的请求或方案改变任何的立场。实际上，史迪威的许多信件基本上就是石沉大海，这迫使将军花费他宝贵的时间，从新近在重庆落成的（毗邻蒋介石新居的）中缅印战区司令部出发，飞赴位于印度德里的中缅印战区英军司令部，再飞往华盛顿或伦敦，从事他后来称作“袖筒斡旋”（sleeve tugging）的游说工作。

按照他的另一项职责要求，史迪威开始着手规划利多公路的建设事宜。他将这条公路设计为“478 英里长，全天候的砾石车道，路宽三十英尺，路面厚度四英寸”的大路。一旦滇缅公路重新开通，利多公路就可以和它一道，串联起印度的铁路始发站与飞机场，将从印度直至中国昆明的全部路线彻底联通。但是，直到史迪威和他的工程师们开始进入情况，他们才逐渐明白：他们面前的使命究竟是怎样复杂艰巨。

拟议中的利多公路自印度出发，穿越缅甸北部地区，与滇缅公路在距中缅边境不远处汇合。它有时需要在几乎与地面呈直角的雨林山地间盘旋上下，而每年夏季的三个月里，这一地区的降雨量能达到 150 英寸。在印度与缅甸边界，低洼谷地与陡然上升的山峰之间，相对高度足有 3800 英尺。按照那些军队工程师言词乏味的调查结果，这一地区“属山地地形，也有峡谷地貌，在湍急的河流沿岸是狭窄的阶地。该区域无人定居，在很大程度上也未经勘探。现有地图由于无法洞悉 150 英尺高的植被以下的地表状况，因而测绘准确度非常之低……地表主要为覆盖在脆弱的沉积岩上的黏土层，难以计数的断层面将其瓦解得支离破碎，地震也经常性地光顾这片不平静的土地。已被观测到的最大降雨强度，在 24 小时之内能积水 14 英寸”。

除了崇山峻岭、热带雨林与暴雨之外，这条道路还必须跨越三条河谷——胡康河、孟拱河和伊洛瓦底江，每一条河流在年年八月都洪水汹涌，到了来年二月又干涸见底。建成这条公路需要修架七百座桥梁，每英里要开凿七到十三个涵洞，并至少要由 1.7 万名美国工程兵负责监管约五万至八万劳工投入建设。这项工程还需要工兵和劳力们不管在雨季抑或是旱季，都要每天 24 小时不间断地移走数百万磅重的泥土、草木和碎石。并且——即便不考虑地形、雨水与劳工等问题——如何能够尽早完工也是必须权衡的关键命题，因为中国已经弹尽粮绝了。

1943 年 8 月，盟军在魁北克举行的代号“四分仪”（Quadrant in Quebec）

的战备会议上，问题更加复杂化了。会议决定在这条道路沿线，还要铺设四条（最终是六条）输油和输气管道。这些管道也将从海拔 500 英尺的印度东北部起始，穿山越岭进入缅甸的沼泽河谷地区，然后再翻越海拔 10000 英尺的喜马拉雅高原山口，最终抵达云南昆明。如果这一工程能够完成，这些输送汽油和航空油料的管线将成为地球上最长的一条管道。

接下来，日本军队此时仍然占据着缅甸，并且据险设防，这也是修建利多公路的一道障碍。实事求是地说，筑路的前提是盟军在战场上的压倒性胜利，因为只有在盟军将日本人驱逐出缅甸之后，这一工程才有可能从印度延伸至缅甸境内。根据近期造成史迪威与斯利姆败出缅甸的一系列战况来看，施工队伍能否在修路以前扫清沿途的险阻，其前景颇令人存疑。在考量过利多公路建设计划之后，温斯顿 · 丘吉尔将其斥之为“一项庞大而艰苦的工程任务，就算它最终能够完工，也早就过了需要它的时候了”。

丘吉尔并不是唯一的悲观论者。美国驻利多的第 330 工兵团指挥官查尔斯 · 格雷姆上校也认为，利多公路的修建将会位列“这个星球上最艰巨的工程项目”。格雷姆有资格发表这样的评论，他曾经是纽约霍兰隧道、林肯隧道以及乔治 · 华盛顿大桥的项目负责人。

尽管重重阻碍令人头晕目眩，但修建利多公路及油管的计划最终在 1942 年 2 月获得批准。因为，就算需要面对所有的问题，这条道路本身的修建和存在，就是盟国能够在他们最单纯，同时也是最复杂的一项任务上获得成功的有力证明。按照盟国的观点，利多 – 滇缅公路的最终使命，就是要为中国提供给养，并将中国留存在战局之内；换句话说，要避免让中国彻底落入日本人的魔爪。对盟国的战争指挥者，特别是对美国人而言，不论其代价如何，一条穿过中国朝向日本的陆路通道必须保持通畅。这样一来，一旦反攻日本的时机成熟，盟军就可以利用中国北方与朝鲜半岛，作为跨越日本海进攻日本帝国本土的跳板。但在日本已经占据了中国北方国土的情况下，盟军如何能够在那里赢得进攻的情势，这暂时还不在盟军战略家们考虑的范围之内。不过，盟军已务必开始设计一套向日本人发起进攻的战策，虽然有一些批评的声音，但利多－滇缅公路的修筑，看起来正是朝向正确方向的一步——甚至是一连几步——好棋。

但是丘吉尔继续言辞激烈、口沫横飞地抨击为修建利多公路而发动的攻势，将攻取缅甸北部比作吞吃一只豪猪，只会被连连刺伤。根据他的判断，盟军“不可能选择比那里更糟糕的地方和日本人作战了”。尽管意识到无论他怎么说，修筑利多公路都已成定局，丘吉尔还是不断地贬损这条拟建之中的道路。“我们争议说如此巨大的人力和物力支出都将得不偿失，”他写道，“但我们始终无法说服美国人改变他们的立场。他们的国民心理是，设想越是宏大，他们就会越发全心全意地、百折不挠地让它获得成功。这倒是一种令人敬佩的性格，但前提得是他们的想法没出毛病。”

不管丘吉尔作何感想，这条道路还是破土动工了。当它是在盟国对中国的租借法案名下开始运作时，对它负责并保障它顺利完工的使命，便当仁不让地落在了约瑟夫 · W · 史迪威的身上。

第四章

在盟军撤出缅甸之后的十八个月里，除了无尽的等待与流产的计划之外，中缅印战区寥寥无几的少数闪光点中，要属头顶上的那一颗最为抢眼。当日本人继续巩固他们的战线——而盟军瑟瑟发抖于他们的下一步行动时——克莱尔·李·陈纳德指挥的美国志愿队却开始令日本空军颜面尽失。

陈纳德——一个路易斯安那州的法国人后裔，性格坚韧顽强，有一副粗壮的下颌和一张烈日灼伤的脸——自从 1937 年以来，一直为蒋介石和他的空军担任军事顾问。陈纳德算是美国内战时期南军统帅罗伯特·E·李将军的远房亲戚，他对军事制空权的热爱，唯有其少年时代在路易斯安那沃特普鲁老家对打猎、钓鱼以及在小河里设迷魂阵的狂热可堪比拟。虽然从来也不是一个好学生，但在他 1917 年于 28 岁的年纪加入美国陆军航空队之前，陈纳德却曾在德克萨斯州东南地区当过几年学校教员。在第一次世界大战即将结束的年份，他了解了飞行器在军事活动当中的用途，并且学会了如何飞行。

在 20 年代的头几年，陈纳德是世界上最顶尖的特技飞行员之一。而在美国陆军航空队里，他不时抨击其上峰，要求增加驱逐机群的数量，而不是赞同军事当局所坚持的立场：快速、大型和重甲防护的轰炸机群——例如马丁 B–10——是美国战矛更为致命的一道尖锋。

就在陈纳德未能在陆军内部成功推广其以战斗机为主的空战模式同时，他还率领着一支三人特技飞机小组，在美国各地进行令人屏息的花样飞行。他表演中的绝活是用20英尺长的绳子将三架飞机连在一起，然后再升上高空，展开操控精准、惊险万状的翻圈飞行。

然而陆军当局并没有改变初衷——他们依然坚定地奉行轰炸机为主力的空中战略——而陈纳德唠叨不已的游说使他成了孤家寡人。但是无论如何，陈纳德还是引起了旁人的关注。1937年，当陈纳德上尉因为健康原因——他有些耳背，患有慢性支气管炎，但许多人认为真正的原因只是军方想把他扫地出门——从军中退役的时候，蒋介石向这位时年47岁的“麻烦制造者”发出了担任中国空军顾问的邀请。

尽管从纸面上说，当中国人在1937年与日本人开战的时候，曾自夸拥有500架飞机，但真正能够起飞的飞行器其实不超过100架。而且中国飞行员几乎不具备任何飞行技能：1939年1月一个适宜飞行的早晨，陈纳德曾眼睁睁地看着中国飞行员在起飞和降落的时候，一举毁掉了六架飞机。

陈纳德接受了蒋的邀约。他还请求让更多的美国教官来中国加入他的行列，但总司令连同美国政府一道拒绝了这一提议——担心这将成为美国介入这场战争的象征。结果，苏联空军走上前来提供帮助，中国空军的战斗技巧开始有所提高。

直至1940年末，日本对中国不断深入的攻势依然造成重大的伤亡。由于日本人继续发动其所向披靡的空袭行动，用重达500磅的燃烧弹轰炸上海、南京、重庆、昆明和滇缅公路，蒋介石最终判定，必须尽快找到一种崭新的战术遏制这一危局。于是在1941年1月，在蒋和美国总统罗斯福的共同批准之下，陈纳德开始在美国招募年龄在23岁至28岁之间的战斗机飞行员，他们将从美军退役，以加入陈纳德的美国志愿援华航空队（又称AVG）。

参加志愿援华航空队的经济好处是颇为诱人的：每月600–700美元的薪

金——这相当于他们在美军挣得的两倍——以及每击落一架日军飞机可得到500美金的花红。一开始，只有12名合格的飞行员中选，但不久以后，陈纳德被迫同意让驾驶四引擎轰炸机和双引擎反潜飞机的飞行员也加入他的计划，他们当中很少有人驾驶过驱逐机，而且其中几个年龄已经在四十岁开外。

至于飞行器材，一批被英国负责“租借法案”的官员们认为是过时陈货的P–40战斗机，让陈纳德从美国人手中买了过来。1941年夏末，陈纳德的AVG航空雇佣军——装扮成飞机工程师的模样——被送往缅甸和中国，进行驾驶战斗机的训练。在前往缅甸的途中，一位名叫艾伦·克里斯曼的飞行员回忆起：他曾在非洲见过一架英国空军战机上绘有鲨鱼牙齿的纹样，当他抵达缅甸之后，克里斯曼就在他那架P–40的机头上画出獠牙交错、面带冷笑的鲨鱼嘴脸。很快，所有的AVG飞行员都来请克里斯曼这位战前的美联社插图画家在他们的飞机上画出相似的虎鲨图案，于是美国志愿援华航空队很快拥有了一副在二次大战期间最具特色的徽标。

志愿航空队战斗机驾驶员的培训可谓立竿见影。仅仅数月之后，陈纳德的“赏金猎手”飞行员就已经准备小试身手。1941年12月20日，当日本军队入侵马来亚，作为他们进攻仰光的第一步时，陈纳德的地面情报网向航空队指挥部报告说，十架日本三菱轰炸机从河内起飞，正向昆明飞来。“紧急起飞”的号令头一次向美国航空志愿队下达。20分钟之后，就在昆明以东30英里上空，飞行途中的日本轰炸机被四架飞速赶到的战斗机拦截，每一架飞机的头壳画得都好似要择人而噬的凶残怪兽。

在中国上空第一次传送的开放式无线电频率中，美国战斗机飞行员的声音不时从静电噪音中响起：

“他们在那里。”“不，不会，他们不可能是小日本儿。”“瞧那些红圆圈！”“那咱们干掉他们！”

此前从来无须护航的日本飞机，提早丢下了他们的炸弹，掉头往回飞去。

当日本人逃跑的时候，又有十架战斗机当空出现，两翼的火炮与四挺点 30 口径机关枪都喷出愤怒的火舌。在接下来 130 英里的追击战里，志愿援华航空队的飞行员沉浸在一场非正统的飞行与航空射击的欢宴之中。俯冲、斜掠、高速滚转的同时，怒射着他们所有的武器，美国航空志愿队的驱逐机群追赶着笨拙而缓慢的日本轰炸机，就好像鲨鱼正在血腥地捕食它的猎物。一架接着一架，双引擎的三菱飞机开始冒着浓烟旋转着跌落地面。来自威斯康星州沙瓦诺镇的飞行员弗里茨·伍尔夫一个人就击落了两架“三菱”，随即开始通过无线电咒骂武器装备组，告知他们说，他的枪炮全部卡壳了。直到飞机降落之后，伍尔夫才知道他在几分钟之内就将自己满满的 1465 发枪弹全部打光了。当时漫天都是密集的子弹与狂飞乱撞的 P–40 战斗机，以致连陈纳德后来都对他的飞行员既没有互相撞机又没有彼此中弹感到惊奇不已。

日本轰炸机向河内逃窜，美国航空志愿队的战士以歼灭三架敌机的战报停战返航。后来航空队才听说当日本人回到河内的基地时，只剩一架轰炸机还跌跌撞撞地爬了回来。在中国，这可是一个罕见的胜利时刻。当志愿航空队的飞行员们驶回他们在昆明的基地时，每一名成员都怀着胜利的喜悦，驾驶着他的飞机在机场上空表演了一系列慢速特技翻滚动作。只有一位名叫艾德·莱克托的飞行员失踪：他的飞机烧光了汽油，在昆明东部紧急迫降。克莱尔·李·陈纳德的“飞虎队”从此闪亮登场。

尽管在被收编入中缅印战区前，“飞虎队”仅存在了七个月，但美国志愿援华航空队的 113 名飞行员和 55 架战机不仅击落了 299 架日本飞机（另有 133 架“疑似击落”），而他们在战斗中仅仅损失了四名飞行员；更为重要的是，他们为盟军填补了一个巨大的心理空洞，第一次无可置疑地证明：在中国，日本人也能被干净利索地消灭掉。就在“飞虎队”首次出战的五天之后——也就是 1941 年的圣诞节，“飞虎队”成员爱德华·O·麦考马斯仅在一场战斗中，就击落了四架日本轰炸机和一架护航战斗机，成为这场战争中的首位“王牌飞行员”，赢得了国际性声誉。

一开始，“飞虎队”编制为三个飞行中队，基地分别位于昆明、缅甸中部的同古与仰光，这些飞行员们在陆地与在空中一样令人望而生畏。既是无情追杀的飞行员，又是放荡不羁的漫画英雄，航空志愿队的爷们浑身散发出无比旺盛的精力——以及难以容忍的无组织无纪律。由于是置身于军事纪律之外的雇佣军，他们总是身穿牛仔长靴和皱巴巴、油渍渍的咔叽布制服驾机飞翔，或许只有在葬礼上才能看到他们身着全套军装的样子。在仰光的夜晚，他们穿上花哨俗艳的夏威夷衬衫，在高雅的“银湖烧烤店”搂着本地姑娘痛饮狂欢，借此羞辱那些衣冠楚楚的英国军官。另一些时候，十来瓶老酒下肚之后，“飞虎队”的飞行员们也许会在众目睽睽之下跨上温驯的水牛，一边高喊“呀唬”一边穿过仰光的街头。在昆明和同古，他们靠痛饮私卖的威士忌与卡鲁牌杜松子酒消磨时光。如果找不到门当户对的对手，他们就在自己人之间打棒球、玩篮球，或者索性打一场群架。

在仰光一个酒酣宴醉的晚上，几名“飞虎队”成员说服了一位美军C–47运输机机长前往河内，执行一次根本不在计划之列的“空袭”任务。他们在这架笨重的飞机上装满法国、俄国和中国的废弃弹药（当然还有大量的烈酒），趁着茫茫黑夜飞抵目标上空之后，他们在觥筹交错中把炸弹从运输机的客舱门里一脚一脚地踢了出去。

仰光陷落之后，美国志愿援华航空队的三个飞行中队全部撤到昆明。他们在指挥官的默许下继续保持这份狂野不驯的做派，而陈纳德则被这帮热爱他的手下亲热地称呼为“老皮脸”。航空队常在下午举办的棒球大战和夜间进行的扑克牌局（陈纳德是个中的常胜将军），更成了昆明最当红的社交活动。

与此同时，空中的“飞虎队”更显得斗志旺盛而且足智多谋。由于他们没有多余的飞机，“飞虎队”的战机很快就成为各种破烂部件的杂拌摊，它们的主人有时竟会用嚼过的口香糖和胶布条来修补被日军击中的弹孔。为了让敌人误以为航空队有多不胜数的飞机，美国人每个星期都为飞机的螺旋桨涂上新的颜色。因为P–40系列飞机没有炸弹架，“飞虎队”的飞行员们会点燃装满汽油的威士忌酒瓶，再将这个熊熊燃烧的“礼物”从座舱里投向日本人。另一些时候，他们也会把手工土制的炸药管丢到日本军队的宿营地上。

不久之后，东京电台就开始将这些美国飞行员称作“无法无天的强盗”，并警告说，除非这些战术被禁止，否则美国人将被“按游击队员处置”——也就是一旦被捕就会处以极刑。到1942年早期，日本人还发誓要摧毁“飞虎队拥有的所有两百架飞机”，尽管在那时，志愿援华航空队参战的飞机其实只有二十九架。

这一出离正统的胜利成果为陈纳德的职业生涯提供了强有力的提升作用。1942年7月，当美国志愿援华航空队最终被解散，并改编为中缅印战区“美国航空队中国特遣队”第23战斗机大队时，已经再度被征召入伍的陈纳德继续就任指挥官，并获授准将军衔。重新回到五年前才将自己扫地出门的军队，陈纳德清楚，自己的将星正在冉冉升起。但尽管他最近战功赫赫，却不得不仍屈居于史迪威的麾下，这令他感到处境不公，因为他所赢得的国际声誉早已超越了盟军所能提供的狭窄舞台。陈纳德已经兑现了他原先的承诺，现在他希望罗斯福总统和马歇尔将军能赋予他更大的权力。

一次公开的摊牌看来在所难免。

第五章

1942年的夏秋两季，约瑟夫·W·史迪威依然被来自方方面面的问题和阻碍所困扰。“中缅印战区司令部……”新闻记者西奥多·H·怀特写道，是“一个后勤混乱、诽谤盛行、共产主义与专制主义交织、贪污腐败与帝国主义合流、杂和着胡言乱语以及悲剧性软弱无力的令人难以置信的混合产物”。

更令史迪威痛苦的是，他因为一次遭污染的黄热病疫苗接种而感染上黄疸病，使他日益感到虚弱和疲倦——这种苦痛似乎完美地映衬出他所指挥的战区行动所面临的艰难处境。史迪威既无法让蒋介石也无法让英国人赞同他的任何策略与政策，而盟军最高司令部也拒绝批准史迪威提出的每一份进攻缅甸的战略规划。史迪威筹建的利多公路还没有动工，而他指挥的中国与美国军队还没有做好打仗的准备。他还不得不愈发强硬地扭转蒋介石“一切让盟军来承担”的指导思想。

自从1941年12月之后，蒋和所有中国人都坚定不移地相信美国入局第二次世界大战，将标志着日本帝国主义战争机器的末日降临。史迪威经常会感觉到美国的珍珠港事件蒙难日竟成了蒋介石的休战日。而蒋所持有的这种信念因为1942年4月20日的战事，似乎得到了更有力的支持。那天上午，由美军上校詹姆斯·杜立特上校所统率的十六架美军B–25轰炸机，从距日本海岸700英里以外北太平洋上的美国“大黄蜂”号航空母舰上起飞。这一行程计划是单向的，因为“大黄蜂”号的降落甲板太短，难以承受 B–25 轰炸机的返航停落。因此在轰炸机向既定目标投弹之后，他们将飞向自由中国，在那里，陈纳德不断增修的飞机场正迎候着他们。为躲避日本舰队，杜立特的强袭机在海面上低空迂回前进，成功地潜入并轰炸了日本海军造船厂以及大阪、横滨、神户、名古屋等城市，对于曾坚信他们的本土固若金汤的日本人而言，这场空中攻击具有空前的震慑力。

但是，当空袭结束后，所有十六架飞机——它们本应在任务完成后归属于中缅印战区——不是被击落，便是紧急迫降在日本占据的中国领土上。杜立特率领的 80 名机组成员中，有九名被日军俘获。

为了报复，日本人动用了整整五十九个师在中国东部的浙江省进行扫荡，杀死 25 万中国平民，烧掠任何一个被怀疑协助过杜立特飞行员的村庄，并在两万平方英里的范围之内摧毁每一个中国飞机场。但对蒋总司令而言，虽然他曾因事先没有被通报这一行动而感到震怒，但这次空袭以及陈纳德“飞虎队”所取得的胜利都向他证明：盟军可以通过他们自身的力量从空中发动对日本人的进攻，这样，蒋介石就没有必要为此支出更多军事力量和武器装备了。

但黄疸病与蒋介石的消极态度只是史迪威一长串切肤之痛中的两点而已。由于滇缅公路被封锁，对中国的食品与租借法案物资援助都难以为继。为了能在利多公路完工与滇缅公路复通之前维持对中国的供给，罗斯福总统向蒋介石和史迪威承诺将提供 100 架崭新的 C– 46 运输机，以组建美国陆军空运总队（简称 ATC），这个新设的航空货运部门将以每月 1200 吨的额度，将物资从印度阿萨姆机场飞越喜马拉雅山的“驼峰航线”输送到中国。

计划于 1942 年 7 月交付使用的——并由美国柯蒂斯制造公司生产的——C–46 系列运输机，号称是战争初期即已参战的 C–47 运输机（其民用品牌

DC–3 较为人所知）更为可靠、更适于载重的改进型号。一架 C–46 的有效载荷为八吨（几乎是 C–47 载重量的两倍），而且其飞行高度比 C–47 运输机 2.4 万英尺的最高限度还要更高。对于在往返于阿萨姆和昆明的途中经常擦着喜马拉雅山脉飞行的“驼峰”飞行员来说，这真是令人鼓舞的好消息。

不幸的是，虽然美好的承诺多多，但 C–46 运输机却迟迟不能出厂，无法交付使用。为了填补空缺，美国陆军空运总队只能饥不择食地征用手边任何一种运输机，最主要的还是老式的 C–47 系列（但这些飞机大都没有标准的引擎和配件，使得其中的每一架都个性独特），另有几十架改装过的美式 B–24“解放者”轰炸机，它们重被命名为 C–87（货机）和 C–109（运油机）。

如果说当滇缅公路通畅的时候，租借物资通向中国的道路已经是千里迢迢（由火车运抵旧金山，轮船运至仰光，火车拉到腊戌，再经由滇缅公路送达中国），通过空运总队空运的货物更是难以指望。这一路线——仍然自旧金山港出发，到达加尔各答火车站——在抵达阿萨姆之前，就需要在印度境内的铁路系统转运三次。随后才是全程最为惊险的段落：飞越“驼峰”的五百英里空中旅程。

按照今天的观点（由于我们拥有了喷气式飞机、雷达和卫星导航系统），飞越印度和缅甸境内一万英尺高的野人山以及中国西南部两万英尺高的喜马拉雅山系都只是小菜一碟，但在 1942 年，这条航线却如噩梦一般恐怖。盟军在这一地区的地图不足为凭，而即便是最强大的导航雷达，其探测范围也只有 30–50 英里。敌人也无处不在：从密支那起飞的日本战斗机以及密集的地面防空炮火——它们在空中迸射出雪花般爆炸的碎片，被“驼峰”飞行员称作“黑色玫瑰”——始终是巨大的威胁。每年 5 月到 10 月的雨季，沿途都大雨倾盆，时速 248 英里的狂风有时会将飞机抛到比喜马拉雅山最高峰还高的天际，另一些时候，湍流会把环绕喜马拉雅山诸峰飞行的飞机抛得半空翻转，机舱里的乘客们在一分钟之内就能够上升或下跌数千英尺高度。

一位名叫查尔斯·F·利纳曼的B–24轰炸机机长，同时也是“驼峰”飞行员，在没有轰炸任务的雨季时段，曾驾驶一架C–109运输机完成了30次“汽油搬运”的运输任务。他对这一航线有如下描述：

“当你为执行一次‘驼峰’飞行任务而钻进座舱之后，必做的第一件事就是用皮带将你的胸部和腿部牢牢缚住，直到你快要窒息为止。因为一旦飞机遭遇湍流，你将会在机舱里四处乱撞。飞机也会遇到上升气流，你会被死死地压在座椅上，安全带将松弛得就像你没有系上它们一样，你甚至可以轻松地把你的手插在皮带和大腿之间。一分钟之后，你或许被一股下降气流迅猛击落，你将全身压在安全带上，它们成了你还能待在座椅上的唯一指望。有时候，在一次上升或下降的过程中，我会直勾勾地看着高度计，但它摆动得如此激烈，我的眼睛竟很难跟随。几乎在片刻之间，你就可能陡升或者急降一千英尺，飞机时常向一侧或是另一侧倾斜九十度角甚至更多，你能够透过一侧的窗户看到大地就在你的肩膀下头。经过如此粗犷的飞行之后，我的肩头和双腿都被紧缚着它们的安全带勒得瘀青一片。而我们每天都这么飞，就好像如今普通人从他们的私家车里出出进进一样。”

由于飞行中过程中不时遭遇的湍流，陆军空运总队的机组成员都把他们的“驼峰”空运任务称作“呕吐行动”，平均每一个月都有八架运输飞机失事。到战争结束之前，大约有600架飞机在驼峰航线的沿途坠毁。在空运仍在继续的日子里，“驼峰”飞行员们——他们之中有些人一天要沿这条航线飞三次——开玩笑说，他们能够沿着坠毁飞机所连缀出的“铝皮小道”，摸索出一条从印度到昆明的秘密通道来。

从1942年的夏天到秋天，与空运司令部先前做出的“每个月从印度向昆明空运五千吨物资”的许诺大相径庭，运抵中国的货物只有区区一百吨。除了“驼峰”航线的险隘之外，问题的另一方面还在于印度糟糕的基础设施。

在作为物资转运点的阿萨姆，只有一座为美国陆军空运总队服务的飞机场完工（虽然最终还是有十二座机场建成并投入使用）。盟军还在这里将“租借法案”提供的物资发往全球其他的地区：譬如运往北非的英国人或运往苏联。对中缅印战区来说更大的凶兆，是第十航空队的轰炸机部队与中国航空公司（美国陆军空运总队的先驱和它的商业伙伴）的 C–47 运输机组被从印度抽调到埃及，协助英国人作战。这令蒋介石又一次怒不可遏。

但另一个问题却从印度内部闹得沸反盈天。到 1942 年，印度次大陆的民族主义领袖莫罕达斯·甘地已经成为一位声名显赫的政治家，他号召印度人从英国的殖民统治下争得自由。当甘地因为他的立场而被监禁时，他敦促其追随者实行不合作运动，以掣肘这个国度的运行效率。愤怒的人们切断了电话线和电报线，劫掠了城镇，甚至拆毁了用以运送中缅印战区战略物资的火车和铁道。在某些极端事例中，欧洲人被从中途停驶的列车中拖出来，在街头活活地乱刀砍死。

铁路运输时断时续，有时甚至彻底停班。在盟军驻印度和中国的军事基地，汽油变得如此紧缺，以至于轮流开车的司机们被迫采用所谓的“CBI 信用卡”：一个带有虹吸管的简易油箱，趁同事不注意的时候可以顺手揩油。陈纳德的中国航空特遣队也已陷入彻底的赤贫，他们竟然用电线当作鞋带用。不久之后，英国人和美国人开始拿“中缅印战区”的英文缩写 CBI 创造一些嘲弄性的诨名，将它称之为“印度糊涂蛋”（Confused Bastards in India）或者是“混乱超乎想象”（Confusion Beyond Imagination）。

补给物资涓滴细流般地注入中国，觉得备受盟国冷落的蒋介石开始怪罪于史迪威。1942 年 6 月——虽然史迪威对中国的贫困持同情的态度——蒋终于觉得他的忍耐已经到了极限。6 月 21 日，在喃喃抱怨了数周之后，蒋介石向史迪威递交了一份有三项要点、并在附件里重申其要求的最后通牒。对于每一款需求，蒋总司令同时也给盟国列出了截止日期。如果希望中国继续作为盟国的战略伙伴，蒋有如下希望：

· 在8月至9月期间，三团美国军队抵达印度，并恢复中国与缅甸之间的通讯。

· 自8月起，向中国提供500驾战斗机，并继续保持这一支援力度。

· 自8月起，美国陆军空运总队每月需运输5000吨物资。

如果这三项要求不能被满足，蒋介石宣称他将别无选择，只能“终止”中国战区，并“调整”中国与盟国之间的关系。蒋还威胁说，他会与日本人签订一份停战协议。

史迪威很清楚：盟国不能容忍失去中国这一战略根据地，于是通过外交渠道将这三项要求传达给了罗斯福总统。总统希望能够以适当的期限和物资来安抚这位总司令，于是亲笔回信，保证尽快找到解决办法。与此同时，让蒋保持宽和心态的重任又落在了史迪威的肩上。

就在史迪威与蒋介石争执不休，而陈纳德的中国航空特遣队继续保卫中国领空，并鼓舞起盟军士气的时候，“醋乔”又将他的精力投入到培植中缅印战区另一幅明丽的前景之中。在印度，九千名在他之后徒步走出缅甸的中国士兵终于准备好接受美军的训练了。从一开始，这些中国军人便效绩出众。如果他们能从缅甸的饥饿与病痛中挺过来——扛着锈迹斑驳、无法使用的步枪——那么，一旦进驻印度城市兰姆迦附近的盟军训练营里，他们就重新焕发了勃勃的生机。

接受了西格莱夫医疗队的精心治疗，并且每天都有三餐饱饭下肚的情况下，中国士兵在他们抵达印度后的头三个月里，平均每人的体重均增长了21

磅。一旦配备上新发的军装与武器，他们就成为勇猛的战士。史迪威对他的受训者引以为豪，他甚至对其中某些人手把手地教练。在兰姆迦步枪靶场上，耐心地卧倒在每一名士兵的身旁，教给他们用步枪瞄准射击的正确方法。

每一天都有数以百计的中国士兵搭乘从昆明返航的“驼峰”飞机涌入印度。很不幸的是，他们在抵达时经常处境悲惨——每一批中国士兵中，至少89%的兵员都因为糟糕的健康情况而落选，其中许多人衣不蔽体，只在身上裹着几块破布。在三个小时的驼峰飞行期间，一些中国士兵竟然活活冻死了。但是，那些得以入选盟军训练营的人，也已经做好了充分的战斗准备。到1942年12月，有三万两千名中国军人在兰姆迦受训，与此同时，超过一万七千名美国士兵也已到达中缅印战区。史迪威进攻并重新占领缅甸的军事计划终于指日可待，他最终也在中国人心中赢得了尊敬。

如果说在兰姆迦的中国军队正盛极一时，史迪威本人却陷入了体能上的进一步恶化。他仍在与黄疸病抗争，尽管在教导中国士兵时他精力过人，成效显著——英国将军斯利姆评论为“叹为观止”——但史迪威却形销骨立，甚至比以往更为消瘦。由于供给缺乏，他早已被迫用一根鞋带替换他心爱的一战作战帽的束颚丝带。在最终接受了短裤作为中缅印战区制服的一部分之后，他现在整日穿着短裤和开领衬衫，甚至出席军官晚宴也不更换。

即便身心俱丧，日渐枯萎，史迪威依然不知疲倦，从中缅印战区设在德里的英军总部飞往兰姆迦，再到利多、昆明，最后再飞转他自己设在重庆的司令部。一路上，他不停地推销其准备于雨季之后的冬天发起的，代号为“安纳吉姆”的缅甸光复计划。

在最基本的层面上，“安纳吉姆”行动建立于一套命名为“X–Y计划”——直接向缅甸发起钳形进攻的策略。为了启动这场战役，一支受过美军训练的中国“X部队”（也可称为“中国驻印军”——译注）将从印度攻入缅甸北部，穿过帕特开山脉中被称作“班哨关”的垭口。当“X 部队”进军缅甸，并先期肃清了利多公路沿线的日本军队之后，一支代号为“Y 部队”的中国军团将从滇缅公路的东方切入缅北。如果英国人能够遥相呼应，通过海军封锁海港以及孟加拉湾重新夺回仰光的话，史迪威坚信：日本人将会窒息，被迫从他们进来的同一条路线——东南方向，被驱赶回泰国去。

盟军司令部一度批准了史迪威的进攻计划。各方人马——美国人、英国人（主要由印度军队组成）和中国人——都认为夺回缅甸的时机已经成熟了。但随着 1942 年夏季的暴雨一直下到了秋季，英国人和中国人都不愿落实开战的具体时间表——其实他们都并不真心希望“安纳吉姆”计划正式开始。当夏季结束的时候，英国驻印度的最高指挥官亚历山大将军，奉命前往中东地区指挥战争，因为希特勒的军队在那里为盟军制造了更多迫在眉睫的麻烦。亚历山大在印度的职位由英国将军阿齐博德·魏维尔爵士继任，他与斯利姆将军一道，认为当前在印度的人力与物资供应，都还不足以发动“安纳吉姆”行动。魏维尔的观点得到了温斯顿·丘吉尔的全力支持，他一有机会，仍然持之不懈地贬损、嘲笑夺回缅甸的任何计划。

而中国对“安纳吉姆”的态度呢？蒋总司令（仍在担忧那些打着自己旗号的潜在敌人被武装起来）继续对其军队和武器可能遭到的损失表示焦虑，所以索性用沉默来回应史迪威提出的有关“安纳吉姆”计划的任何恳求。在向蒋递送了六份要求召开会议确定进军缅甸时间表的备忘录却杳无音信之后，史迪威日渐沮丧。“这是我有生以来做过的最乏味可恶的一项工作，”他在写给温妮的家书中说道，“试图引导并影响一个顽固无知、充满偏见、狂妄自大的暴君。除了从我这里，他听不到任何真相，但对我所说的话，他又从来都不肯相信。”

但是史迪威也拥有一件对付老蒋的有力武器。由于他一手把持着对中国

“租借法案”的物资运输大权，这位美国人隐晦地威胁要放缓通往昆明的输送进度。最终，在 8 月 1 日，蒋向史迪威发去一条回信，在信中，他表示支持该进攻计划，前提条件是英军在海上与地面战场的全面配合，以及盟军空军力量的全力支援。他的这些承诺，蒋介石早已算定，其实根本无须兑现。因为对大不列颠本土的保卫、对正在埃及作战的英军的支援、对由甘地引起的印度反叛运动的镇压，都迫使英国不可能全面介入“安纳吉姆”计划。

史迪威——屈服于其人性中黑暗的一面——开始公开地咒骂英国人为“英国黄佬”，并且拿蒋介石在中缅印战区中的曾用代号：“花生”，当众称呼这位剃光头的中国领袖。史迪威有时甚至当着蒋的手下人，讥讽这位“花生独裁者”。而这些人则一路小跑地将他的这种无礼谩骂传达到蒋总司令本人的耳朵里。

屡屡受挫于史迪威不加遮掩的行事作风，蒋介石开始要求将这个美国佬驱逐出去，并日益专注地听取陈纳德的意见。陈纳德相信他只需一支空军力量便可以击败日本人。在蒋介石的批准下，陈纳德着手在中国东部各地修建前方飞机场。尽管这些基地的物资供应不足（在某些情形下，中国劳工必须将成桶的汽油在坑洼的土路上滚动上百英里，才能到达最前线的空军基地），陈纳德的中国航空特遣队继续向日本人发动反击，正如当初飞虎队所做的那样。

通过将飞机在他日渐增加的跑道系统间闪转腾挪，并且向日军控制的无线电频率发布虚构的中国航空特遣队轰炸机组和战斗机组的假信息，陈纳德和他的手下人令他们的敌人沉溺于子虚乌有的飞机，同时又每日里给他们造成千真万确的损失。当日本人发动反攻，在午夜空袭中轰炸航空队的跑道时，陈纳德以人的力量作为回应：每座飞机场都配有一组中国劳工，他们能在几个小时之内就将轰炸后的弹坑填补夯实。

在史迪威跌倒或遭受阻挠的地方，陈纳德却无往不胜，而史迪威却根本没有办法改变这一局面。在视察一座中国新机场的途中，史迪威询问负责修建的营造军官亨利·白罗德上校：“你们修这个机场到底是干什么用的？”“这个嘛，”白罗德回答道，“陈纳德说他需要它。”“那他如何去护卫它呢？”史迪威追问道。白罗德再没有作答。反正这座机场已经建设完工了。

在中国，陈纳德和他的中国航空特遣队的势力正蒸蒸日上。

1942年10月，在选举中落败的总统候选人文德尔·维尔吉被第三度连任美国总统的罗斯福（他在两年前击败了前者）作为特使，派遣至世界各地进行巡视。他表达了自己希望私人会见陈纳德——此人及其航空队似乎单枪匹马地撑住了自由中国的天空——的强烈愿望。而史迪威——出乎所有人的意料——竟对此表示同意。实际上，史迪威还专门向陈纳德下达命令，要求他在会议上知无不言，言无不尽地表达自己的意见。

史迪威对言论自由的支持，很快为他带来了无穷无尽的烦恼。在结束了与陈纳德两个小时的会谈之后，维尔吉在次日清晨——也就是10月8日——动身前往昆明。在他的夹克口袋里，装着一份二战期间最不寻常的文件。在一封直接写给罗斯福总统的信件中，陈纳德宣称——以他的“专业视点”，动用105架先进的战斗机，加上30架中型与12架重型轰炸机，他统率的中国航空特遣队就能够“完成让日本灭亡的使命……或许在六个月之内，最多也不会超过一年的时间。”

这样一场战役，陈纳德写道，能够挽救“数以万计的美国士兵和水手们的生命”。陈纳德还以个人名义保证，将“摧毁日本主要的工业中心。”但是，为赢取这样的胜利，他必须获得“战斗行动的自由”——换句话说，全面的指挥权以及脱离史迪威的控制。“对于后者，”陈纳德在他的信中也透露给罗斯福总统，“我知道这也是蒋总司令的意愿。”

尽管陈纳德的“简单”计划（这一形容词在信中出现过四次）勾起了罗

斯福的兴趣，但陆军部和盟军司令部都持相反的意见。首先，陈纳德轰炸日本的计划很可能会招致与1942年2月詹姆斯·杜立特空袭行动相同的后果：日本人对中国平民与空军基地血淋淋的报复。其次，除非通过“驼峰”航线，目前还没有别的办法在中国境内为航空特遣队的前沿基地提供补给，但该航线迄今为止绩效仍然非常不理想。

从六月开始，新款C–46运输机陆续抵达阿萨姆（以满足蒋提出的三项条款中另外一条），但大部分新飞机都因为结构和系统上的严重问题被退返回去。在季风暴雨中飞行时，飞机的接缝总是不断地开裂，燃油的气泡经常堵塞其设计拙劣的油管，而糟糕的化冻装置居然能让凝冰阻住引擎的进气歧管。一架绰号“破裂执事”的C–46，由于根本无法有效地贮存对操控任何重型飞机都至关重要的液压机液体，以至于如果这架飞机上没有额外五十加仑的“液压果汁”储备，能够让“破裂执事”在沿途解渴，机长就坚决不肯让它离开地面。

当史迪威听说空运总队的大多数飞行员竟要求驾驶那些老式、怪异、效率低下的C–47飞机时，他颇感震惊。除此之外，新的问题又接踵而至：夏季的暴雨让中缅印战区一片汪洋。尽管近几个月以来，在阿萨姆地区修建了一些新的飞机场，但雨季却将它们弄得泥泞不堪，无法使用。如果空运总队还要坚持工作的话，就必须建造混凝土浇筑的飞机场。

中缅印战区在盟军战略的优先次序中依然幽居末位。为了让战区的各方领导人对“安纳吉姆”计划投入力量，史迪威整日里在重庆和新德里之间飞来飞去，口舌费尽，强迫蒋介石和魏维尔信守他们对“安纳吉姆”冬季攻势所做出的承诺。尽管史迪威终于战胜了黄疸病，但他却早已热衷于用简洁、粗野的短句作为他日记的条目。譬如9月6日的日记已算是夸夸其谈：“办公室。被文件烦扰。”又或者10月8日的一篇：“雨。国防部开会。照旧扯淡。”

盟军即将在北非举行一场代号为“火炬行动”的两栖登陆计划，因此大部分补给物资和军事支援都投入到那一地区。史迪威正当此时给乔治·马歇尔将军去信，要求他为“安纳吉姆”计划增加供应先期的军需物品。接下来，史迪威等待答复。几周过去了。一个月也转瞬即逝。在感恩节那一天，史迪威终于收到了老朋友马歇尔的回信。由于北非的军事行动仍在继续，加之对抗纳粹德国的欧洲战场更需要在物资供应上多加关照，因此，除了早已列入“租借法案”为中缅印战区提供的那部分补给，以及专为支持“安纳吉姆”攻势而正运往印度的物资之外，史迪威很难再从马歇尔手上得到别的什么了。

那天晚上，史迪威写信给温妮:“今天是感恩节，而我刚好在最恰当的时候得到了最恰当的消息。你知道，我在这边做一些微末的工作，因此想要一点点工具来完成这工作。我曾经尝试过赤手空拳地硬干，但那不可能成功。于是我提示我们的同胞遵守承诺，向他们提出了我认为是最谦卑的请求。你真该看看他们的答复——我相信你也会气得和我一起咬暖气片。‘花生’和我待在同一条筏子上，我们俩只剩下一块三明治，而救生船却从我们的视野中越走越远……这可真是有史以来最龌龊糟糕的一份工作。我们所能做的一切，就只是继续在绞索套里摇来荡去。”

1942年11月末，印度和缅甸的夏季暴雨终于告一段落。冬天凉爽、干燥的气候已近在眼前，但“安纳吉姆”计划的确切日期，依然如海市蜃楼一般闪烁不定，令约瑟夫·史迪威难以真切地把握。随后不久，“安纳吉姆”计划便彻底破产了。

12月上旬，英国人（依然在他们自己的补给困境与甘地领导的反抗运动泥潭里挣扎）通知史迪威：他们缺乏封锁孟加拉湾或向仰光发起两栖登陆作战的海军力量。这份告白，就好像推倒了多米诺骨牌，给了蒋介石出局的借口，因为英军对孟加拉湾的控制，是蒋亲自参与该计划的先决条件。

1943年1月8日，蒋介石正式拒绝参加盟军对缅甸的进攻。在他给罗斯福发去的谢绝信上，总司令很明显地运用陈纳德式的语句来修饰其文辞（例如，“空中进攻那非比寻常的潜力”），并且他建议——令人气韵生动地回想起陈纳德的调门——与其发动一场地面战争，盟军还不如展开一次“空中进攻，我可以担保其效果要远远超出所投入的军力之比”。

当史迪威在1月8日翻开他的日记簿时，他在日志的开篇落笔写道：“黑色星期五……”“安纳吉姆”计划被丢进了纸篓里。

尽管“安纳吉姆”胎死腹中，但英国人——在既没有通知盟军总部，也未告知中缅印战区指挥部的情况下——却独自发起了一场进攻缅甸的有限战争。从1942年12月开始，魏维尔派遣一支部队，从印度孟加拉省向西南切入缅甸的亚拉坎地区，该区域是沿孟加拉湾的一片山峦起伏的濒海地带。在英国将军W·L·利洛伊德的率领下，该部队穿过险峻陡峭、丛林密布的马屿山谷地，他们的目标是夺取缅甸海岸线以南九十英里、防守相对松懈的阿恰布岛。一旦得手，英军判定阿恰布岛上的空军基地将为此后进攻仰光的军事行动提供便利的空中支援。

在沿着坎坷的公路缓慢起步之后，士气高涨的英国突击队在距他们的目标只有十五英里以北的地方，出乎意料地遭遇了日军设在马屿山麓的碉堡。每一座碉堡都由粗大的原木搭建而成，上面覆盖着几英尺厚的泥土。它们分布在半山腰上，正位于英军进攻的每一个关键节点，能够组织起步枪和大炮的交叉火力，有效地对抗敌人的进攻。这些碉堡都嵌在山石之间，由茂密丛林之中的竹子和树木遮掩，几乎难以被发现。根据日本人还击时的火力来判断，应该有大量的弹药和粮草贮藏在这些阵地之内。

在数周时间里，英军不断地向某个碉堡发动进攻，再被驱赶回来，然后聚拢人马重新来过。当一支英国或印度分队逐渐渗透到一座碉堡的附近时，周边的炮台或碉堡就会用猛烈的枪炮火力覆盖这一地带，敌人似乎从不顾及被围困在阵地上的同胞死活。利洛伊德的军队用坦克和大炮持续轰炸这些碉堡，但似乎效果甚微。在英军动用坦克大约一周之后，日本人开始动用高速穿甲性反坦克武器，有系统地摧毁英军的重型武器。

“亚拉坎”战役逐渐变成了一场噩梦。当时间缓慢地从一月进入二月之后，利洛伊德的军团已经扩编至九个旅（大约 6000 士兵），但他们依然无法让日本人后撤半步。当日本军队的增援部队在二月之末陆续涌入亚拉坎战线之后，日本人开始反扑。至 1943 年 3 月，日军翻越了陡峭的马屿山脊，切断并从英军背后与两翼向他们发动攻击。他们占领山头制高点，扼住了英军部队与辎重往来印度的咽喉要道。

在三月的第二个星期，刚好是英国的威廉姆·斯利姆将军奉命指挥英军撤出缅甸一周年的日子，他再度受命“拜访”利洛伊德将军在亚拉坎的指挥部。当斯利姆抵达亚拉坎的时候，利洛伊德已经被解职，取而代之的 C·E·N·洛马科斯中将正着手重新归拢士气涣散的英国军队。仅仅用一天的时间进行评估，斯利姆便已认定事态之糟糕“超乎想象”。在他为期五天的巡查之中，他曾在某一处目睹两支印度部队错误地向对方发动攻击。正如一则流传在亚拉坎的笑话所说的，即便是两支印度部队交战，“至少我们中的一方能赢得胜利”，但形势之严峻已到了无以复加的程度。日军现在已成为进攻的一方。一旦他们能够突破英国军队的防守，摆在他们面前的就是一条通向印度的金光大道。为了阻遏日本人，洛马科斯决定包围他们。但就在他准备发动反击的时候，负责把守印度方向道路的两营英、印军队难以抵抗日军凶猛的冲杀而彻底崩溃了。这下日本人控制了前往印度的通路，英国军队彻底被阻隔在大本营之外。

当洛马科斯向斯利姆讨教战策的时候，斯利姆只拿出了唯一的一条“锦囊妙计”：再度从缅甸全面撤退；再度在必要的时候穿越热带丛林。而这一次让他们落荒而逃的，却是一支在人数上远少于己方的日军小股部队。

“洒掉的牛奶没必要再端。”斯利姆在日后写道，“在战争中，你必须为你的失误付出代价，而在亚拉坎战役中，同样的错误一犯再犯，直到军心彻底涣散。”在亚拉坎战役结束，英军从缅甸撤回印度之后，英国人的自信心被彻底粉碎。大约有 2500 名英军士兵在这场与其说是战略部署，不如说是公关宣传的行动中付出了生命的代价。

随着“安纳吉姆”计划的破产与亚拉坎战役的惨败，1943 年 3 月成为美、英两国重新评估中缅印战区以及二次大战期间整个太平洋战区军事战略的一次时机。

面对持续紧张的物资供应问题与一位不愿组织地面战争的中国总司令，罗斯福总统决定依他自己的本能从事。陈纳德提出的从空中击败日本人的提议，作为一种成本不高的可行性计划，依然令罗斯福着迷。他授命陆军部解散了中国航空特遣队，让陈纳德指挥一支以中国为基地的新编全员第十四航空队。总统不但交给陈纳德一支拥有五十余架崭新战斗机和轰炸机的机群，而且还赋予他一个新的军衔：他的第二颗将军星。陈纳德如今已是一名陆军中将了，尽管他仍然要听命于史迪威，无法为所欲为。

陈纳德已经大有所成，现在他必须再上层楼。

对于中缅印战区的英国和印度一方而言，经历了“安纳吉姆”计划的难产与亚拉坎战役令人尴尬的失败之后，魏维尔将军也意识到，行事必须有所改变。迄今为止有关缅甸作战的所有计划或者策略，要么未能成功，要么彻底失误。如果盟军还打算把日本人赶出缅甸，那么他们就必须改革其开展工作的态度与方式。如果他们拒不反省，那么长期以来损兵折将、丑态百出的糟糕记录恐怕还会延续下去。为了实现这一战略性飞跃，魏维尔清楚他的手中至少还有一件非常规武器可供利用。盟军在缅甸迄今唯一取得过的胜利激发了他的灵感：英国领导下的“北部克钦联军”。魏维尔最终决定将变革付诸行动——现在是向温盖特表示支持的时候了。

第六章

当沃德·温盖特来到中缅印战区时，他或许被列为英国军队中最受人尊敬，又最遭人疑虑的军官之一。这样的声名在很大程度上是他咎由自取。因为他的现身，刚好是在他自杀未遂之后六个月康复期满的时候。

如果说史迪威和陈纳德是中缅印战区中美国一方最为坚定果敢的双子星座，那么他们会发现，英国人温盖特在才智过人与性情乖僻方面与他们不相伯仲。他是一个性情复杂的战士，也是一个足智多谋的领袖。他的部队——无论他在何时何地指挥他们——总是毫无二致地热爱他，哪怕他会因为手下人不服从命令而痛打他们，或者在操练中不断地催逼，直到他们因筋疲力尽而崩溃。为了让他的士兵更吃苦耐劳，温盖特要求他们自己外出觅食，弄到的食物中经常包括青蛙和昆虫。当他们被他的训练搞得一身伤病、营养不良时，温盖特会命令他的军医们拒绝接诊任何一名新患者，以遏止"最近流行的疑病妄想症"。

但是，通过言传与身教，温盖特手下的每一名士兵都知道，如果长官本人不亲力亲为，他是绝不会让他的士兵做任何事情的。

作为第四代职业军人，沃德·温盖特于 1903 年出生于印度的一个正统派基督教家庭。实际上，温盖特的父亲乔治，正是在沃德出生的那个夜晚，才发现了上帝存在的证明。那天夜里，当乔治·温盖特的妻子艾瑟尔在“产下一个重达九磅，漂亮得非同一般的婴儿”之后不久，便开始大出血。在她的第一个男婴降生之后，她因为血流不止而在生与死之间徘徊了整整一个小时。在全部时间里，乔治都为她的生命不停地向上帝发出诚挚的祷告，他还向世界各地发出雪片一样的电报，希望朋友和亲戚们也同样为艾瑟尔祈祷。不可思议的是，乔治·温盖特上校终于如愿以偿地令奇迹发生了。

在他的妻子康复之后，乔治·温盖特经历了脱胎换骨的改变，这一点毋庸置疑，也无可争议。在那一年晚些时候，当英军在印度北方调兵遣将，以牵制有猎头习俗的纳迦土著武装时，这位老温盖特先生不但要求他的部队每日祈祷，而且拒绝在安息日行军布阵，而他这种违抗军令的行为却从来也没有受到制裁。1905 年，当他从印度退休——不仅从英国军队退役，同时也不再担任普利茅斯兄弟会在印度的传教士——全家搬回英格兰后，温盖特家的五个孩子（沃德排行第三）住在乡下东倒西歪的房子里，靠吃麦片粥、蘸肉油的面包和“上帝教诲中香甜的乳汁”渐渐长大成人。

由于他的父母担心外出求学会受到“堕落的影响”，沃德多年来在家中受教育。他被父亲坚持不懈地进行着品格的磨炼，譬如严酷无情的长途跋涉，或者整日阅读和记忆《旧约全书》。在星期日，全家人都换上黑衣，礼拜、祈祷，用下午的时间研读《圣经》以求“精进”。

当他年轻的时候，沃德曾对《旧约》中的各种警告深信不疑，以致每天夜里，他都要把他的兄弟姐妹紧紧地塞进被窝里，唯恐天使抑或是魔鬼会将他们偷偷攫走。

在十几岁年纪上，沃德终于获准就读于英国私立学校，早出晚归，每夜在家中读经和祈祷。但到那个时候，他离群索居已成癖癖，几乎没能给他的同学们留下任何印象。只有他对日常卫生习惯的忽略为沃德赢得了某种“声誉”，他被取了一个绰号，叫作“臭鬼”。

完成中学的学业之后，沃德扭头便投考了肯特郡郊外的伍尔维奇军事学院。由于沃德是四代军官世家的长男，他虔信宗教的父母对他继续这份戎马生涯毫无异议。来自家庭的压力松缓之后，温盖特肉体自虐的决绝秉性与耿直不阿的宗教激情开始交相辉映，熠熠闪光。如果说在伍尔维奇军校的某一段经历能够为温盖特的将来定下基调，当属入学头一年的那次名为“奔跑”的羞辱仪式。在这样的惩罚性活动中，每一个低年级学员都会因为一桩小差错而遭到责难。然后，他会被脱光衣服，驱赶到两列高年级学生的中间。他们用打结的毛巾抽打他赤裸的身体，当这条鞭打夹道被走完之后，“奔跑”仪式便会以该受罚学员被抛入冰冷刺骨的蓄水池中圆满结束。

当轮到温盖特“奔跑”的时候（他将一匹马带离马厩过久，让另一名同学丧失了骑马休闲的机会），他在午夜时分被人从床上拖走，拉到一个庭院里脱掉了全部睡衣，面前就是排列成行的惩罚者。温盖特根本不屑于去模仿那些两手护裆，一路小跑地蹿过人丛的学生们，他完全反其道而行之。赤身露体地站在黑暗的院子里，他径直向队列排头的高年级学生走过去，目光炯炯地凝视着那人的双眼，等待着。

当第一位惩罚者放弃了抽打他的念头之后，温盖特又向队列中的下一位学长走去，重复他那同样的动作。短短几分钟之内，温盖特就走完了这条“鞭打夹道”，却没有一条毛巾曾在他面前举起。随后，在黑暗之中，他攀上了队伍末尾的蓄水池边缘，就位之后，便一头扎了下去。道德的凛然威严与严苛的自决精神令卑鄙猥琐的军校陋俗土崩瓦解。沃德·温盖特在他的传奇人生中迈出了重要的第一步。

1923 年，温盖特从伍尔维奇军事学院毕业之后，在英格兰的索尔兹博里平原的皇家炮兵部队混迹三年。与史迪威一样，这位年轻的军官很快便对呆滞轻闲的军队生活感到厌倦。为了打发时日，他开始不间断地读书，让自己在从哲学到艺术、从音乐到历史的各种学科中得到滋养。为了突破事业上的瓶颈，温盖特听取了他声望卓著的叔父雷金纳德·温盖特爵士——英国驻开罗高级代表，实际上也就是埃及的首相——的意见，离开了皇家炮兵部队，到伦敦大学研习阿拉伯语和阿拉伯文化。四年转瞬飞逝，当他从伦敦大学毕业，并且通读过任何一本可能到手的相关书籍（他在空闲时间也成为一名技艺精湛的猎狐者）之后，温盖特要求前往中东地区就职。在其叔父的政治荫庇下，他来到苏丹，授命在苏丹国防军领导一个连的本地士兵。

这份工作正是温盖特梦寐以求的优差。他驻扎在毗邻苏丹与埃塞俄比亚边界的一处荒远哨所，在那里他如一名地方执政官一样，统辖着275名男子以及他们的家室和姬妾，与其说是一名军事长官，莫如说是一位土邦酋长。温盖特狂热地将他猎狐的本领运用在首先要对付的目标上。几乎是下车伊始，他就采用佯攻与小型机动的军事分队，开始阻击那些从其哨所附近干旱风蚀的边境地带偷渡入境的埃塞俄比亚象牙贩子们。随着每一次胜利，他为将来的军事行动积累起成功的战术经验。

但是，1931年4月，温盖特也得到了另一种教训。在那个月里，当温盖特和他的巡逻组在崎岖的荒漠地带追捕九名盗猎象牙者时，其中一名偷猎者选择了挺身反抗，并用他老式的来复枪向温盖特的部队开火。巡逻队立即开枪反击，并将这名男子当场击毙。有生以来第一次，时年28岁的温盖特见证了有人在他的命令下血溅当场。他抵近这名偷猎者的尸体——是一位面黄肌瘦、破衣烂衫的老人——当即对自己的行径深恶痛绝。“他所拥有的唯一有点价值或重要性的东西，”温盖特后来回忆道，“就是他的生命。而我们却将其夺走了。”

尽管仁慈心或负罪感从来都不是任何一名军官的品行特征，但是在温盖特的内心深处，它们却和他严格奉守的军事责任心天人交战，这一矛盾的情感致使他对任何使用武力欺压他人的人或行径都深恶痛绝。因此，毫不奇怪，这种被他称作“精神眩晕”的心理状况，令他经常规律性地陷入抑郁状态中不可自拔。而在另一些时候，当他的宗教激情以及他令人敬畏的身心力量全副武装之后，温盖特狂热地坚信，他的聪明才智、广博视野、理想主义、自律精神以及绝不屈从的综合品质，使他洞察其人生的使命——以他个人的判断——就是“注定要成就一番伟业”。

以温盖特的长官们所见，他那暗黑的心态与种种激烈狂躁的宣言都让他成为一个理想主义者与神秘主义者交织混杂的矛盾统一体。毋庸置疑，他与英国军队的其他军官们一样坚忍不拔和足智多谋，但他在苏丹所运用的战术却并不可靠。他的巡逻队在穿越沙漠四处搜索的时候，有时会忽视那些更为明显的走私线路。而当情形紧急或者一时想不出应对策略时，温盖特喜欢滔滔不绝地念诵《旧约》里面的章节语句。但由于他家族的声誉，温盖特在苏丹仍然广受好评，到 1933 年——在他离家五年之后——温盖特重返英格兰，迎娶了未婚妻罗娜，并投考陆军参谋学院，以获得更高的军职。

当他向参谋学院递交的申请忽然因某些没有言明的理由（或许是由于他古怪的领导方式）而被拒绝时，温盖特一帆风顺的军旅生涯受了一些波折。就在他获知参谋学院的拒绝通知次日，他在一次例行的军事视察期间，邂逅了大英帝国总参谋部长西里尔·德沃莱尔将军。温盖特斗胆置军事条例不顾，径直走到德沃莱尔将军身前，向他陈述了自己在苏丹的经历，并请求将军保送他进入参谋学院。虽然德沃莱尔对温盖特的录取无能为力，但将军在校验了这名鲁莽年轻军官的言行之后深受触动，他向温盖特承诺：给予他下一个合宜的参谋职位。

几天之后，温盖特获得军令：命他立即前往巴勒斯坦，在陆军情报部门就任上尉之职。

在他早年的全部生涯里，沃德·温盖特一直为自己寻找一个为之奋斗的目标，而在巴勒斯坦，他最终得偿夙愿。在 1936 年，英国统辖的巴勒斯坦在政府法令之下“开始成为犹太人的民族家园”。但一场以新犹太复国主义者定居点为袭击目标的阿拉伯人叛乱，却将建立犹太国家摆在了维护社会和平之后的次要地位。

一开始，基于他的历史与阿拉伯学素养，温盖特对巴勒斯坦的阿拉伯人怀有同情，认为他们被错误地驱离了自己的土地。但仅仅数日之后，他却被犹太复国主义定居者们的精力与勇气所震撼，发现他们建立的“基布兹”公社在农业生产与行动能力上堪称奇迹。很快他便被说服：作为大英帝国的合作伙伴，一个犹太国家要比现今的这个阿拉伯国家远为相宜。于是他决定运用他的实际战斗技能来校正这一不公平的现状。

温盖特开始学习希伯来语，与犹太复国主义领袖们过从密切，并逐渐被他们称作“海特杜德”（“朋友”）。作为一名英国情报官员，他对犹太一方明显的偏向性开始令其丧失了同事们的信任。而温盖特对英国行政当局冷淡的正统立场以及军队里那些推行这一原则的“军事猿人”们毫无敬意，从来不试图掩饰对他们的轻蔑之情。

由于阿拉伯叛乱愈演愈烈，温盖特不停地纠缠他的上峰，终于迫使他们同意其组织犹太人军事组织，以保卫犹太定居点并防止巴勒斯坦境内的输油管道遭到破坏。这些经由温盖特训练的战斗队伍被称作“特别夜袭队”（简称SNS），很快从温盖特在苏丹与埃塞俄比亚追捕走私者的经验中获益匪浅。一开始，夜袭队只对前来骚扰的阿拉伯人实行防卫，随着他们的自信心日益增强，“特别夜袭队”逐渐动手伏击甚至攻打阿拉伯人的宿营地。

不到一年的时间里，“特别夜袭队”就跻身于世界上最杰出的精锐部队行列。他们以密集队形行军（通常在执行战斗任务的前夜奔袭十五英里穿过沙漠地带），用黑色棉花裹住刺刀，以免它们在月色下反光，采用新式的无线电通讯设备以赶超敌人，并且对在组织性上远为逊色的阿拉伯人残暴无情。温盖特无惧于在冲突与战斗中所遭受的枪击与弹痕，直接在最前线指挥他的部队作战，在一次遭遇战中，他竟被自己的部队击中了五枪。但即便是累累弹孔也无法冷却他的热情。

在巴勒斯坦英军指挥部，温盖特的同僚们开始怀疑他是想将英国军队陷入尴尬境地——甚至有可能发动一场暴动，让他本人取代现任执政者，入主权力核心。他们要求解散“特别夜袭队”的呼声日渐高涨，而他们的诉求也越来越得到英国行政当局的认同和支持。但如果说温盖特的事业企图开始令人狐疑的话，他那些古怪的个人癖好则更让人感到震惊不已。

数个月以来，温盖特蓄出了一把乱蓬蓬的大胡子（对一名英国军官而言可谓前所未闻），身着从不清洗、皱皱巴巴的军装，并且用一顶曾被上个世纪探险家们青睐的沃尔斯利牌软木衬里遮阳帽取代了他的英国平顶军官帽。由于他开会经常迟到，他便用一根链子将一只大闹钟悬挂在腰间，将闹铃设在下一个约定的会议开始之前。到 1938 年，温盖特又戒掉了洗澡的习惯，改用一把硬橡胶刷子每日刮擦全身，既不用水，也不用肥皂。在饮食方面，他只吃生洋葱，并宣称此为养生的要诀。但是，在他诸般怪僻中最骇人听闻的一种行为，令人依稀回想起他在伍尔维奇军校里“裸奔”的经历：每当他认为某次会议有可能火药味甚浓，温盖特就会将它安排在自己的私人寓所里，并用裸体发言的方式——通常还伴以硬刷擦身的“干洗”活动——令反对者感到惶恐不已，败下阵来。

至 1938 年晚期，“特别夜袭队”已经杀灭了大批巴勒斯坦阿拉伯人，并培养出包括摩西·达扬在内的整整一代未来以色列的将军们。温盖特的骁勇善战与组织方面的热忱活力——更不用提他显赫的家族门第——吸引了英国将军阿齐博德·魏维尔爵士的注意力。此公后来担任巴勒斯坦地区的军事负责人，并最终担任英军在中缅印战场的总指挥官。

但是“特别夜袭队”的压倒性胜利也孵化出越轨的恶行。随着这支武装日渐强大，他们开始凌虐阿拉伯的战士与囚徒。在一起事件中，“特别夜袭队”的士兵阻遏了一群阿拉伯反叛者破坏巴勒斯坦油管的行动，随后便强迫他们的俘虏吞吃浸满原油的沙子。在另一起案件中，他们在斯拉·艾尔·达赫尔村未经审判便枪杀了三名有叛乱嫌疑的阿拉伯人。

对于巴勒斯坦行政当局而言，“夜袭队”已经成为犹太复国主义者的义务警备队并获得了单方面的（而且是由英国所补给的）优势。在1939年5月，毫无前兆的情况下，“特别夜袭队”被解散，温盖特在一片争议的疑云下受命返回英国。到家之后，他被派往一个偏僻的防空哨所驻扎，在那里，几乎没有任何行动反击已经在中欧和西欧掌握了制空权的德国空军。

按照温盖特个人的估计，他已经被英国军方随手扔进一个抽屉里，遭人忘怀了。在他自己的神话架构里，此时的温盖特正如一名遭到放逐的先知。尽管他继续竭尽全力，想让自己重返巴勒斯坦的指挥部，但他所有的请求均好似泥牛入海，一去再无音讯。

当第二次世界大战的野火迅猛地烧遍欧洲并蔓延至北非的时候，即使温盖特觉得自己正身处炼狱之中，他的军事业绩其实也并没有被遗忘——而供他大展身手的地方也并不仅仅局限于巴勒斯坦。

1935年，早已占据了北非索马里和厄立特里亚领土的意大利人，入侵并占领了埃塞俄比亚，将该国皇帝海勒·塞拉西轰下宝座，又将其纳入意属东非的版图。接着，在1940年6月，在意大利独裁者墨索里尼与希特勒的德国牵手同盟、正式参战之后，英国人日渐忧虑埃塞俄比亚成为意大利进攻英国殖民地肯尼亚、埃及和苏丹的跳板。正如他们所担心的，三个月之后，五支意大利团跨过埃及与利比亚的西部边界入侵该国。转瞬之间，盟国唯恐失去整个北非的不祥预感成为一种触手可及的现实可能。

随着意大利与英国的边界冲突逐步升级，时已升任英军驻中东地区总指挥的魏维尔将军忽然想起了“特别夜袭队”和它的缔造者：温盖特上尉。为判断温盖特是否有助于埃塞俄比亚的战局，他立即将这位游击队领袖从英格兰召唤到喀土穆。虽然这一地区的英国军官仍然对温盖特持怀疑态度——他在旅行期间化名为“史密斯先生”，但沃尔斯利遮阳帽及其古怪的举止还是泄露了他真实的身份——但魏维尔却对他全面支持，有求必应地满足温盖特的所有需求，以在埃塞俄比亚酝酿一场支持塞拉西皇帝的革命运动。为配合这一使命，温盖特被临时性擢升为中校军衔，手下指挥着 1600 名苏丹和埃塞俄比亚士兵——这一数字是他在巴勒斯坦时所拥有的战士的十倍。

温盖特再度感到自己找到了正义的人生目的——让塞拉西皇帝重归王位——将自己沉浸于这一使命当中。他的计划包括在英国军团从北部和南部边界侵入埃塞俄比亚的战术支持下，跳棋一般地穿越该国东北部地区。温盖特将与塞拉西一起，率领他 1600 人的部队，在两支大股入侵部队之间，从他原来位于苏丹境内的旧根据地出发，沿东南方向进入埃塞俄比亚。一旦打入该国的内部，他相信手下这支小规模、机动性强的队伍便能够击溃意大利军队，重新夺回首都亚的斯亚贝巴。

温盖特将他的军队命名为“基甸部队”（Gideon Force），以示对他在《旧约》中最崇拜的战士的纪念。1941 年 1 月 20 日，当他的北方和南方都已打响了进攻枪声的时候，温盖特、塞拉西和“基甸部队”启程进入敌方的土地。“基甸部队”放弃运输车辆，而是使用骆驼和骡子行进。但是埃塞俄比亚东北部地区荆棘遍布的平原与坚硬峭拔的山区却比他们预计的更为艰苦难行。很快温盖特的“骆驼骑兵团”——获名于某些批评家的揶揄——便由于缺少水源与牲畜的每日死亡而放慢了脚步。

温盖特依然不停地向前推进，在一周之内，“基甸部队”便开始在夜间骚扰意大利的军事前哨，干掉哨兵，并且爆破机枪阵地。温盖特将他的军队以叉状纵队的形式分散开来，以营造出一种大规模进犯的假象。而意大利人相信这些偷袭行动仅仅是未来大规模进犯（正如在埃塞俄比亚北部和南部进行的那样）的前奏，居然颇令人感到惊诧地转身逃跑了。

“基甸部队”行动迅速，试图围歼撤退的意大利人。但由于毫无战斗经验，温盖特的军队也犯了一系列的战术错误。要不是运气不错，恐怕战斗的结局会比实际情况糟糕得多。

举例而言，一支由300人组成的“基甸部队”小分队夜宿在查拉卡河对岸毫无遮蔽的山坡上，而这里正当意大利军队可能撤退的路线，并有一座桥梁连接河流的两岸。第二天早晨，温盖特的队伍被满满一个营——约有一千人——的意大利机械化部队惊醒，他们已经抵达桥头。意大利军队在一架配有机关枪的萨伏伊轰炸机的掩护下，冒着“基甸部队”猛烈的炮火最终强行通过了查拉卡河上的桥梁。而“基甸部队”行动迅速，反应灵活，很快让意大利的装甲车陷入一片火海，并最终用地面炮火将那架萨伏伊轰炸机从空中击落下来。当战斗结束之后，大约有140名意军士兵被击毙，另有超过200人负伤。而“基甸部队”仅损失了21名战士，另有50名受伤的士兵需要进行医治。

正如温盖特所期冀的那样，“基甸部队”在埃塞俄比亚东北部的胜利激励了地方游击队，他们纷纷为支持归位的塞拉西皇帝而奋勇作战。意大利军队（被他们的指挥官纳斯将军警告说：罗马还远在天边）开始士气低迷。他们每夜都受到温盖特的非正规军的骚扰，虽然偶尔也发起些反击，但最通常的行动却大抵总是溃散和撤退。

而温盖特在挺进亚的斯亚贝巴的道路上，再一次开始在最前线冲锋陷阵，他如此地沉迷于战斗，以至于极少与指挥部进行联系，经常数日或几周音讯全无。到5月5日，海勒·塞拉西皇帝重新回到他位于亚的斯亚贝巴的皇宫，而意大利军队被从西南方向驱逐出埃塞俄比亚，又被英军从各个方向压得粉碎。5月23日，当驻埃塞俄比亚的意大利军队宣布投降的时候，大约有超过1.4万名意大利士兵已成为盟军的战俘。

但是，就在那一夜，温盖特甚至未获许可去参加塞拉西开设的庆功宴。由于他在战役期间蔑视性地拒绝同指挥部联络，温盖特被命令乘坐“下一个航班”的飞机去开罗述职。第二天，他以一名桀骜不驯、满怀胜者气概的上校身份步入英国中东地区司令部，但几个小时之后，当他离开同一幢大楼的时候，已经被贬黜为少校军衔。

出于对前途的焦虑不安，又身陷开罗无所适从，更加上被降衔的羞辱，温盖特跌入又一场抑郁之中不能自拔，而疟疾的发作更增添了他的痛苦。如果不是躺倒在他栖居的开罗旅馆房间里——血液中的寄生虫令他浑身汗湿、心生幻觉——他便会写信回家，哀声抱怨上帝已经抛弃了他；或者他被剥夺了本应属于他的荣耀；又或者他的军旅生涯已然永无天日——如果不是彻底完蛋的话。再一次，他曾认定自己必将成就的丰功伟业猝然幻灭了。

1941 年 7 月 4 日，仍然困居在开罗，并且因为新一轮疟疾的发作而高烧不退，温盖特站在浴室的镜子前，试图用一把刀子切开自己的喉咙。起初，他将那柄匕首刺入了脖子的右半部，但就在刀锋入肉的一瞬间，他因为颈部肌肉的绷紧而阻碍了致命的一戳，只在皮肉上刺出一道创口。于是他又给了脖子左侧一刀，这一次伤口更深了些，但却没有刺中能令其大出血而亡的颈动脉。

由于疟疾、失血以及心力交瘁，温盖特蓬头垢面、满身血污地瘫倒在地板上。幸运的是，一位住在隔壁，名叫索恩希尔的上校听到他轰然倒地时的声响，并发现温盖特的房门紧锁着。他喊来旅馆经理紧急救援，温盖特怒目圆睁地向索恩希尔和急救车司机喊叫着：“我已经死了，已经下地狱了！”当他们将他从房间里抬出来并运抵旅馆门厅的时候，温盖特不断地发出这般的怒吼。

在埃及和英格兰用了足足六个月时间进行休整，加上一系列生理和心理诊治，以及遏止疟疾的复原性疗法，温盖特才最终恢复了他昔日的——或许仍旧是特立独行的——自我。

至1942年2月，温盖特再度被判定可以重返军事生活。2月7日，他收到一项指令：在英格兰乡间的多西特负责一个皇家炮兵团的指挥工作。对于曾经以统率“特别夜袭队”和“基甸部队”而熠熠闪光的指挥官而言，指挥一支炮兵团无异于扇他一记耳光。温盖特确信他在军部的敌人们终于一劳永逸地“修理”了他和他桀骜不驯的处世方法。

但就在同一天——英国军队于当日被日本人逐入马来亚，而日军正启程从泰缅边境入侵缅甸——阿齐博德·魏维尔将军（如今已荣升印度英军总司令）命令温盖特“以第一时间、最捷路线”赴仰光报到。

两周之后，当温盖特抵达缅甸的时候，仰光防线在日军的大举进犯下已经土崩瓦解。英国和中国在缅甸作战军队被一路向北方驱赶，史迪威“走出缅甸”的壮举还在三个月以后，而在如此混乱当中，温盖特对于组建一支游击队发动反攻的使命也是有心无力。

撤退完成以后，在史迪威为中缅印战区的指挥工作焦头烂额、陈纳德开始称雄蓝天之际，温盖特也起草了一份筹建游击部队重新打回缅甸的计划。1942年6月，没有征询史迪威与中缅印战区指挥部的意见，这份计划便获得了魏维尔的批准，已晋升陆军准将的温盖特获准统领由三千名英、印、廓尔喀和缅甸士兵组成的第77印度步兵旅，这些军人开始受训，为温盖特称之为“远距离突破”的军事行动做好准备。

他的初步计划是先将他的部队打磨出钻石一般的硬度，以备将来那一场从印度徒步杀入缅甸的突袭行动。一旦踏上敌方的土地，他们将轻装前进，靠空投获取给养，并在史迪威发起的“安纳吉姆”入缅攻势初期起到牵制日军的作用。在训练的每一天——温盖特现在开始坚信行军能够预防疟疾——第77旅的三千名士兵都不练到瘫倒绝不收兵。温盖特禁止他的将士们刮脸（如此每日可省出额外的五分钟），他又从日本人那里得到启发，令其手下官兵放弃现成的道路交通，而是在丛林中开辟小径以资行进。士兵们更受命牵养和照料一千匹骡子，它们不但可以驮运辎重，在补给短缺的时候，还能够作为肉食的来源。

在温盖特的训练营中，常规的军事条例要么严酷到几近折磨，要么干脆废弃不用。一位名叫菲利普·斯蒂比的少尉在训练期间写道："命令、小册子、通知、嘉奖、谩骂从旅部如流水一般源源不绝地浇落在我们的头上……敬礼被削减至最低程度。每一件事都要跑步完成。每人每天必须至少吃一头生洋葱。下雨的时候只准穿着短裤。严禁咒骂。当大部队行军穿越丛林地带时，荆棘灌丛须视若无睹，唯有茂密丛生的竹林才能被当作障碍物看待……"

为了强化他的部下吃苦耐劳的能力，温盖特命令他们自己寻觅大部分食物。很快，饥饿迫使这些人烹煮他们搜集来的青蛙、鱼虾、小虫、鸟类和蜥蜴，连同成摞的印度薄饼一道，做成一锅难以下咽的乱炖大餐，还要佯装成营养丰富的样子。在训练期间的某一个时刻，有两名士兵在同一天内因患痢疾而相继身亡。而在另一阶段，一个营内竟有 70%的士兵要么病倒在床，要么求医看病。但是温盖特只在这样的情形中看到了精神上的软弱。他对这种"流行性瘾病"大加责难，并向那些坚持训练的官兵发表演说指出，在敌人的后方没有医院里松软的病床。

"人人都应学得医生的眼光和医术。"温盖特抱怨说，"虽然在和平岁月里，像这样的行为无可非议，因为有充足的医疗设施可供利用，但在丛林里却没有这样的好处留给我们。你们必须自己诊断身体的疾患并且对自己进行救治。我们决不会停下来等你，因为我们自己的生命会由于等待掉队者而受到威胁。如果你生病了，对我们而言就不再有利用的价值——你成了一个累赘和负担。我们将会离开你，让你自己寻找求生的出路。"

到那个时候，温盖特开始称他的部队为"亲迪部队"（Chindits），这一名词得自缅语中"大鹏鸟"的蹩脚音译，这种半狮半鹰的怪鸟雕像通常被用来守卫缅甸佛寺的大门。1942 年的整个雨季，温盖特都坚持不懈地调教他第 77 旅的一众官兵——如今他们的座右铭已经变成“不惜狗日的一切代价换取和平”——“亲迪部队”终于翅膀长硬，不久之后，温盖特的士兵们便被送进丛林里，几乎不带任何给养，进行为期三天的训练演习。

但是“温盖特杂技团”的所有成员却从不怨恨他们的领袖，而是对这位指挥官满怀赤诚。松软的肚腩一去无踪，士兵们分享着他们搜拣或乞讨来的那一点食物。通过紧张的工作，“亲迪部队”正在成为一个集体式的生物体，他们如此紧密地联系在一起，以至于几乎可以读通彼此的思想。在执行战斗计划的过程中，如果战士们发现难以赢得一场伏击的胜利，指挥官便会发出一个信号（例如发射信号弹，或用军号吹出一种特别的曲调），士兵们便会悄然溜进丛林里，再到先前约定的某处远离战场的地方集合。“亲迪”军人对徒手肉搏日渐得心应手，当在枪支或其他武器都难以获得的情况下，他们便会采用咬耳朵、挖眼睛、踢睾丸等巷战技巧对付敌人。

温盖特的士兵开始称他们的长官为“人猿泰山”——又或者，当他向他们投去责难的目光时，他就成了“贝洛·鲁古西旅长”[Bela Lugosi，美国演员，以在许多电影，比如《吸血鬼》（1931 年）和《狼人》（1941 年）中扮演怪物而出名——译注]——而他们的领袖则不停地用“亲迪部队”根本大法来激励他们，直到它最终成了他们的口号。套用《传道书》中的一段格言警句，温盖特没完没了地重复着他的说教：“无论你手头上在干什么事情，使出全力来把它做好。”

当 1942 至 1943 年的冬季降临时，温盖特的军队已经战阵整齐。当年 12 月，他们被从距德里 300 英里、位于印度中部索果尔地区的训练营转移到印缅边境一线的英帕尔。在那里，他们等待着“安纳吉姆”行动的开张，同时也最后检测他们的战斗技能。在 12 天的时间里，温盖特和他的士兵在瓢泼大雨中听候命令。但是当史迪威的“安纳吉姆”计划因为英国海军——随后是中国军队——的脱战借口而烟消云散的时候，魏维尔将军本人亲赴英帕尔，打算命令温盖特取消其“亲迪部队”的挺进计划。但是，当魏维尔抵达之后，温盖特对这次战略性垮台进行了长达两个小时的严辞批判（“这种虎头蛇尾的行径绝难容忍……”云云）。而令人颇有些惊异的是，魏维尔居然对此大不敬容让有加。

1943 年 2 月之际，温盖特召集他的三千壮士，通知他们“将要展开一场伟大的冒险”。“温盖特杂技团”的士兵被分作两路纵队，每一队又进一步分成若干人数相等的小分队，“大到足以发动强有力的攻击，小到刚好能从敌人的包围圈里悄然溜走”。

为了让日本人误以为一场大规模的进攻行将打响，一支阵容较小的牵制性“南路部队”——大约由 800 名士兵和 250 匹骡子组成——将进攻缅甸，在毗邻缅甸城市塔木的亲敦江畔大摇大摆地渡河作战。一位名叫杰弗里斯的少校将身着准将军服，张牙舞爪地化装成温盖特的模样以迷惑敌军。一俟渡河成功，“南路部队”将在亲敦江边游荡整整 24 个小时，随后再化整为零，分成小队向东翻越一座南北向的山脉，转到塔木城的东侧。行至山脉以东，这些小分队便会穿过丛林，在凯钦镇附近破坏日控的曼德勒－密支那铁路。随后继续向东挺进，直至缅甸纵深三分之二处的伊洛瓦底江一隅。

凭借“南路部队”的牵制和掩护，温盖特本人率领的“北路部队”大军——包括 2200 名士兵和 850 匹战骡——将在塔木以北 35 英里处的通河渡过亲敦江。过江以后，他们将撒开一张更为宽广的破坏网，在多处地点炸毁曼德勒至密支那的铁路线，干扰敌军的通讯系统，并且观察缅甸人民的“反抗性潜能”。温盖特和他的上级都对征募山地部落民加入反抗军行列格外感兴趣。譬如在日军铁蹄下挣扎了一年之久的克钦人，他们恐怕早已厌憎了日本“亚洲人的亚洲”这种欺骗宣传。盟军——如今以磨刀霍霍、全副武装的“亲迪部队”形象出现——已经准备好向缅甸内部发起猛攻。

从1943年2月13日至17日，以“上好棉布行动”为代号，“亲迪部队”开始自印度向缅甸进发。他们在预定的地点跨过亲敦江，随后以单行长列的队形——被士兵们称作“长蛇阵”——进入丛林地带，扑向他们的战斗目标。

对于执行牵制任务的“南路部队”来说，各种问题可谓扑面而至。在缅甸境内，南路部队在杰弗里斯少校（乔装成老家伙温盖特的模样）的领导下，行迹昭彰地开赴铁路枢纽凯钦镇，但他们吸引敌军火力的任务完成得过于有效了。3月2日，在不为南路军指挥部所知的情况下，两列车的日本步兵于“亲迪部队”原计划炸毁火车站的当天抵达凯钦。当天晚上，11点刚过，“南路部队”所辖两股分队当中的一支，在埃米特少校的指挥下正沿铁道线向火车站行进的途中，忽然从正面和两翼遭到日军的伏击。在枪子横飞、炮弹狂炸的包围圈中，“亲迪”官兵迅即跃入收割后不久的田地，寻求炮火掩护，但却毫无所获。当他们开始还击的时候，收到了令“亲迪”军撤退的信号，于是那些尚还幸存的人们纷纷撤出战场。

只有不到半数的人马——七十四名官兵——最终安全地撤退到东南距战场12英里的唐岗镇。他们的报话机也因遭日军子弹击透而告报废。当埃米特清点了他们的军需物资之后——65匹骡子，四挺机关枪以及非常少量的弹药——他意识到他们只有唯一的一条出路：他将率部返回印度。

正所谓祸不单行。虽然空投物资不间断地为温盖特的士兵补充给养，但“亲迪部队”不久便发现他们携带的地图可谓谬之千里。由于缅甸农夫采用的是刀耕火种的农垦方式，而热带地区的土壤肥力耗损迅速，因此他们的村社不隔几年就被迫要迁徙他方。几乎日复一日，当“亲迪”军的官兵在缅甸向导的带领下穿越丛林，走向他们地图上所标示的山头村落时，看到的只是一片废弃的房舍，而村圩的袅袅炊烟还在他们视线遥遥所及的另一座山坡之上。

当“南路部队”吸引着日军注意力的时候，“北路部队”顺利地沿着英国殖民统治时期遗留的打猎与木材运输小道——卡斯腾斯路，向东翻越了缅甸的崇山峻岭与茂密丛林。数周之内，“北路部队”已经在他们和印度之间相隔了两座高山。他们穿越缅北的行军计划已经完成过半，开始进入对曼德勒－密支那铁路的攻击范围之内。北路军的第五分队已经花费了好几个夜晚，在一系列桥梁以及邦昌峡谷瓶颈地带的凸出岩石下布好了炸药和引信，这将会对缅甸南北方向的铁路通行造成少则数周、多则数月的战术干扰。

北路军中唯一没有沿卡斯腾斯道路进军的一支部队，是由麦克·卡尔沃特率领的第三分队。这位身材矮壮的 29 岁男子是一位天生的运动员，曾经错过了 1936 年奥运会英国铁人五项代表队的竞赛机会。他是温盖特最得力的助手，而在温盖特来到缅甸之前，卡尔沃特还曾担任过英国在缅甸设立的丛林作战学校的教官。与温盖特身世相仿，他也是出生于印度。在面相上，卡尔沃特鼻梁又长又细，眉骨强壮粗厚，一对蓝眼睛放射出洞察人心的目光。尽管卡尔沃特比他的长官年轻十岁，但他和温盖特却情同手足，二人均对他们之间显著的相似之处了如指掌。无须多日，他们便对于对方的战斗技能和判断力生成一种牢不可破的信任与仰赖。这也是为什么独有卡尔沃特和他的第三分队被单挑出来，完成“亲迪部队”最为艰巨使命的原因。

在与北路军大部队一道横渡亲敦江之后不久，麦克·卡尔沃特的第三分队便披荆斩棘，向东南方向穿越缅甸山峦叠嶂，而且从未在地图上标识出来的丛林地区。在两周之内的 3 月 1 日（当天夜里是卡尔沃特事先约定汇报其地理位置的时间），当温盖特准将听说第三分队正逼近伊洛瓦底江、横穿缅北已经功成一半的时候狂喜不已，他也同样激动地获知卡尔沃特和他的部下已经做好了 3 月 6 日强攻突入日占区腹心地带的战斗准备。看起来，温盖特的计划行将大功告成。

但是在二三月之交，并非所有的事态都有利于温盖特的“北路部队”。由康隆少校指挥、主要由廓尔喀战士组成的第四分队已经数天失去联络，不知所踪了。虽然第四分队的确行动缓慢，但更大的问题还是出在康隆自己的身上。他对电台充电系统所发出的刺耳噪音如此深恶痛绝，以至于他下令将电台彻底停用。当温盖特发现这一抗命行径之后，他解除了康隆的指挥权，并委任乔治·布罗莫海德准校负责指挥第四分队。就在同一天，当布罗莫海德率部匆忙追赶北路部队的其他分队时，他们却撞见了日本巡逻队。

布罗莫海德接过指挥权不过一天之后，3 月 2 日，他的分队便在渡过一条小河时遭到日军伏击。日本人完美地把握了攻击的时机：就在这支分队一千码长的队伍刚刚渡河过半的时候，敌军的炮弹爆炸与机枪扫射声便响彻了整座丛林。一时间，由布罗莫海德指挥的后卫部队开火掩住日本人，而已经过河的先头部队在斯图亚特·琼斯中尉的率领下向森林地带分散。由于布罗莫海德手下的士兵大多是十多岁的廓尔喀人——虽然身强力壮却未经战火考验——因此，他们陷入恐慌之中，当布罗莫海德发令要他们散入丛林中时，一半士兵已经阵亡了。同样被摧毁的还有这支分队的电台，这意味着他们再也无法与指挥部取得联络，或者要求空投物资的补给。在考虑过几种选择之后，布罗莫海德与“南路部队”的想法一致，决定率领其幸存的十五名左右士兵掉头返回印度。

在河流的对岸，斯图亚特·琼斯中尉和他手下的 136 名士兵——同样也没有通讯装备——不得不直面他们寥寥的几种选择。在一开始，他们向东前进，再折向北方，希望能抵达大约 60 英里以东的中国边境。但是两天之后，由于迷路以及不辨方向，斯图亚特·琼斯将指挥权移交给比他军阶更高的芬德雷上尉，分身去寻找他认为仍在这一地区活动的其他亲迪部队。最终，芬德雷的队伍挣扎回到了印度，他们颠沛数百英里——先是向北，继而向西——穿越重重雨林，靠觅得的一点点植物营养和动物的血肉勉强维生。数周之后，在赫兹堡最北部的一个哨所，距离将该部队指挥权移交给芬德雷的地点数百英里以北的地方，斯图亚特·琼斯和四名廓尔克步枪手一起，总算安全地现身了，既病且饿，精疲力竭。

尽管遭遇挫折，温盖特仍然拒绝退缩。3月6日，与既定时间表精确吻合，温盖特开始听到亲迪部队胜利的喜讯。在当天下午，麦克·卡尔沃特率领的第三纵队，用炸毁南坎村附近的曼德勒–密支那铁路多处路段——彼此间隔数百码——的方式，庆祝"疯狂麦克"的三十岁生日。随后，仍未感到满足的第三纵队又炸毁了两座铁路桥，其中一座是三个跨拱、长达120英尺的巨型桥梁。当三卡车的日本反应部队前来铲除第三纵队的时候，卡尔沃特手下的士兵用三英寸口径迫击炮轰击运兵车，当中的两辆被枪弹击中起火，另一辆则被迫击炮弹格外幸运地当头命中。当天晚些时候，第五纵队在邦昌峡谷炸毁了四十英尺长的铁路桥，接着他们又炸塌了峡谷前凸的崖壁，将数百吨碎石埋压在铁道的路基上。在更南边的地带，温盖特亲率的第一纵队也炸毁了另一座桥梁。

在一天之内，温盖特的亲迪部队在七十多个地点切断了曼德勒至密支那的铁路。日军的通讯与交通线被阻隔，虽然日本人在凯钦成功地伏击了亲迪部队的南路部队，但他们总体而言一败涂地。不过，除了卡尔沃特的纵队仍未有伤亡之外，亲迪部队也遭受到人员的损失。鉴于游击战迅速机动的特性，一些纵队指挥官被迫将那些不便继续行军的士兵留给了缅甸土著，但在这种环境中，他们却很有可能被当地人交送给日本军队。

在缅甸丛林中仅仅两周的时间，温盖特的亲迪部队便已出色地完成了其指挥官的计划。温盖特感到自己正逢其时——而他曾向往已久的那种"伟大"如今正在自己的掌握之中——他思考着自己下一步的走法：他是否应该率领所有的亲迪部队进入北部高地，与"北部克钦联军"混编重组？还是在日本人切入其部队与印度边界之前，率部返回印度境内？又或者，以一种最富攻击性的态势，他是否应将他的人马继续深入日军控制地区，以图给日本人带来更大的灾难？

这一抉择——在温盖特的军事生涯中是最为重大的一个——是由他独自做出的。温盖特命令所有的亲迪部队连续几天在森林中野营，而他本人则没完没了地喝着茶，权衡其最终的选择。最后，到3月11日，在南路部队下落不明已一周有余之后，温盖特收到一条消息，按照他的指令，南路部队的残部已经成功地渡过了上千英尺宽的伊洛瓦底江。

这正是他所需要的信号。亲迪部队将继续向日本人占领的缅甸内地推进。

就在7天之后，温盖特和他的北路部队都已抵达或渡过了伊洛瓦底江。在3月18日黄昏时分，温盖特亲自统率的第一纵队，开始乘坐空投的充气皮筏，在本地水手驾驶的独木舟拖曳下，横渡这条宽广而平静的大河。到第二天拂晓，所有的士兵都已站在伊洛瓦底江对岸。

尽管温盖特的渡江行动没有遭遇敌军的炮火，但另外两支纵队——伯纳德·弗古森中校率领的第五纵队与麦克·卡尔沃特率领的第三纵队——在更靠南部的地点渡江时，却被驻守在足以发现他们行踪的江畔哨所的日军枪炮所拦截。虽然弗古森的部队在没有正面交火的情况下成功渡河（那些射向他们的枪弹大都只是反弹的流弹），不过死神终于正面落在卡尔沃特仍保持着零死亡率的第三纵队头上。

在3月13日，当他们正在缅甸提格扬镇附近的渡口过江时，把守在河对岸的日军开始射击。卡尔沃特与他的部下被迫在一座河中小岛登陆，向对方还击。战斗进行得异常激烈，卡尔沃特的士兵甚至动用迫击炮来压制日军的枪林弹雨。随后，当战势略有平静时，卡尔沃特却发现那些拖曳他的纵队抵达河流中心的缅甸船民，在炮火最猛烈的时候已经原路撤回。尽管遭受挫折，但卡尔沃特还是指示其部下继续战斗，而他则竭力寻找一种能够撤离岛屿的方法。一段时间内，双方的炮火甚至比一开始时还要凶猛，然后，在另一次短暂的间歇，一小队缅甸船只在暮色中刚好漂流路过这里。卡尔沃特让他的一名缅甸战士充任翻译，下令征用了这批民船。尽管由于缺乏足够的装载空间，他不得不将一些骡子和装备丢弃在小岛上。

当“疯狂麦克”的纵队在暮色掩护下离开河心岛时，卡尔沃特生平第一次感受到挫败与失落。他不得不将 12 名伤亡的亲迪部队士兵遗留在小岛上，其中 5 名仍未断气。他后来回忆到，这曾是“一个艰难的时刻”。当命令下达的时候，他立即能感受到突如其来的士气崩溃，不单源于那些被留在岛上的伤员，同样也来自受命离去的士兵们。

为了能让那些被遗弃者的前途略现希望，卡尔沃特——用英文——向日本军队的指挥官写了一张字条。在这封信中，他申明这些人是他手下的士兵，他们只是效忠于一位国王的卑微战士，正如日本军人一样。随即他要求这些人能得到对手像战士一般的尊重。卡尔沃特用这样的话结束了这封信：“知悉你们举世闻名的武士道传统，您会对他们如自己的手下人那样照顾，因此我满怀信任地将他们交付于您的麾下。”

那些被卡尔沃特遗留在河心岛上的士兵从此再无音讯。他们的损失令麦克·卡尔沃特终生困扰，至死都难以瞑目。

在伊洛瓦底江东岸地区。亲迪部队的其余纵队仍在深入敌方领地。并且随着继续向东前进的每一步，地理环境本身也在发生变化。与伊江西岸丛林密布、有着许多隐蔽地和充足水源的山区不同，一旦进入伊洛瓦底江东岸地区，亲迪部队便踏进缅甸旱季期间酷热而且极度干燥的硬木树林里。更糟的是，日本人已经发现了亲迪部队的渡江行动，并且源源不断地派遣巡逻队，沿着大路与小径所组成的交通网，在森林的每一个角落里搜索着他们的踪迹。

就在温盖特及其第一纵队继续用他们“夜袭特遣队”式的战术骚扰驻扎在河畔的日军——从一个方向牵制敌人，再出其不意地从另一个方向伏击岗哨与敌兵——亲迪部队的领导人通过电台，命令卡尔沃特和弗古森的纵队继续向东南方向挺进，以摧毁郭克泰克镇附近一座非常重要的高架桥。当身材高大、体形瘦削、一脸胡须的弗古森在地图上查找他的目标地点时，他感到非常沮丧：他们必须继续向缅甸腹地推进一百多英里。而在他们与郭克泰克镇那座高架桥之间，除了干燥得有如荒漠的山峦之外，其余一无所有。“这些阻隔在我们与我们的目标之间的高山难于登天，毫无余地可言。”他写道。

感觉到亲迪部队无孔不入的存在威胁，日本人继续强化他们在伊洛瓦底江东岸的巡逻。很快，两个日本联队——足有近两千人马——四处搜索亲迪部队的下落。出于对安全的担忧，为亲迪部队担任向导的缅甸士兵开始避开途经的村落，而就在不久以前，它们还是亲迪各纵队获取大米与其他补给品的所在。对温盖特的远征军而言，与缅甸相关的所有人或事都不再能信任，因为任何亲迪部队存在的迹象都能引得日本人的好奇心，通常伴之以枪林弹雨。很快，弗古森便开始布设假的宿营地，以引诱日本军队，他的亲迪部队随即便包抄敌军的尾翼，发动攻击。亲迪部队的伤亡数字也仍在增加，一些伤员非常虚弱，以至于营救他们几乎不再可能。更多的士兵被留在村子里，寄希望于缅甸人不会将他们献给日军。其他一些人则在配给了数日的食品与物资之后，便被弃置于莽莽的丛林里。

根据他们近距离的观测，那些电台还没有报废的亲迪部队会报告他们途经的日军营地坐标，随即英国皇家空军的轰炸机便会飞来狂轰滥炸一番。而在地面战场上，温盖特、弗古森和卡尔沃特开始选择那些他们最不愿意被伏击的地点，设好埋伏圈，然后诱敌深入。在一次这样的袭击中，埋伏圈设在纳米特河的河湾处。卡尔沃特指挥的第三纵队将一支一百余人的日本巡逻队消灭得一干二净，由于对手被打得如此猝不及防，卡尔沃特后来自我宽慰道，至少，他们“永远也不会知道究竟是什么攻击了他们”。

但是在一个多月脚步不停地深入缅甸腹地之后，亲迪部队也已经筋疲力尽了。许多人数周以来从未洗澡，身体上爬满虱子和水蛭。当水蛭被拉掉之后，这种吸血虫头部的一部分通常会残留在皮肤里，造成无法愈合并渗血不止的感染伤口。由于没有给水，亲迪部队不得不靠吸吮翠竹茎秆的汁液解渴。他们的骡子也成了腹中的肉食，当骡肉也无从得手，亲迪士兵便以他们的缅甸向导为榜样，兴高采烈地烹饪蚱蜢、猴子、丛林蟑螂、老鼠以及各种植物。残余的一点点大米被放进一英尺长的中空竹筒里焙烤，做成坚硬的淀粉棒，让士兵们在饥饿难耐的时候，能够舔上两口。

在他们潜行缅甸的一个月里，温盖特手下千锤百炼的战士逐步憔悴如尸体般惨白消瘦。大部分队伍用来呼求空投物资的电台已经失灵，另外的几支纵队深入东部太过遥远，以至于无法实行空投补给。因为虽然英国运输机的航行范围仍能够覆盖他们所在的地区，但执行护航任务的战斗机却难以抵达该地。

想要抓住最后一根稻草，弗古森查阅了他的《圣经》，向温盖特发去电报，说他能够记起第 22 首圣歌的第 17 段："我能数清我所有的骨骼，它们都幸灾乐祸地瞪着我。"

绝不肯空过任何一个节拍，温盖特立即回致以一段《约翰福音》中的译诗："要想到：一个人最好还是该为所有人的更高福祉而献身。"

但是，温盖特本人也已意识到他们深入缅甸有些太过遥远了。3 月 23 日傍晚，卡尔沃特朝向郭克泰克高架桥再度挺进 40 多英里，当他通过电台传递更多的捷报时——他的纵队伏击并且全歼了另一中队的日本士兵——温盖特却命令卡尔沃特取消其前往郭克泰克的任务，并"以任意一条路线返回印度"。

第二天，因为亲迪部队一名低级军官在光天化日之下现身于保镇附近，泄露了温盖特第一纵队的行踪，引得日军在开阔地带发动了一场争夺该镇控制权的战斗，迫使为该纵队补给物资的一次空投行动流产。这令温盖特恼怒万分。在第一纵队从保镇全军撤退之后，温盖特将该下级军官撤职查办，还把他捆在一棵树上痛抽了一顿。随后，温盖特更通过电台，从印度英军总司令部那里获知了一些非常糟糕的消息。根据司令部的说法，英国皇家空军现在认为：继续为亲迪部队进行空投补给太过危险和困难了，或许该是温盖特“考虑一回撤退”的时候了。

两天之后，温盖特命令他的纵队指挥官们全速从他们一开始渡过伊洛瓦底江的地方返回印度，因为他认为日军把守这些地点不会像把守沿江其他地点那样严密。

于是亲迪部队调头西返，直扑印度而去。但事实证明：他们的撤退与他们五周之前的进军同样艰苦——虽然在速度上要略快一些。

由于温盖特命令其部队可以沿任一路线撤出缅甸，麦克·卡尔沃特的第三纵队起初打算向北行进，走上滇缅公路并进入中国——这是抵达自由土地最快捷的道路。但是当他们一路向东的时候，却发现在每一个村庄和每一个河流渡口，都有日军的哨卡。因此在 3 月 30 日，在收到最后一次空投补给之后，卡尔沃特将他纵队的成员分作五组“疏散小队”，规模更小，以利于从日军眼皮子底下溜走。他向每一个小队的队长敬了一大杯兰姆酒，又在他们的背囊里装满了食物，然后祝他们一路好运，挥手告别。

数日之内，第三纵队五个“疏散小队”中的两组已经抵达伊洛瓦底江畔，他们向一名缅甸人雇来一艘大船，将这两队士兵（共约 90 人）一并渡过河去。两周之后的 4 月 14 日，几乎没有遭到日军的任何抵抗，卡尔沃特的这两支小分队便跨过亲墩河进入印度境内。在那个时候，这些军人已经因为长期营养不良而濒于崩溃，奄奄一息。他们中的一些人甚至虚弱到无法自己进食的程度。

随后一天，卡尔沃特和他的小队也步履蹒跚地回到印度。他们略有耽搁是因为卡尔沃特花了一天时间，又在几处地点炸断了曼德勒－密支那铁路——只是让返程更刺激些而已。

接下来的数周之内，卡尔沃特麾下第三纵队的其余归队者也纷纷抵达印度。当整个撤退行动接近尾声时，卡尔沃特最初带出的360名士兵中，有205人安全返回。但具有讽刺性的是，在其回兵印度的全程当中，令卡尔沃特最难忘怀的，却是他在印度的狭窄门廊里心神俱丧的经历。他后来花了好几周时间去思考究竟原因何在。

在他转战缅甸丛林的七周时间里，卡尔沃特率领着一支由360名战士、数百头骡子、一只途中收留的小象和一条斑点狗组成的队伍，每日穿行在雨林之中。由于第三纵队较之其他亲迪部队更频繁地在丛林里披荆斩棘，开辟蹊径，卡尔沃特的骡伕们总是威逼他将树丛间的小径开到四英尺以上的宽度，因为那是一头载满物资的骡子（还有那头小象）所能通行的最低幅度。由于知晓这些骡子及其的骡伕的价值，卡尔沃特不得不“每日每时”地奋斗去满足赶骡人的需求。但是，当他返回印度，终于能够卸下肩头的重担，有数周时间去加尔各答的酒店休养生息的时候，每次要穿过一条宽度窄于四英尺的门廊，他都发现自己会条件反射似的停下脚步，随即感到焦躁不安，想要找到一条通往其目的地的其他途径——无论那目的地是旅馆的酒吧、饭店还是游泳池的入口。像这样的强迫性绕道发生过多日之后，卡尔沃特才最终明了他这种古怪行径的原因所在——他仍在率领着第三纵队跋涉在走出缅甸的途中。

基于如此深沉的责任感与杰出的领导能力，麦克·卡尔沃特后来被授予“不列颠优异服务勋章”（DSO），并最终以“温盖特一号”的声誉广为人知。

沃德·温盖特本人所率领的第一纵队，在撤退过程中却没有卡尔沃特的队伍那样迅速和齐整。由于总是遭到日本巡逻队的骚扰，温盖特从先前渡河点折回渡过伊洛瓦底江的计划被江对岸的日本火力封锁，未能奏效。温盖特率部向下游转移了一段距离，随后在江岸上卓然徘徊数日，活像一名二流的先知。他一副飘洒的胡须、一条斜倚的竹杖、一顶已经污秽不堪的沃尔斯利头盔，再加上总是围在肩头的一条毯子，更配全了他一身隐逸的行头。温盖特最终做出决定，他不再打算在原来的渡河处通过伊洛瓦底江，而是让他的部队——像第三纵队那样——分作五支较小的队伍，每一支小队都沿河分散，以便较为轻易地突破日军的防线。在打发另外四支小分队上路之后，温盖特率领他手下由43名士兵组成的队伍潜入伊洛瓦底江边的一片灌木丛林地带，他又在那里打坐一周之久。在寻觅到一个良好的藏身之处后，温盖特先是构建了一道设有哨所的营房边界，随后下令屠宰遗留下来的所有骡子。骡子们都被刎颈而亡，既可节省子弹，也为不惊动敌人。他手下的士兵们吃足了整整七天的烤肉大餐，同样在这一周之内，温盖特还滔滔不绝、旁征博引地向他的部下发表长篇大论，从犹太复国主义与巴勒斯坦人之间的脆弱均势，到哲学与十八世纪绘画风格；从侦探小说的创作到为什么交响乐比协奏曲要高明许多；从达·芬奇到电影的多样可能性；乃至漫画人物“海员金鱼眼”与“软蛋威灵顿”的相对人性价值……举凡在他脑海中闪现的念头，都成为温盖特自说自话的演讲内容。

一位名叫刚觉诺的缅甸克钦族中尉——他曾是“北部克钦联军”的战士，后来转任温盖特的向导——觉得那七天称得上是光辉的顶点。“每一天，温盖特都从天亮说到天黑，说啊说，不停地说。”刚觉诺后来回忆道，“但在每天的某个时候，他都会直视着我的双眼：‘干得好！’温盖特每天都对我说：‘你干得非常漂亮。’温盖特是一个我愿意为他赴汤蹈火的领袖。我就算为他冲入枪林弹雨也心甘情愿……因为我相信自己不会死去。他让我相信我能做任何事情。他真是太伟大了。”

对其他人而言，例如和蔼可亲的约翰·杰弗瑞斯中校，他也曾是温盖特第一纵队疏散小分队的成员之一，在强敌环伺的灌木丛林里不但藏匿一周之久，还要整日忍受温盖特在耳边不停地唠叨，简直是一种无法容忍的酷刑：

“在那七天里，”杰弗瑞斯后来回忆温盖特时谈到，“他说话就好像着了魔似的，要不就是他努力想把自己杂七杂八的各种信仰理出个头绪。”而杰弗瑞斯显然还没有修炼到将自己的观点深藏不露，因此总是在满嘴满肚都是烤骡肉的盛宴中，激惹起温盖特有时甚至是狂暴的争论，令许多个丛林午后都显得那么生气勃勃。

终于在 4 月 7 日，温盖特下令再度启程。他率领他的分队沿伊洛瓦底江边南下，躲开日军巡逻队，在卡尔沃特部队一个月前原定的渡江点不远处朝反方向渡河成功。不幸的是，在温盖特最后一组士兵正准备过河的时候，一支日本巡逻队赶到了江东岸。那名负责将这最后七名战士安全摆渡到对岸的船夫担心会掉脑袋，弃船而逃，消失在丛林之中。

温盖特苦等了几个小时，但为了部队其他人的安全，最终还是放弃了这最后几名士兵——“失踪的七人”。不过在数日之后，这些被遗弃士兵当中的四个人，大致沿着温盖特撤退的同一条路线，还是成功地返回到印度境内。

在渡过伊洛瓦底江之后的 22 天时间里，温盖特穿越缅甸中部的丛林地带，翻过崇山峻岭一路西行。他时而骚扰，时而又躲避日本军队，招来越来越多的日军搜索队在其身后紧紧追随。当他在 4 月 29 日抵达亲墩河畔的时候，温盖特唯恐日本人可能乘机赶上，他下令所有的士兵在午后的光天化日之下，泅渡过两百码宽的亲墩河，游向印度，游向自由的土地。

就在温盖特和他的部队安全归来三天之后，弗古森率领的第五纵队也杀出了缅甸。他们满身伤病，瘦骨嶙峋，只差几个小时就可能被追踪他们整整一周的日本巡逻队撵上。又过了几天，1943 年 6 月 6 日，最后一支亲迪部队——归属于温盖特第一纵队，并由英军中尉多米尼克·内尔指挥的九人小分队——也从缅甸返回印度。当他们在正午之后渡过亲敦江时，有人告诉他们：一支紧盯他们达数日之久的日本追兵，就在 30 分钟里程之外的地方。

回归文明社会之后，内尔打开一份《印度时报》才发现——虽然他在温盖特麾下所经历的战斗经验十分有限——亲迪部队却在与日本人的对战中大获全胜，不但让日本“皇军战无不胜”的癔梦破产，而且使他们遭到了巨大的乃至致命性的打击。

正如在战争时期经常发生的那样，现实与宣传大相径庭。后来，虽然报纸上的溢美之词连篇累牍，内尔在谈到亲迪部队的突袭战以及第一纵队的英勇事迹时坚持认为：“我消灭了许多虱子，但却没杀死多少小日本儿……以我的看法，只有麦克·卡尔沃特指挥的第三纵队在这场战争中有所成就。”

内尔略有不恭的观点同样也为温盖特的上峰——威廉姆·斯利姆将军所主张。他指出共有3000名亲迪部队士兵进军缅甸，但生还的却只有2182人——而这些人当中更只有600人能再度重返疆场。他还指出，尽管亲迪部队对日军的铁路与通讯系统进行了破坏，却只有约205名日本士兵被消灭。鉴于如此不均衡的伤亡数字，更不必计算这种只对日军人员、通讯和物资运输造成短期干扰所付出的空军力量投入和物资装备损失，斯利姆不得不判言亲迪部队的突袭战其实是一次失败。

但是斯利姆将军同样也认为：“不管事实究竟怎样，对于缅甸境内的军队来说，这次行动都好像是战争势头初转的第一缕波纹……而且我们运用各种各样的手段，将它的宣传价值渲染到极限。”

曾经渗透进缅甸腹地，粉碎了日本防卫轮轴中的一根辐条，又能够功成身退、现身说法，沃德·温盖特与他率领的亲迪部队——虽然真实情况有待商榷——仍然在世界范围内成为英雄楷模。在英国，丘吉尔首相先是从新闻里得知了亲迪部队勇敢的事迹，旋即快速浏览了温盖特的战场报告，以掌握这一非正统进攻方式的更多情况。在读完温盖特的报告之后，丘吉尔传令温盖特立即赴伦敦晋见，并立即将其引为知己。正如美国总统罗斯福与克莱尔·陈纳德之间那种彼此支持的同盟关系一样，英国首相也将温盖特视为一种熠熠生辉的新战法的领军人物。他们认为中缅印战区的未来发展应当以一种快速并且相对廉价的方式动摇在缅甸的日本军队。

在陈纳德赢得胜利的时候，丘吉尔觉得他自己的将军们将太多的时间和精力花在了争名夺利的口水战上，而不是朝向胜利奋勇前进。自从发现了温盖特，丘吉尔开始考虑将这名亲迪部队的领导者提升为统领全印度英国和印度军队与作战方略的总指挥。尽管丘吉尔的高级幕僚们最终没有让首相做出在伦理与官阶上如此极端的升迁决定，但他们在阻挠丘吉尔痴迷于温盖特的“远程渗透”理论方面却影响甚微。

当他们在伦敦初次会面的中途——觥筹交错之间——温盖特提出了他打算在缅甸境内建立一个规模更大、人员更多以及更具长远性的“远程渗透”（简称 LRP）基地网络的计划。丘吉尔对此非常着迷（同样着迷的还有丘吉尔的女儿玛丽，她非常赞许地将温盖特称为“人中猛虎”）。

酒宴继续进行——而温盖特也感受到丘吉尔对他的嘉许——他开始论证这种“远程渗透”模式的军事力量应当作为攻打侵缅日军的主要手段，而不是像目前这样，仅仅被视为一种补充式的二线武装。基于他的立场，温盖特进一步描述了他想象中的图景：拥有空中支援的亲迪前哨步步深入敌人的领土，将防御工事构建得足够纵深和牢固，令日军的攻击难以将其驱逐出去。再以这些前哨为基地，还能够继续向敌军占领地区派遣更为深入的渗透力量。丘吉尔被这些美好前景激发得兴奋异常，他立即邀请温盖特参加下一届盟军战略规划会议，该会议被称作“四分仪会议”，在魁北克市具有历史意义的福龙特纳克城堡举行。唯一的麻烦是，丘吉尔在一个小时之内就将动身了。

虽然自抵达英格兰之后只和妻子通过电话，虽然从开罗出发以来还没有换过衣服，温盖特还是接受了丘吉尔的旅行邀请。接下来，丘吉尔一声令下，指示他的助手们将罗娜·温盖特直接接上“玛丽皇后号”客轮与他们会面，共同度过前往加拿大的五日航程。

当丘吉尔一行抵达“四分仪会议”的时候，已经用一周时间梳理过其理论的温盖特向盟军协同最高指挥部阐述了其“远程渗透”计划。根据温盖特的设想，在即将到来的冬天干旱季节，精选的八个旅“远程渗透”部队（约为 8000 人）将被插入缅甸。在那里，就好像传染病传播一样，他们将进一步被打散，以小股部队的方式满山遍野地运动作战，让日本军队逐渐消耗殆尽。尽管英国的将军们试图否决温盖特的计划——他们争议道，这样人力和物力上的负担将过于巨大——但丘吉尔与他的参谋人员仍然被这一想法所鼓舞。美国人也同样对此印象深刻，乔治·马歇尔甚至批准让美国军队成为作战部队的一部分力量，这可是中缅印战区的战场上出现的第一支美国部队。

听到这个消息之后，史迪威做出了富有预见性的回应。“在经过长时间的斗争，”他在日记中写道，“我们终于争得了一小批美国军队，但上帝啊，他们告诉我他们将由温盖特来指挥……这足以令耶稣基督都心灰意冷！”

但丘吉尔还远没有结束他在“四分仪会议”上的升班战。由于美国不会出兵帮助英国重新征服她的前殖民地的立场十分明确，丘吉尔便建议，为东南亚地区的盟军设计了一个全新的超级架构——该架构能够扩张英国的权能，使之与美国结成地位上更为平等的盟友。他提议将其成为“东南亚战区指挥部”（简称 SEAC），任命勇武的 43 岁英国海军中将路易斯·蒙巴顿爵士担任全权负责。蒙巴顿是乔治四世国王的表弟，也是一位卓有成就的海军指挥官。他参与了不久前由多国部队在法国迪拜港针对德国人的一次大胆的突袭行动，并在战斗中证明了自己能够将不同国籍的战士凝聚于同一种信念之下的能力。蒙巴顿也热爱富有进攻性的军事计划，并且——或许是最为重要的一点——他拥有足够的魅力，能让史迪威和蒋介石之间不断升级的紧张情势舒缓下来。

为了在英国人和美国人之间也保持步调的一致，丘吉尔还建议由史迪威担任SEAC指挥部的副总司令，为史迪威早已缠杂不清的职务列表又增添了新的一项。除了他手头上其他的事务之外，“醋乔”如今要向三套指挥班子负责——他必须接受蒙巴顿和盟军首长联席会议、乔治·马歇尔和美军首长联席会议以及中国蒋总司令的质询。

虽然史迪威持保留意见，但丘吉尔的建议还是被通过了。随着“四分仪会议”的闭幕——蒙巴顿立即飞赴印度，掌控“东南亚指挥部”的大权——看起来中缅印战区总算获得了它长久期待的重视。

同样在“四分仪会议”上，一份重新夺回缅甸的计划书也终于出笼，并且得到了一致的认可，当盟国领袖们接下来于11月举行开罗会议时，最终批准了该项计划。从1943年2月开始，在雨季时暴涨的河流水位开始下落之后，盟军将从北部启动，循序渐进地进攻缅甸，并以征服缅甸北部地区以及重新开通滇缅公路作为优先考虑的步骤。史迪威麾下以印度为基地的中国军队，将从印度出发，进入缅甸北部纳迦人和克钦部落世居的地带——那是一个满是沼泽、丛林以及难以准确发音的村落的世界，为利多公路打前站。

这条新路将从利多镇起始，翻越崎岖的帕特凯山区，沿着古老的步行商道，通过海拔3727英尺的班哨山口进入缅甸境内。一旦抵达缅甸北部，X部队将长驱南下直捣宽广的胡康河谷，筑路的工程师则紧紧尾随在他们身后。X部队负责驱逐途中遭遇的日本军队，穿过新平洋（克钦语中“竹笋生长之地”的意思）、瓦拉班（“大丘”之意）和沙杜祖（“沙杜人的村子，河流在此汇集”）的村落，不断向缅甸南部推进。在清理了胡康河谷的上半部分之后，X部队将稍微向东偏移，进入较为狭窄的孟拱河谷——它与胡康河相通——沿着它的走势一直向东，攻打距利多约290英里之遥的机场城市密支那（意为“大河之畔”，在伊洛瓦底江边）的日本军队。

当X部队最终攻克密支那之后，温盖特率领的亲迪部队将被用滑翔机空降至密支那西南部的缅甸境内——他们的任务是切断敌军的通讯系统，并驱除可能会与史迪威部队发生冲突的日军后卫部队。随后，在条件许可的情况下，史迪威的队伍将会和沿着滇缅公路杀出中国本土的中国 Y 部队在中缅边界会师。X 部队与 Y 部队兵合一处，将继续扑向驻守在腊戍南部的日军，重新开通滇缅公路。

最后，由斯利姆将军率领的英国第十四军将沿着另一条道路——该道路由英国人修筑，自位于英帕尔的英军司令部直通印–缅边界的提杜姆镇——进入缅甸境内。第十四军将从那里向日本军队发起一场“肉搏战”。他们会再度进军若开半岛，并直捣阿恰布岛以及更远处的仰光海港，重新开启盟国的海上补给线，使各种物资可以经由铁路运往滇缅公路位于腊戍的起点站。中国将很快重获来自陆路的物资供给。

经过十六个月的漫长等待，随着冬天旱季的迅速临近，盟军向侵缅日军的大反攻已整装待发。当史迪威于 12 月中旬从开罗的战备会议归队，他将自己全部的关切之情，以最富其个人色彩的简洁条目——却奇怪地信心不足——记入他 1943 年 12 月 20 日的日记里：“又将开赴缅甸。较前次更为顺利。我们能够取得成功吗？”

第七章

1942年3月，正如此前的英国人和美国人一样，日本将其新增的占领军和物资运入缅甸的唯一途径是经由海路。但是由于陈纳德的飞虎队在南中国海上空巡逻，通向仰光的日本补给线变得愈来愈危险。尽管在仰光陷落的时候，日本人获得了盟军遗弃的八十万吨军用物资和武器，但驻守缅甸的日本侵略军总是陷于弹尽粮绝的危机之中。至1942年5月，当日本对缅甸的入侵和占领大体完成之时，日军已经在前往仰光的途中损失了67艘船只以及314吨物资。一如中国人在日本侵占下丧失了其海洋贸易的能力那样，占领缅甸的日本人很快也被美国的船只捕手扼紧了出入海洋的咽喉。

为化解这种困境，在过去一年中才开始理解他们所攫取的亚洲土地何其辽阔的日本人，决定立即打通一条能够更为安全地运送军队与物资的陆路通道。因此从1942年3月开始，日本帝国指挥部决定修正其原本制定的以18个月时间建造一条联接其“大东亚共荣圈”的“米轨”（meter-gauge）单线铁路计划，将这条铁路的预期完工时间缩短为一年（到头来，这一筑路壮举始终没能兑现）。对日本人来说幸运的是，这一工程本身已经是一个半成品，这大半归功于日本军队占领之前，英国殖民者已经在该地区建设的铁路网络以及可供调用的运输车辆。

实际上，在整个运输系统内只存有一个缺口：一片绵延260英里，穿过西－中部暹罗（自 1936 年后，逐渐被改称为泰国）的丛林和山区，再进入缅甸东部同样渺无人迹的蛮荒地带。一旦在这片荒野上铺就轨道，火车便可以贯穿整个南亚——从日本人控制的中国东部地区直到印度支那最南端的河内以及西向的曼谷、新加坡甚至里程遥远的仰光。日本人以为，剩下的工作无非是将两根铁轨压在 260 英里长的高山深谷以及茂密的丛林里。

短短数周之内，日本土地测量员便动身勘测这一最新的项目。当他们着手绘图和规划的时候，他们也开始意识到这项工程的艰巨性。那些高山与丛林几乎难以逾越（这也是英国人之所以从未在该地区架设铁轨的原因所在），而在两座城市之间仅以一条小道相通，看上去倒具有唯一的现实可能性。这条路线不得不从当前的铁路终端——泰国曼谷以西的班朋附近向西北延伸，穿过堪察纳布里乡村地带。在那一地点，必须先架设一道跨越桂河的 300 码宽大桥，之后铁轨才能够继续向西北伸展，穿越雨林地区，再逶迤纵深于两道陡绝的山脉——多纳山和塔南山之间达一百余英里。这条铁路仍需攀爬将近七千英尺的高度，随后通过泰缅边境的三塔关这一天然山口，更为艰难地曲折西去。在最终到达缅甸平坦的海滨地带，与毛淡棉港已有的铁路线接轨之前，还需再穿过另外几条丛林密布的深壑险谷。

但是对日本人造成障碍的还远不只是铁道路线的曲折与地形的复杂。在高山、密林以及每年夏天倾泻在这片土地上的数百英寸雨水之外，还有两个问题迎候着他们。首先，在“大东亚共荣圈”的幅员之内，几乎无处可获架桥、铺轨所需的各种原材料（后来才知道，原来南亚地区大部分制造铁轨的钢材都是从英国本土用船运来的）；其次，日本人也根本不拥有铺设现代铁路通常所必需的机械设备。

为了克服这些难关，日本人必须开动脑筋。首先，为获得原材料，他们下令将泰国、缅甸境内一些本已通行的铁路拆毁，其中包括在缅甸中东部地区仰光和同古之间一条 170 英里长复线铁路中的“冗余”铁轨。随后，他们又开始吞噬爪哇、新加坡和马来亚等地较少战略重要性的铁路。此外，并不求助于重型修筑设备，日本人回归到老式的筑路技术：利用大象、绳索和滑轮驱动的石制打桩机来从事最繁重的起重作业，而日复一日的筑路工作，日本人当然会动用那些任由他们处置的苦力资源——近几个月以来被他们所俘获的盟军战俘。他们乐于让他们的战俘承担重任。

在修筑铁路的事务上，日本人在很久以前曾仰赖于外国的技艺。日本的第一条铁路线：一条铺设于东京和横滨之间，总长 18 英里的铁路，就是于 1872 年在欧洲工程师的主持下修建的。但是日本人证明他们是速成的学生。到世纪之交的时候，他们便在铁路规划方面拥有了令人震惊的专业技能，并从此在其国土之内纵横交错地设计和铺设了密集的铁路网。

如今在南亚地区——有英国人和其他西方人作为他们的俘虏——日本人得到了一个不但能展示其铁路修筑才华，更可在那些（他们觉得）视他们为劣等民族的人面前树立其文化优越性的大好机会。为了强化这一运动，日本帝国指挥部为驻扎在日占亚洲各国的军官和士兵每人配发了一本小册子。除了其他事项之外，手册上声称西方人视日本人为劣等民族长达一个世纪之久，并强调日本军队“必须，至少是在亚洲本土上，要强迫西方人服从，要让他们根除那种病态的傲慢自大的态度”。这是令所有的日本帝国军人铭刻在心的一条训令。

时至今日，大多数人所知道的关于缅甸 – 暹罗铁路以及那座跨越桂河的著名桥梁的历史，至少有一半坚实地根植于虚构的故事情节。1952 年，一位名为皮艾尔 · 博勒的法裔工程师、作家以及二战期间在中、缅、印度尼西亚作战的英国特种部队抵抗战士，出版了他的第二部小说，名为《桂河大桥》。这部小说的故事情节大致基于战争时期设在堪察纳布里附近一座盟军战俘营所发生的事件。

在这部小说里，英国战俘被一名凶残的日本指挥官强迫修建一座跨越桂河的木质铁路桥，但是在即将完工的时候，又眼睁睁地看着它被本国的空军炸成齑粉。但是，以一种小说家的技法，盟军战俘所置身的悲惨境况以及每日累断脊梁的苦工，都成了他们在日本人的羞辱之下再度找到自我尊严的途径。而在真实生活中，当许多人倒地身死，其余的人汗流浃背地挣扎着活到下一天——在日本人的监视之下，尽可能进度缓慢地工作——博勒所描述的那种英雄主义行为显然要远为隐忍，而且更加致命。根据历史学家的调查，当这段铁路在七个月后，也就是1943年10月完工的时候，超过1.6万名盟军战俘——大约是一座城市的男性人数——死亡，除此之外，更有约15万名从泰国、缅甸、印度尼西亚和马来西亚强征的劳工葬身于此，而他们在博勒的书中几乎从未被提及。

虽然如此，《桂河大桥》仍然成了一部国际畅销小说，并且赢得评论界的纷纷喝彩。它甚至在1952年还荣获了法国圣·伯夫文学奖的殊荣。但博勒笔下的这个故事还要再等五年，当电影导演大卫·里恩爵士将其改编为由阿莱克·圭奈斯和威廉姆·霍登主演的票房大片时，才又赢得了更多的掌声。这部由小说改编的电影版本共赢得了八项奥斯卡奖提名，它较之博勒的原著更不拘泥于历史事实。由于这部电影风靡全世界，关于桂河大桥的虚构故事——包括影片中的酷刑折磨、恐怖惨剧、微不足道的精神胜利以及由阿莱克·圭奈斯扮演的遭受致命创伤的尼科尔森上校在断气之前炸毁这座桥梁的著名片断——或许将永远遮掩住历史的真相。

这才是一场真正的悲剧，因为沿着那条被盟军战俘诅咒的“死亡铁路”所发生的真实故事，同样悲凉得令人心碎断肠。

在预示着夏季暴雨将至的春天酷热里，日军控制的南亚地区的盟军战俘之中，没有几个人能理解为什么在几个月无人理睬之后，他们的日本看守会忽然分发问卷，调查每一名战俘的受教育程度和职业经历。随后，战俘们被勒令签署协议，承诺他们绝不试图逃亡。这似乎是一种不祥之兆。

在表格被完成和收回之后不久——许多战俘告诉他们的逮捕者，他们战前的职业要么是“啤酒品尝员”，要么是“百年纪念庆典撞钟人”，又或者是“妓院监察员”——另一桩不可解释的怪事发生了。在遍布南亚各地的战俘营铁丝网内，从爪哇、苏门答腊到新加坡围墙高深的昌吉监狱，日本人都在宣称：所有有能力的战俘都将很快被送往泰国、缅甸境内山区的“疗养营”。一旦去到那里，他们便可以居住在较为凉爽的海拔高度和丛林树影的荫庇之下，战俘们还被告知，他们的伙食和医疗条件也将得到改善，那些在被俘期间患病和体能衰竭的人还能获得较好的恢复环境。

到 1943 年 10 月末，夏季的季风雨逐渐淅沥停止，日本人也已经囤积了足够的铁轨和配件以备开工。于是他们将兴趣转移到在规划中的铁路沿线修建几座丛林大本营，以便修筑铁路时投入使用。到 11 月早期，卡车和火车开始将总计 6 万名战俘劳工（主要来自新加坡、中国和荷属东印度群岛）中的第一批送至缅甸与泰国之间的高地。甚至在修筑铁路这项耗尽体力的工作展开之前，任何一名被送往工地的战俘，在途中都遭受了非人的待遇。

一位名叫杰弗里·法罗·亚当斯的英国二等兵，从新加坡的昌吉监狱踏上了旅程。亚当斯在加入英国皇家陆军部队之前，曾经是英格兰博内茅斯的一名屠夫，他于 1942 年 2 月 6 日抵达新加坡，仅仅 50 个小时之后，日军排山倒海般的攻势便摧垮了英国军队的防线，又过了九天，新加坡岛上的英军全部投降。

亚当斯和他同狱的战俘们按照三百人一队的编制，从昌吉监狱列队行进到新加坡火车站。每一队战俘走出监狱大门的时候，都会骤然高唱起《去蒂帕雷里的路很远》（一战期间英国远征军的行军歌曲），这首军歌令日本看守感到万分恼怒，他们用棍棒殴打战俘，想让囚犯们安静下来。在火车站，战俘每三十人被分成一组，然后驱赶进一辆四十英尺长、八英尺宽的货车车厢里。当每一列火车的十截车厢都装满战俘之后，这列如长蛇一般扭曲、铿然作响的蒸汽机车便开始喷着浓烟一路北行，沿着铁轨颠簸震荡。在烈日烧灼之下，每一辆钢制的车厢都火热得如同烤箱一样。

经过四天五夜的旅行——每隔 24 小时仅有两次停车吃碗米饭的时间——亚当斯和他的战俘同伴们依然在缓慢北行的列车上煎熬。“车厢里根本没有让 30 个人睡倒甚至坐下的空间，”亚当斯后来回忆道，“因此我们只能轮流休息。”唯一的放松机会只在每天的下午，当车厢在太阳的灼烤下酷热难耐时，日本看守会允许战俘们将运行中的列车车厢推拉门打开。但是，亚当斯回忆说，尽管这些囚徒因为感染痢疾、营养不良、饥渴交迫而身体病弱不堪，那些全副武装的日本看守仍然急切地提醒着战俘：他们绝不能逃跑，“不管怎么说，我们都已经签署了那张‘不会出逃’的表格”。

最终，经过上千英里使人痉挛的旅行之后——在途中，车厢里的人们不得不定期交换位置，以便排泄或呕吐——列车终于停靠在班朋镇，那里是泰国现有铁路的终端。战俘们被带到站台上集合，在灼人的烈日下一遍一遍又一遍地点名。在长达数个小时的折磨后——像这样的折磨经常反复地施用，后来便被称之为“日光疗法”——战俘列队走进了位于班朋城市边缘铁丝网高架、臭气弥漫的集中营。那是一片面积约数英亩的泥沼地，搭建了些摇摇欲坠、蚊虫滋生的营房。战俘营的沟渠式厕所粪便漫溢，屎尿横流，空气中弥漫着令人反胃的恶臭，战俘们必须用嘴呼吸，以免受不住呕吐出来。宿舍是“竹子搭建的破棚子”，在刚刚结束的雨季之后，泥泞的地面湿滑得好像麦片粥一样。一些衰弱的病人迎候着这些战俘的到来，所有人都是一副垂死待毙的模样。“我们别无选择，”亚当斯说，“只有加入他们的行列。”

在班朋度过两天之后，亚当斯与他的同伴们从看守的口中得知，他们将要为日本人“征服印度”助一臂之力。战俘们再度被送上车，继续前行。这一次他们改乘卡车，沿着泥潭一样坑洼的道路，向北开赴桂河西岸距堪察纳布里以北仅一英里的塔马坎小村。当这些战俘爬下卡车，他们的真实处境——以及数周以来他们一直担忧的日本人的欺诈——终于真相大白，根本就没有什么“疗养营”，更没有所谓的诊所或医院，甚至连肮脏的帐篷与恶臭的厕所也没有，他们只是站在一堆铁轨和枕木的旁边，再有几座堆栈以及数百码长的一列四面通风的工棚，那是一种由竹竿和棕榈叶编织而成的简陋建筑，被称作“聂帕榈屋”（Atap）。环绕所有这一切的，是一列竹子做的栅栏，带有嘲弄意味地构成了集中营的边界。亚当斯和他的伙伴们被交给一位名叫戴维·伯约尔的英军上尉，他自我介绍是这座集中营的助理，他的手下人早已开始建造一道跨越桂河的简易木板桥。在寥寥几分钟的问候之后，难友们在集中营的空场上集合，被介绍给这里的指挥官——曹长齐藤。齐藤则介绍了他的总工程师富士中尉和典狱长国场。随后他开始下达指令：所有的战俘都将睡在由伯约尔上尉的士兵们搭建的，与工棚等长的两条竹台中的一条。每个人在竹台上占有的宽度不超过 29 英寸，仅够他夜间仰卧睡眠。每天早晨的点名时间，所有还能够站立的战俘都必须集合，听候他们当日的安排。战俘们随即被分作二十至三十人一组的劳动组，由盟军的军官——通常是中尉军衔者——监管，他们被日本人称作组长。当两支或更多的劳动组在一起工作时，他们便要组成一个工作组。为了让这样的工作组服从纪律，一名通常是上尉或更高军衔的盟军军官将被指派负责管理，日本人称其为小队长。

战俘们的首要任务，是完成横跨在宽而浅的桂河之上三百码宽的木质大桥，施工的位置正好在小桂河与之交汇的地点上游。这项工作预计将在两个月之内完成。当大桥修筑接近尾声的时候，齐藤宣布：凡是修桥不再必需的劳工队伍都将沿着预期的铁路沿线，被送往丛林更深处的劳动营。在那里，他们要砍伐丛林，平整土地，为即将到来的铁道路基做好准备，继而他们得铺设枕木和铁轨，将这一筑路里程向西北方向延伸，直到最终与从缅甸往东南方向修路的另一批战俘汇合为止。在一年之内，这两股铁道将在整段里程中点附近的泰国孔库塔相衔接。最终，齐藤说，这座横跨桂河的木质桥梁将由一座十六墩的钢铁大桥所取代，这座钢桥将被从它在马来亚的原址上拆除，再千里迢迢地运抵此地。而所有这一切——260英里的铁路铺设，其中包括近乎七英里大大小小的桥梁——按照日本人的命令，都必须以跑步的速度修筑完成。

最后，齐藤特意强调环绕在营地周边稀稀拉拉的那道围栏，提醒这些战俘们：四围的高山丛林使得每一个营寨如同一座孤岛。任何打算越狱的囚徒都会遭到猛虎与毒蛇的攻击。而沿途一千多英里的村落中，从未见过白肤碧眼人种的本地土著也会对他们满怀敌意。为了鼓励土著居民与日军合作，将战俘扭送回营，齐藤说道，日本人已经向周边的老百姓宣布，不论谁抓获了潜逃战俘并移交日军当局，都能得到现金回报，并获得一年额外的稻米配给。

从第一个清晨开始，铁路修筑工地就是一座汗水蒸腾、呻吟无止的活地狱。每天拂晓时分，战俘们便要面对疾病、衰竭、丛林蚂蟥、恼人的蚊虫、焦渴、饥饿以及潮湿恶臭的热浪。当一项工作接近尾声的时候，一个工作日就可能延长到20小时，然后，到次日清晨太阳初升的时候，富士中尉照样来分派当天的工作，并将他所需要的劳力人数告诉给齐藤。

为了确保每天早晨都有足够的战俘备用，日本军官会借助于战俘们自己的指挥官——被日本人称作“队长”，让他们去张罗所需的劳工人员。如果队长无法从健康人中凑出足够的劳力，日本人和朝鲜看守们就会冲进工棚（后来甚至是集中营的医疗所），不顾医务人员（通常是盟军医护人员）的抗议，从患者——被他们认为“病情轻微者”——之中，强行拉走一些“最佳人选”。

队长们处于一种非常尴尬的位置。身为盟军的指挥官，同时又是日本人的劳工组织者，他们不得不在对日军权威的直率藐视和被迫与之合作的鸿沟间搭建微妙的桥梁。为了求得生存，他们只能遵循唯一可行的途径：与日本人保持最低限度的接触，并且在残暴的日本人与战俘们之间，充当人体缓冲器。某些清晨，当疾病或疲惫令整个营地陷入衰竭状态时，队长会拒绝让满额的劳工走上工地，这会令他本人在所有战俘面前，被日本人用来复枪托狠狠地殴打。另一些时候，虽然队长召集到了足够的人手，但或许暗示他手下的工人们集体怠工，如此一来，他就会被捆在集中营中心的木桩上，遭到当众惩罚。甚至有时，当双方的日常关系非常紧张的时候，队长们被殴打仅仅是为了造成一种恐怖的气氛。

有一天，一位名叫布里奇的中尉兼组长，因为与一名负责监管战俘劳动的日本士官发生冲突，在返回营地的那天夜里，国场用拳头和棍棒凶残地殴打了布里奇中尉，要不是一位名为图塞中校的队长（他正是阿莱克·圭奈斯在根据博勒的小说改编的电影中所饰演角色的原型）和战俘营副官伯约尔的抗议，恐怕他就被当场击毙了。

每天清晨天不亮的时候，亚当斯和他的难友们都要集合点名，被支派从事修筑桥梁各个部分的工作。在斧头或装上木柄的双人大锯的切割之下，这一地区的柚木被纷纷伐倒，用来制造大桥的桥墩。这是一种极为繁重的劳作，特别是因为日本人命令战俘们须以一种更为缓慢的传统日式方法操作钢锯：将锯条在树干上拉动而不是推动。当一棵树的树干被切断之后，它通常会继续保持直立姿态，因为丛林树冠间大量的藤条和彼此交织的树杈能支撑它岿然不倒。对付这样的“不倒树”，就要动用大象来将其推倒。如果现场没有大象可用，那么筑桥工人便要身缠绳索，被驱赶来拉倒树干。有时候，由于难以预测大树倒落的方向，工人们可能被砸在树下，时有伤亡。即便如此，每天仍有约十二棵大树被伐倒备用。尽管在如此原始的条件之下，尽管痢疾和疟疾肆虐，又没有充足的工具，战俘们还是只花了数周时间，就让这座桥梁从山坡上的铁道路基上纵身跨过了宽阔的桂河。

这种劳动紧张、单调，使人精疲力竭。那些被痢疾和霍乱折磨的病人只能在河边甚至水中排泄，而这更加速了疾病的传播。由于营养不良，加之被疟疾猛烈地摧残，战俘们迅速陷入死境，有时甚至达到每天死亡十二人的速度。亚当斯经常在清晨第一缕阳光照射下醒来，发现躺在他身边的人已经在头天夜里死去，他们的皮肤像蜡一样惨白冰冷。另一些时候，有人会在工作期间倒地猝死，成为秃鹫的腹中之食——这些秃鹫就栖息在桥梁上游的一座沙岛上，每天蹲在那里，耐心地等待着。

那些已经病入膏肓无法劳动的战俘，会被用卡车运回班朋附近烂泥塘中的营地，以免他们的懒惰"感染"其他人。一旦进入班朋的"病号营"，他们的命运就只是任由病情恶化，最终步入死亡。而余下来的强壮者便继续一周七日、从黎明到深夜地苦苦劳作，只在每天午餐的时候有 30 分钟休息时间。在战争结束之前，南亚地区被日军俘虏的盟军士兵当中，每一百人就有二十七人死亡，而被德军和意大利军队俘获者，死亡率只有百分之四。

为了赶上劳工损失的速度，日本人开始每天用卡车将数百名战俘和强掳来的泰国劳工补充到塔马坎。很快，集中营的人口便增加到两千多人。新来的战俘劳工中大多数是英国人，来自东萨里连、莱斯特连、戈登连、海岸与探照灯枪手连以及经受过丛林训练的阿盖尔－萨瑟兰高地人连等部队。他们同样也不得不自己做饭，大半靠日本人配给的质量低劣的稻米维生。这些稻米都已孳生了象鼻虫和蠕虫，在中午的时候勉强还可以被挑拣出来，但在早餐和晚饭的时候，因为完全是在黑暗中进食，便根本无法辨识，只能囫囵下肚了。由于无茶可饮，这些英国人要么只喝白水，要么饮用焦糊漆黑的米糠煮出来的"炭烧咖啡"。

随着 1942 年秋季的时光推移，桥梁的建造也在不断进展。到年末的时候，大桥的上部结构已经延伸至桂河的中线，而日本人——感受到一种胜利的狂喜，并且丝毫不理会战俘与亚洲劳工已经尸横遍野——命令工人前往河流对岸，着手修造桥梁的另外一半。每天早晨，战俘们乘坐一种又长又窄的木船横渡桂河。因为这种船的小引擎所发出的懒散噪音，他们开始称之为“砰砰船”。数周之后，桂河对岸也布满了桥桩和脚手架。

就在1942年行将结束的一天夜里，当战俘们躺在工棚的硬木板床台上稍作休息时，一场匪夷所思的大暴雨将数英寸雨水倾入桂河河谷的上游水域。第二天早晨，当太阳初升的时候，盟军战俘、日本看守和工程师们朝河边望去，发现不单是河水上涨了好几英尺，数百棵在风暴中被连根拔起的大树更随着山洪顺流而下，像攻城的巨锤一样砸烂了大桥的桥墩，又裹胁起所有散落的木板奔腾而去。花了几个月的时间修筑这座桥梁，只是看着它被洪水冲刷而去，亚当斯和其他塔马坎集中营的战俘无不身心崩溃。他们不得不从头再来。

心力交瘁又被迫重新开始他们原本已经完成的苦工，战俘们只能强打精神，再次上阵。但是一些人无法承受如此沉重的失望打击，开始更为公开地与日本人作对，采用各种日益迂回的方式，但也遭受到不同程度的惩罚。对于“消极怠工”，日本人报之以取消吸烟和洗澡的权利。如果怠工行为仍在继续——或者日本人觉得某天的工作干得很糟糕——受惩罚的劳工小组的战俘们就要面对面站成两排，数着“一、二”，在相当长的时间里互相抽击面颊。对于更为严重一些的反抗行为，战俘们被命令在齐藤的办公室门外保持立正姿势整整一天——无论是在烈日之下还是暴雨之中——直到指挥官宣布解散。还有些时候，齐藤或他的手下人会命令一名战俘站在某个位置，将一块沉重的原木放在他的头顶。如果木头下滑或者跌落，就意味着命令被违犯，该名战俘将会遭到殴打。

对于更为严重的违禁行为，例如一名队长抗命不从或者某人从外面搞来并非法地拥有一部短波收音机，日本人热衷于使用“禁闭箱”的惩罚——一种刚好能容纳一个人站在里面的马口铁箱子——在每天热带的日照之下，酷热得好像桑拿一样。如果一名战俘对日本兵发起攻击，譬如布里奇中尉曾经做过的那样，他通常会被剥光衣服，五花大绑在营地中央的一根竹桩上，再遭到棍棒、拳脚、打结绳索以及最后来复枪托的猛烈殴击。当这场暴打结束之后，受刑者依然被捆在竹桩上，血流不止、浑身瘀青，经常是不省人事，作为为傲慢付出代价的公开榜样。

最恐怖的惩罚还不止于此，对那些屡教不改的犯戒者，还有“水桶酷刑”在等待着他们。在这种情况下，违禁的战俘同样会被剥去衣服，用绳索捆住他的脚踝、肘部和腰部，将他绑缚在营地正中的“惩戒柱”上。然后，日本人将一个五六加仑大小的水桶吊挂在战俘的脖子上，水桶纤细的绳索提手紧紧地绕过战俘的颈背。随后，桶中被注满水，如果该冒犯行径被认为极端严重，便会盛满岩块或卵石。这名囚徒随即被丢在那里，连续多日承受着难以忍受的痛苦。白天的烈日灼烧着他的体肤，夜晚的冷雾使他颤栗不止，而水桶的提手则切割着他颈部和肩膀的肌肉。

面对如此悲惨的前景，一些战俘开始掂量他们穿越丛林逃跑的机会。一天夜里，亚当斯被介绍给几个计划出逃的难友。因为营地没有灯火，所以这个小团体知道在晚间点名结束之后，任何越过围墙逃跑的战俘都有十二个小时免于被搜索队追捕的时间。虽然亚当斯拒绝了加入逃亡队伍的邀请，但日落之后，亚当斯还是着迷地望着那六个人钻过稀薄的竹篱，轻身潜入黑暗的丛林里。到第二天清晨，六名逃亡者中的四个人被捕获并且立即处以死刑。只有两个人——一位绰号“砰砰”的英国人和另一名英国炮兵上尉，亚当斯曾资助给他们干粮——依然在逃。其后三周的时间里，那两个人只在夜间行动，摸黑沿着公路的边缘前进，白天便在丛林里休息。在亚当斯和塔马坎其他战俘的心里，都觉得“砰砰”和炮兵上尉已经走向了通往自由的道路，一股自豪感油然而生。

后来才知道，随着时间和里程的推移，这两个逃犯开始放松警惕。为了加快行动速度，他们决定改在白天赶路。但就在同一个下午，他们被泰国的武装分子俘获，被捆得像小鸡一样，用卡车押回了塔马坎。为了杀一儆百，齐藤亲自判处这两个人死刑。但首先，当着全体列队的战俘，他们被守卫凶残地群殴乱打。随后，在奄奄一息的状态下，他们的绑绳被松开，狠狠抛进卡车后厢，拉进丛林的深处。在那天夜里，两个人被逼挖出他们自己的墓穴，然后被日本卫兵用刺刀活活捅死。

由于活着逃出丛林的希望如此微小，另一些战俘开始每天从精神上逃逸，让他们的思想从日日麻木的头脑中飘离，靠往昔的美好日子来获得给养。这些白日梦经常令战俘们不能自拔，他们有时会大声重温曾经说过的对话，或者是仿佛正站在英国乡村的梯田里，赞美那里美丽的风景。非常不幸的是，一旦从那些美好的回忆中醒过神来，再度意识到身处塔马坎悲惨艰难的现实，许多人会变得非常绝望，以至于全然放弃了生活的希望。他们会停止进食、说话和工作——不论日本人如何殴打催促他们重返劳动岗位。最终，根据英国军医 A · A · 阿普索普所报告的现象，这些人每天躺在他们睡觉用的竹台上，紧张性精神病症状地凝视着工棚的屋顶，即便将他们放入“禁闭箱”里也无法让他们回归正常。在阿普索普医生所目击或听说的所有“棚顶凝视”病例中，没有一名患者最终得以生还。

如果说日本人对他们的俘虏劳工残暴无情，但依据他们的武士道准则，他们对自己手下的士兵同样冷酷凶狠。亚当斯回忆起他刚到塔马坎不久的时候，发生的一件事曾令他震惊不已。在桂河大桥开工一个月之后，战俘们努力与几个朝鲜看守当中的一员建立了交情。这个名叫金城的看守（因为他负责制作塔马坎的棺材，因此人送绰号“殡仪师”）经常参与战俘们的谈话和以物易物，也常出差去堪察纳布里镇采购货物。他有时走私来一点香烟或茶叶之类的小货品，战俘们也能不怀疑虑地与之交易。

一天夜里，或许是为了报复他和战俘之间的友谊，一名日本哨兵发现金城睡觉的时候，双腿悬在床台的外面。亚当斯猜测，这也许违犯了某项纪律。当亚当斯在黑暗中从他自己的卧铺观察的时候，他看到那名哨兵抡起枪托狠狠地砸在金城的腿上，磕在他的胫骨上，甚至把枪托都撞裂了。在难以忍受的剧痛中蓦然惊醒，金城跪倒在地，不住地亲吻哨兵的皮靴。而哨兵则狂踢他的面门，将他的头猛力地向后踹。在这种殴打持续了几分钟之后，已经血迹斑斑、意识模糊，而且双腿重创无法走路的“殡仪师”又被拖进营地的警备室，一个人被继续殴打料理着。

另一些时候，仅仅是为了让战俘们保持心理平衡，日本看守们会令人困惑地做出开朗和友善的姿态。其中一个出生于夏威夷、在美国受过教育的朝鲜人冈本，似乎正是齐藤本人授意作为“好人看守”的形象出现的。他经常讲给亚当斯和其他战俘一些来自外界的消息，有时还会目光坦率地和他们分享些许食物和香烟。

一天夜里，亚当斯回忆道，他在上厕所的路上，看到一名日本或朝鲜看守的身影出现在他的前面。他猝然停住脚步，向那人鞠躬行礼。“看在上帝的份上！”在黑暗中传来冈本的声音，“别那么无聊了。过来和我聊聊天，再吸一支烟吧。”按照日本人的设计，统治塔马坎战俘营的孪生主宰是妄想和恐慌，如果说还有一点点舒缓的弹性可言，那仅仅是为了保证这座苦力营正常的运转而已。

每一天，在日本看守“加速”和“抓紧”的不停喊叫声中，这座桥梁再度被修造起来。没过多久，亚当斯就归入桥梁工程不再需要的劳力队伍，被指派建造那座体积更大的钢架桥的支柱和地基，那座桥的不同部件已经陆续从马来亚运抵本地。战俘潜水员们头戴黄铜的深海潜水盔和加压输气管，清理河床的乱石和淤泥，直至地下八英尺的深度。而在岸边制成、再送进水流中的木质围堰也被插入河底的孔穴里。最后，当钢架桥的框架坚实地固定在河床上之后，围堰内芯的水将被战俘们用手泵清空。

在开挖围堰的时候，亚当斯与其他数百名劳工被从修桥的工作中抽调出来，组成了一条人力传送带。每天从日出到天黑，他们把一筐筐从桂河河床上挖出来的大小石块传递到岸边，倒进一排机动水泥搅拌器里。当足够在一座围堰内浇注出一块新地基的水泥被生产出来之后，这条人力传送带又开始把成桶的水泥递送给相反的方向：从搅拌站再送入河中。

1943 年初的一个下午，被无休无止的劳作折磨得筋疲力尽的亚当斯，在停靠河边的一艘小驳船的舷缘边瘫坐下来，当他坐下之后，亚当斯的一名战俘朋友——吉姆·泰勒也跨过船舷，上来与他略作交谈。由于太过操劳，加上午后的暑气蒸人，他们都感到疲倦甚至轻微的晕眩，居然没有人注意到从岸边走来了塔马坎最大的人物——总工程师富士中尉。从他的军官马裤皮带上，富士拔出了他的武士军刀。几秒钟之后，富士大步跨上驳船的甲板，抽了亚当斯一记耳光，然后用英语命令他离开驳船。接着，就在亚当斯站起身来，准备回去工作的那一瞬间，富士举起他的军刀，朝亚当斯的脖子挥了过去。

“上帝啊，留神！”泰勒喊出声来，惊动了正在劳动的难友，也让更多人成为目击者。或许正是这声警告救了亚当斯的性命。富士总工程师改变了主意，将军刀入鞘，又用标准的英语——以一种清晰无误的威胁口吻——询问亚当斯的姓名和军衔。“我不会忘了你的，中尉。”富士说，“再有下一回，我一定杀死你。”几天之后，富士终于得到了一次机会。当亚当斯和另一名熟人——戴维斯军士同几个从丛林里来到河边的泰国商人交易香烟和煮蛋的时候，那几个商人忽然拔腿逃跑，令亚当斯颇感困惑。

他转过头来，再一次看到了富士。富士将军刀又一次拔了出来，并且高声地喊叫。他先是锤打和抽击亚当斯，然后又开始殴打戴维斯。幸运的是，富士看上去已经不记得亚当斯何许人也，也忘掉了几天前他刚许下的诺言。亚当斯和戴维斯逃掉了被杀死的厄运，富士只是命令这两个人在当天余下的时间里，站在附近的山坡上，接受烈日曝晒的“日光疗法”。

在接下来的几个月时间里，桥梁修造的工作仍然在继续，新来了许多荷兰、澳大利亚以及英国团队的士兵——更不必说还有数千强征来的平民劳工——他们穿过塔马坎，向丛林更深处的筑路营地一路走去。

十分不幸的是，这些新近被俘的士兵带给他们的都是时局不利的战争新闻——日本人的胜利浪潮依然无可争辩，而盟军只不过才开始轰炸已被日军占领的仰光和毛淡棉港口，根本没有以步兵军团重新攻打南亚地区的些微迹象。唯一令亚当斯与他的难友们感到还有希望的时刻，是他们在塔马坎的人间地狱里编造假消息的那些光景。1943 年的新年到来之际，日本人允许战俘们使用一台便携式留声机。每天夜里，这些囚徒都会聆听他们拥有或交换来的那少得可怜的几张唱片。在战争结束之后的很长一段时间里，每当亚当斯听到布灵·科洛斯比演唱《大牧场》、《可怜的老流浪汉》或者《马齐塔》的时候，他还是能纤毫毕现地重温战俘营中复杂难言的种种气息和那份精疲力竭的绝望感受。

接着，1943 年 2 月的一个下午，第一列从班朋车场开来的火车喷着黑烟，忽然出现在人们的视野之中。它在横跨桂河的木桥端头停顿了片刻，便开始慢慢地越过河面，朝西北方向剧烈颠簸着踏上新铺的铁轨，带着钢材与补给物资驶向丛林的更深处。日本人如此得意忘形，他们爆发出非常嘹亮——也与“帝国”规范极不和谐——的欢呼声。由于意识到他们的使命总算胜利完成，齐藤和富士允许战俘们在当天的剩余时间放假休息。

但是，并不因为修建桥梁的工作已经结束，便意味着劳动、死亡与殴打都随之而终止。在此后的十一个月里，战俘们在丛林中不断地砍树平地，铺设枕木和铁轨。疟疾依然肆虐，营养继续不良。这种情况发展得极为恶劣，许多战俘都半盲甚至完全丧失了视力。之后数月，猛烈的霍乱也在塔马坎战俘营爆发，并沿着铁路线一路传播，数千战俘被夺去生命，两座“病号营”因此而永久关闭，并迫使齐藤和其他日本营地指挥官禁止战俘下河洗澡。为了让自己从这座丛林地狱中解放出来，数百名战俘试图逃跑。除了极少的一些得以逃脱，大部分人都被日本人重新抓获。

但在2月的那一个下午，当第一列火车通过桂河的时候，亚当斯与他的难友们都感到满足，甚至有几分自鸣得意。现在这座桥梁总算完工了，他们当中的每一个人都知道，盟军空军终于又有了一个在心理上颇有些战略价值的轰炸新目标。

第八章

在 1943 年整个雨水丰沛的夏季，飞翔在泰国河缅甸上空的飞机更多的是 C–46 和 C–47 运输机（英国人称之为“达科他”，Dakota），而不是最终将执行摧毁桂河大桥任务的 B–24“解放者”轰炸机。这些运输机由几十个美国飞行小队负责驾驶，以支持盟军“驼峰空运”至中国的计划。

每天都有大约数百架次的飞机穿梭在这六百英里的航线上——有时甚至每天能折返三次之多。飞行任务均由美国陆军空运总队和军用飞机大队执行，额外增加的飞往中国的运输机也都是由美军轰炸机飞行员来操纵，这些飞行员都是在雨季期间从美军第十和第十四航空队借调过来的，他们授命驾驶由 B–24 轰炸机改装的运输机运载固体和液体物资。或许最值得一提的是，一百五十名飞越喜马拉雅山的平民飞行员，是由罗斯福总统亲自向美国航空公司征调过来的，他们组成了一支名为 7–A 方案的飞行单位。

虽然向中国输送物资和原材料的空运航次依然不足原定的标准，但陈纳德和中国各地的仓库终于慢慢开始充实，一天二十四小时都能看见飞机划过天际。到 1943 年 6 月时，每月都有 3000 吨物资经由空运送抵昆明，而在上一年 6 月份，这个数字才仅为 106 吨。

瑞·达尔是一名驼峰飞行员。他原是来自美国俄勒冈州希尔沃顿的空军军官，服役于美国军用飞机大队，曾驾驶一架 C–47 运输机飞越驼峰航线多达八十余次。对他而言，如果从空运的角度评价，“驼峰飞行”就是一场无边的混乱。“有时我们要在极为恶劣的天气下从印度起飞——黑云滚滚，可视度为零——然后冲上云顶，飞到开阔的高空地带，这时我才看到还有几十架飞机也在我们的周围。还有些时候，正当我们的飞机从云层钻出，飞入晴朗蓝天里时，会发现另一架C–46正笔直地向我们冲来，机头相对而且快如流星。我们根本没有真正的空中管制系统，既没有雷达，无线电台也只在30英里的半径之内才能工作。运输机有时竟会在半空中撞毁，真是太疯狂了！”

虽然这种“疯狂飞行”极具危险性，但驼峰飞行员与他们的机组成员都认为这是一段“美好的时光”。驼峰机组中的大多数人是来自偏僻农场或小城镇的美国年轻人，那些富有浪漫色彩的远方城市以及整个旅程中的见闻遭遇，都为他们拓展了人生的眼界。在巴西，他们纷纷购置了手表和绿帆布丛林靴；在开罗，肚皮舞女郎令金字塔和狮身人面像相形见绌；在德里，位于“康诺特环岛”带柱廊的购物区附近街道树荫间的印度咖啡馆令生活有滋有味；在加尔各答，富波酒店里价廉物美的牛排、马蒂尼和啤酒让每个人都觉得自己是挥金如土的富豪。他们四海为家，他们是空中骑士，在他们每个人的军用提箱里，都贴着一张玛丽琳·麦克斯维尔或金克丝·弗肯博格又或是贝蒂·格拉宝的美腿玉照。

对这些飞行员而言，一路上所有的经历都具有重要的价值。因为一旦他们抵达印度北部的阿萨姆（或者印度南部的吉大港和加尔各答），他们所面临的将唯有艰苦可言。要满足蒋介石提出的“三大要求”，飞越中印两国运输补给中国的物资，无疑会是他们人生旅程中最为辉煌的顶点。在空运司令部的印度基地，军队以麦片粥、肉罐头和米饭为食，而中国的一些与驼峰空运有关系的人却靠美国运来的猪肉、鸡肉和牛肉脑满肠肥。这些来得飞快却不那么账目严谨的援华物资，还在昆明以及其他地区造就了一个巨大的黑市，使得任何可以售卖的货品价格——从皮鞋上光剂到汽油发电机——都像火苗一样蹿升。“连苦力们都揣着50块钱的钞票走来走去。”史迪威在他的日记里这么描写昆明。而当他听说为了跟上直线下落的币值，中国财政部甚至付钱在国外赶印钞票——因为他们自己缺乏纸张——同样经由驼峰航线运抵昆明的时候，史迪威与许多人一样感到惊骇莫名。

在印度，这种不公平与匮乏开始影响到军队的士气。一位名为艾利克·塞瓦雷德的电台与报纸记者曾经写道：“当我在夏布瓦的美国运输机构，看到数以百计的美军士兵和数以千计的本地民工在那里挥汗苦干，不管是烈日当头还是凄风冷雨，为中国运送军用物资时，我就对中国人有关‘物资不足’的抱怨由衷地感到不满。我们的人舍生忘死，每天都冒着生命危险奋斗不已。除了寥寥几名军官能够在茶馆的平房里享受丁点闲适，其他人都在一种令人震惊的困境中生活。在此时此地绝无任何赏心乐事可言，既没有休闲场所，也没有女红十字会员，既没有清凉爽口的餐饮，也没有休假期间可供玩赏的疗养区。这里就是一个令人担忧、使人消沉的地方……他们所得太少，而所要付出的却多得不成比例。飞行员们操劳过度，当他们冒着生命的危险，与风暴、浓雾和冰雪鏖战，飞到中国，再在一天之内原路返回，他们只是一头栽倒在他们的行军床上，甚至连刮脸和洗漱的力气都没有，只求在第二天重复同一场冒险的飞行之前，能够有几个小时并不解乏的匆促睡眠。”

但是“驼峰”飞行员仍然勇敢不屈地飞行着。每天清早，他们在印度丛林潮湿的晨雾中醒来，带着他们的羊皮夹克和罩裤来到飞机旁，为飞越驼峰航线最高端时驾驶舱里低于零下四十度的极度严寒做好准备。他们豢养生龙活虎的豹子和狒狒作为团队的宠物，用“像狗一样生活，像恶魔一样飞翔”当作他们的座右铭。而在着装方面，飞行员们逐渐培养出一种既邋遢又精细的风格：他们头戴军官帽，但帽顶却被压得扁平；总是将点45口径的手枪夹在他们的左腋窝下。在印度，不同的驼峰运输队之间开始展开竞赛，看谁能在每周或每个月里运送最多的货物。他们还精心设计了赌局，在各个基地之间设标开赛，像他们跟踪棒球比赛成绩一样追询着每日运输吨量报告，再飞快地将名次表报告回营。

史迪威也看到了这种不公正的现象，并且因此而怒不可遏。在1943年雨季结束之后，他秘而不宣地在阿萨姆各个基地展开巡查，务必令其陆军空运总队的印中联队获得公平的补给。在夏布瓦的马球场食堂逗留期间，“醋乔”——他现在越来越被手下人称作“乔大叔”——和他的士兵们一起检查了伙食标准，他发现伙房提供的食物几乎都无法食用，于是宣称他将为即将爆发的一场暴乱负责。史迪威和士兵共同坐在一张餐桌的板凳上，随即宣布道：“好了，小伙子们，让他们自作自受吧。”于是整座食堂被四处纷飞的食物、锡餐盘、杯子以及翻倒的餐桌搞得一片狼藉。当这场混战结束之后，史迪威将食堂的负责人招来，让他参观这幅末日景象，并告诉他：“这就是你的食堂。”史迪威随即发出指令，当他下一次突查的时候，除非伙食条件有了显著的改善，否则该负责人将会被解职并且遣送回国。

自从1942年6月以来，在一年多的时间里，经由驼峰航线向中国空运物资成为史迪威以及盟军在亚洲首先考虑的问题。但随着空运的不断进展，它那组织性欠缺的后果也成为军中广为流传的荒唐笑话。那些疯狂的情境——有时也包括某些愚蠢的货物——是笑话的主旋律。譬如满满一架飞机的辣椒粉或者通便剂飞越驼峰航线，或者是货运卡车基于重量原因不得不被切成两半（当抵达昆明之后，它们会被焊接回原样），又或者一架驼峰航线中途的飞机遭遇“引擎故障”之后，蒋夫人名下的一架钢琴“很不幸地”被推出舱门，抛下万丈深渊。

“我还记得那些在中国维护机场的苦力们，他们会跑到我们高速旋转的飞机螺旋桨前面来。”飞行员瑞·达尔说，“他们相信螺旋桨会赶走任何尾随着他们的恶灵。这听起来有些疯狂，但我们已经习惯了飞机在任何时候撞上某个中国人。你必须发动引擎准备起飞吧，然后就是古怪的一声‘砰然’闷响，无线电报务员便会喊着‘噢！我们又撞上一个’！”

达尔也有幸看到了许多莫名其妙的货物。“有一个人带着8000个垃圾桶盖，从印度阿萨姆上飞机前往中国。谁也不知道这些东西是干什么用的。还有一次，那是在战争后期，我们的军队再度进入缅甸之后，我们曾经向地面部队空投了一批活猪。有人希望能给每一只牲口都系上降落伞，于是我们飞到部队的上空，将飞行速度降至每小时120或125英里，当我们下降到200英尺左右的海拔高度时，便将这些猪丢出了飞机的舱门。我们曾经说，如果降落伞没能打开的话，地面部队就必须立即对这些猪采取腌制措施了。”

但是飞越日军占领的缅甸的任务并非总是这么滑稽而古怪。每天清晨，在准备起飞的时候——当飞行员们在印度或中国境内的机场跑道上开始滑行，发动引擎，沿着依然笼罩在黑暗里，靠点燃的火堆标明边界的跑道向空中疾飞时——机组的每一个成员都要检查他们的夹克口袋，以确认他们携带着一枚蓝色卡纸信封，信封里面放的东西被飞行员们称作“血符”，包括一张中国和缅甸的详细地图，以及一些用多种语种和方言印刷的字纸，上面写道：“我是一名被击落的美国飞行员，请送我至盟军部队，必有奖赏。”

幸运的是，瑞·达尔本人从来没有将他的血符派上用场。在他飞行于中缅印战区的整个时期，“它只是在我的A–2战斗机制服口袋里忽而来到中国，忽而又转身离去”。

但并非所有人都如此走运。在这段岁月中，每隔几天就有驼峰飞行员和他们的飞机失踪。当1945年以昆明为目的地的盟军空运结束之时，有超过一千名驼峰飞行员被记录在空难阵亡或者执行任务时失踪的名单之上。

1943年8月2日，同时也为报纸撰稿的美国哥伦比亚广播公司记者艾利克·塞瓦雷德作为17名乘客之一，在夏布瓦登上一架盟军的新型C–46运输机，准备前往中国昆明。在飞机左舷的铝制座位上坐好——这些座椅彼此相对，贯穿整个机舱——高大瘦削、头发卷曲的塞瓦雷德注意到就在舱门关闭之前，被丢进机舱的最后一堆东西是一摞沉重的帆布包，其中的每一个都好像是多出几条背带的大背包。塞瓦雷德猜测：它们可能是降落伞。接下来，他拿到这样一个包，并模仿其他乘客的样子，开始用背带将包捆在自己的身体上，让真正的降落伞压在大腿下面，成为一个松软的坐垫。当他坐回自己的座位时，塞瓦雷德却觉得腿带绑得太紧了，于是便决定将它们的扣索暂时松开。

随后，当太阳初升的时候，他听到飞机的双引擎轰鸣作响，在加速数周之后，这架 C–46 开始在跑道上滑行，并沿着跑道冲向浩渺的天空。飞机的起飞平滑顺畅，仅仅几分钟的时间里，它便冲出了陆地上的晨霭，进入一片神奇的球状天地：下面是稠浓的绿色，上方是明澈的蔚蓝，唯有乳色的雾气蔓延在河谷之中，为这清晨时分色彩饱满的自然调色盘更增添了几分风情。在 C–46 的机舱里，塞瓦雷德结识了来自美国国务院的约翰 · 戴维斯（他奉命担任史迪威的顾问）以及邓肯 · 李，后者性格快活，有几分孩子气，是新成立的战略服务办公室的谍报人员，该机构是新近设立的执行部门，主要负责各战区的情报搜集工作。

机舱内部一片喧嚣。由于引擎的轰鸣，交谈者之间如果不彼此叫喊，对话便根本不可能进行下去。于是，当早已习惯了郁闷的驼峰穿越的李打开一本书埋头阅读的时候，塞瓦雷德也开始眺望窗外，随后为一篇正在撰写的新闻稿做笔记，让自己显得更忙碌些。

过了一段时间，塞瓦雷德发现他的飞机正沿着一条较长的南部航线，穿过喜马拉雅山的丘陵地带。虽然这条航线将使整个行程增加两个小时的飞行时间，但较之腾挪在中国喜马拉雅山雪峰左右的北部航线，危险系数要减少许多。当他注目于下方连绵起伏的绿色山峦时，塞瓦雷德唯一的顾虑是这架没有战斗机护航的C–46很快将飞越亲敦江，进入领空为日军所控制的缅甸境内。

飞行了一个小时，塞瓦雷德逐渐迷失在自己的思绪里，只顾欣赏窗外的景色。忽然有人碰了一下他的腿，才让塞瓦雷德回过神来。那是他在登机时就注意到的一位年轻下士：来自美国内布拉斯加州蓝丘的斯坦利·沃特伯雷。这名下士凑近他的耳朵，“知道吗？”年轻的士兵高声喊道，“飞机的左引擎熄火了。”

塞瓦雷德伸长脖子向窗外看去，发现飞机左侧的螺旋桨在风中自由地转动着。这就是那批新C–46飞机当中的一架，他暗自思忖着，它的引擎因为汽封而停转的缺陷依然是设计上的灾难。当他还在评估单靠一个尚在运转的引擎能否飞到中国时，塞瓦雷德注意到阳光透过他的窗户直射入机舱里——就在一分钟之前还不是这种情形。C–46运输机开始掉头折返，或许他们正在向印度返航。

塞瓦雷德为自己在中缅印战区行程中损失的一天感到悲痛——他怀疑在明天之前，还能否赶上飞往昆明的另一班飞机——就在他刚开始有些自怜自艾的时候，一道闪光和一声震耳欲聋的巨响将他从沉思中惊醒。机组的勤务长，一名年约40岁左右的军士，将飞机的紧急出口舱门砰然打开，随即将堆放在门边的行李提箱向飞机外面猛掷出去。

“把所有的旅客行李都扔掉！”勤务长高叫着。很快，一条流水线便组织起来，行军包、箱子、衣帽箱都被传递向飞机洞开的舱门。塞瓦雷德在他的笔记本上匆匆写下最后三句话：“上午九点十五分。行李被抛弃。左引擎停转。”他将笔记本放入公文包，将包上的搭袢扣紧，再把它交到别人的手上，像先前目送他的手提箱被丢出去那样，等着公文包同样也消失在舱门外面。塞瓦雷德随即意识到，在他那只已经无影无踪的手提箱里，装着他所有从美国带来的衣服和洗漱用品。在缅甸某地的高空之上，在一架左翼引擎报废的飞机里，他如今拥有的一切，只是他穿在身上和装在口袋里的那一点点东西。

当塞瓦雷德看到飞机驾驶员和副驾驶员也手忙脚乱地行动起来，将原本随意放在报务员桌子上的降落伞包套在身上的时候，他愈发感到惶惶不安。“这种事不可能发生在我身上。”塞瓦雷德心里说，“和我无关！”

但是就在他试图动用理性，驱散眼前的这份末日图景——提醒自己 C–46 飞机还在由刚刚套好降落伞，重新返回控制台的正、副驾驶员操纵着平稳飞行时——混乱已经难以控制了。透过引擎的轰鸣，塞瓦雷德听到邓肯·李断断续续的声音。于是他转过头来，看到李正朝他打着手势：“跳伞时我想和你靠在一起！”李喊道。

塞瓦雷德目瞪口呆地望着李，感到难以置信。李不但协助勤务长将最后几件行李丢出了舱外，现在手头上还握着一把手枪。塞瓦雷德随即发现约翰·戴维斯也已经将降落伞紧紧地绑在后背上，他在舱门边蹲伏着，脸上带有一丝紧张而古怪的笑容，注视着飞机下面的一片虚空。塞瓦雷德满脸敬畏地看着戴维斯斜掠出舱门，以标准的“蛙式”姿势跳出了飞机。

为了让自己从戴维斯跳机的极度震惊中清醒过来，塞瓦雷德转头瞥视了一眼机组成员——“我们飞得还很平稳呢！”他安慰自己说——可当他再度回眸观看机舱，却发现邓肯·李也已经跳伞离开了。人们纷纷跳伞，试图逃一条生路，塞瓦雷德也开始考虑着，好吧，或许这条降落伞还真值得一用。就在他环视机舱内景，琢磨着接下来该做点什么的时候，却发现只剩下两到三名乘客还待在飞机里。

这时，塞瓦雷德忽然记起他还没有把自己与降落伞完全绑在一起。就在他一边挣扎着系紧降落伞的腿扣，一边蹒跚地走过乘客座舱时，他用眼角的余光看到满头黑发的飞行员张大嘴巴，冲到他的前面，从打开的舱门跳出了飞机，这令塞瓦雷德瞠目结舌，彻底陷入混乱。

他的头脑勉力要为这番情形做出解释，塞瓦雷德总算走到了 C–46 的舱门边上，但仍然不肯放弃这架（仍在水平飞行！）飞机终将平安降落在茂密丛林里的念头。他身后的乘客们把他推向舱门，当塞瓦雷德强迫自己走到门口，准备从他依然认为很安全的机舱中斜身跃出的时候，他朝下望去，才发现如今甚至连跳伞都已不可能。一座山峰正在飞机的下方笔直地朝它撞来，它们之间如此接近，塞瓦雷德甚至能够分清山头树木的条条枝杈。如果他在那时跳出去，他的降落伞或许连打开的时间都没有。

在一段看似漫漫无期的时间里，塞瓦雷德把在舱门边上等待着，感觉自己仿佛正站在一座高不可测的悬崖顶端。人们从他身边跳出舱门，而他依旧愕然讶异地僵立不动。接着，C–46 飞机忽然出人意料地朝左边一转，随着机体的倾斜，塞瓦雷德左膝弯曲，当他不得不调整姿势再度站直时，他意识到飞机开始下跌，自己也将被抛出空空如也的舱门。

在下一秒钟——他已然摔倒滑过开启的舱门——艾利克·塞瓦雷德将自己头朝下甩入半空之中。又等了漫长的一秒，他才拉动降落伞的开降绳，然后合上了双眼。他的身体经受了一阵巨大的击打，当他再度睁眼观瞧，他已经轻柔地飘向下方绿色的丛林，并融入一种“极度的宁静”当中。在他的前方，绿色的山峦看起来正升入浩瀚的天空，随后，一团油亮的橙红色火焰从他前边丛林茂密的山脚下猝然升起。C–46 运输机坠毁了。

就在他飘然降落期间，塞瓦雷德将左近的地势打量了一番：一条混浊的河流从两座山峰之间流过，哪座山上也没有任何道路或小径的痕迹，虽然在西边几英里开外的另一座山麓上，能看到一片茅屋组成的小村落。在他的下方，还有几副降落伞落在了莽莽丛林的树顶上。

接下来的一分钟里，塞瓦雷德再一次能分辨出身下一条条的树木枝杈，然后是一片片的树叶子。随即他便陷入上下左右的纠缠之中，树枝和厚大的树叶不断地抽打、撕扯他的身体，令他周遭的世界一片黑暗。塞瓦雷德沿着茂密的丛林，天旋地转地滚下山坡。当最终停住不动时，他再度睁开双眼。塞瓦雷德仰卧在地上，在他的上方——透过树叶的间隙——能看到湛蓝的天空。他平安降落了。

在 C–46 空难中，塞瓦雷德总算死里逃生。可此时此地，就只有他一个人吗？而且，这里究竟是什么地方呢？

在茂林覆盖的地面上，塞瓦雷德开始搜集他的物品。他没有任何食物、额外的衣服、剃须刀、牙刷或者钢笔、纸张之类……而鲜血从他裤管内的大腿某个部位不断地渗出来。他想起了纽约家中的妻子和两个小儿子，这幅景象既令他感到温暖，又隐含着几分绝望的气息。倘若他死在这片丛林里呢？或者同样悲惨地，被抓进某座日军战俘营里，他还没有来得及为家庭的未来做好充足的准备呢。

当塞瓦雷德解开降落伞的带扣，站起身来，他忽然听到从密林深处传来一阵声响。那是人声……而且说的是英语。塞瓦雷德蹒跚地走过一片灌木丛，朝发出声音的地方走去。在林木稀疏的一小块空地上，他看到飞机勤务长——来自爱荷华州奥图穆瓦的奈德 · 米勒军士以及更为年轻却满头白发的弗兰西斯 · 西格诺军士——他来自纽约州的多布斯 · 菲勒。他们的脸上也血迹斑斑，但同样也如释重负般地面带微笑。于是他们一言不发地坐在了一起，等着瞧接下来会发生些什么。

静坐几分钟之后，他们又听到丛林某处传来了声音：是气息微弱的呼叫“救命”声。它应该是从坠毁燃烧的 C–46 飞机所散发出的浓黑烟柱不远处传来的。三个人站起身来，披荆斩棘地穿过丛林，朝飞机的残骸走去。转眼之间，他们便看到一枚白色的降落伞晃荡地悬挂在一棵矮树的梢头，在它的下方，来自俄亥俄州安索尼亚的无线电报务员沃尔特 · 奥斯沃特正坐在地上，紧盯着他的一只脚。他坚守在机舱中直到最后一分钟，向印度司令部报告了他们的方位，就在 C–46 行将爆炸之前不久，才奋力从飞机上跳了下来。

他们把降落伞从报务员的身上解下来，再一次默默无声地围坐在一起。他们检查了报务员受伤的脚踝，它又红又肿，很可能已经骨折了。就在这几个人准备商讨将来的对策时，他们又听到一声呼喊，一番搜索之后，发现一头黑发的飞机驾驶员暨机长，来自威斯康星州科尔曼的哈里·奈维尤正缓缓地爬过一片低矮的丛林灌木丛，一只手紧紧地压在胸口上。

奈维尤的表情非常羞臊：“我真是太抱歉了！”是他一遍又一遍唯一说得出口的话。在表达了整整一分钟的歉意之后，这名飞行员才告诉其他人，他的肋骨折断了一根。

将受伤的报务员安顿在树下，幸存者们朝飞机残骸攀爬过去，检查它仍在冒烟焖烧的舱内是否仍有遇难者的尸体。谢天谢地，看起来机舱里似乎已经空无一人。短暂地聚议之后，每个人都先回到他降落的地点，收集他的降落伞，并开始在降落伞的皮带上搜寻据说是与之附着在一起的“救生包”。在每一个“救生包”里，都应该装有一套包括工具和药品在内的丛林用品，能够协助他们在野外求生。但作为中缅印战区补给工作的又一失误范例，理论上应当包括在“救生包”内的刀具、干粮、蚊帐以及急救箱都不见踪迹。

既无食物，又无遮蔽地迷失在丛林里，成为幸存者们另一轮——而且是更为深切的焦虑原因。没过多久，一种轰鸣逐渐盖过了他们谈话的声音：那是一架道格拉斯双引擎运输机发出的颇为耳熟的嗡嗡声，而且这声音靠得越来越近。又过了两分钟，那架飞机清晰地出现在他们前方的山脊上空，低斜一边的机翼，开始围绕着坠机冒黑烟的地点打转。就在飞机盘旋的时候，幸存者们发现它的舱门被打开，一个捆扎好的包裹被推到了舱口的过道里。那些还能站立活动的人都跳了起来，朝附近一片草甸跑去，一边向飞机挥舞他们的胳膊。当飞机又一次在草甸上方盘旋的时候，这个包裹从飞机上滑落下来，随着“噗”的一声响，它的上方撑开了一条橙红色的降落伞，鲜明地映衬在蓝色的天空中。

当包裹缓慢地落到地上之后，这架飞机再次飞临他们的上空。这一次，一个一端拴着布条的小灰布口袋被从货舱里投向地面，“砰”的一声落在草地上。在这个袋子里，幸存者们找到了一张打印出来的字条：“在救援队找到你们之前，请留在飞机坠毁处。在那里你们不会受到敌军袭击。点一堆篝火或者用降落伞布条摆出不寻常的标志，给搜救飞机发出一些生命记号。明天将有更多的补给空运至此，包括一部电台。你们的位置：北纬 26 度 25 分，东经 95 度 20 分。”

这时，救生包也已经安然落地。在将它拖入开阔地之后，他们撕开包装，发现了一把斧头、几柄丛林刀、两床毯子、一些罐装食品、蚊帐、香烟，还有两支斯普林菲尔德来复枪（其中一支的枪托已经破损了）。又过了几分钟，从山脊的那一侧，塞瓦雷德和他的同伴们再次听到一架双引擎飞机发出的隆隆声。这一次，在飞越山岭之后，这架运输机斜弯一转，从它开启的舱门里又落下两个包裹，每一个包裹都用一枚橙红色的降落伞减速下落。第一个包裹刚好落入草地的范围，另一个则飘离了轨迹，消失在数百码之外的丛林里。

正当他们打开新包裹箱，盘点其中的内容时——主要是一部电台——塞瓦雷德和其他人忽然听到了另一种声音。这声音似乎是人声，一种“有韵律的单声调”，但不管它是哪种语言，反正不会是英语。幸存者们紧张地注视着声音逐渐靠近的方向，手中抓住了任何可以被当作武器的东西，随时准备为求生存决一死战。就在他们的心提到嗓子眼的时候，他们看到大约十五到二十名身材短粗、咖啡肤色的土著人从灌木丛中钻了出来，走到开阔的草地上。

这些土著人面貌都很奇特。个头矮小但胸宽背厚，双腿粗壮有力。他们黑色的头发修成狭窄的一条，与颅骨等长；黑色的腰布遮住臀部，在双臂和裸露的胸部都刺着暗蓝色的纹身。他们中的每一个人都手持一柄长矛，有些人在另一只手上还握有一把金属长刀。塞瓦雷德与他的同伴们与纳迦人正面遭遇了。

虽然在1942年5月，史迪威的部队走出缅甸的途中，曾经得到过纳迦人的协助，但英国殖民者长期以来都将这个部族视为猎头民族。在印度的中缅印战区空军基地有如下说法：如果你的飞机在缅甸与印度边界地区坠毁，一定要对纳迦人提高警惕，并且不惜一切代价地避免与他们的直接接触。现在，不知将会发生什么，两拨人马彼此面面相觑。更多的纳迦人从后面走上前来，在草地上形成了一个半圆形的包围圈。塞瓦雷德举起空空的双手，做出了和平的手势，而纳迦人——几乎步调一致地——将他们的矛尖插入土地，又把长刀收回他们挂在腰布上的刀鞘里。这两方人，美国人和纳迦人，展颜而笑。

没过几分钟，一些纳迦人已经和塞瓦雷德等人分享起他们葫芦里的烈酒，另一组部落民则跑回丛林里，将刚才空投时失踪的那个包裹抬了回来。只能算是一种后知后觉的行为，黑头发的机长哈里·奈维尤这才从他的夹克口袋里掏出了“血符”，在其中找到一张标有“适用于克钦人与缅甸人的词句”的卡片纸，奈维尤和塞瓦雷德尝试着对土著人说了一系列词语和短句，但全然没有效果。

当他们正和土著人驻足僵持，一边分享着和平的酒酿，并试图找到一种共同语言的时候，纳迦人忽然令人震惊地再度举起了手中的长矛。另一个土著人正从坠机幸存者们的身后，穿越茂密的丛林，朝他们飞奔而来。当他抵达终点时，空气中已经弥漫着浓重的恐怖气息。然后，在一个相对安全的距离，奔跑者停下脚步，丢过一张纸片来。那是一封手写的便条：“今天早晨跳伞的人务必与其余人在村庄里会合。送信人将为你们领路。艾利克，请你也如此——约翰与邓肯。”

戴维斯、李还有其他的乘客们看起来都已安全了。事态正在好转。从口袋里的记者证上撕下一张白纸，塞瓦雷德从另一个人那里借来一支钢笔，潦草地写了一封回信：“亲爱的约翰，我们这儿有十一个人，其中两人腿断了，空投补给品在此，飞机也将返回这里——救援队正在途中——请到这儿来。我们在飞机残骸以南约一英里处。艾利克。”

塞瓦雷德从橙色降落伞上撕下一条布样，将它绕在送信人的肩头，又递给他一枚半美元的硬币（那是他口袋里唯一能找到的亮晶晶的东西），再把手书的便条交在他手里。送信人转身跑走了。

在当天下午余下的时间里，纳迦人协助这些落难者返回他们的村落。村子坐落于山谷另一端的山坡下方，途中要跨过一座由倒伏树木叠成的人行桥。其后几个小时，当纳迦人殷勤地照料他们的客人，塞瓦雷德等待着戴维斯和李的消息期间，又有一些跳伞幸存者被领到村子里来。这座山坡上的村庄是一片错落的茅草房，周边环绕着小块粟田。男人、女人和孩子们——以及多得数不清的小黑猪——川流不息地走在小径上，让村子充满了生机和动感，塞瓦雷德和他的同伴们被带到一座聂帕榈屋顶的茅草长屋外，那显然是他们暂时的新家。在获救者们用空投的急救包清洗身体上的割伤和擦痕时，其中一些人已经开始享用纳迦人提供的食品，包括米饭和烤猪肉。黄昏时分，又有更多的幸存者被带进村子里。接着，三名医务人员——由外科医生唐·弗里金格中校率领——跳伞来到这里。弗里金格迅速地检查了报务员的踝骨，正如大家所担心的，报务员的骨头折断了。

当暮色降临时，弗里金格将报务员的腿骨复位并用夹板固定起来。纳迦人点起篝火，为客人们烧烤更多的猪肉。入夜之后，村子开始安静下来，当一场冷雨倏忽而至的时候，塞瓦雷德也回到他的草房里坐下，但仍然警觉地注视着外面的漆黑夜色，担心猎头者们会悄然发动突然袭击。几个小时之后，他发现有一列跳动的火把正穿过湿淋淋的丛林朝这里移动，火把相跟着进入了村寨木棍交织成的篱笆，在几座房子外面停顿一会，又继续朝他住的方向走来。很快，在冰冷的雨水与无际的黑暗之中，火把队伍已经靠近得令塞瓦雷德感到紧张不安，他不由得朝房间的黑暗角落里退缩了一点。接着，火把的光焰在他的草屋门口跳动起来，在茫茫黑夜之中，一个声音从外面传了进来。

“塞瓦雷德博士，我没有搞错吧？”来者是戴维斯，努力地模仿着斯坦利找到利文斯通时的情景［戴维·利文斯通，1813–1873，苏格兰传教士及非洲探险家。他发现了赞比西河（1851 年）和维多利亚瀑布（1855 年）。亨利·M·斯坦利在坦桑尼亚找到他，然后二人试图共同寻找尼罗河的源头——译注］。戴维斯、邓肯·李还有其他三个人鱼贯走进了这间潮湿而污秽不堪的草屋。现在几乎所有人都重新聚齐了，大家济济一堂，互相讲述飞机失事时各自逃生得救的故事。在某一时刻，弗里金格忽然想起来他在即将离开夏布瓦机场的最后一秒钟，有人递给了他一份失事飞机的乘客名单。他逐一点名，发现全部机乘人员中只有两人——副驾驶员查尔斯·菲力克斯和巴希尔·莱蒙下士——下落不明。在一个接一个故事，一场接一场回忆的你来我往之间，又有几个小时被消磨过去了。午夜来了转眼又流逝，人人都在讨论菲力克斯和莱蒙可能会流落到何方。最后，就在拂晓前不多久，房间里的火塘将要熄灭的时候，所有人都感到松弛了下来，纷纷躺倒在草房潮湿的席子上，刹那之间进入沉沉的梦乡。

在接下来的十二天里，当塞瓦雷德和他的同伴们耐心等待着据说正朝他们靠近的救援队时，美军的救援–补给飞机在丛林上空雨点般地向他们空投各种物资和食品。很快，这批落难者们就有了从天而降的毯子、粮食、新衣服、枪支、靴子甚至休闲读物。指挥部居然还空投了几幅地图，告诉他们，是的，他们的确是在纳迦部落控制的地区，位于缅甸与印度的边界，距英控地区还有80英里的路程。一条信息表明他们与英国驻摩科匡镇（位于西南方向山水相隔的印度境内）的哨所地面距离85英里，空中距离约为60英里。另一条消息则向他们——如今由军衔最高的弗里金格指挥——保证，救助队伍已经出发上路了。

除了苦苦等待，再无他策可施。第三天，纳迦人搜索已经冷却的C–46运输机残骸，在里面发现了飞行员菲力克斯已经被焚损的尸体，他至死仍然坚守在驾驶舱中副驾驶员的位置上。当纳迦人把菲力克斯的遗体运回村子之后，幸存者们将他埋葬在一座丛林中的坟墓里。

为了表示对葬礼的尊重，纳迦人暂时停止了他们永无休止的各种活动，报之以长时间的默哀。

葬礼之后两天，一息尚存的莱蒙下士被另一个村落的两名部落民抬进村子，他的衣服早已烂成了碎缕。在喝了几口咖啡之后，莱蒙告诉弗里金格说，出于对敌军搜索队的恐惧，他一动不动地躺在丛林里四天之久，无遮无盖地忍受着夜晚寒冷刺骨的倾盆大雨。在坚持了四个夜晚之后，他意识到如果不采取自救措施，可能就会面临死亡，他匍匐地爬向了临近村寨的一座草房，将自己的行迹显露出来，然后，他就被当地的土著送来这里，与其他人会合。

一周时间转瞬即逝。纳迦人和他们从天而降的朋友很快展开了贸易活动。土制的大刀和长矛交换到了罐头刀和勺子，纳迦人眨眼之间将它们改装成了项链和耳环。弗里金格开办了一家诊所，不但为在空难中受伤的美国士兵和平民看病，也接纳纳迦部族的病人就诊。在8月13日，一架运输机丢下来的物资中，除了其他东西之外，还有一份三天前的《加尔各答政治家》报。于是大家能在报纸头版读到他们坠机的新闻。但这份报纸的出现令戴维斯感到十分恼火，因为他的名字被列入了这份失踪或遇险者的名单里。作为一名政府高级官员，同时也是史迪威著名的顾问之一，戴维斯担心日本人在加尔各答的间谍将知晓他目前正在纳迦人的村子里——藏在一个众所周知的地方——然后派兵前来搜捕，危及全体人员的安全。

谢天谢地，日本人从来也没有展开过搜查。刚好相反，在 8 月 14 日傍晚，一位身材高挑，名叫菲利普 · 亚当斯的英国人——他一头金发，身穿蓝色马球衫、蓝色短裤和一双低帮运动鞋——从丛林中冒了出来，和他在一起的，还有两名体形粗犷的美国人和六十名纳迦族挑夫。亚当斯是摩柯匡镇上的“大人”，也就是说他充当着印度边界一侧主要政府官员的角色。除了他和著名演员莱斯列 · 霍华德长得惊人地相似之外，更令众人感到吃惊的，是他居然能用纳迦人的语言与本地人交谈。当夜幕降临之后，亚当斯以他对这一地区的风土人情的洞察和有关坠机事件前因后果的深入了解，使得全体获救者震惊得瞠目结舌。

这架 C–46 运输机，亚当斯介绍说，刚好坠毁在了帕特凯山区。这是分隔印度与缅甸的一列长长的山地。他还告诉他们，这一地区既没有被盟军占领，也没有被日军控制，而是残忍好战的猎头部族的家园。其中一个名叫旁尤的村寨——也就是莱蒙下士获救的那个村子——曾经在 1942 年从邻近的村寨中一共猎得了 106 颗人头。亚当斯本人之所以在五天之内陆路狂奔了八十五英里，赶来帮助这些坠机幸存者，他说，正是因为有人偷偷地告诉他，该地区的几个村寨，包括旁尤寨在内，已经开始叫嚣着发动一场攻击，猎获外国人的头颅了。亚当斯希望能够减慢他们的步调，或者通过贿赂收买，让他们就此罢手。

8 月 17 日，待亚当斯一行也休息了几天之后，全体成员准备动身离开了。第二天清晨，经过一晚热诚的告别之后（一位名叫芒森的部落民，为了感激弗里金格用药品救活了他的儿子，将一把嵌有象牙、装饰华美的木弩送给了这位医生），他们终于出发，徒步往印度方向走去。

这趟行程持续了将近一周的时间。每一天都要翻山越岭，艰难跋涉，纵然蚂蟥浑身叮咬，纵然烈日曝晒交错于暴雨当头，他们却一步一步地走向了安全的终点。在徒步过程之中，运输机不断地用降落伞为他们空投食品和各种器材。不久之后，这些人已经装备得如此完善，他们甚至可以撑着雨伞来遮挡阳光和降雨。8 月 21 日下午，当另一架双引擎补给飞机在他们上空盘旋的时候，它丢下的一张字纸上甚至写道：配餐的炸鸡和冰淇淋马上就会送过来。

在他们启程六天之后——也就是飞机失事二十二天之后——精疲力竭、皮肤也被烈日灼伤，但总算安然无恙的一行人，终于沿着悠长的小路来到了摩柯匡的“大人”菲利普 · 亚当斯的府邸，门前的一片草坪和几道树篱，让这里像足了英国的乡间。在享用了一顿耗尽摩柯匡全部肉类和咖喱的盛大晚餐之后，全体机乘人员品着红酒和白兰地，欣赏着弗兰克 · 辛纳特拉的唱片，陶然于文明社会的礼仪风范，仿佛刚刚从一堂丛林生存的课程中结业归来。接下来，又经过几天的休整，亚当斯带领着空难幸存者们来到摩柯匡的飞机场，他们在那里被接上运输机，重返夏布瓦。

一周以后，重又获得了一整套新衣服和采访装备——并将他的丛林历险故事提交给了哥伦比亚广播公司——塞瓦雷德再度登上一架从夏布瓦起飞的运输机，这一次，他终于无惊无险地飞到了昆明。

到那时候，塞瓦雷德的记者同事们已经在拿他新近赢得的国际声誉大开玩笑了。关于他的“跳伞队”的故事和他们所经历的种种磨难，早已充斥了电台的无线电波和报纸版面。当他离开印度，在前往中国的途中飞过纳迦丘陵淡绿色的山坳坡谷时，他无法不怀想飞机下方目光所及的那一串土著村落中，正在发生着怎样的事情。并且，与 1943 年初秋生活在印度、缅甸和中国的每一个人一样，他也根本不晓得：一场大屠杀将很快发生在山坡上那同一片丛林地区。

第九章

当1943年从夏天转入秋季之后，看起来——从第二次世界大战开战以来第一次——盟军部队在地球的某些角落正在赢得主动。

在欧洲战场，虽然那场跨越英吉利海峡攻打德占法国的战役（指“诺曼底登陆战”——译注）仍在10个月之后，但盟军已于9月3日登上意大利本土，迫使德军和意大利人首次在他们自己的土地上采取防守的态势。在苏联，红军在莫斯科和斯大林格勒（今伏尔加格勒）郊外击退了希特勒纳粹军队的狂攻，转而发起反攻，并准备在德军占领的俄国城市斯摩棱斯克发动一场长期的战役。

在太平洋战场，美军战斗机在美国和新西兰战舰的配合下，于岛国新赫布里底群岛（即现在的瓦努阿图）境内的埃斯匹里图·桑托岛海域，击沉了日本潜艇I–25和I–182。但除此之外，抗击日本的战争依然血腥而且胜负未定。在新圭亚那和所罗门群岛，盟军和日本军队仍在为争夺这两座岛屿的控制权进行惨烈的交战。而在更北部具有关键战略价值的塔拉瓦岛，盟军正在实施火焰炸弹轰炸战，意在盟军登陆作战之前，摧毁岛上日本人搭建的任何地面工事。

但是，在中缅印战场（CBI）和东南亚战区司令部辖区（SEAC），局势依然迷乱胶着。随着魁北克“四分仪会议”已成往事，向缅甸北部进军的战斗指令尚待11月在开罗和德黑兰举行的下一场——代号为“六分仪”的——盟军会议批准通过，“醋乔”史迪威继续全神贯注于训练中国军队。当他在战争的乱局中举目四望时，史迪威开始长时间地审视究竟谁才是他值得倚靠的人。

史迪威巡视同侪，他很清楚蒋介石决然不在自己“最可信赖朋友”的名单之上。蒋现在已经公开地与另一个令史迪威生厌的司令官陈纳德站在一起，由蒋总司令发出的请求源源不断地传到罗斯福总统的桌面上，只求将史迪威赶走。不管陈纳德承认与否，他的确希望取史迪威而代之，并且他也找到了很可能帮助他谋得这个职位的靠山。令事态更为升级的是，史迪威开始没完没了地逼迫蒋介石，为缅甸北部战役，尤其是何时能够动用在中国境内的Y部队，制定出一个清晰的时间表。

1943年9月，中缅印战区英军指挥部的人事调动仍未停息。与史迪威平级的英国同僚魏维尔将军——史迪威总算和他建立了彼此信赖的纽带关系——忽然被调离，赢得了升任印度总督这样一份颇为可疑的荣耀。身居德里并且管辖整个印度，魏维尔现在有更多的工作要做：他受命安抚一个在莫罕达斯·甘地——虽然此人依然身系囹圄——的反殖民地思想下民情高涨、不断掀起抗英风潮的国度。

魏维尔的职位现在由英军前中东总司令克劳德·奥金莱克承继。被史迪威称作“奥克”的继任者，既富有魅力，又意志坚定。尽管史迪威在英军中的知己和指挥官同事斯利姆将军对他说，奥克值得信赖，但史迪威对英国人的素不信任，意味着奥金莱克的一言一行都将被“醋乔”毫不错漏地看在眼里，记在心头。至于路易斯·蒙巴顿勋爵，史迪威倒是希望也能和他建立互信。在他的日记中，史迪威将蒙巴顿列为“一个好蛋”；另一个让他对这位新到任的东南亚战区总司令如释重负的原因是：蒙巴顿已开始扭转蒋介石对美国人的些许敌意。

在华盛顿，虽然乔治·马歇尔和罗斯福总统的支持立场仍没有改变，但蒋介石指责史迪威“无可容忍”的呼声却日渐高亢，而且越来越有规律，迫使马歇尔命令史迪威“停止对‘花生’乱说怪话”。到九月底时，蒋的外交部长（也是他的妻弟）宋子文——一位总是衣冠楚楚，戴着黑边圆眼镜，一身黑西服，一顶黑礼帽，手持一根文明棍的男子——再度来到华盛顿，向罗斯福面陈中国方面希望罢黜约瑟夫·W·史迪威的要求。

被蒋介石的不懈要求弄得精疲力竭的罗斯福决心让自己远离这场是非，他将这一事务全权交由马歇尔将军处理，只是在中国政府发出的最新驱逐令外付上了一张字条:“亲爱的乔治，你是否可以和宋博士商讨此事？富兰克林·D·罗斯福。”

在华盛顿，马歇尔和陆军部长亨利·史汀生——也就是1942年1月曾认定史迪威正是美军指挥部驻华人选的两个人——权衡将“醋乔”从他的岗位撤换下来是否正逢其时，史汀生后来写道，他也无法分配给史迪威任何“稍可能完成的任务”。但整个九月，虽然要求史迪威下台的呼声高涨，马歇尔还是坚持让他的老朋友留任原职。

如果没有史迪威作为中缅印战区的强迫记忆和催动之鞭，马歇尔相信诸如驼峰航线、对中国军队的训练、涓滴不舍地修筑利多线以及中、印两国领导权之争等问题都将难以驾驭。他觉得只有史迪威的才智及其一丝不苟的态度，才可能让这个战区略有整合成型的机会。

10月15日，仅仅是为了将蒙巴顿介绍给蒋介石，史迪威从印度飞抵重庆。当他到达自己的司令部之后，史迪威震惊地得知：就在当日，总司令再度直截了当地要求美方将其召回，声称史迪威如今已“丧失了军队的信任”。在重庆的总司令官邸，蒋介石和宋子文告诉英国远东舰队司令詹姆斯·索莫维尔：罗斯福总统最终已同意让史迪威很快打道回府。

史迪威知道蒋介石急于将自己送回美国的真正原因所在：蒋对于美国人控制着租借物资以迫使其采取行动感到沮丧，更无法容忍史迪威对中国军事形势严酷无情的判断。“我早已将事实真相告诉了他，”史迪威在日记中写道，“我也早把一切不足之处提请他注意。我还就他的军队状况向他发出警告。我也同样提示他如何矫正这些事态。但所有这些他都视若无睹，他闭眼不看他的军队悲惨的处境，而这番惨状正是对他本人、他的作战部以及他的总参谋部可怕的控诉。”

就在当天晚些时候，也就是 1943 年 10 月 15 日下午，蒙巴顿抵达重庆向蒋介石面呈他的委任状，他同样也听说了史迪威将被召回的消息，并决定出手解决这个问题。因此在前往蒋的官邸之前，蒙巴顿先去拜访了史迪威。当他走进这位美国将军的指挥部时，史迪威警告蒙巴顿说：“最好别让人看见你和我握手，这对你没有好处。”

但是，唯恐这位中缅印战场的创始者以及东南亚战区司令部的二把手，在自己履新的第一天就挂冠而去，蒙巴顿告诉史迪威他另有高见。“如果你想要回你的职位，”他对将军说，“我就能把它还给你。”

史迪威回答道，事实上，他的确希望留任原职。于是，蒙巴顿——如他一贯稳健而令人愉悦的作风——在面见蒋介石之前先派人传过一句话去。这条直接送达蒋的短信，表明如果两年来指挥中国军队的美国将军离职的话，蒙巴顿将不能按照原计划启用这支军队。作为一位擅用外交手段的大师，蒙巴顿已经找到并且掌控了蒋介石最大的弱点。

蒙巴顿所表达的言外之意十分简单：如果不启用蒋介石的国民党军队，就会严重阻碍租借物资的获得，而这对总司令来说是绝对不能接受的。

为了给蒋介石及其幕僚们以更有力的一击，当蒙巴顿抵达蒋府时，带来了一套专为蒋夫人购备的化妆用品。史迪威早就建议道，蒋夫人是可能左右总司令的唯一人物。这只化妆箱是由法国珠宝商卡地亚专门定制的外交礼品，箱盖上有用钻石镶出来的蒋夫人姓名词首的大写字母。在自我介绍、馈赠礼物以及几句友好的谈话之后，蒙巴顿直接切入主题。他向蒋坦承自己在如此高端的指挥岗位上缺乏经验，因此他需要“仰赖（史迪威）丰富的经验，以获其帮助和建议”。

中国的总司令一如既往地微笑、颔首，但是一言不发。而在官邸的另一侧，蒋夫人正欣赏她崭新的卡地亚化妆箱。蒙巴顿关于租借物资的隐晦威胁与慷慨大方的私人礼品双管齐下，最终实现了他既定的目的。两天之后，蒋介石正式发布文告：约瑟夫 · W · 史迪威继续留任他在中缅印战场以及东南亚战区司令部的一切职务。

尽管美国陆军部继续对史迪威保持了不甚坚决的支持，但盟军已开始对中缅印战场或东南亚战区能否完成更重大的使命——从中国大陆击溃日本——丧失信心。英国人忙于在英格兰本土抵抗德国人，又疲于应付甘地在印度掀起的风潮，根本无力投身于进攻缅甸和被日本侵占的中国领土。而就在史迪威与他能干的中国指挥官们——毕业于弗吉尼亚军校的孙立人将军与廖耀湘将军——在印度成功地提升了中国 X 部队战力的时候，驻扎于昆明的 Y 部队依然令人震惊地装备匮乏：他们只携带过时的武器、身穿破烂的军装，营养不良、体弱多病，这支队伍被部署在中国西南广阔的地区，根本无法有效地动员起来。实际上，自从 1930 年代之后，出于对增强其麾下将领势力的恐惧，蒋介石就不愿意再调动他们，也不再训练他们，甚至不肯再为这支军队提供武装。

由于日本人再度掀起了他们的大陆攻势，中国内部的问题日渐危重。在对日本的舰船和铁路进行了一年超凡勇猛的空袭之后，自 1943 年 6 月起，陈纳德的第十四航空队开始面对日军不断增强的空中压力。至当年 10 月，日本军队自西向南驱进，深入至中国的中部地区，直扑常德市，一些小股部队已经逼近陈纳德未设防的前沿基地。日军的意图一目了然——他们要彻底摧毁第十四航空队。

陈纳德，记起他曾对罗斯福总统作出的在中国击败日本的承诺，开始向罗斯福及其特使哈里·霍普金斯发出请求，申要更多的战斗机。但这些请求在送往华盛顿之前，必须先获得史迪威的批准，而史迪威却认为这些资源最好是配给其他的地方。于是这些申请信便被“醋乔”随手搁置，永久地丢弃在中国或是印度的某个角落里。

深陷于自身性格中阴暗冷漠、尖酸苛责的一面，尤其是事关宿敌陈纳德，史迪威更进一步让陆军部与第十四航空队都知道：他绝不愿意分出多余的飞机，或者是另外购置飞机交给陈纳德，因为史迪威驻扎在印度的第十航空队正保卫着同等重要的驼峰空运航线。被史迪威认定时刻觊觎自己职位的机会主义分子陈纳德，注定不可能从“醋乔”那里得到任何同情。“他居然还叫嚷着要人帮助：‘小日本要把我们赶出中国啦！’”史迪威在他的日记里写道，“真可笑。就在六个月之前，他还说要把日本人赶出去呢。”

而在华盛顿，关于太平洋战场的话题，要比这区区几架飞机的分配方案重大得多。在美国首都的国会大道周边，政治和军事领袖们开始青睐一种打击日本的全新战略。中缅印战场——以及经由陆路攻打日本的方案——被认为在会师方面太过迟缓；而跨越太平洋的跃岛作战则进展得相当顺利——如果不考虑美军士兵的重大伤亡的话。照那些终日争论不休的政府和军方分析人士来看，根据中国乃至整个中缅印战区所展示的战略潜力判断，继续花费巨资以确保中国继续参战，实在有些代价高昂，甚至得不偿失。至 1943 年 10 月末，一份名为《对我们在亚洲关键政策再分析》的意见书炮制出台，并在美国陆军部和行政部门广为传阅。这份意见书的主旨清晰明确：为保证中国继续参战而投入的资金（以及物资）越少越好，放弃反攻缅甸的主张，将所有的超额部队从中缅印战区撤走，投入到其他战区，特别是看起来更有获胜希望的太平洋诸岛战场上。

对于从华盛顿传来的黑色消息，史迪威不为所动。正好相反，他用自己个性昭彰、精力充沛的执拗，抗击中缅印战区和东南亚战区司令部辖区的不良境况：他不但增大了驼峰运输的强度，而且策划了新一次——但很快又夭折的——代号“漂亮”的缅北进攻计划。作为东南亚战区司令部的副司令官，他现在要向蒙巴顿和蒋介石两名长官负责，而且非常清楚自己的次要身份。由于对不得不接受该战区另一位新上司的指挥感到沮丧，史迪威开始将自己比作“甲板上的下级水手”。

史迪威其实还有另外一份工作：中国赴印度作战的三千人X部队的战地指挥官，这一“职位”更将他在中缅印战区军官序列中的地位大幅降格，甚至屈居于统率驻印所有英国及印度军队的乔治·吉法德将军之下。但是史迪威对吉法德毫无敬意，拒绝在其麾下听命。作为一种妥协，身为低级别X部队首领的史迪威，申请接受威廉姆·斯利姆将军的指挥，后者刚刚接任驻守东印度的英国第十四军军长职务。当这支低层中国部队指挥官乔·史迪威的申请，被蒙巴顿和——更可笑的是——东南亚战区副总司令史迪威将军批准之后，“醋乔”不失时机地将东南亚战区司令部会议变成了一幕喜剧，而斯利姆则是这出滑稽剧最热衷的参与者。当一次会议接近尾声的时候，据说史迪威向斯利姆敬礼，并问道：“阁下，作为第十四军司令，你对我有何指示？”

“没有，阁下！”斯利姆说，“那么，作为战区副总司令，您对我有何指示？”史迪威已经把嘴咧到了耳后根：“绝对没有。”他回答道。

接下来，一些引人注目的变化开始在中缅印战区与东南亚战区司令部的辖区出现。尽管在战区内部还存在着谣言与猜疑的重重阻力，但在印度和中国，种种干扰行动的纠结和障碍逐渐被清理干净。在飞越驼峰的零星空运进行了一年多之后，较原先承诺的每月5000吨货物更多的租借物资如今源源不断地从印度运往中国。在1943年12月，共有13，450吨物资运抵中国，比七月的运输量多出九千余吨。利用这些新补给，史迪威麾下驻扎中国的Y部队，开始在技能和训练方面追上在蓝姆迦操训的X部队，甚至不逊于斯利姆将军在英帕尔周边——西距印缅边界仅50英里——驻守的英国第十四军。

在利多，公路和与之相随的输油管道从11月起开工出城，经由班哨关进入缅甸北部。在那里，向前进发的部队立起一块巨大的柚木标志，上书："欢迎来到缅甸！这条道路通往东京！"在其后六个星期之内，劳工们伐倒一棵棵巨人般的大树，翻山越岭，在泥泞的山坡上披荆斩棘，仿佛在转瞬之间，这条道路便朝东南方向深入缅甸境内70英里，抵达了距利多109英里的新平洋村（意为"长竹笋的地方"）。

这条道路是由曾设计密苏里河大坝的刘易斯·匹克将军负责修建，筑路的工兵营（其中也包括即将抵达的太平洋战场上唯一一支美国黑人部队：第858空降工兵营）以及五万印度和当地部落劳工以每日四分之三英里的速度，铺设起崭新的路基——每英里道路所修造的防洪涵洞竟多达十三个。筑路大军的士气高涨，匹克将军手下的工兵们开始将这条道路称作"匹克大道"。到1944年3月时，道路的路基已经笔直地朝向缅甸广阔、平缓的胡康河谷。一旦抵达那里，由于业已存在的牛马小道向南穿越河谷，像一条拉紧的琴弦一般直通密支那，筑路的进程还将进一步加快。从密支那再向前推进两百英里，这条道路就将在中国境外与滇缅公路会合。

另一条由英国人修筑的道路——从英帕尔起始，经印度城市科希马通往印缅边界的提都姆——在奥金莱克和斯利姆的指挥下也在施工之中。他们建设的道路，被称为"提都姆路"，同样遭遇了它在后勤保障方面的一系列难题：不管选择何种路线穿过陡峭的印度马尼坡河谷，路基总会在一场毛毛细雨之后就烂作一条滑陷的泥潭。譬如一段七英里长的道路，竟然盘绕四十个急转弯，海拔上升四千英尺。英国人喜欢管这些之字形拐弯叫作“巧克力楼梯”，不但因为它的颜色和坚固性与巧克力近似，而且除非该地区干旱至极，否则道路几乎无法通行。为了解决这一问题，奥金莱克和斯利姆招募了数百名印度制砖工匠，他们迅速在道路沿线每隔几英里处建起泥制的（后来是砖制的）砖窑，用数百万块新鲜出炉的砖块垫平了状况最糟的几处路段。

万事俱备，只欠雨季暴涨的河流逐渐回落，这样盟军对缅甸的进攻——也是经由陆路进军日本的第一步——才能够开始。自从一年前“安纳吉姆”计划破灭之后，史迪威曾经修正过其代号为“首都”的 1943–1944 年冬季进攻计划。如今，他更多地倚重于兵强马壮、已为战争做好了充分准备的中国驻印 X 部队，而让英国人自己去操心他们向南进军夺回仰光的战略，史迪威将全力以赴地投身于缅甸北部的作战行动。他麾下的 X 部队将沿着利多公路，抵达位于新平洋前方不远处的道路终点，然后，它将开始顺着宽广的胡康河谷，一路向南驱赶日本人。

一旦胡康河谷的敌人被清除干净，而且前沿飞机场随着利多路的修筑向前推进，史迪威与孙立人将军指挥的中国军队就将潜过一处连接胡康河谷与孟拱河谷的低矮隘口，深入至日本占领区 60 英里。一旦 X 部队通过孟拱谷口，史迪威便会命令温盖特指挥的亲迪部队空降至南部地区——在 X 部队可能遭遇的任何日本防线的后方——用他们招牌式的破坏日本通讯与补给线的游击战术，对大部队予以支援。经过威逼利诱（以及他对于租借物资的关键性控制），史迪威最终迫使蒋介石同意：让他的 Y 部队三分之一的士兵从 1944 年 1 月 1 日起从中国向缅甸进攻。

随着 X 部队和 Y 部队在缅甸境内向南推进，史迪威相信他们能够占领缅甸北部的孟拱等重要城市，并且在 1944 年夏天雨季来临之前，最终夺取密支那。通过坚定不移地贯彻攻打缅甸的战略进程，史迪威断言日本人将会被迫从缅甸北部全面撤退，从而使得利多公路快速完工，并可再度打开通往中国的滇缅公路，而这将令更多的 X 部队与 Y 部队力量涌入缅甸北部，最终稳定这一地区的局势。

当缅甸北部对盟军再度开放之后，史迪威还认为斯利姆将军的第十四军可以从印度进攻缅甸，经由提都姆路痛击日本占领军，这通狂敲猛打想必终可以把日本人赶回泰国方向。

史迪威不能再坐等下去。当 1943 年 10 月将尽的时候——也就是盟国首脑在开罗会议上正式批准“首都”方案六周之前——由孙立人将军指挥的中国第 38 师按照史迪威的命令，开始沿着利多公路向缅甸境内行进。“醋乔”重夺缅北的作战计划可谓简洁明了：“我们必须钻进一个老鼠洞，并且要一边挖洞，一边前进。”虽然史迪威并没有为在行军途中可能面对的诸般前景激动不已，但他对终于开始行动感到格外高兴。经过一年半苦苦的等待，他的中国 X 部队终于开赴战场了。

沿着 1942 年从缅甸败退的同一条道路返身南下，中国士兵们开始邂逅当年撤退时惨痛记忆的提示符：在一些水坑的周围以及如今已经废弃的宿营地里，数千名因为过于虚弱或病痛而无法走完旅程的难民骸骨，已经朽烂在草木葱茏的土地上。在道路两侧，趴着许多被丢弃的小汽车和大卡车，都已经是锈迹斑驳了。

一位名叫纳文·魏泽尔的美军工兵上校曾伴随 X 部队从利多出发。据他回忆道，途中所见的残骸不但令人震惊，而且使人毛骨悚然。在缅甸境内某处的路旁，他看到：

“牌号为 YBR102 的吉普车歪倒在道路一侧，除了轮胎，车身看上去完好无损，一具骷髅坐在方向盘的后面……骷髅无处不在……但在抵达我们目的地的五天行军路上最糟糕的东西是蚂蟥。如今，因为到处都是死尸的缘故，蚂蟥厚厚地铺满地面，也附在小路旁灌木丛的叶片上，乍看上去仿佛一阵微风拂过了灌木丛，但你多看一眼，就会发现树叶根本没有动，动的只是蚂蟥而已。”

令进入缅甸的盟军将士们坐立不安的还不只是遍地尸骸和蚂蟥，丛林中另外的野生动物也同样隐藏杀机。一天早晨，刚出发不久，魏泽尔准备和他的助手约翰·乔伊特中尉在路边预定的地点——两座中国军队宿营地的中点——会合。“那时的利多路还只不过是一道吉普车的辙印而已，”魏泽尔回忆道，“他整整迟到了两个小时，当他赶来的时候，看起来丧魂落魄，浑身颤抖。他说在前来的途中曾被一群大公猴团团包围，后来不得不开枪将它们吓跑。”

另一次，当魏泽尔独自沿着一条丛林小径行进时，他迎面与一头野性勃勃的大象狭路相逢。这头象很可能是 1942 年 4 月盟军撤退时被遗弃在丛林里的。

“我在狭窄的林中小道上心不在焉地漫步，转过一道弯之后，忽然发现一头大象正圆睁它的小眼睛瞪着我。一根破碎的绊索缠在它的脚踝上，这说明它曾是一头驯象——但它是刚刚才摆脱了牵绊呢，还是早已变成了凶猛的离群象？它庞大的身躯塞满了这条小径，而左右都是密集的丛林。我们站立不动，互视对方长达一分钟。我该不该从它身边溜过去？我向前迈了一步，它扬起鼻子发出沉闷的鼻息。我钻进了树林，就好像这不过是一片麦田似的，一边小心谨慎地寻找山丘的轮廓。虽然一头大象能够爬上或者爬下一座小丘，但因为其体重的关系，它却不能身体平稳地翻山越岭。最后，一条穿过丛林的迂回路线终于将我带回原路——好在再也没有和那头大象重逢。”日复一日，中国部队向缅甸北部的纵深地带挺进。沿着利多路行进了五天之后，就在距他们的目的地——新平洋以北几英里的地方，中国军人开始遭遇敌军的火力袭击。尽管情报显示日军并未占领缅北地区，但在盟军进军之前不久，日本军队就开始朝胡康河谷移动，以赶上他们在冬季进攻印度东部的既定计划。虽然猝然遭到机枪和迫击炮的攻击，但在史迪威的副手海登·L·波特纳（史迪威此时仍在开罗与盟军首脑们开会）以及孙立人将军的共同指挥下，中国军人在莎罗迦村逐渐地击退了日本守军的抵抗。

盟军的进展依然有些缓慢。尽管中国军队在人数上有压倒性优势，但他们在莎罗迦村却浴血奋战了整整三天。其中一支部队在进行一次简单的侧翼调动之前，甚至足足准备了一个星期。不管怎样，在他们第一次战场试炼中，中国军人战败了此前号称“常胜军”的日本第十八师团的丛林战士们——这支军队在两年前曾经攻占了新加坡，其后一路北进，横扫了马来亚和缅甸。

等到十二月末，当史迪威从开罗归来，并追赶上X部队之后，盟军向胡康河谷进军的速度更迟缓得如同原地踏步。就在莎罗迦村以南的下一个村庄禺普邦迦，中国军队更将面对能征惯战的日本十八师团至少一个整编营的阻击。尽管对X部队的迟缓攻势有些沮丧，史迪威却因为和蒋介石之间的关系改善，兴致高涨地回到缅甸。奇迹般地——或许也因为蒙巴顿勋爵甜言蜜语的瞒哄促成其决定——蒋介石授予史迪威对X部队全面的指挥与控制的权力（“没有任何限制条款！”史迪威在他12月9日的日记中写道）。现在，鉴于X部队在他的全面掌控之下，史迪威相信只要中国人能够打赢几场决定性的战役，进攻缅甸的不利势头就有可能扭转。他迅速将自己投入到前线，在新平洋建立了一座战地指挥所，随即筹备将禺普邦迦村从敌人的手中夺回来。

12月23日，就在他抵达印度两天之后——他还在清晨时分注目几头活猪被当作圣诞大餐空投下来——史迪威操着一口流利的汉语，在几条土路和若干茅棚组成的禺普邦迦村外几英里的地方，向他的中国部队发表演讲。他对麾下的将士们挑明第二天的进攻“至关重要，必须取胜”。次日，也就是1943年12月24日，清晨六点钟，在对日军阵地极其精确的一轮炮火射击之后，史迪威与中国士兵们站在一起，并肩战斗。他脱去自己一战风格的平沿军帽，换上了一个步兵钢盔。在经过如此漫长的等待之后，史迪威才不想让自己成为一个躲在后方、缩手缩脚的指挥官（他坚持要冲在火线上的立场令中国38师师长孙立人将军倍感恐慌，万一史迪威将军在战场上阵亡或负伤，他可是责任太过重大）。

几个小时之后，日军的主力部队就被驱逐出了禺普邦迦，只有零星的小股部队、狙击兵和掩体后的机枪手还在进行抵抗。对于X部队及其美国顾问们来说，这是他们第一次感受到日军是何等的顽强。打扫战场、平靖村庄花了将近一周的时间，那些被捕或者被包围的日本人经常宁愿用自己的枪支或手榴弹自杀，也不愿意成为俘虏。在攻打禺普邦迦的战斗中，中国军队同样损失惨重，一共阵亡了315名士兵。但是这场战斗的胜利最终属于史迪威、孙立人将军以及中国第38师的全体将士们。

经过二十个月的部署与训练之后，中国军队终于与号称“不可战胜”的日军前锋部队进行了一场对决，并且将对手打得落花流水。X部队的信心空前高涨。随后的日子里，在他们向南挺进胡康河谷的途中，中国第38师——加上新补充入X部队的中国第21师官兵——将日军一路向南驱赶过山地丛林，无论何时遇到敌军抵抗，他们都能迅速将其打垮、击溃。

通过利多公路从后方获得给养，并且毫不理会雪片式的电报要求他出席重庆和德里的会议，史迪威仍然坚守在前线附近，睡在一张帆布床上，用钢盔盛水洗澡，清理他自己的武器，每日更步行若干英里，去鼓舞他的前方部队进攻，并且最终攻取了南方的下一个村庄：纳嘎迦祖。史迪威终于再度征战沙场，而那个“醋乔”却隐匿无踪。在他12月29日的日记里，史迪威慷慨地用他简短却独具个人风格的赞语来褒扬X部队：“中国人作战出色：勇猛的进攻，高质量的火力控制，快速的行动。”

虽然X部队战无不胜，但进攻胡康河谷的战役还是让史迪威付出了非常的代价。早就在一年前因为和黄疸病搏斗显出憔悴的史迪威，如今看上去更为恶化。他面色苍灰而疲惫，脸孔上沟壑纵横；他的衣服就好像挂在身上，饮食方面几乎不吃不喝。在设于新平洋的大本营，他的私人厨师，战前曾担任纽约著名的“鹳鸟俱乐部”主厨的士官裘利斯·雷诺德（常因他的名字被人戏称作“奥古斯都”），总在抱怨史迪威吃饭“比鸟吃得还少”。晚餐桌上，史迪威一般只吃几片“奥古斯都”每日烘烤的葡萄干面包，再抹一点黄油而已。

尽管他的身体日渐消瘦，史迪威的精神却像他的中国士兵们一样亢奋异常。他的儿子，小乔，如今作为情报部门顾问陪伴在他身边，他的两个女婿恩内斯特·伊斯特布克上校和埃利斯·寇克斯少校，也分别就职于他下辖的军事行政部门以及情报部门。尽管从印度和中国司令部发来的加急电报在新平洋的指挥所里堆积如山，史迪威却将所有这些事务都推给了他在德里的二把手——丹·苏丹少将。

当中国的 X 部队打入缅甸北部，在枪林弹雨中夺回一座又一座叫不出名字的城镇与村庄时，史迪威也早就打定了主意。除了 12 月 31 日那一天之外（他于当日飞往德里去开会），史迪威每天都和他亲手训练的士兵们一起待在前线。在他的日记中，他表示中国军人“不但精力旺盛，而且对于痛击小日本感到雀跃不已”。在他从新平洋发给温妮弗莱德的一封情绪激昂的信件中，他谈道:“进展迟缓，丛林无处不在而且几乎难以穿越。昨天，在一条用刀砍出来的小道上，我花了三个半小时，才前进了三英里，每一步都踉跄欲摔，令我骂声不断。我现在倒很希望什么时候能见到人猿泰山。”

至 1944 年 1 月，乔·史迪威亲自领导军队推进到缅甸更深处，因为攻势的强度与广度，日本人被驱逐至更为南方的地区——有时甚至都不必鸣枪放炮。正如在整个缅北战役全程采用的方式，补给物资通过货运飞机空投给地面部队。大米用双层麻袋装满后直接抛下机舱，而其他食品——罐装的肉类与蔬菜、咖啡、茶叶以及牛肉干等——都用降落伞飘落到地面上。

军械和炸药、雷管也用伞降的方式，但运送它们的飞机都悬挂有红色的闪光灯，警示这些降落物品的危险性质并且提醒附近的人做好隐蔽，以免这些危险品与地面碰撞时引发爆炸。

随着捷报频传，X 部队继续南下。虽然英军指挥官开始讥讽史迪威是“美国陆军最优秀的三星连长”，陈纳德第十四航空队的一些成员也在媒体上公开贬损他为“暴走老乔”，但史迪威、孙立人以及中国军队却在缅甸取得了令人瞩目的进展。

到次年 2 月初的时候，随着利多公路的修筑紧随在其后，X 部队已经向南挺进 75 英里，消灭了日本军队的大股兵力。中国军人和他们脾气古怪的美国指挥官已将胡康河谷的北半部分清理干净，虽然史迪威心里很清楚：他最大的挑战还在更前方。继续向南行进 60 英里，在宽广的塔罗平原上，日本第十八师团的后方指挥部壕沟深挖，严阵以待，把守在孟关城。但史迪威依然斗志昂扬：“我们要把他们打成捆，吞下肚。”他在 2 月 8 日写给温妮的信中说，“但孩子们要面对的敌人可不是软蛋。”

史迪威知道 1944 年的 2 月和 3 月将会是缅北战役决定性的两个月。X 部队已将大半个二月都用于从胡康河谷的上游向下推进，史迪威和他的军队如今已接近孟关，这座城市被西部海拔六千英尺的间布山脉和东边的功文山脉所包围，而这些山脉则是胡康河与孟拱河的分水岭。

从 2 月的第二个星期开始，史迪威与中国军队用轻炮火力轰击日军第十八师团，试图用侧翼包抄的战术动作，穿过塔罗平原和间布山地，远距离包围敌人。但在同样老谋深算、富于战斗经验的日军中将田中新一的指挥下，日军始终没能让他们合围得手。2 月 17 日，对我军的缓慢行动感到十分沮丧的史迪威，徒步走进东南方向的丛林之中，爬上间布山去视察中国军队第 66 团的行动——该团负责楔入史迪威为日军所设口袋阵的最后一个缺口，但迄今已有一周时间杳无音信。当他最终找到在丛林中宿营，距正确方位相去甚远的第 66 团时，史迪威听取了团长的解释，但他认为其解释难以被接受。

不管是因为将领失职，还是由于孙将军暗中另有命令（他本人也可能从蒋介石处接受密旨），由于第 66 团贻误战机，史迪威认为田中的大部分部队已经溜之大吉。震怒之下，他将 66 团的团长撤职查办，向其继任者下达新的命令，然后拖着他骨瘦如柴、几乎筋疲力尽的身体，到一处土筑的坑道里休息去了。

史迪威疲惫不堪，而且垂头丧气。他原本希望将日本第十八师团全歼于孟关，而现在胜利却失之交臂。但同时他也意识到己方另有一处优势。当他谋划如何夺取孟关时，他发现日军兵力失衡，呈全面防守的态势，准备迎接 X 部队从宽广正面发起雷霆万钧的一击。由于这样的进攻如此昭然，史迪威开始考虑将中国部队的强劲力量蓄而不发，通过其他方法将日本人赶出孟关。

现在正是让二战前以“美国最成功的军事演习指挥官”著称的史迪威施展其奇招妙计的时候了。非常规美式作战的时刻已经到来。

第十章

早在史迪威发动他的孟关战役之前十七个月——也就是 1942 年 8 月中旬的某个下午——一位名为卡尔·艾弗勒的美国陆军少校未经通报，便闯入了史迪威设在重庆的指挥部。这名少校告诉史迪威的参谋说他刚从印度飞抵重庆，尽管艾弗勒相信他早已和将军约定了会晤，但史迪威本人却对此一无所知。艾弗勒从 7 月中旬起来到中缅印战区就职，虽然他已发出过几封正式申请函，但迄今为止，仍未能从史迪威那里获得他得以展开工作的必要帮助。

史迪威早在战争爆发以前就认识艾弗勒。这名 40 岁上下的男子聪明、凶猛、身体强壮。他精通柔道和拳击，也善于射击和驾驶飞机。在战前，艾弗勒曾经是美国 – 墨西哥边境上的一名报关员，30 年代时他也曾是史迪威手下的预备役军人。艾弗勒的多才多艺曾经令史迪威印象极为深刻，但这一次，艾弗勒却是负有不同的使命而来，这一使命并非史迪威所期待的，但艾弗勒本人却已经将它自行运作起来。艾弗勒少校是“101 特遣队”的指挥官。

一位曾经当过报人的政府顾问米拉尔德·P·古德菲洛创造了这个称谓——之所以称之为 101 特遣队，是暗指它是比国民警卫队第一特遣队规模更大的组织——该部队由美军战略情报局（OSS）管辖。就在史迪威于 1942 年刚刚徒步撤出缅甸之后不久——更在温盖特组建的亲迪部队出头露面之前很久，怒火未息的史迪威前往华盛顿，和战略情报局的负责人“狂野比尔”

威廉姆·多诺万将军会商：如何重新渗入缅甸，在那边组织游击战争的策略。多诺万曾鼓励古德菲洛将他的101特遣队计划拿出来和史迪威分享。在这份计划中，游击队小组将被空投至敌人的后方，他们迅速建立小型基地，营救被敌军击落的飞行员和飞机乘客（如塞瓦雷德及其一行），招募当地土著居民为盟军效力，并且扰乱敌人的交通和补给。由于他们与日本人近在咫尺，101特遣队还将负责搜集情报，并用电报将所获资讯发回指挥部。史迪威听取了这份建议书，深知像这样的行动必须拥有一名特立独行、素质技能全面并且深谙围捕与走私之道的领导者。他认可了古德菲洛的想法，并推荐艾弗勒担当此任。

如今，就在史迪威草签这一计划区区两个月之后，艾弗勒就已经站在了史迪威设在中国的办公室里。他早已训练了21名美国人和英籍缅甸裔的特工人员（选择这些人，是因为他们不会在缅甸境内引起日军的怀疑），另有几名充任向导的克钦族与纳迦族部落民，101特遣队的全体人员已经整装待发了。他们甚至早就在缅北地区和令人敬畏的北部克钦联军一起，进行了为期数周的训练。

艾弗勒眼下所需要的，他说道，就只是史迪威一声“前进”的指令。在最有史迪威“话中带刺”风格的祝贺——“我没有召你过来，我这儿也不需要你”——之后，艾弗勒开始向将军阁下简介他现在的身份与他将来的计划。艾弗勒与他的特遣队目前在利多以南缅甸边界上的纳兹拉（Nazira）地区一座茶叶种植园设立了指挥部。在过去的一个月里，他们穿越丛林，进行了高强度的拉练以磨炼战斗技艺，在丛林地区，他们都化装成疟疾研究人员。

艾弗勒对于以秘密手段对抗日本人的前景感到十分振奋。他的克钦族指导者已经传授给队员们许多刺杀敌人的奇招妙计。比如说，他们让艾弗勒的战士们了解如何在小道上设置拉弦和弓弩来制造陷阱，坐观其成地捕杀深山老林中的野味或者命运不济的日本兵。他们还教美国人如何制作“袢击”竹签武器并用它们刺伤日本人，美国人和克钦人还一起发明了另一种小型钉式武器，它被深深地插入土中，在顶端的压力式雷管上竖有一枚点 30 口径的来复枪弹。当踩在雷管上之后，子弹会从一名士兵的脚下直接射入他的身体。

史迪威温文有礼地倾听着。他是个大忙人，更不用说是一名热衷于正规战争而非间谍“花招”的职业军人，但他仍然让艾弗勒报告完毕。然后，满心只想着中缅印战区作战计划以及如何用正规军反攻缅甸的史迪威，仅下达了一条指令，就把艾弗勒扫地出门：“直到我在缅甸听到你有些动静之前，我不希望再见到你了。”

又过了四个月之后，也就是在 1943 年 1 月 27 日——比温盖特领导的亲迪部队还早一个月，这声动静终于出现：十二名 101 特遣队的成员被空投至缅甸密支那以南一百英里，也就是这个国家由南向北国土总长三分之二处的地点。这个代号为“A 组”的小分队由一位名叫杰克·巴纳德的英籍缅甸上尉率领。队伍中的每一个人都携带他们自己的食物、数支武器（一支卡宾枪，一支手枪，若干枚手榴弹以及各人所青睐的自制武器）、一枚氰化钾胶囊（被称作“L 药片”）以备被俘时自杀殉国之用、起爆雷管和防火引信，以及一块 40 磅重的 C 型合成炸药，这是一种轻型可延展的塑性炸药。

连续两天两夜的急行军，A 组沿着考柯维河向西北挺进了 50 英里，随即分解为战斗组合，沿曼德勒至密支那铁路线以及它通向杰沙的支线分头行动。每隔数英里距离，小组成员就在铁轨上放置用 C 型合成炸药制成的延时爆炸物，然后便溜之大吉。在 1 月 29 日的长夜将尽之前，已经有五英里的铁路被炸上了半空。又过了几天之后，A 组继续用 C 型合成炸药破坏了一座大型铁路桥——让它掉进了下方的河流里——以及另两座略小些的。接下来他们又开始在密支那以南地区招募和组织克钦族游击队。

运用被他们称作“丛林流言”的口口相传的方法，A 组从一个村庄传信给另一个村庄：如果迫降的美国飞行员和机组成员能够被安全送还，美国人将支付银卢比——这或许正是塞瓦雷德等跳伞生还者受到纳迦人如此热情欢迎的原因所在——并且，如果他们能够提供有关日本人的有用信息，也将会获得报酬。在此之后，他们就开始向纳兹拉总部发报传回情报了。

不久以后，史迪威的地面部队和总部设在印度的第十航空队都开始倚重于 101 特遣队传回的情报，空军得以对地下飞机修理库和武器军火库等隐藏的目标执行轰炸任务。有一次，单凭一条情报，空军便轰炸了从未被盟军侦察明了的缅甸城镇莫达，摧毁了一处汽油库和一座弹药库，并造成了至少 200 名日军士兵的伤亡。

但是，101 特遣队也并非无往不胜。在 1943 年 3 月上旬，一个 101 特遣队的行动小组——由六名成员组成的“O 组”——从昆明出发，跳伞降落到曼德勒城东南约 75 英里的罗克索克山谷，去拯救一名驼峰飞行员和他的机组成员。

O 组的降落地点距离最近的村庄——也就是罗克索克较大城镇外围的几座茅棚——大约两英里远。甚至当他们跃出 C–87 运输机飘向地面，刚刚开始执行任务的时候，灾难就已经降临在他们头上。他们的指挥官美国上尉雷·皮尔斯作为观察员依然留在机舱里，注意到当 101 特遣队的特工们向地面飘落的时候：“我们能够看到一幅令人不安的场景：村民们从各个方向涌出来，朝降落地点跑去。我痛心地感觉到他们的阵列看上去充满敌意。我无法让自己摆脱这种恐惧：他们跑出去是要展开屠杀……”

O 组的队员们此后再也没有下落，但几天之后，东京电台向美国人通报说：“我们抓到了你们的人。”电台播音员很愉快地告知美国方面：所有的渗入者都已被消灭。

尽管遭受了挫折，但是很快，所有跨过缅甸边境的美国特工都在克钦人和纳迦人的护卫下，在敌军的后方建立了由 29 个不同的 101 特遣队野外站点组成的情报网络。在一则故事中，101 特遣队的克钦特工甚至拯救了一名险些被他自己的机组成员枪毙的飞行员。在从中弹起火的 C–87 飞机跳伞之后，一名中士被一棵木棉树顶部伸展的枝杈挂住，并且严重致伤，不但双臂骨折，而且在前额划开了一道深深的伤口。由于没有办法将这名中士解救下来，机组同事们决定向他开枪，了结他难以忍受的痛苦。就在这些美国人抽签决定谁来执行这一可悲的任务时，一组战略情报局旗下的克钦人从林中走来，他们估测了一下眼前的情形，砍倒一棵较小的树靠在那棵大树的身上，然后沿着这条“树梯”向上攀爬一百英尺，将那位受伤的中士解救了下来。

到 1943 年 12 月——当史迪威的 X 部队开始南下进攻胡康河谷的时候——艾弗勒早已着手扩展他的计划。他的 101 特遣队招募了数百名没有参加过英国“北部克钦联军”的克钦人。在从各个方向推进缅甸的盟军队伍中，大都有 101 特遣队的成员参与。在与密支那北部村落领袖们的通力合作下，一支在威廉姆 · C · 威尔金森上尉率领的、大部分由克钦人组成的 101 特遣小分队，甚至将昂山将军领导的“缅甸独立军”设在苏普拉邦（也就是著名的“草山”）的几座军事要塞从日本人手中夺了过来，并且牢牢控制它们，直到全面起义发动的时候。其他一些小分队则在史迪威领导的 X 部队以及利多公路修建大军的前面，沿着胡康河谷进行情报收集工作。另外一些特工人员被送往缅北赫兹堡的飞机场与无线电导航站，从那里出发，他们将跟随不断以“割耳震慑法”消灭日军的“北部克钦联军”继续南下，逐渐向密支那挺进。还有更多 101 特遣队员空降到曼德勒和密支那之间的中部、东部缅甸山谷地带，他们在那些地区分散活动，设立了一系列乡间训练基地。

随着 101 特遣队中克钦族队员的人数不断增长，他们当中最有前途的人被送往纳兹拉进修。在那里，他们勇猛无畏的素质、神通广大的监控技巧以及对丛林的如鱼得水，都令中缅印战区的指挥官们印象深刻。很快，史迪威的X部队中多达85%的情报人员都来自101特遣队。在X部队南下进攻的每一个步骤，史迪威都建议艾弗勒增加101特遣队的行动人次。很快他们便不但炸毁了更多的桥梁（前后共炸毁桥梁57座），而且颠覆火车（共计9辆）、营救盟军飞行员（超过400名）、消灭日本军事人员（超过4400人）并且摧毁了1.5万吨日军的补给和军备。

到1943年末的时候，101特遣队取得的胜利已令他们迅速地赢得重视，史迪威开始用艾弗勒的绰号“野牛比尔”来称呼他，不但向他供应武器，还派遣军用运输机来协助101特遣队运送人员。虽然他们开始行动仅有一年时间——并且在任何时候，队伍中的美国人都没有超过120人——但101特遣队的克钦族游击战士已经有数千人之多了。举例而言，单是威尔金森上尉麾下，就有七百多名克钦族士兵；另一位特遣队指挥官——文森特·科尔中尉，则与一名在胡康河谷独力抗击日军的克钦领袖郑霍诺合兵一处，创建了一支五百人的游击队伍。艾弗勒开始构想各种动摇日军信心的计划，并且立刻将它们付诸实现。

艾弗勒最著名的“心理战方案”（这是101特遣队对这些方案的特别称谓）之一，是将伊洛瓦底江的江水染成明黄色，以激惹沿江驻防的日本士兵。艾弗勒的特工们打算使用空难落海的飞行员们用以标识其方位并且驱赶捕食者的同一种防鲨鱼染料，区别仅在于艾弗勒的人打算将数百加仑的这种液体投进伊洛瓦底江里。但不幸的是，当他们在加尔各答一家酒店的浴缸里进行试验准备的时候，发现这种染料只能漂浮在比重较大的盐水上面——而在淡水中就沉下去了——这一方案被迫搁浅了。

更不幸的是，当1944年即将来临之际，艾弗勒本人也开始遭逢厄运。在一次他亲自沿缅甸南部海岸线拯救飞行员的大胆行动中，艾弗勒不幸跌倒，头部撞在一块巨石上，从那以后，他便罹患持续而且剧烈的头痛。艾弗勒原本就喜好饮酒，此后更是靠大量引用波旁威士忌酒来对付头痛的折磨。作为一名原本就有冒险倾向的人，头痛（这一痛苦在其后半生长期折磨着他）以及他所选择的治疗方式，都让艾弗勒不能够再胜任他指挥 101 特遣队的职责。1943 年 12 月末，艾弗勒的上司——“狂野比尔”多诺万将军来到纳兹拉视察工作。当他见证了几起决断错误的事例之后，感到有必要撤换艾弗勒。101 特遣队的作战部指挥官威廉姆 · R · 皮尔斯（绰号是“雷”）上校将接替他的职位。“野牛比尔”受命立刻回华盛顿总部述职。

一天之后，这个一手创建了 101 特遣队的人离去了。

在 X 部队进入缅甸一路向南挺进的途中，史迪威日渐对 101 特遣队印象深刻——特别是当他意识到这能够减少盟军对温盖特领导的亲迪部队的青睐时——他开始效仿这两支游击队组织的方式。通过他的战地指挥官海登 · 波特纳将军，史迪威下令从他手下最强悍的美国地面部队中挑选人手，进入丛林地区严格训练，并组建一支名为“克钦 V 部队”的战斗单位。当一月份，也就是春天旱季最好的时节到来之时，V 部队将成为 101 特遣队的正规军版本，支援 X 部队的进攻，对敌军进行牵制，并负责情报的搜集工作。1943 年 12 月，波特纳发布了以下命令：（1）“从今天的早餐之后，以下人员将不再供给食品，除非他们能够为自己准备口粮。”附件是一份人名列表（其中包括下士詹姆斯 · S · 弗莱彻，他后来写了一本关于这一主题的书）。波特纳的下一道命令是对第一道命令的强调：“本命令绝无赦。”为了让这些人为他们的任务做好准备，V 部队的战士们只有从 101 特遣队如今已名满天下的克钦人那里学得经验。

尽管史迪威继续统领着中国军队，但他意识到温盖特其实是正确的：在较为传统和大型的正规军之外，增设一支训练有素的游击部队，在缅甸战场是非常有用的——甚至有可能事半功倍。当 X 部队继续南下胡康河谷，扫清前进的道路时，史迪威认为，他手下最雄心勃勃的非正规部队闪亮登场的时刻终于到来了。

而他对这些游击战士们充满期望。

在艾弗勒的“101 特遣队”、温盖特的“亲迪部队”、“北部克钦联军”以及“克钦 V 部队”这些冉冉上升的明星部队之外，1944 年初，另一支更具有非常规军事色彩的武装力量也进驻中缅印战区。早在 1943 年 8 月 31 日的美国，罗斯福总统本人就曾向全体美国陆军官兵发出呼吁：寻求 2830 名陆军军官和士兵自愿参加一项“充满危险性与冒险性的任务”。这批应征者必须既有丰富的丛林战斗经验，又有非常强壮的体格。短短几天之后，3000 名男子被挑选出来，并且分遣到三个千人一组的营当中（每一营都有两个整编的战斗队）。这些主要特点大都基于温盖特的“远程渗透”组织方案。这支部队被称作“5307 混合支队（暂编）”——但它更以“格拉海德”的代号著称——他们正是乔治 · 马歇尔在魁北克会议上听取了温盖特“远程渗透计划”之后，向他承诺将要组建的部队。

到 1944 年 1 月时，“格拉海德”部队的美军官兵不单已被送往印度，他们更接受了温盖特近三个月的训练。史迪威迫切希望这支部队为自己所用，因此强硬无情地向马歇尔要求对“格拉海德”部队的控制权。因此在 1943 年 12 月时，马歇尔同意了史迪威的请求，将“格拉海德”的指挥棒从温盖特手中转交到史迪威手上。听到“格拉海德”易手的新命令，温盖特气得七窍生烟。毕竟是他曾让这些人身经百炼（剥夺他们的食物与饮水，强迫他们长途行军直到彻底崩溃）。当他最终平静下来，能够开口讲话的时候，温盖特以一句《圣经》里找不到的修辞语句表达了他对交出指挥权的同意：“你可以告诉史迪威将军：让他带走他的美国人，然后再干他们。”

“格拉海德”部队在人员的招募上同样是“三山五岳人，七长八短汉”，绝非正规军的征兵路数。他们当中的一些人是从美国在特立尼达和巴拿马的丛林战训练营中直接前往的；另一些志愿者早已在南太平洋的夺岛战斗中磨炼出杀敌技巧。同时还有一批人将这种志愿行动当作从军事监狱和精神病院里逃离的可行方式。这支鱼龙混杂的队伍里更有另外一些特殊成员：每一个营都有两名第二代日裔美国人士兵，他们的日语能力将被证明是与日军近身作战时非常重要的一笔财富。

作为“格拉海德”部队中的某些成员反社会心态的一桩例证，这支队伍原定于1月下旬离开温盖特“迪欧高尔训练营”的出发时间，因为一起集体谋杀未遂事件而被迫推迟了三天。

三名印度仆人被两个隶属于“格拉海德”第三营的士兵开枪击伤，而这些士兵之所以开枪，仅仅是因为那些“印度佬”拒绝给他们提供面饼。当这三个营最终开拔之后（两名犯案士兵被留在当地关押入狱），为美国《时代》与《生活》杂志撰稿的詹姆斯·谢普雷给“格拉海德”部队取了一个既入木三分，又将令他们名传世界的绰号。谢普雷以及所有的随军记者如今都把“格拉海德”部队以它的领导者——日语专家、西点军校毕业生以及史迪威最信赖的助手弗兰克·梅里尔准将的名字，称之为“梅里尔的掠夺者”部队。但不幸的是，梅里尔作为一名战士，在1942年史迪威徒步撤出缅甸的行动中罹患了心脏病。而这一病症将很快引发更多的新问题。

1944年2月7日晚，遵照史迪威的命令开始行动，并且只在夜间行军以避开敌军侦察的“掠夺者”部队，偕同数百匹驮骡，沿着已经完工的利多公路部分，朝向缅甸的日本占领区进发。他们默默地前行，在皎洁的月光之下，是一张张苍白的、在队列之中看似无始无终的美国人面孔。在他们走向缅甸边境的旅途上，不论对即将投入的战斗感到何等兴奋，也不论对丛林作战的折磨和以逸待劳的日本人感到如何的惴惴不安，他们都根本无法对即将到来的严酷现实做好真正的准备。

但当他们离开利多的时候，“掠夺者”中的每一位成员都感到无比骄傲。他们都身穿崭新的军装，配备有全新的武器装备，这些都是在行动开始之前刚刚配发的。“军装可以说是丛林专用制服，”弗莱德·里昂斯说，“它不是在南太平洋作战的那些‘新圭亚那’战士们穿的斑点式迷彩服，而是非常结实的暗色服装，更适合在灌丛中隐蔽作战。我们的作训服和我们的长裤、我们的内衣与内裤，甚至我们的手帕和火柴都是绿颜色的。”但令人不明所以的是，每一名士兵只获得了一套军服。或许，他们都以为，他们将会在行军途中得到空投下来的新衣服?

作为唯一一支正式在亚洲土地上战斗的美国军事力量，“掠夺者”部队的士兵们都满怀深切的国家荣誉感。他们也十分清楚，他们所接受的命令仅仅来自史迪威本人。在胡康河谷，借助于文森特·科尔手下的克钦武装的引导，三千名“掠夺者”战士将全体行进至利多路当时的终点，并集结于史迪威设于新平洋村的前敌指挥部附近。随后，他们将分散成三支千人营队（每一营又分为以不同颜色为标识的两支战斗队伍），先向南穿越丛林地区，在孟关周边向东面大范围突袭。并从侧翼包围日军。当良机到来之时，“掠夺者”将突袭日军设在瓦鲁班——距孟关东南十二英里——的要塞，给日本军队以他们已被团团包围的印象。借助于这一吸引日军注意力的佯攻，史迪威的X部队便可从北方突袭孟关，以正面进攻夺取这座村镇。

将印度的安全生活抛在脑后，“掠夺者”部队跨过“地狱之门”（一座位于印度境内但毗邻缅甸的桥梁），像一条由绿色钢盔与背包汇成的河流，开始翻越班哨隘口进入缅甸境内。他们的行军队伍仅仅被沿着尘土飞扬的道路为X部队运送物资和军火的GMC六轮货车偶尔干扰。整个黑夜，他们都沿着这条泥泞并且坡度陡峭的道路迂回前进。白日里，在他们的丛林宿营地，“掠夺者”战士们朝他们的北方张望，惊异于喜马拉雅山东缘的悬崖峭壁，它巍然高耸，积雪盈巅，与其说是山峰，倒不如说像是一座云顶。“喜马拉雅山是我从来都没有看厌烦的一幅背景。”一位名叫约瑟夫·甘林的“掠夺者”中士说，“我可以一整天都盯着那些山峰。它们像是从丛林之外升起的一面岩墙。并且，让我告诉你，它和我的老家马萨诸塞州毫无共同之处。单是站在离我家乡半个世界之远的丛林营地里张望群山，这就足以令我惊异不已，更别忘了，我们刚刚进入缅甸时满心的紧张情绪。直到今天，我回忆起那幅图景时还恍然如在眼前。”

经过全程九天共109英里汗湿衣襟的行军，“格拉海德”部队最终抵达了新平洋附近的利多公路终点，在史迪威战地指挥部以南一条河流旁的空地上扎下一列营盘。到目前为止，他们的军装已经汗迹斑斑，泥灰土色了。“掠夺者”的士兵们早已经开玩笑说：“我们每天都换一身新军装，但我明天要穿的军装比今天穿的这身还要又脏又皱。”

到2月19日，当最后一批“掠夺者”抵达新平洋的时候，史迪威将军本人亲自来向他们训话。史迪威向他的士兵们陈述了缅北战役中两大最有希望的新进展：中国军人已经变得比史迪威原本预想的更加严守纪律，作战勇敢；而现在，有了“掠夺者”这样能“打硬仗的美国作战部队”，他宣称“一锤定音的时候到了。你们将会发现面临的战斗十分艰巨，但我确信你们不会令我失望”。

在他简短的讲话结束之后，史迪威、梅里尔及他们的参谋人员一同步入将军的小屋，商议一项书面的作战指令。但才过了短短几分钟，当这场讨论在一张地图桌案前陷入困境的时候，史迪威忽然站起身来，对梅里尔和屋中的其他人说道：“真见鬼！弗兰克，咱们先到外面去，然后再把这问题搞妥。”他们两人把作战地图从屋里的工作台上卷走，走出房门，来到一棵树下，将它铺在缅甸的土地上，然后蹲在树荫里，斟酌着“掠夺者”们即将在缅甸执行的第一项任务的诸般细节。

在未来的两周之内，到3月3日那一天，“掠夺者”将做好准备，向东迅速穿越山间丛林地带，袭击驻扎在瓦鲁班的日本军队。这一侧翼包围的战术将形成第二道战线，对于准备从正面进攻驻守孟关全部日军的X部队而言，会减轻他们将要承担的压力。但是从那时到行动的那一刻之间，“掠夺者”部队必须隐藏在丛林之中待命，尽量避免与日本人过早接火。四天之后，当2月24日来临之际，“掠夺者”按作战序列分散为三个营级单位——“饶富创意”地被称作第一、第二和第三营——踏上最高海拔6000英尺、构成了胡康河谷壮丽的东部边缘的功文山麓蛛网交错，幅宽不足两英尺的猎人小径。由于这项任务的机密性，“掠夺者”继续严守着静默行军的命令，除了脚步声与骡蹄发出的得得声，在山径上唯一可辨的人声，只是一名士兵扭头向他身后的士兵发出的悄言窃语：“小心树根！”当他攀爬一棵菩提树扭曲混乱的树根时，可能会这样说。也许是另一句提示：“当心巨石。”

由于他们已经离开了利多路，进入丛林深处，三个“掠夺者”营都可以自由地在白天行军，但骄阳似火，令这项本已疲累恼人的任务更添难度。“我还记得，当我们走完利多路的最后一段，开始进入丛林的时候，”第二营的约瑟夫·甘林说，“我看到因为修路而从山脚下掘出许多五彩斑斓、美不胜收的矿石。刚一启程的时候，我觉得可以带几块石头回家当作纪念品。后来我们就开始沿着丛林山路攀上爬下——天哪，真是酷热难耐——我转而认为最好把多余的石头丢掉一些，于是我一路往外丢石头。幸亏我这样做了，如果我早知道路上会是这么艰苦，在一开始我就不拣这些石头了。”

连续几天，甘林所做的一切就是在崇山峻岭中上下颠簸，与此同时，还要在茂密的丛林里披荆斩棘，开山拓路。“我们只是在山坡岭头翻上又翻下，一天又一天。我们的骡子们早就开始给我们惹麻烦了。日复一日，山外有山，和这些骡子们在一起，你根本就不知道它们对那些突然的刺激作何反应。当我们与野象或老虎偶然相遇，甚至仅仅经过大象新走过的脚印，骡子们都会嗅出气味，疯狂不已。但我们需要它们驮运沉重的设备，譬如电台器材，而且我们也清楚，我们到头来还要将这些骡子杀掉，以补充我们的肉食。”

蚂蟥也不遑多让。“不管你走到哪里，不论何时你离开小径进入丛林，只要有时间检查自己的身体，就会发现蚂蟥爬遍你的全身。”甘林说，“并且一开始你根本就意识不到它们在你的皮肤上，也感觉不出它们用吸血的针口刺入皮层。但最终它们会变成个头巨大、颜色灰暗的一条血囊，挂在你的身上不肯脱落，看上去就像半根香肠一样。不少人非常厌恶它们，飞快地将这些蚂蟥一把扯掉，但这样做就大错特错了，因为拉掉它们会把蚂蟥的头留在皮肤下面，而这些头将化脓、溃烂，并且引起溃疡和感染，伤口很难合拢与痊愈。最后这种感染将烂掉你从皮肤到骨头之间的全部肌肉。我们一般称其为‘纳迦创伤’，因为我们最早是在本地土著的身上见到过这样的伤口——好么，那些创伤可真可怕。”

经过多次试验与出错，甘林和其他“掠夺者”战士们总算发现：如果他们用点燃的香烟触碰蚂蟥，它就会脱落下来。这样一来我们就不易再被感染。但有时候，出于失误，你偶尔还会扯下一条蚂蟥来——因为在身上发现这些东西总会令人震惊——于是伤口便又出现了。

“掠夺者”们行军不辍，每一个营都沿着通往瓦鲁班的三条平行小径之一向南挺进。在丛林的掩护之下，第一营在最东端朝着檀雅迦村迅猛突进。根据美军一份错误的情报，该村仅由一个排的日军驻守。第二营则没有这么幸运，2 月 25 日，在距檀雅迦数英里之遥的拉奈姆迦村外的小路上，一名“掠夺者”侦察员，也是参加过太平洋战争的老兵罗伯特·兰迪斯被敌军的机枪杀害。他成为“掠夺者”部队第一位阵亡士兵。

就在同一天，拉奈姆迦以西数英里之遥的奘迦村附近，第三营的先导侦察员华纳·凯茨下士——他曾经在瓜达尔卡纳尔岛作战——遇到一名亚洲士兵，后者做手势让他靠近。凯茨以为这是一名中国友军士兵，便向前走入了一片开阔地。他忽然发现一支“南部机枪”正指着他的前路。凯茨抢先开火，击中了对方领头者的前额。就在他俯身路旁寻求掩护的瞬间，南部机枪向他开火了。如有神助似的，唯一一颗击中凯茨的子弹刚好打在他的手表上，反弹开去，擦伤了他的鼻子。“梅里尔的掠夺者”在缅甸战场流出了他们的第一滴血。

每一天的行军结束都不过是下一天行军的开始。这样又过了好几天烈日当头、汗流浃背、野营露宿而且翻山越岭的日子。由于与派驻外围的日本小股部队的战斗已成家常便饭，再加上地形的阻碍，直到原计划本应发起攻击的 3 月 4 日，5307 混合支队的三个营才匆匆抵达瓦鲁班附近。随即他们开始为进攻做准备，在瓦鲁班以北努派克河沿岸的维粟迦村和腊岗迦村集合。不幸的是，当三月到来之际，由于中途不断爆发的战斗，日本第十八师团足智多谋的统帅田中新一已经觉察到“掠夺者”部队的行踪。由于侧翼包抄过来的美国军队对他的威胁，已经超过了孟关北部的中国军队所造成的压力，田中决定调整他的军事部署。他仅仅留下少量后卫部队防御史迪威和中国人，用了短短几天时间，就将其军队主力调到南部十二英里开外的瓦鲁班，以对付“掠夺者”的攻击。

“掠夺者”早已关注丛林小径上撤退的日本士兵数日之久。1944 年 3 月 4 日，当太阳升起的时候，“掠夺者”部队分散开来，准备发动进攻，与此同时，日本十八军团的士兵也插上刺刀，准备向回反扑，他们先派出了一支 50 人的巡逻队，进入瓦鲁班东北部的丛林中，靠拢“掠夺者”的阵地。梅里尔与田中的军队放手一战的时刻终于来到了。就在当天早晨，一个美军情报侦察排挺进至瓦鲁班南部地区，涉过努派克河，并在从瓦鲁班向南延伸的一条土路旁边修筑了工事。当他们正在对工事进行加固的时候，日本军队悄悄逼近，并开始发动日本敢死队式前仆后继的进攻浪潮，逐渐向“掠夺者”的阵地推进。随着日军的枪榴弹雨点般地落下，奋起反击的美军士兵被笼罩在泥土纷飞的火海之中。

随着时间的推移，并且日军的每一次冲锋都迫使防御者们向第三营的阵地更撤拢一些，情报侦察排开始按照小型的“英国方阵”（British Square）样式组成战斗队型。这是一种三点式的兼顾进攻与防御的阵型，它是以一部分士兵为核心，由其他士兵围绕他们，把住阵型的三个顶点。在情报侦察排的日裔翻译中，有一位绰号“平板汉克”的亨利·青山，以令人敬佩的镇静，匍匐前进至距离日军非常接近，能够听到他们喊话的地方，向指挥部翻译汇报日军下达了何种命令。

日军仍在不断地向前冲锋。很快，防御态势良好的“掠夺者”战士弹药消耗殆尽。而日本人感觉到他们有可能击败这些压前的美国士兵，更开始倍增其来复枪与枪榴弹的火力进攻。在敌军强大的压力之下，情报侦察排请求后方支援。在河对岸的第三营开始用他们大型的 81 毫米迫击炮跨河覆盖敌方部队。当美军炮火穿过丛林向日军飞射时，日本人的自杀式攻击被迫迟缓下来，赢得的时间刚好够情报侦察排再次渡过努派克河，回到相对安全的对岸去。

下午 5:45 分，梅里尔将军在他设于维粟迦村的前敌指挥部，将当日的战况致电史迪威将军。“掠夺者”第三营有一名战士阵亡，另有七人受伤，但是根据战场反馈的情报，在日军向情报侦察排发起的进攻中，日本士兵的伤亡人数是美军的 25 倍之多。

史迪威喜出望外，“弗兰克·梅里尔已经进占瓦鲁班了。”他在日记中用粗大的斜体字写道。他的 X 部队也终于能够向前挺进，开赴孟关了。

遗憾的是，他不得不将 X 部队发起进攻的时间再押后至少一天，因为东南亚战区的“大老板”蒙巴顿勋爵将要在第二天乘飞机来前线视察。但是史迪威早已箭在弦上，随时待战了。

一旦蒙巴顿抵达战场，他将会把攻占孟关作为一场精彩的大戏，以显示他的X部队到底有何出众的本领。他迫不及待地要让蒙巴顿——以及后方的蒋介石——看到，他的中国军队已经是一支能征惯战的骁勇铁军了。

但是在瓦鲁班周边，日本军队还不打算束手就擒。3月5日清晨，当蒙巴顿飞抵史迪威的司令部的时候，轮到“掠夺者”第二营承受田中将军从瓦鲁班发动的愤怒一击。拂晓时分，就在美军士兵沿着瓦鲁班城以北一条双车道公路，利用被日军抛弃的一些散兵坑，在离城一英里开外的地方摆开阵势时，透过晨光，他们发现从瓦鲁班城中开出长长的一条日军队列。日本士兵显然准备将前一天丢失的——也就是“掠夺者”们当下占据的这些散兵坑阵地——重新抢夺回来。当美国人望着日本兵朝他们步步逼近的时候，他们开始感到有些紧张不安。

“我能够感到肌肉有些扭曲抽筋，血液也奔涌到了脸上。”弗莱德·里昂斯说。在黎明的天光下，当他发出信号之后，美军射出的一排机枪子弹便放倒了七个日本士兵。

“接下来，”里昂斯回忆道，“交火开始激烈起来。更多的日本兵进入了我们的视野。他们离得如此之近，你甚至能够看到他们头顶的战斗帽上的铜星在行进间跃动闪亮。”

日本人在一天之内发动了六次亡命式的进攻。在日军每一次攻击浪头的间歇，他们还动用迫击炮和野战炮轰击美军阵地。当日军发起冲锋的时候，美国人都会用他们的国骂“干死你”来回敬日本兵声嘶力竭的“万岁”嚎叫，并伴之以飞土扬沙中的枪林弹雨。

“那些日本炮兵的确令人吃惊。”第二营的约瑟夫·甘林说道，“特别是操作迫击炮的那几个家伙，他们刚好瞄准了我们的位置，当我们蜷在散兵坑内的时候，他们居然能把炮弹打进我们的坑穴里，到处都是泥土飞溅。这也是我还能回忆起那天许多事情的原因所在。泥团土块遮天蔽日，被炸碎的草木枝叶随风飞舞。”

美国士兵坚守阵地。经过一整天持续不断的炮火轰炸与枪弹射击，他们仅付出了伤亡六人——其中阵亡仅一人——的代价，另一名受伤者被机枪子弹撕破了腹部，肠子被掀出体外。他的伤口很快被清理干净，缝合包扎后送回到维粟迦。在美军控制的道路部分，一位目光敏锐的技术人员将一道穿越树梢，连接瓦鲁班指挥部与孟关司令部的电话线分接了下来。第二营的日裔翻译罗伊·A·仓木中士开始监听两方的对话。在瓦鲁班，日本第十八师团的守军将战线拉得过于单薄，把守城中军火库的只有三名配备机枪的士兵，日军战地指挥官向田中乞求“援助与建议”。

在3月5日的整个下午，仓木中士站在地面上方一棵大树的枝桠上，一边躲避狙击手射过来的子弹，一边借助于监控设备，监听整个战场上那些日军指挥官们近乎绝望的电台呼叫。“监听这些电台讯息，”仓木说道，“我感觉自己好像高高地漂浮在战场上空，注视每一桩事件的次第展开。日军狙击手不断地向我开火，有一次我站立的那根树杈几乎要被子弹打断了，我便绕到树的另一边多少找一点隐蔽。但我是个很小的目标——个头矮小，只有五英尺二英寸高——并且我所听到的信息对于战斗局势而言至关重要，因此我整整一个下午都站在那棵树的枝蔓里，仔细聆听。”

仓木所监听到并且传达给他的上级的信息，是自进攻发动以来最具有戏剧性的一些消息。在中国军队与美国军队的重压之下，似乎在孟关与在瓦鲁班的日本军队同时濒临崩溃。在瓦鲁班，传送出如下电讯：“伤亡十分重大，我们守不住渡河的桥梁了……”从孟关发回的答复是：“在随后几天内，每个人都要顽强作战。敌人非常强大，我们必须不惜任何代价摧毁他们……”瓦鲁班致电：“如果援军不到，我们难以支撑了……”孟关回电：“没有援兵，战斗到底。”

最终，在当天晚间，仓木听到了他、梅里尔将军以及总指挥史迪威都已等待多时的消息。田中司令部电令日军第十八师团全体官兵从孟关和瓦鲁班同时向西面和南面撤退。至3月6日的黎明时分，日军脱离了与“掠夺者”第二营的战斗，“掠夺者”士兵们终于在断粮缺水36小时之后，离开了他们坚守奋战的散兵坑。他们与日本军队的初次交锋获得了胜利，之后便返回努派克河的对岸，重新归入第二营和第三营设在拉岗迦的大本营。

当他们安全地从火线上撤退之后，“掠夺者”第二营和来自第三营“橙色战队”的官兵都在冷静地思考：日本军队将会再度发起进攻，抑或是就此撤退？当他们等待着从印度运来的空降补给时，所有的“掠夺者”战士都很清楚，他们将会迎战田中新一将军的下一步计划。

在瓦鲁班东部的丛林之中，经过两天艰苦卓绝的战斗，3月6日清晨那种静谧的田园景象颇令人难以适应。第二营和第三营将指挥部设在一片稻田里，那是一座用竹子和茅草修造的竹楼，临时搭建在田地北边。在三十码开外的地方，倒伏着几具爬满苍蝇的日本兵尸体，他们曾在前一天的战斗中慌慌张张地跑进这片开阔地，不幸成了炮火下的牺牲品。一些“掠夺者”士兵饥饿难耐，不愿再等待不知几时才会降临的空投食品，开始在烈日下的稻田里将稻谷脱粒，用他们的钢盔来碾掉坚硬的谷糠。接着，在他们的头顶上方，传来了一种急速坠落的飕飕呼啸声。

片刻之后，就在离这片稻田75英尺之远的丛林中，传来一声巨大的爆炸轰鸣。又过了一分钟，日军各种型号和尺寸的炮弹——从50毫米的“89式掷弹筒”到81毫米的迫击炮弹再到70毫米、75毫米和150毫米榴弹炮弹——在稻田的前后左右四面开花。仓促之中，“掠夺者”各营开始疯狂地挖掘散兵坑和战壕。整整一天的时间里，每隔七分钟，便有新一轮日军的炮弹如雨幕一般从天而降，落在稻田四周以及美军新开掘的战壕系统内。很明显，日本军队最终并不打算撤出战场。

事态变得非常危急。在约瑟夫·甘林和其他“掠夺者”战士的头顶上空，“日本人开始采用一种我们称之为‘断树战’的方法，他们发射 81 毫米的迫击炮弹，轰炸稻田后方的树林，炮弹将树木炸得粉身碎骨，残根断木、树皮枝杈全都砸在我们身上。那情形真是令人恐惧。我们浑身都压着泥土和炸碎的木头，到处硝烟弥漫。如果我告诉你我们对每一轮新的炮击感到无所畏惧，那才是睁眼说瞎话呢。”

炮击仍在继续。从早晨到下午，每间隔七分钟，新一轮呼啸而至的炮弹便会凌空坠落，将早已被炸得遍体鳞伤的土地掀起更多的泥土。接着，下午 5 时刚过，太阳开始落山的时候，日军炮火变得更加猛烈，野炮和迫击炮的炮弹无止无休地落在地面上。这时太阳正好处于日军的身后，直接照射着“掠夺者”士兵的眼睛。第三营“橙色战队”的战士们好容易辨识出一幅恐怖的场景：就在河对岸，一列日本兵在枪榴弹散发的滚滚黑烟后面，正向前逼近。似乎在转瞬之间，河岸边上到处都是奔跑或者蹲伏的敌军士兵，他们又来了！日本军官挥舞着手中的军刀——刀身在夕阳下反射着光芒——在隆隆的炮声中狂呼“天皇万岁”！

“掠夺者”战士们挺枪开火，他们用手中的伯朗宁自动步枪和两挺重机枪凶猛地扫射进攻中的日军，一茬一茬地将他们击毙。查尔顿·奥格邦回忆道：“第一排被击中的日本人像芭蕾舞中的演员一样扑倒在地，但日本兵的顽强不屈真是令人震惊。当一组机枪手被击毙之后，另一组人立即飞身上前，抓起那支沉重的武器，扛着它再冲锋几步，同样被打倒在地，然而下一批人又顶了上去。在河东岸的阻击的机枪手和伯朗宁步枪兵根本无法减缓他们射杀敌人的死亡节奏。”

虽然橙色战队的250名战士面对的是5000名进犯者，但他们据守的河岸对面，很快便堆满了日本人的尸体，美军的伯朗宁来复枪和机枪仍在愤怒地吼叫。由约瑟夫·迪奥里欧和克雷顿·E·霍尔下士操作的一挺机枪被子弹击中，枪身上的水冷箱被打穿。在当天下午的剩余时间里，迪奥里欧和霍尔不断地向战友求助，“掠夺者”士兵将他们军用水壶中的饮用水浇到机枪的枪膛上，多少起到一点冷却的效果，而霍尔持枪的双手却被火热的机枪灼烧得焦糊重伤。虽然如此，他们依然射光了手边的4000发子弹。日本兵还在进攻，美国人甚至唆使他们扑向密集的炮火。当野战炮和迫击炮弹在美军阵地四落的同时，“掠夺者”战士们用双手拢在嘴边向日军高呼：“过来再多挨些枪子吧，你们这些日本畜生！”他们高声叫骂着：“尝尝这些子弹的滋味，过来找死吧！”“掠夺者”用英语和日语叫喊：“东条英机去吃屎！”日本兵也不甘示弱地回敬道：“艾莲诺吃（小儿麻痹）灰丸！”以此来羞辱罗斯福夫人。

当暮霭笼罩大地时，日军进攻的狂潮才终于减弱下来。晚间8时，当一队骡子从维粟迦为美军运来更多的弹药时，日军最后一波自杀式进攻方才告一段落，虽然日军的炮兵还在轰击“掠夺者”的阵地。当第三营的官兵总算感觉有几分安全的时候，他们派出几个侦察排到河边统计阵亡者人数：在河流两岸大约有350具日本士兵的尸体。回到散兵坑之后，“掠夺者”开始清点他们自己的损失。与敌军巨大的伤亡人数相比，“格拉海德”部队仅仅有七名战士负伤，无人阵亡。

第二天清晨，当“掠夺者”再度部署在瓦鲁班周边的阵地上时，日本炮兵部队又开始向他们发射一波波的炮弹。但推进到前方的侦察排发现：这通旱炮似乎仅仅是用于防范的警讯；侦察员们没有看到日军有发动新一轮进攻的迹象。日本军队连同他们的田中将军已经从瓦鲁班撤退，当“掠夺者”的先头部队探察该城的周边地带时，除了成堆的日军尸体之外，再也没有发现别的什么。

翌日，也就是3月9日，当“掠夺者”部队继续在瓦鲁班镇上平靖秩序时，从城外北边的道路上传来汽车的马达声以及友好而嘹亮的欢呼声。一开始，梅里尔的部下们还以为他们将遭遇田中师团的残部，但是当前进的部队绕过丛林道路上的最后一道弯，完全呈现在他们面前时，这支队伍原来是X部队的一部，中国军队开进了瓦鲁班城。

如释重负的“掠夺者”战士们与中国军人合兵一处，这番场景既欢乐而又轻松。面容整洁、留着短发的中国士兵向毛发蓬乱、衣衫褴褛的美国军人列队走来，相互紧紧拥抱在一起。“掠夺者”部队的通信兵小查尔顿·奥格邦回忆，他最喜爱的还是随中国军队前来的脚夫们，他们带来“一个真正的厨房，被打作两个驮包，各自吊挂在一根竿子上。在执行下一项任务之前，我们的确应该放松下来，饱餐一顿，弥补这么多天饮食不继的损失”。

在瓦鲁班战斗的五天之内，“掠夺者”部队共消灭了八百名日本士兵，而他们仅损失了八名战士，另有三十七人受伤。但是，似乎是将来严酷形势的一种预兆，更多的“掠夺者”战士因为丛林险恶的环境，而不是新近与日军的战斗丧失了作战能力。从告别利多开始，“各种各样的疾病”夺去了“掠夺者”部队109名士兵的生命，其中疟疾致死19人，丛林热致死8人，因精神病患死亡10人。

至3月9日瓦鲁班会师这一天止，中国X部队和美国5037混合支队从田中新一指挥的日军第十八师团——一支曾横扫新加坡、马来亚和缅甸的强大军队——手中，解放了胡康河谷的上半部分。“掠夺者”官兵也倾听X部队中会说英语的中国军人讲述他们如何攻入防备薄弱的孟关城中，消灭了所有留守的日军后卫部队。当中国军队控制了该地之后，史迪威将军、孙立人将军和波特纳将军命令他们作为步兵先头部队，全速奔袭瓦鲁班。

进攻孟关和胡康谷地上半段的决战进展得如此迅速而且一锤定音，史迪威几乎没有来得及在他的日记中提及此役。1944 年 3 月 7 日，或许是史迪威近两年以来感觉最美好的一天，他在日记中写下了以下文字：“早晨 5:30 分起床，进入孟关并视察孟关以南一英里处的伏击地点。许多死亡的日本人和马匹，垃圾堆积如山。路易斯（蒙巴顿）印象深刻。讨厌尸体。9:00 离开。”

第十一章

在缅甸渡过两年的战争生涯之后，1944 年 3 月，日本帝国陆军运输团的士兵小田渥美已经晋升为中尉。但军衔的提升以及在缅甸泥泞的平原和湿热的山地无休无止的奔波，根本无法提高他的士气，全体日本占领军也同样士气低落。

到那时，战场形势已经日渐明朗。日本军队无论在缅甸前线还是后方的物资供给都难以为继。随着 X 部队从印度进攻缅甸，日军的军火武器消耗更是与日俱增，到了近乎山穷水尽的田地。尽管小田中尉如今已不再驭驶 1942 年在仰光时分配给他的那辆马车，而是驾驶着一辆卡车，但他早就意识到，正如战胜盟军一样，填饱自己的肚子也已经成为几乎不可能完成的任务。“我们从当地人那里得到一些大米，有时还有点茶叶，因为除此之外我们一无所有。两年以前，那些缅甸人仅仅被我们视作驯服的动物而已，但如今却是他们为我们提供食物。我们饥肠辘辘。在前两年，我们总在嘲笑盟军弱小而且胆怯，可一旦他们开始发力，我们却感到惊骇不已——我们非但惊骇于他们的力量，而且惊骇于他们的人数。”

自从 1943 年末至 1944 年初开始，盟国在后方的战争机器，特别是美国为战争而重组的工业体系，已经全面开动起来。在美国，单为军备而支出的金钱，从战争初期以来已经增长了十倍：从 1941 年 405 亿美金的紧急拨款到

1944年时3780亿美元的稳定开支。英国虽然由于德国空军的轰炸而损失了它相当部分的生产制造业，但在同一时期的军备支出也达到了双倍增长：从1941年的500亿美元上升至1944年的1000亿美元。到1944年初，在太平洋战场，平均每一名盟军士兵可以分配到四吨补给物资和武器装备，而他的日本敌手只能摊得区区两磅重的枪支、弹药和食品。

早在1942年4月的仰光码头上，日本士兵小田就曾思忖过的物资短缺问题如今终于浮出水面，它正在削弱日本帝国军队的力量。

如果说在东南亚战区和中缅印战场上，有谁对这番时运与士气的转变洞察深刻的话，那一定就是“醋乔”史迪威。在1944年3月初，尽管雨季的到来会对后勤保障造成一定的威胁，史迪威依然决定利用日军每况愈下的劣势扩大战果。在3月22日，他下令“掠夺者”部队执行他们第二项任务：他们将从瓦鲁班向南推进，返回胡康河谷东侧的功文山区，再度潜行匿迹。他们的目标是夺得孟拱谷地（Mogaung Valley）的城镇沙杜祖的控制权，该镇正位于孟拱河谷倾斜地与胡康河谷交汇处的上方。一旦他们能够掌控进出孟拱河谷的关口，就可以朝向史迪威所设定的最终目标——位于波特汹涌的伊洛瓦底江畔的日军运输和补给枢纽密支那——发动一场关键性的打击。

对史迪威来说，控制孟拱河谷或许是整个缅北战役中最为重要的一个环节。由于该地区连接着日本第十八师团在胡康谷地的前方部队以及该师团设在伊洛瓦底河谷城市密支那的物资补给与军事指挥总部，孟拱谷地是介于日军两大行动中心之间的交通动脉。一旦封堵该河谷并控制甘马因公路——一条勾连两座河谷并以甘马因村为道路中点的土路——驻守胡康河谷的日军将会面临粮食与兵源双双断绝的困境。根据史迪威本人的命令——梅里尔和亨特的建议遭到其拒绝——“掠夺者”部队再度分解为三个营。其中第一营将从瓦鲁班出发，大致沿着甘马因路在功文山脉的低坡向南前进；第二营和第三营的战士们则分散开来，朝向功文山脉较高的几座山峰，呈弧形阵列向东挺进，大幅迂回包围日本人占据的城镇沙杜祖，并在沙杜祖以南位于甘马因路上的因康迦塘村现身集结。一旦抵达沙杜祖南部，他们就可以封锁通往孟拱谷地的关口，隔断日军第十八师团的陆路补给线。

无论内心里愿意与否，“掠夺者”们又要重返丛林地带了。当他们在缅甸北部生长得过于茂盛的森林之中辟路前行的时候，非但没有发现严阵以待的日军一兵一卒，反而随处可见软弱无力、望风而逃的敌军迹象。当行军第一天结束的时候，三个营所到之处，都只看到日军仓皇撤退留下的遗迹，在泥泞之中，他们随处都能辨认出日军钉有平头钉的皮靴或者（鞋底的大脚趾部单独分开以利于活动的）日式丛林靴踩出的向南移动的足印。在三天的时间里，当“掠夺者”们追踪这些不断向南后撤的新鲜脚印时，他们仅仅遭到日军后卫哨兵们零星的几次阻击。

虽然日本军队在匆忙撤退，但是美国士兵——他们如今已经在丛林中生活战斗、流血流汗一个多月——也显露出虚弱的症候。当他们沿着功文山脉的山脊前进时，山峰的坡度日渐陡峭，有时因为过于陡峭，致使重负的驮骡无法前进，于是便不得不停下来拆散捆扎好的包裹。每一个营的指挥官还必须承担起一项毫不高尚的工作，那就是在茂密的竹林中砍出一条通路，坚韧遒劲的苍竹老干顽强地抵抗着他们手中的弯刀。每天 12 个小时，“掠夺者”们都刀砍斧劈出新的小径，将驮包背在自己的背上，背带深深地切入他们肩膀的肌肤。由于过去六个星期里不洁的炊事与生活条件，痢疾也大规模地在“掠夺者”队伍中传染，开始成为三个营士兵们共同的灾难之源。很多“掠夺者”战士早已褴褛的军装更被汗渍、枪伤和蚂蟥叮咬的血痕以及痢疾的脓迹搞得浆硬和褪色。更为严重的是，当他们进山之后，每晚要求新鲜给养的无线电信号却无法被史迪威及其司令部接收到，“掠夺者”面临着断粮的危险。正如查尔顿·奥格邦所说的那样：“我们只存在两种情形——一种情形是我们感觉饥饿难耐，另一种情形是我们的确饥饿难耐。”

每隔四到五天，当无线电信号能够成功接通，补给食品得以用降落伞送达部队的时候，“掠夺者”士兵们打开他们的口粮箱，试图交换各自喜爱的食物，宿营地的上空就会回荡着士兵们以物易物发出的喃喃低语声。每一个口粮箱子大都装有两块硬饼干与两块软饼干；罐头装的鸡肉、猪肉或者鸡蛋黄等蛋白质食品；一块奶酪；几块肉羹方块；纳贝斯克牌的小甜饼；一些枣和梅子馅的水果糖；一包可以装进军用水壶中的柠檬水；几小包研磨细碎的咖啡和糖；一条巧克力；一包香烟；一包里格利薄荷口香糖或者是一包田纳西州纳什维尔的沃拉沃拉公司生产的非咀嚼型蜡状替代品。

“一块卡瓦利尔巧克力换两块糖，有人愿意吗？”一名“掠夺者”士兵或许会这样开价。“猪肉和蛋黄罐头换一个奶酪罐头？”

“咖啡交换水果糖？”“我能用什么东西换一份 D 口粮呢？”（所谓‘D 口粮’或者‘痢疾口粮’指的是巧克力块。它们之所以得到这样的诨号，是因为这是患有痢疾的士兵唯一能够消化的食品。）当他们的第二项任务进展到第一周之后，在前往沙杜祖的半路上，“掠夺者”第一营邂逅了由美军战略情报局（OSS）詹姆斯 · L · 蒂雷中尉指挥的克钦突击队的巡逻分队。在勘察了他们的方位之后，“掠夺者”与克钦人组成的联军在沙杜祖附近，开始搜索任何可能妨碍第一营成功阻断甘马因路的日军据点。如果某些地点有太多的日军盘踞备战，“掠夺者”们便会潜回丛林里，绕过这些日本营地，因为他们坚信：一旦 X 部队从瓦鲁班南下进攻，这些日本军队将会在 X 部队的铁锤与“掠夺者”部队的铁砧之间粉身碎骨，而他们当下的任务正是穿越丛林，以便围堵日军逃离时的退路。

3 月 19 日，当第一营和克钦突击队顺着较为细小的辰岗河来到它流入孟拱河的交汇处时，他们发现北距沙杜祖只有几英里之遥，在那里有一处地点，第一营指挥官威廉姆·奥斯波恩中校认为宜于设置路障，发动袭击。在下达了宿营命令之后，奥斯波恩中校开始实施他在沙杜祖城以南占领甘马因路有利地形的初始计划。奥斯波恩、梅里尔和史迪威都相信，日本人不会料想到“掠夺者”部队的新一轮进攻来自功文山脉，而是来自更北边的胡康河谷。为了让日军加深这一印象，奥斯波恩命令第一营的一个排在沙杜祖西北方向发动一场喧闹的佯攻，而在该镇的正南方，甘马因路与孟拱河最为接近的地方，奥斯波恩派出一组侦察员，涉过宽广泥泞、齐腰水深的孟拱河进行战前的侦察工作。

正如奥斯波恩所料想的那样，在沙杜祖只有大约300名日本士兵，此外还有若干第十八师团的残部从北部地区沿着甘马因路向南与之会合。天黑之后，奥斯波恩召集他手下的指挥官开会，并分配作战任务。在拂晓之前，“掠夺者”们必须渡过孟拱河，夺取甘马因路，然后向北推进，逐步攻入沙杜祖——由枪头装好刺刀、子弹暂时退膛的两个排士兵先行潜入，后面尾随着第三个排的人马。他们将在黎明时分发起攻击，当突然袭击的震撼效果减退之后，他们便开始挥枪射击——无论发生什么情况，都不能停止射击——在孟拱河对岸，美军的迫击炮将为他们提供火力支援。

在清晨4:30分，“掠夺者”的三个排渡过孟拱河，逆流而上，缓慢地靠近日军的营盘。在黑夜中，数十点微弱营火的映照下，敌营的轮廓依稀可辨。但就在他们准备就位之际，一串突如其来的机枪声划破夜空，向南边扫射过来。子弹的方向来自日军搭造的一处厕所，那里正有一名日本士兵朝分散在路边的一个“掠夺者”排瞄准射击。不管准备是否充足，强攻甘马因路和沙杜祖镇的战斗已经打响了。

在黑夜中，日军步枪射出的火光照亮了夜幕之下的沙杜祖镇。当日军沿着地势分散抵抗时，“掠夺者”也向后方呼叫支援。一些美军士兵因为没有掩体保护而被子弹击中，枪伤的剧痛令他们大声呻吟。另一些士兵一边射击，一边腹部贴地，用他们称作“国民警卫队匍匐”的运动方式，从一棵树跃到另一棵树旁。在“掠夺者”阵地的一百码身后，军医们紧跟过来照看伤员，他们被拖到河流陡峭的河岸下方，以免遭战斗的进一步伤害。当日军定下神来，开始发动反攻的时候，美军的弱点被敌人发现了：他们暴露在道路上，被一侧的河流与另一侧正包抄过来的好几个排的日本士兵两面合围。在他们面前只有一种选择：“掠夺者”们只能开挖战壕、寻找隐蔽处，坚守他们的阵地。

在上午九时，经过两个小时的零散射击之后，第一营的突击排用电台向河对岸的奥斯波恩要求用迫击炮轰击日本阵地，以摧毁他们的防御。没过几分钟，就在日军开始向沿着道路分布的“掠夺者”二人阵地开炮时，美军的迫击炮弹也落在日本士兵的头上。当一个小队的日军从北方赶来增援沙杜祖的营地守备队时，美军第一营的几个机枪组——他们沿着地势陡峭、草木茂密的河岸逆流而上——突然出现在陡绝的悬崖上，向日本部队开枪扫射。只消几排子弹便击毙了六十多个日本兵。

晌午之后不久，美国空军轰炸机开始对沙杜祖的日军阵地狂轰滥炸，吸引了一些原本瞄准“掠夺者”部队的日军火力。“掠夺者”们沿着已经弹坑密布、炮灰纷飞的道路，继续向他们的目的地——沙杜祖镇缓慢前进。但是，随着黄昏临近，当日的空中轰炸告一段落之后，日军再度将他们的火力集中到“掠夺者”地面进攻部队身上。他们开始朝道路下方随机开火，用乱枪扫射的方法侦测“掠夺者”的阵地究竟位于何处。随后日军又用迫击炮轰击河岸地带。在甘马因路沿线，梅里尔手下的5307混合支队第一营正遭到敌军缓慢的包围，随着枪林弹雨不断地飞落，每一分钟日本步枪枪口喷出的火舌都更为接近，“掠夺者”的先头部队开始担忧他们可能很快被击败。他们开始向河对岸呼叫求助，奥斯波恩中校命令他们务必坚守阵地。

事态日趋严重，在暮色之中，一个声音从枪炮轰鸣的间歇嘶喊了出来：

“5307 混合支队的其他部队都他娘的上哪儿去了？！”在孟拱河沿岸，虽然对日军即将发动一场致命进攻的恐惧始终萦绕在他们的脑海里，一些“掠夺者”士兵还是发出了嗤嗤的几声轻笑——但这种恐惧不但冰冷、真实，而且近在眼前。

又过了几分钟之后，“掠夺者”们忽然听到从沙杜祖以北的某个地方，传来一串四响惊天动地的爆炸声。相隔不过片刻，爆炸声又接二连三地传来。很快，每隔一两分钟便会有新的炮火烟云涌现，沙杜祖的茅棚与房屋顷刻笼罩在浓烟之中。一开始，“掠夺者”突击排的战士们还不明所以，但当更具规模的炮火覆盖在日本军营上空时，“掠夺者”们才知晓他们是被史迪威的又一手古怪招数所解救，而这一招来得正是时候。

就在“掠夺者”离开瓦鲁班，出发执行他们的第二项任务之后不久，史迪威命令 X 部队的一支轻炮部队——中国远征军第 113 团，将他们可分拆的加农炮由骡队托运，穿过丛林，紧跟在“掠夺者”第一营的身后。在进攻沙杜祖的战斗打响之后，他们的任务是用炮火支援“掠夺者”部队的攻势。现在，113 团的榴弹炮已经组装完毕，并将雨点般的炮弹倾泻到日本人的头上。短短几分钟之后，日本军队便不得不一边防御来自南边甘马因路上的进攻，同时还要承受来自北方的大炮轰击，很快便陷入崩溃和混乱之中。随着中国军队的炮火逐渐向南压进，“掠夺者”部队又坚守他们的阵地，日本士兵几乎是步调一致地开始从沙杜祖撤退，很快消失在西边的丛林里。

在其后打扫战场的几个小时之内，“掠夺者”获知沙杜祖一役共消灭日军 300 人，破坏大批军用物资。而“掠夺者”一方仅阵亡 8 人，另有 35 人受伤。当由戈登 · 西格莱夫大夫——他如今已是史迪威麾下的一名中校——领导的医疗队开始为伤员包扎疗伤的时候，“掠夺者”部队终于可以逐排解散休息，由中国军队进驻并负责沙杜祖的防卫工作。接下来，怀着在沙杜祖战胜的喜悦，他们涉水返回孟拱河对岸，在一场蒙蒙的细雨中，用痛饮凉水的方式欢庆胜利。虽然很多人病体难支，但第一营的“掠夺者”战士们依然欣喜若狂。他们纵声歌唱，开怀大笑；他们互相开玩笑，吃掉能够找到的任何口粮。在夜里，他们重温白天那场成功的战斗，沉湎在艰难闯过生死玄关之后的无边喜悦中。虽然遭遇了过去六周的种种艰难险阻，每一个第一营的“掠夺者”战士都由衷地感到——活着真好。

当奥斯波恩中校结束了他与史迪威司令部每晚的电台联络，徒步返回营地的时候，天色已经昏暗下来。被奥斯波恩带回军营来的，还有几条令人万分惊愕的消息——在沙杜祖以南和以东 200 英里外的地方，日本军队侵入印度。

第十二章

如果说盟军对于日本军队极为大胆的入侵印度行动——不但封锁了进入缅甸的提杜姆路，而且袭击英国军队驻守英帕尔和科希玛城的大本营——深感震惊的话，约瑟夫·史迪威对此可是爱莫能助。“这将会毁掉一切！”他在1944年3月16日的日记中写到。尽管斯利姆将军敦促X部队从缅甸境内回击日本人（加上蒋介石也致电史迪威，要求其在雨季暂停攻势），但史迪威命令X部队继续沿胡康谷地向南推进。“醋乔”专门抽出宝贵的一天，从前线飞赴重庆，说服蒋介石和宋子文：他们的中国军队正在进行一场伟大的战役，而且很大程度上基于中国军人昂扬的斗志，整个缅甸北部很快将重新回到盟军的手中。蒋和宋二人对这样的战果同样深感振奋，在一次短暂的会议之后，中国方面同意了史迪威继续进军的方案。尽管雨季即将到来，向密支那推进的攻势仍将会继续。

重返前方战场之后，史迪威率领X部队沿着几乎已被扫荡一空的胡康河谷向南进发，将最后一批日军的残兵败将从间布山区驱逐至胡康谷地的西部。他们的下一个目标是拥有巨大的飞机场和伊洛瓦底江港口的交通枢纽城市密支那。一旦密支那被夺取，利多公路就将有两条通往中国的路线可供选择：一条路线跨过伊洛瓦底江，从密支那直接进入中国（这条路线将沿着一条名为“马可·波罗小道”的古老商道，它将通往马可·波罗曾声言到访过的历史悠久的商业城市：腾冲）；另一条路线则从密支那继续向南推进，途径八莫城，并最终在中缅边境的中国城镇畹町，与真正的滇缅公路对接。

为了增强这次进攻的力度，史迪威还调遣了其他几支非常规部队进入缅甸北部作战。他将会发出指令，将温盖特的亲迪部队空投至密支那以南的日军后方；同时“掠夺者”部队早已分散进入丛林地区，准备继续同日本军队展开针锋相对的战斗。史迪威还向北部克钦联军以及101特遣队的克钦突击队发布指示，要求他们做好准备，从目前驻守的苏普拉邦战线沿伊洛瓦底江谷地向南直捣密支那。

最令史迪威欣慰的是，他最终从蒋介石口中得到坚定的承诺：从四月中旬开始，让Y部队从中国启程进军缅甸。在中国西南滇缅公路沿线的几座重要城市肃清日军之后，蒋介石的Y部队将与X部队在伊洛瓦底江畔胜利会师，然后合兵南进。一旦这两支中国军队会师之后，史迪威相信日本人再也无法守住缅甸北部。

虽然缅北攻势胜利在望，但面临的问题同样不容小觑。首要的难题便是如何将一万两千名“亲迪部队”士兵输入缅甸境内。而在号称“温盖特马戏团”的“亲迪部队”内部，第一个出问题的正是温盖特本人。几个月之前——当他从魁北克四方仪会议返回印度的途中，在酷热的利比亚贝内托城堡逗留时——刚刚提升为少将的温盖特因为飞机场小卖部迟迟不开门而丧失了耐性，以他典型的个人风格，不智地拔出一枚花瓶中的几枝花草，将花瓶里的水吞进了肚里。数周之后，虽然安全地抵达印度，温盖特却因为染上危及生命的伤寒而住进医院。到5月初的时候，尽管温盖特总算能够下地行走，但他的力量、耐力以及他惯常的因狂热而焕发的强大指挥能力，却难以挽回地遭到了削弱。他变得瘦骨嶙峋，体质孱弱，总是感觉疲劳。而他的双眼，那双原本总是在他饱满的眉脊下蓝光四射的眼睛，如今竟如此深陷无神，丧失了生命的气息，看起来就好像是头颅上的两孔黑洞而已。

但是温盖特的健康状况还不是他要面对的最大麻烦。在 1944 年 3 月 5 日晚上，就在英印第三师——由一万两千名“亲迪”士兵以及他们引人注目的三千匹骡子组成——即将乘坐滑翔机进入缅甸境内两大片林间空场（代号为“皮卡迪利”和“百老汇”）时，情报照片却显示“皮卡迪利”空地上难以解释的堆满了伐倒的树木，使其变得无法被利用。就在温盖特被这紧要关头出现的差错感到郁闷的时候，他更因为发现这两处地点的照片——尽管他曾特别指示所有的盟军飞机务必避开这些着陆点——被刊登在近期的一份美国刊物上而怒不可遏。难道是日本间谍看到了这些照片，并且用树木填塞了这片临时机场？

当温盖特最终平静下来——砍树的肇事元凶被查明是缅甸本地的伐木者——他立刻将新近提升为旅长的“疯狂麦克”卡尔沃特找来商议对策。经过几分钟的讨论之后，他们决定让所有的“亲迪”滑翔机都转而降落在“百老汇”的前沿机场，这一变故将延缓盟军进攻的进度，因为“亲迪部队”的许多既定目标都位于“皮卡迪利”附近。

他们必须强行突入。卡尔沃特和温盖特简短地向滑行机组重述了新的命令，在接受温盖特和斯利姆的祝福之后，“亲迪部队”和卡尔沃特开始行动。在黑夜与月色的掩护之下，卡尔沃特率领第一批部队，乘坐由木板与帆布制成的滑翔机，在 C–47 运输机的牵引下升空而起。其中一架滑翔机甚至是由前好莱坞童星杰克·库根驾驶，他因为曾经与二战期间的“招贴画女王”贝蒂·格拉宝结婚，因而在整个中缅印战场享有特殊的声誉。在暗夜之中，卡尔沃特和他的战士们飞越纳迦山区和亲敦江，直插缅甸中部地区。望着下方在月色与星光之下黝黑一色的莽莽山岭，回想仅仅一年前曾历尽艰辛徒步穿越的山山水水，他庆幸这一次是凌空而过。他们飞过在月光下如幽灵一般倒伏着树木的“皮卡迪利”之后，C–47 牵引飞机开始在空中盘旋，卡尔沃特向下观望，看到了丛林下方开阔的“百老汇”空地。名叫利斯的滑翔机驾驶员拉动一根手柄，松开了与牵引机相连的缆绳，滑翔机“砰”的一声，开始自由飞行，溶入一种“突如其来的巨大寂静之中”。

飞机急转直下，片刻之后便沉重地撞在地面上，随后又反弹到半空 50 英尺之高，再在一通剧烈的翻滚和惊天动地的破裂碰撞之后，支离破碎地停顿下来。在如此猛烈的着陆过程中，一根位于飞机内部的辅助支柱戳伤卡尔沃特的后背，使他的背部重度瘀青。另一名同机的士兵麦克德莫特中士的一只手被另外两根断裂的支柱压得血肉模糊，皮伤骨断。幸好在丛林的黑夜之中，他们都性命无虞地安全着陆，停在了“百老汇”空场上。

在帮助麦克德莫特中士从飞机的残骸中松开被挤压的手掌之后，卡尔沃特和他的团队走下飞机，发现了他们的飞机之所以在降落时跌跌撞撞的原因所在。在他们之前降落的一架滑翔机降落时撞上一条沟坎，起落架断裂脱落。卡尔沃特乘机上的飞行员利斯在月光的映照下目击了眼前发生的事故并立即作出反应，将他驾驶的飞机在下落时刚好越过前方的坠机，虽然落姿不甚优雅，但总算安全地停降下来。

如今再度踏上缅甸的土地，卡尔沃特建立起他的指挥部，陆续又有更多的滑翔机在黑暗笼罩下的“百老汇”平安着陆抑或是迫降坠毁。其中一架飞机——机上载有一辆小型推土机用以在空场中开辟一条飞机跑道——刚好在空场的边缘降落并且一头扎进丛林之中，在机头撞上一棵大树之前，折断了两侧的机翼。当事故发生的时候，推土机脱离了绑绳，就在飞机与树相撞的那一瞬间，几吨重的推土机夜撞向前方，砸烂了驾驶舱并一直冲到树干上才停顿下来。机舱中的士兵们在撞击发生的时刻，刚好因为机身剧烈的晃动让开了推土机前移的通道，奇迹般地安然无恙。几分钟之后，士兵们居然将撞损的推土机发动起来，当他们驾驶着它从丛林中轰然作响地开入“百老汇”的时候，“亲迪部队”的战士们都欢呼起来。很快，它便开始在“百老汇”的土地上开掘出一条平坦的跑道。

然而在黑暗之中，眼前的场景还是令人揪心。撞毁燃烧的滑翔机照亮了降落区，当卡尔沃特必须迅速判断出“亲迪部队”首夜的进军究竟成功还是失败的时候，他却接连获得彼此矛盾的情报信息：更多的飞机正朝这里飞来。众多滑翔机坠毁，不再有新飞机抵达。日军已经将“百老汇”团团包围。没有日军出现的任何征兆。正当卡尔沃特权衡情报的准确程度时，他得知用电台致电总部的时间——凌晨 2:30——即将到来，他必须发出一份报告：“亲迪部队”第一夜的进军行动到底成败几何？最终，当更多的信息向他汇拢过来时，看起来首批“亲迪部队”滑翔机组的命运不容乐观，而发报的时刻已无可拖延。如果空降进展糟糕，卡尔沃特就要用“黄豆串”的代号向温盖特与总部发报，这是一种干瘪的、用黄豆为主要馅料制作的香肠的名称，是驻印的英、印军队经常食用的配给口粮。如果当夜的行动顺利完成的话，卡尔沃特就可以用“香肠串”为代码告知司令部。

3 月 6 日的午夜 2:30，也是卡尔沃特 31 岁生日的那个凌晨，“疯狂麦克”毫无选择，只好向指挥部发出“黄豆串”的信号。但是，就在电文发往印度之后不久，“百老汇”现场的情形却趋向好转。黎明时分，推土机已经在着陆场整理出一条相对平整的跑道，周遭增加了点燃的烟火堆指示方位，一批又一批滑翔机开始安全地降落下来。到日出的时候，共有 37 架滑翔机停降在“百老汇”的地面上，另外 18 架或者在缅甸境内坠毁，或者返回印度迫降。卡尔沃特手下已经聚拢了 350 名士兵，另有两辆推土机和一辆吉普车。这下他终于可以满意地发报修正之前的消息了：“百老汇”当前的情形已经被升级为“香肠串”。

当“亲迪部队”已经为行动做好准备的时候，梅里尔的“掠夺者”第一营和第二营混合部队却即将步入险境。从 3 月 15 日起，他们开始深入功文山腹地，逆着侵蚀地貌发达的塔奈河峡谷向上游挺进。这一计划仍属常规战略:“掠夺者”部队将向南移动穿过山区，再从距功文山 80 英里以南的地区现身，靠拢孟拱谷地的日军司令部所在地——甘马因城。他们将侦察这一地区的主要道路、丛林小径以及通讯站点，并且设置路障，以堵截北上支援日军与（自更北部进入孟拱谷地的）中国 X 部队作战的补给物资。

3 月 18 日，“掠夺者”部队与 101 特遣队指挥官文森特·科尔及其 300 名克钦战士在他们驻扎的间畔村附近会合。由于史迪威有关设置路障具体地点的命令尚未传达下来，梅里尔下令全军放假一天。3 月 19 日，缅甸北部的秘密世界变得魅力无穷。在他们的丛林村落中，克钦人以至高无上的好客之情款待第二营和第三营总计约两千名“掠夺者”战士们。整头水牛被屠宰、分切，放在篝火上炙烤；铜锣声响起，伴奏着身穿熊皮、头饰羽毛的土著男女翩翩起舞。梅里尔被敬上新鲜宰杀烹制的山羊肉，士兵们恣意畅饮着克钦人传统酿造的米酒，与此同时，美国军医也在为村里每一位患病的乡亲诊疗疾患。整整一天一夜的时间里，人们几乎会相信缅甸北部所有的恐怖和灾难都只是一场噩梦而已。

但是第二天清晨，他们的任务已经从史迪威处传达下来，“掠夺者”们的生活再度陷入痛苦之中，他们和几位克钦向导一起离开美好的村庄，重新投入战斗之中。梅里尔命令第二营和来自第三营的“黄褐色战斗队”向南方挺进，侦察通往孟拱河谷的条条小道，并且在河谷中因康迦塘小镇附近的甘马因路上设置路障。第三营的“橙色战斗队”将暂时按兵不动，等待前来空投补给物资的运输机组。

3 月 23 日，由麦克吉上校率领的因康迦塘分队抵达了他们的目的地，并且先头搜索队很快便遭到了来自该镇的日军抵抗。为了在因康迦塘以北的甘马因路上设置路障，麦克吉上校指挥第二营越过孟拱河，尽可能地靠近因康迦塘镇，同时命令“黄褐色战斗队”留守在河流对岸相对安全的山丘地区，以确保后方的稳固。在试图包围驻守因康迦塘的两个日军小队但遭到顽强抵抗之后，麦克吉选定了他准备设置路障的地点，并开始挖掘战壕。

第二天清晨，天刚蒙蒙亮的时候，日本军队以一种数周以来前所未见的凶猛发动了进攻。但第二营所做的每一件事都出了差错：他们挖掘的散兵坑前方刚好是一排茂密高大的草丛，当日军的迫击炮弹开始倾泻而下时，这些杂草却妨碍了“掠夺者”们观察敌情。随后，在没有警告、没有鸣哨、甚至没有狂呼“万岁”的情形下，第一波发起进攻的日本士兵已经从他们茅草覆盖的掩体中冲了出来。

在二十步远开外的地方，“掠夺者”开火射击，一些日本兵被子弹击倒。但很快，敌人已经冲锋至距美军工事的边界非常危险的近距离。“一名日军中尉，”查尔顿·奥格邦回忆说，“不停地向前冲，高呼着‘万岁’！甚至当他被点45口径的冲锋枪子弹打成两半的时候，还挥舞他手中的军刀。当他倒地身亡的时候，头部已经挨在了冲锋枪手所在的散兵坑边上，军刀断作两截。”

“当我看到敌军发动第一波攻势的时候，”弗莱德·里昂斯上尉匍匐穿过一片低矮的树丛，来到一处射击点上，“日本士兵身材硕大，足有六英尺高，身穿黄色的咔叽布军装，将他们包裹得好像黄麻袋一样。”他顺势滑入一个散兵坑，然后开始射击。随着每一波日军的新攻势，里昂斯都能够看到敌人脸上紧张的表情，当美军的机枪开火的时候，他们的神色变得既震惊又恐惧。“一个家伙手中的步枪在他倒地的时候像标枪一样飞了出去，另一个士兵被子弹击中了腹部，摔倒在地面上。”

就在里昂斯驻守的阵地前面，一名日本兵冲进了“掠夺者”的防御圈，跳进了由一位名叫瑞恩的“掠夺者”士兵据守的散兵坑里。瑞恩抓住了这个入侵者的步枪，他们为争夺这支武器开始扭打在一起。两个人推拉撕扯，都要让对方失去控制。在瑞恩周围的散兵坑里，每个人都在观望，不敢向这名日本兵射击，唯恐开枪误伤了美国战友。瑞恩猛地扭转枪身，日本兵松手跌倒，又跃起身来想要爬出散兵坑，却遭到六七件美军武器同时射出的子弹，当场一命呜呼。

随着时间流变，阵地上的日军尸体越堆越高。到日军第四次冲锋的时候，遍地的尸骸磕磕绊绊，甚至妨碍了日本士兵冲向美军阵地的脚步。仅在一处地方，里昂斯便数出了七具尸体。当一轮战斗间歇的时候，使用一支伯朗宁自动步枪的卡德莫中士甚至不得不钻出散兵坑，将日本士兵的死尸向两旁踢开，以清空他的射击视野。到白日将尽的时候，日军发动的十六次冲锋让众多士兵葬送在“掠夺者”的枪口之下。

知晓剩余的弹药即将用尽，战地指挥官麦克吉决意让己方的伤亡人数定格在二死十二伤的额度之内。他下令从甘马因路的路障后撤退。这是一个明智的决定，因为就在同时，两个大队的日本兵正从甘马因城内的兵营中开出，向南快速穿越孟拱谷地，朝向功文山脉前进，不但阻断“掠夺者”的后路，而且控制该河谷区域，同时防卫甘马因镇的东翼。

由于日军如今对第二营和“黄褐色战斗队”造成压倒性态势，麦克吉命令所有的战士都返回丛林小径，向山区撤退，当夜他们在一个名位纳迦塘的边远小村旁宿营。第二天清晨，他们再度转移，目的地是功文山麓的丛林小村奥齐。为了掩护其侧翼，第三营的毕奇中校命令罗根·维斯顿中尉率领一支小分队，在两条由孟拱谷地延伸出来的丛林道路的交汇地带设伏，抵挡追击而来的日本军队，延迟他们在丛林中追赶“掠夺者”部队的速度。就在维斯顿指挥他的部下拖住步步紧逼的800名日军士兵的时候，“掠夺者”的主力部队也已经抵达奥齐村，但日军的大炮却朝向这座小村落开火，迫使第二营和“黄褐色战斗队”继续沿着小径向山头上的纳普迦村后撤。沃伦·温图拉下士带领一个轻机枪组抵挡日军的追袭，第二营和“黄褐色战斗队”的其余人马匆匆地沿着小径往纳普迦村行进。当他们向山顶运动时，炮弹的弹片不断地在队伍的四围飞落。

在纳普迦，麦克吉及其部下与梅里尔本人会合。当梅里尔听说有八百名重装备的日军正朝他们袭来之时，决定将他的部队分散开来。第二营要在纳普迦村开挖战壕，在2800英尺的海拔高度上修筑防御阵地。第三营的两支战斗队——该队伍同时也包括梅里尔、亨特及其克钦部队——将向北部五英里开外的山谷转移，进驻一个更小的名为汉兴洋的小村，在那里，他们能够利用稻田建造一条飞机跑道，获求补给并运走伤员。

对“掠夺者”第二营的战士们来说，这是他们第一次为一场静止不动的防守型战斗开挖战壕，甚至连梅里尔都承认这种战术非常冒险。“掠夺者”是一支进攻型的部队，以快速移动的伏击和佯攻为他们的创建之本。他们既没有坦克也没有重炮来进行防御，此外，在被迫据守的山头高地上，他们甚至无处可以藏身。与那些武器比他们更为精良的日军作战，他们又能在阵地上坚持多久呢?

就在第二营的战士们刚刚完成山头阵地的战壕挖掘任务，圈起一块大约四百码长、二百码宽的防御区域时，侦察员探知的消息传来，日军已经向山边运动集结，并缓慢地将这座山头包围起来。

实际上，日军的移动速度相当惊人。在与“掠夺者”的一支小分队发生冲突后的几个小时之内，日军已经控制了村庄后方一座泉水池塘，它是整个纳普迦村唯一的一处水源。

夜幕降临的时候，纳普迦的山头已经被日军彻底包围了。对坚守在山顶的1100名“掠夺者”战士来说，退路已被完全封死，更糟的是，没有一条地面通道能够为他们补充给养和饮水。随后，在日军轻型“89式掷弹筒”和70毫米与75毫米高弹道榴弹炮发射的弹幕掩护下，日军尽管动作缓慢，但是却毫不动摇地攀登纳普迦的山坡。“掠夺者”如今面临着必须日夜守卫他们由战壕组成的环形“车轮式”阵地的艰难时日。任何时刻都有步枪射击的火光，

“掠夺者”和日本兵的机枪也同时喷射着连梭的子弹。但真正令“掠夺者”感到神经紧张、士气沉落的却是持续不断的迫击炮弹和榴弹炮弹。剧烈的爆炸声无休无止。

“那些偷摸着匍匐过来的小日本并不可怕……至少我们还可以瞄准他们。”弗莱德·里昂斯上尉说，“但掉进车轮阵地中的迫击炮弹却无情地摧毁了我们的物资，斩杀着我们的人和牲畜。”

到围困的第三天，尽管日军依然被美国士兵阻遏在纳普迦的山坳地段，但爆炸和枪弹已经杀死了七十五头骡子，腐烂的动物尸体就堆积在“掠夺者”的散兵坑边上。又过了两天，死骡的数目已经增加到113头，它们的腐尸散发的恶臭，加上“掠夺者”战士们恶劣的卫生条件以及散布在纳普迦村阵地之外半山腰上的日军遗骸，都使不少“掠夺者”士兵忍不住呕吐或恶心干呕。

由于没有饮水，留在纳普迦村里的几名克钦人教“掠夺者”们吸吮山顶竹子潮湿的竹节部位。当阵地内的竹子都被采折一空之后，“掠夺者”战士们不得不从大象的足迹甚至家猪和大象打滚的泥坑里汲取残留的死水。到第五天的时候，阵地上已经滴水全无，美军士兵不得不再坚持整整一天，才等到500加仑的水——被装在香肠形状的塑料瓶里——被从利多用飞机逐一空投到山顶上。

每时每刻，日军的步枪与迫击炮都在造成新的伤亡。日军的狙击手爬上纳普迦阵地以外山坡的大树上，除非射出致命的一枪，决不暴露自己的身形。一个又一个“掠夺者”战士被他们暗枪放倒。当弗莱德·里昂斯在两个散兵坑之间拉设通讯线时，在某一处停顿点上，他清晰地感受到被猎杀的感觉。“我跳出散兵坑，想要铺一条电话线，忽然看到一颗炸子就在我脚前两码远的地方撩起了一溜尘土。”他回忆道，“我伏倒在地，向四周观望，却什么也没有看见。另一发子弹又射在土地上，我蜷起身体滚动起来，将电话线拉在身旁。接下来又是一枪，那个不知藏在空地附近哪棵树丛中的狙击手向我一连发射了五发子弹，但五次都没有击中我。”

因为周遭都是腐烂的死人和动物尸体，“掠夺者”们给纳普迦取了一个新的绰号：“蛆山”。

尽管这个新名字滑稽可笑，事态却越来越有一种超现实的噩梦感。在一天夜里，一个喝得醉醺醺的日本兵蹒跚着走进美军的阵地，明显是迷了路，四下寻找他自己的散兵坑。他被一枪击中头部，倒地身亡，躺在烂泥里逐渐腐烂。另一个晚上，当又有三个人闯进美军营地的时候，他们同样被“掠夺者”部队的哨兵开枪命中。不幸的是，他们是三名刚刚执行完侦察任务的美国军人。其中一位名叫布兰登·林奇的美军中士受到了致命的枪伤，两天之后便死去了。

“掠夺者”战士约瑟夫·甘林回忆那场围困时说道：“我所能记住的纳普迦是这样的：一场十三天的朦胧不清。没有什么能够马上从脑海中浮现。一个死掉的日本兵，六英尺高，身穿古怪的黄色咔叽布军装躺在污泥里。我印象中没有一滴水可以饮用，时时都处于焦渴之中。吃的东西也非常有限，有时一整天只能靠两块饼干充饥。日本人的刺刀比我们的长，他们的刺刀在根部还有枚倒钩。再就是总在射击，总在爆炸。死掉的动物恶臭刺鼻，令你无法呼吸或者呕吐不止。蛆虫则爬满了这些腐烂的尸体。我很显然是处在一种迷狂的状态，因为没有什么能让我感到过于不适。当我们在纳普迦被日军包围的时候，我们已经经历过四到五场大的战斗以及至少三十次伏击战。我早已经像一具行尸走肉了。唯一让我——我们所有人——坚持下去的原因，是日本人想要杀死我们。他们肯定会把我们通通杀掉。我们就这么死守在山顶上，所能做的只有继续坚持下去。”

经过一周之后，弹药已经所剩无几。“掠夺者”们再度成功地通过无线电与利多总部取得了联系——并且，正如他们此前要求获得饮水一样，这次新的请求也很快得到了答复。武器弹药的协助将很快送往前线，根据电报的内容，第一批通过降落伞投放的武器将是满满一飞机非常有用的手榴弹。不幸的是，当运输机引擎的嗡嗡声越来越近，成箱的弹药被从飞机的舱门推向半空的时候，吊在降落伞下的武器在风中飘零不定，落向纳普迦周围广阔的区域，最终许多都掉进山头附近的丛林里。没过几个小时，日军开始用美制手榴弹朝向“掠夺者”战士们的头上掷去。

在另一批空投物资中，利多的厨师们听说“掠夺者”们靠咖啡和香烟已经支持了整整八天之后，将整架运输机中装满了炸鸡。当飞机飞过纳普迦上空的时候，一箱箱味道香甜的炸鸡挂在雪白的降落伞下，飘向了绿草丛生的泥地上。“掠夺者”在阵地中心的空地上清理出一片就餐区，在工事四周安排下一批精要的哨兵之后，人人都在炸鸡的诱惑下暂时忘掉了他们的职责所在。“就在 300 码之外，战斗仍激烈地进行着，”弗莱德 · 里昂斯说，“一群征尘满面的美国大兵却你争我抢地挤在队伍前面，拿一块鸡胸或鸡腿，这真是一幅奇怪的场景。”虽然已经精疲力竭，四周又满是杀气腾腾的日本进攻部队，美国战士们依然努力守在他们的阵地上。

在纳普迦的“掠夺者”们能够拥有的所有武器和资源当中，没有什么，也没有谁，比第二营的日裔美军翻译罗伊 · 仓木中士更为宝贵。作为一个日裔美国人的儿子——他的祖父大约在 1900 年从日本广岛移民到加利福尼亚州——仓木在战争爆发以前是加州长滩一家杂货店的送货员。然而在 1941 年，当他 28 岁的时候，他的银行账户被冻结，他本人也被逮捕，并被遣送到位于阿肯色州杰洛米镇的日本人拘留营中（在那里他被认定为“敌国侨民”遭到囚禁）。“战争刚刚开始的时候，”仓木说，“我们都被隔离开来，并被送往设在洛杉矶桑塔 · 安尼塔体育场的临时集中营里。然后，他们将我们和所有洛杉矶地区的日裔人士统统送到了阿肯色州。”但是，1942 年秋天，一名负责征兵的军官来到拘留营，希望日裔美国人能够为美军的作战出力。于是仓木便应征入伍了。

“我们来到明尼苏达州的萨维齐训练营，”他回忆道，“参加军事语言学校的培训。随后又转往密西西比州的谢尔比训练营，进行基础训练。在基本培训结束，返回萨维齐营之后，我作为十四人翻译组的成员之一，动身前往缅甸。我们用了四十五天的时间才抵达印度孟买，接着又乘船来到温盖特的亲迪丛林野战学校。”自从进入中缅印战区作战以来，仓木——一个仅仅在两年前还被怀疑为“敌国间谍”并关入监狱的人——曾多次以实际行动证明了他的爱国之心。

如今，在纳普迦，仓木趁着夜色从一个散兵坑钻进另一个散兵坑，然后又匍匐前进到灌木丛中，偷听那些已经十分靠近美军阵地的日军士兵之间的对话。一天夜里，仓木决定爬下山坡，冒着极大的风险靠近一个日军的散兵坑，在那里，两名日本军人正在交谈。

“当时天色漆黑，他们根本看不见我。”他回忆道，“我爬到距他们大约十五码远的地方，开始听他们说话。他们正说到兴头上。和所有第十八师团的士兵一样，他们都来自九州岛。当我还在加州送菜的时候，曾经学过九州方言，因为在我送货的路线上有几个人就是从九州移民来的。他们谈话的内容和我们所谈的完全一样——当战争结束之后他们打算做些什么。他们说自己多么思念远在故乡的妻子，以及当他们回家之后将要饲养什么品种的小鸡……我离得如此之近，甚至能够看到他们眼中星光的闪亮。当时的夜色如此之暗，他们的眼睛是我能看见的极少几样东西之一。那个整夜真是奇怪之极，似乎总是在不断地延续又延续。你知道吗？甚至到今天，我还没有办法告诉你我伏在地上，究竟倾听了多长的时间。”

在黑暗中静卧了许久之后，一名日本军官爬进了士兵的散兵坑。他通知这两名士兵说，当太阳升起的时候，将会对美国人发动一次正面强攻。日军将会对“掠夺者”阵地的薄弱环节——一座两侧被相对平缓的斜坡包围的陡崖——全力打击。如果日军沿缓坡发起进攻，“掠夺者”部队将无法守住他们突出于地面的防御阵地。“他们抓住我们的要害了，”仓木说，“他们掌握了情况并且已经知道如何去做。天一亮他们就将占领那座阵地。哦，天哪，他们准备好动手了。”

当日本指挥官离开那两名士兵的散兵坑之后，仓木也从那个散兵坑边上缓慢地离去。在后撤至一段安全的距离以后，他站起身，跑去通知负责防守阵地薄弱地带的某排中尉爱德华·麦克罗根。麦克罗根撤出他的士兵，将散兵坑设成陷阱，又悄无声息地在他们原来的阵地上方挖出一道伪装墙，将所有的自动武器都隐蔽在墙后。

拂晓时分，伴随着“万岁”和“去死吧，乔！去死吧”的呐喊，日军在手榴弹炸出的烟幕掩护下开始进攻。大约有 45 名日本士兵从树林中冲出——他们的咔叽布军服和绑腿都泥浊一片——他们投掷出更多的手榴弹，用刺刀捅入空无一人的散兵坑，还向山坡上狂乱地开枪射击。当他们距离隐蔽的美军士兵不到十五码的时候，“掠夺者”的六十支自动武器突然一齐开火，整排的日本兵倒地身亡。当第二批日军冲出树林时，他们对无人的散兵坑和成堆的日军尸体感到困惑不解，便迅速卧倒在地面上。于是仓木开始用日语高声喊叫：“准备前进！前进！冲锋！冲锋！冲啊！”

第二批日本士兵站起身来，彼此面面相觑，但开始向山坡上奔跑，直接冲进美国人的机枪和伯朗宁自动来复枪射出的弹雨之中。当包围行动终止之后，共有 54 名日军被击毙，其中还包括两名军官。仓木补充说：“至于被我们打伤的人数究竟有多少，根本难以统计。”因为他的卓越贡献，罗伊·仓木，这位前“敌方侨民”，最终被授予美国“功勋勋章”。

在纳普迦度过整整一周之后，这些日日夜夜所流淌出来、还没有凝结的鲜血慢慢汇积成滩。与太平洋战场上的每一场跳岛战役一样杀戮惨烈——唯一的区别在于美国人与日本人的角色刚好对调——当日军无情地向前越推越近时，“掠夺者”们依然防守着他们的阵地。支持“掠夺者”顽强不垮的所有信念，就是希望电台传来的消息属实：他们将很快获得第三营的增援。“掠夺者”马上也面临着他们指挥官的调换，在纳普迦围困战的早期，梅里尔将军的心脏健康情况因为一个半月在丛林中的风餐露宿而日趋恶化，已经虚弱得难以支持，史迪威不得不命令他撤回印度。在近期，梅里尔的“掠夺者”部队将由亨特上校指挥。

终于，在 4 月 4 日下午——经过看似漫漫无期的等待之后——第三营从汉兴洋村顺着山谷向下推进，用他们新近补充的迫击炮和野炮炮弹暴风骤雨般的发射，宣告了他们抵达围困现场，这些威力巨大的炮弹从后方给日军的围攻部队造成了重创。由于知道日军通常会在炮火压力下撤回阵地，亨特让第三营的战士们尽可能迅速地匍匐前进，穿过丛林地带，然后命令所有的迫击炮和榴弹炮将炮弹倾落到日军的包围圈阵地上。当日本人向阵地后退时，亨特停止炮火射击，派遣他的战士们奔跑过去夺取日军的战壕和散兵坑。这一战术十分奏效，第三营的美军士兵向纳普迦的山顶又靠拢了 200 码。

虽然第三营迅速趋近纳普迦，但 4 月 4 日依然算不上一个良辰吉日。在纳普迦山顶上，只有七十头骡子还苟延残喘，最后几袋血浆被用在了伤员身上，而在清晨，日军用榴弹夺取了一个重机枪阵地。电台传回的消息报道，第一营正沿着胡康河谷急行军，即将进入孟拱河谷对纳普迦的日军实行反包围和驱逐战——但他们毕竟还有数日的里程。在山坡之上，情形依然没有改变，衣衫褴褛的美军士兵还在苦苦支撑。在一棵大树的高枝上，一具“掠夺者”战士的尸体悬挂在半空中，像一个令人毛骨悚然的木偶：当一架美军 P–51 俯冲式轰炸机向日军投下一枚 500 磅重的炸弹时，他不幸离得过于接近，爆炸的气浪将他抛进了树枝当中。阵地上的每个人都病弱不堪，饥渴难熬，面容不整，筋疲力尽。因为他们喝大象打滚的泥塘和象足印中的污水解渴，几乎所有的“掠夺者”士兵都染上痢疾，许多人将他们裤子的裆部剪掉，这样当他们腹泻的时候就听其自然了。

这种黑暗万花筒式的日日夜夜仍在继续：爆炸、烂泥、射击、伤病、疟疾高烧、更猛烈的爆炸、火热的骄阳、冰冷的雨水以及总有敌军士兵匍匐着向他们靠拢。到 4 月 7 日的时候，第三营致电纳普迦村的“掠夺者”：他们距山头已经不足 500 码，但这当中的间隔地带却完全被日军所控制，日本人用无休无止的迫击炮和来复枪火力苦苦地防卫着他们的阵地。

当天黄昏时分——经过七天的艰苦行军——第一营增援部队沿着自汉兴洋村逶迤而下的小径，排成长长的队列出现在西北方向的视野之内。夜幕降临时，增援部队开始围绕日军和纳普迦分散开来。当盟军的生力军对纳普迦弹坑累累的山头展开反包围的时候，日军意识到他们将被迫在前后两个方向和数量上已势均力敌的美军同时作战，便拔营溜进了丛林里。

1944 年 4 月 9 日是复活节。当晨曦划亮天际的时候，在纳普迦战斗的日军被迫屈服，撤退中的日本部队只是以小股骚扰的形式进行抵抗。在从汉兴洋向山头推进期间，第三营与第一营都遭到了狙击手零星的射击，但根据查尔顿·奥格邦的记述，他们沿途所见最多的，还是“尸横遍地的日本佬”。长达十三天的围困终于告终，当亨特和他的部下扩展他们的阵地范围的同时，也开始清点敌我双方的损失。防卫纳普迦的战斗共牺牲了 59 名“掠夺者”士兵，伤员人数为 314 名。但是在纳普迦的山坡上，负责清理战场的小分队在丛林内外一共发现了 400 多具日军的尸体。

亨特上校致电利多总部：他需要立即空投 500 磅漂白粉，用以洒在腐烂的士兵尸体身上并减弱空气中冲天的恶臭。他还命令手下的士兵们用火焰喷射器焚烧死骡，以消灭到处蠕动的蛆虫。在腐肉和毛发被焚烧的气味里，举行了阵亡将士的葬礼。每一位牺牲的美军士兵都被埋葬在纳普迦的中心，他们生前的军牌缠绕在竹子制成的墓碑十字架上。在葬礼进行中，亨特向总司令部再度致电，要求空投新军服、饮水以及尽可能多的军粮供给。此外，血浆和痢疾药品也在他的需求清单之列。

没过多久，成箱的补给物资悬挂在降落伞下从天而降。战士们暴饮暴食，洁身沐浴。偶尔还有个把日军的狙击手或侦察班试图靠拢“掠夺者”的阵地，但梅里尔和亨特手下的将士们已经非常习惯于这样的骚扰，他们挥一挥手，就把敌人像蚊蝇般地消灭掉了。美国军人依然被痢疾、疟疾以及“纳迦伤疤”带来的伤痛所困扰，但感谢充足的粮食和战斗的胜利，他们觉得这场任务已大功告成。还是在印度的时候，温盖特的“亲迪”军指挥官曾告诉他们，他们在战场上的时间最多不会超过 90 天。当“掠夺者”屈指计算他们已经度过的战场日日夜夜，意识到距那个明媚的数字已时日无多。“掠夺者”确信——他们就要回家了。

在纳普迦附近休整数日之后，一个可怕的传言开始在“掠夺者”的营房四处蔓延。这个消息令人不堪设想，而且没有人愿意相信它可能是真实的——“掠夺者”将被送往攻打密支那的战场上。

三个营的“掠夺者”战士全都已心力交瘁。他们已经勇敢而出色地完成了战斗任务，在地球上最艰苦的丛林里击败了日本军队，他们九十天的战斗时限也已将近尾声。并且无论如何，他们现在都太偏靠南方，如果要进攻密支那，就必须在间布山和功文山之间原路返回 20 英里，然后再向东攀爬几乎是直角的功文山顶峰。

当一些高级军官从利多飞抵他们的宿营地，检查“掠夺者”们的身体状况时，第 5307 混合支队的气氛开始充斥着浓重的火药味。接着，士兵们又听说亨特上校早已派遣出一支先锋部队，去打探功文山区的秘密小道。他们还得知梅里尔将军也将尽快归队，并将指挥一支由现存的1500名“掠夺者”战士、两个中国团以及300多名克钦游击队员混编而成的特别部队。“掠夺者”的第三项任务已经呼之欲出了。

有关三号任务的情报逐渐被泄漏出来，它被命名为“迂回战术”行动，根据史迪威的设想，它将是消灭缅北日军的致命一击。由于史迪威麾下的X部队持续南进，将田中将军的日军第十八师团主力军队驱逐出胡康和孟拱河谷，该师团必须全力对付中国军队的进剿，根本无力增援密支那。甚至，如果X部队攻击的力度足够强大，日军或许还将从密支那抽调出几个营的人马，协助甘马因的日本守军，进行防御胡康和孟拱谷地最后一个日军据点的主要战斗。趁着日军在甘马因被我方牵制的时机，“掠夺者”和其他作战部队将从西北方向横扫直下，攻打密支那的日本守军——先夺取城郊西北部飞机场上关键性的日军补给站，再一鼓作气夺下密支那。

一旦密支那被盟军占领，根据史迪威的判断，日军别无选择，只有全面撤退。当日本军队被驱逐之后，该行动已经被推迟了许久的最初目标：利多公路–滇缅公路的重新开通，就会在筑路工兵跟进之后全面启动。

无论愿意与否，“掠夺者”们意识到，他们的下一站只能是密支那。

在“掠夺者”部队中，官兵的士气都已空前低落。尽管伙食大有改善，但他们仍然虚弱、病痛，并且疲劳得濒临崩溃。由于战斗与丛林疾患，他们的人数只剩下原来的一半，而任何一支军队所渴求的活力源泉——绶带、勋章以及在战场上的火线提升——全然还只是遥遥无期。

查尔顿·奥格邦回忆道，对“掠夺者”们来说，即便在他们面前提到史迪威的名字，都好像是“向公牛挥舞着大红旗”。“掠夺者”的确是精疲力竭了，加上史迪威并没有因为他们的战斗精神而表现出嘉许的意思——他从新平洋之后甚至再也没有接见过他们——“掠夺者”觉得史迪威更关心中国的X部队，而不是他的美国同胞。当亨特上校向司令部建议为他的军官们授予橡叶勋章，以表彰他们的突出贡献时，史迪威却告诫亨特他的部下应该“花更多的时间在战斗上，用更少的时间去考虑提升的问题”，这让“掠夺者”更加深了先前的印象。（史迪威应对的是一个难以驾驭的联军指挥部，任何一点偏袒的表示都会造成它的分崩离析。实际上，史迪威对“掠夺者”深感骄傲，但他更关注的是缅北战役的全面进程。）

4月28日，经过将近三周的休整之后，“掠夺者”部队与新增援的中国人和克钦人部队一道，沿着翻越功文山主峰的一条许久无人通行的小径，向他们的目标出发。按照奥格邦的描述，如今占据了5307支队那早已无影无踪的士气缺隙的，是一种“我不入地狱谁入地狱”的无谓精神。虽然克钦向导警告说如此庞大的一支部队不可能沿着山脊，翻越海拔6100英尺的瑙拉·克亚特峰，但他们还是径直向前。许多时候他们都不得不靠双手和膝盖爬上陡立的山崖。罗伊·仓木回忆说：“真是难以置信，有时候你得吊挂在山边上，双手抓住一条树根或灌木，那是你不至于滚落山崖的唯一保证。我们曾笔直地向上攀援，就好像登山家一样，但我们还背负着许多的重物，并且，直说吧，我们都已经虚脱了。但是不管怎样，我们还是不停地前进着。”

为了让那些劳累过度的骡子也能跟上队伍，还需要在小径上开挖出更多的梯级，但骡子仍然不停地滑倒，坠崖，有时扭断了它们的脖子。每当一匹骡子死去，队伍就必须停下脚步，重新分装死骡背上的行李，那些难以被重新打捆的物品便不得不被丢弃了。在短短一天之内，第三营就损失了20匹骡子，被迫将超过4000磅重的装备留在丛林里。当队伍前进的时候，纪律已经约略为零。士兵们经常比预定时间晚数个钟头才晃进宿营地，他们也不把水烧开杀菌——或者将净水药片置入水壶中的河水里——一些“掠夺者”士兵只是将净水药片丢进口中，再用没经过处理的水将它一道吞进肚里。

两天之后，也就是 5 月 1 日，先是几场零星小雨之后，天空开始不停地落下雨水来，功文山上陡直的泥泞小路变得像抹了油脂一样湿滑。“我们几乎再也没有干爽过。”奥格邦谈到那次行军时说，“一旦雨停太阳升起之后，山上便开始水汽蒸腾，酷热与潮湿混合在一起令人窒息……对那些因为伤病而身体虚弱的人来说，这实在是太难忍受了。出征以来头一次，开始有人在小路旁突然倒地身亡，而我们必须从他们身边跨过去。”

整整六天的时间，“掠夺者”几乎音讯全无。尽管史迪威对他的美国部队之卓越顽强坚信不移，如今也感到焦虑不安。“沮丧的日子，指挥官的忧惧，”他在 1944 年 5 月 1 日的日记中写道，“我将他们派往密支那，天降大雨，这边（指 X 部队）也遭到了抵抗。为什么我不让他们到我们的前线来呢？这之间的差距太大了吗？他们会遭遇日本增援部队的阻击吗？这是否意味着我们将在两条战线上遭到失败，而不只是在一线失利？我能把他们解救出来吗？日本人会被吸引到孟拱来还是……继续留守密支那？等等，等等，我无能为力。骰子已经掷出，成败听天由命。但是精神上的折磨却令人痛苦万分。”

第十三章

在第二次世界大战混乱而错综复杂的主要战场上，1944年春季都是孕育着改变的时节。在苏联，敖德萨和沙巴斯特堡都被斯大林的红军从撤退的德国陆军手中夺了回来，与此同时，在英格兰南部，盟军正在为席卷德军防卫的诺曼底海滩的“霸王行动”进行准备（这将是一场注定以鲜血蚀刻出它的历史声名的正面进攻）。

在太平洋地区，从美国航空母舰上发动的海上空袭持续不断地轰炸那些被日军占据的孤岛，将特鲁克、所罗门群岛以及——在更大的范围内——新圭亚那逐一摧毁，但是在太平洋上越岛作战直取东京的战役却依然进展缓慢。在缅甸，史迪威麾下的中国X部队还需彻底扫荡胡康和孟拱河谷，梅里尔的“掠夺者”部队的美军士兵仍旧颠簸穿行于缅北群山峻岭的丛林中，眼前还没有明确的尽头。与“掠夺者”相仿，对于沃德·温盖特在缅甸作战的“亲迪部队”而言，1944年春季同样充满苦难。自从3月初期在“百老汇”空降之后，“亲迪部队”迅速修筑他们的前沿基地，随后便开始派遣纵队四处出击。迈克·卡尔沃特的部队，番号为第77步兵旅，是头一支出发的队伍。在进行了数天准备以后，他们徒步朝东南方向，进入在孟拱东南方向阴湿寒冷、黑暗幽闭的考柯维河谷的原始丛林。他们的任务十分直截了当：与第一次“亲迪部队”突袭时的手段一样，卡尔沃特的部队将在曼德勒至密支那铁路沿线炸毁铁轨和桥梁，破坏日军的补给和通讯线路。

甚至在他们刚出发不久，卡尔沃特的第77步兵旅便遭遇了日军的抵抗，尤其是在距“百老汇”西南不足30英里处一座树木被伐净、顶部盖有镏金佛塔的小山包上。在小山附近的丛林深处举行了一场筹备会议之后，“亲迪部队”冲出茂密的原始森林，向日军发动了一场突然袭击。按照卡尔沃特的描述，当日军“进入情况之后”，立刻插上他们的刺刀发动反攻。“在小山的坡顶上，大约50码见方的一块地面上，一场惊心动魄的混战骤然爆发。每一个人都在开枪射击、用刺刀搏杀，或者厮打另一个人，似乎更像是军官在举行狂欢之夜。”

在同一个夜晚的不久之后，卡尔沃特的部下开始炸毁铁轨路段，而他本人待在新占领的佛塔小山附近，决定建立另一处“亲迪部队”的营地。这座新的要塞，八百码宽，一千码长，对他的机动部队十分适合。那里不但有充足的水源，还有一片宽广的平地，卡尔沃特可以在其中修造好几条飞机跑道。在营地的中央地带，有数座矮小、树木葱郁的小丘，每一座都有30至50英尺高，能够为部队提供掩护。当运输机开始将食物和武器空降到这座新营的时候，卡尔沃特的士兵们将他们的最新堡垒命名为“白城”，因为苍白的降落伞布很快便覆盖在周围的树杈上，“亲迪”战士们将它们捡回来，当作躲避火辣辣的热带日头的遮阳棚。

就在卡尔沃特忙于构筑“白城”的同时，第二支作战部队，由伯纳德·弗古森旅长——上一年“亲迪部队”首次突袭时成名的另一位英雄——指挥的英军第16步兵旅已经推进到东南方向更远的位置，开始骚扰铁路城镇印多及其外围村落台克金的日本守军。按照温盖特和斯利姆的计划，攻打印多和台克金是至关重要的战术行动，因为日军利用这两座村镇——加上印多的火车站和两条新修的飞机跑道——作为他们进攻印度的部队集结地。借助于一些曾经漂流入朝云溪的“亲迪部队”士兵以及一支此前曾从利多向南一直穿越丛林地带的小分队，弗古森于 3 月 26 日开始发动攻势，先是阻塞了西出印多城直通印度的主要道路。在该镇以西几英里之外，“亲迪”军的战士们分散开来，沿着一段一千多英尺长的植被茂密的路段北侧挖掘散兵坑。在道路的另一侧，他们在更长的距离之内，将大量手榴弹的拉弦固定在地面上，意在消灭或杀伤那些遭他们伏击之后试图逃跑的日本士兵。随后，在这条上千英尺长的路障两端，弗古森还各安排了至少一套火焰喷射器，准备用来让第一辆和最后一辆日本运兵卡车燃起大火。

至凌晨 2:30 分，负责监视印多的哨兵传来消息：有三十多辆重型运兵车正朝“亲迪部队”设好的罗网中驶来。当所有的车辆先后进入包围圈之后，几部火焰喷射器骤然吐出凶猛的火舌，穿过道路，将数辆汽车陷于火海之中。“亲迪部队”的战士们用机关枪向日军车辆猛烈开火，大约六百名昏昏欲睡的日本士兵——猝然被攻击所惊醒——纷纷从汽车的后部一跃而下，并且正如事先所预料的那样，跑向道路的另外一侧。在那里，他们触碰到手榴弹，引发剧烈的爆炸。在隆隆的爆炸声与“亲迪部队”轻武器划破空气的射击声中，日军开始在他们的车辆下方寻找隐蔽。于是“亲迪部队”向他们投掷手榴弹，继续消灭其有生力量。几乎没有几名日本士兵从包围圈中成功地逃跑。到黎明时分，当“亲迪部队”清点战果的时候，他们发现数百具日军的尸体横倒在公路上，令他们同样惊喜的是，他们还摧毁了一辆装满钞票的薪金发送车。而“亲迪部队”本身却无一伤亡。数小时之后，当一批日军的增援部队从印多城中赶来实施反击的时候，“亲迪部队”在全部撤入北部丛林山区之前，弗古森的部下有六名战士阵亡。

在印多城以北，清晨的来临也带来了更多的战斗。弗古森派遣了几支有过跋涉经验的“亲迪部队”小队，沿着印多北方一条十五英里长的小路向台克金村进发，探察可作大型营区的地盘。在沿途行进了数小时之后，“亲迪部队”忽然在远处看见了台克金村的房屋。正如“亲迪”信号兵菲利普·夏普所回忆的：

“在我们朝台克金行进的路上，就弥漫着一种不祥之兆。当这种紧张的气氛日益浓重时，我们都静默无声，唯一的声音来自骡蹄敲击在坚硬路面上发出的轻响以及周围令人神经紧张的古怪杂音。路边的灌木丛逐渐变得稀疏，太阳变得难以忍受地炽热，我们的衬衣都被汗水浸透……大约两个小时之后，我们在一片开阔稻田边缘的灌木丛中停下身来，在稻田的另一侧，我们看见了台克金村的茅舍。几乎在同一时间，零星的子弹从村中射向我们的左翼，几分钟之后，就开始枪炮大作，夹杂着日军机关枪连发射击时不停顿的哒哒声。子弹从我们的头顶上方冰雹似地呼啸而至，有时打在树干上又反弹回来。一发迫击炮弹在我们的两匹驮运电台的骡子之间爆炸，其中一匹被炸得粉身碎骨，鲜血四溅，弄脏了我们全身的衣服。无线电发报机也成了一堆报废的金属。紧接着，两辆黄色的卡车在离我们50码开外的地方停下来，卷起了一阵黄色的尘雾。奇怪的是日本兵并没有发现我们这支队伍，因为我们并没有躲在丛林深处。他们冲进了我们后方的灌木丛，大概是要包围其余的美军战士。我清楚地记得有些人端着机枪，所有人都穿着白汗衫，丛林绿色的军裤以及软底的训练鞋。他们都是些身材高大的家伙，和我们原来设想的日本人毫无相同之处。”

这场战斗也和他们先前所预料的截然不同。在此后的几天之内，驻守台克金的日本军队——以及从印多城赶来增援的更多士兵——一直试图包围“亲迪部队”，但“亲迪”战士们向东溜进了更为茂密的丛林里，重新集结之后，再度进攻日本人。不过弗古森的“亲迪”部队没能最终取胜，并且每一小时都有新的伤亡发生。经过两天没有停歇的激烈战斗之后，弗古森命令他的部下穿过丛林，向北方撤退。他们将在“白城”西北方向，建立一个新的据点，并将其命名为“阿伯丁”。

当骚扰印多和台克金的行动成功地告一段落的时候，“亲迪部队”在丛林中已经生活了三个星期。疟疾、寄生虫疾病以及丛林热开始肆虐。更严重的是，3 月 24 日，“亲迪部队”遭到了建军以来最为沉重的士气重创——温盖特死了。在他结束一次旨在鼓舞士气的“百老汇”营地视察之后，温盖特搭乘的米切尔 B–52 轰炸机在英帕尔以西的纳迦山区忽然坠落，机上所有人都不幸遇难。这次空难非常惨烈，现场只发现了温盖特破碎的遮阳帽，还有几封幸存下来的家信。温盖特的遗骸被烧得难以辨识。

在“白城”，卡尔沃特大惊失色。“如今他去世了，”卡尔沃特回忆那一时刻时说，“我们无法从震惊中复苏过来。这就好像当一架飞机平稳飞行的时候，领航员走进来说‘驾驶员因为心脏病发作猝死，机上既没有副驾驶员，我们其他人也都不知道该怎么做。’”

“亲迪部队”群龙无首。为了填补温盖特的空缺，斯利姆将军越过卡尔沃特，任命乔伊·兰泰根少将——温盖特手下的另一名部队指挥官——接管“亲迪部队”的指挥权。因为斯利姆认为“疯狂迈克”实在是太好斗并且性情古怪，与已故的温盖特过于相似。然而，不论谁被选来执掌“亲迪部队”，新任指挥官永远将站在温盖特的阴影里。没有了温盖特本人，“亲迪部队”还是“亲迪部队”吗？兰泰根能否胜任其职？抑或将在困惑失据中走向灾难性的结局？

只有一种办法能够知道答案，并且揭晓的时刻也已经来到。他们必须继续前进。

1944 年 4 月来临的时候，“亲迪部队”继续向北方挺进，在到处都是敌人的丛林中迂回前行，奋战不已。除了扰乱日军计划之外，他们的目标是沿着甘马因路与史迪威的 X 部队会合。然而无论“亲迪部队”向哪个方向运动，等待他们的都是血腥的战斗。不论“亲迪”军的先锋部队何时出征，都会遭到日军的伏击。当日本军队开始包围“白城”的时候，印度总司令部命令他们从该地区撤退，防守北部四十英里以外丛林中的另一处滑翔机起降点。这一新营地代号为“黑湖”，从战略角度而言位置颇佳。它位于一条狭窄山谷的底部，曼德勒至密支那的铁路线和从曼德勒通往缅甸北部地区的主要公路都途经“黑湖”的边缘地带。如果他们能够占领并守住这一营地，日军从南部而来的物资和军队流动就将被全部切断。

但是当“亲迪部队”转移阵地的时候，日本军队以及先期而至的缅甸雨季却拒不配合。在瓢泼大雨中，“亲迪部队”的战士们迅速地修筑起“黑湖”营地的战壕与周界，切断了以曼德勒为起点的公路干线和铁路线。但就在“亲迪部队”封锁了这条山谷之后，日军的攻击和恶劣的天气妨碍了他们进一步加固“黑湖”工事或扩大攻击行动的每一次努力。当“亲迪部队”在一片稻田上修造出一条飞机跑道时，日本部队则拖来防空机枪，击落了任何一架试图在这片基地上升空或降落的飞机。当兰泰根将军要求的野炮被分装在骡背上驮运过来，准备加强“黑湖”的防御时，骡子们却无法沿着海拔 3000 英尺高的泥滑小径进入这道山谷。

丛林仍在继续摧残着“亲迪部队”战士们的身体。疟疾和痢疾磨耗着他们的精力，疟疾的并发症——黄疸病也开始乘虚而入。“我的眼白变成了棕色，后来更发展成浓茶一般的深褐色。”“亲迪部队”第一营的杰弗里·斯崔特中尉回忆道，“我试图吃东西，但我吃进嘴里的每一种食品都令自己翻胃。在两个星期里，我唯一能吃下肚的东西是早餐时配发的水果夹心糖。”

与曾防御纳普迦的“掠夺者”部队相仿，“亲迪部队”也是作为一支进攻型部队被安置在一处防御阵地上。当构建“黑湖”营地的工作仍在继续时，日军的先头部队开始迅速逼近这座阵地的边界。每一天的到来都将更猛烈的日军炮火倾泻在“亲迪部队”的阵地上。接着，在 5 月 9 日，经过数周的精心准备之后，日军对“黑湖”发动了一场规模巨大的炮击行动，有效地摧毁了“亲迪部队”不多的几处炮兵阵地，并且造成相当数量的人员伤亡。数支

“亲迪部队”——其中包括兰泰根手下的第26纵队损伤惨重。

在雷鸣般的炮火中，日本飞机开始在“黑湖”营地的内部上空，利用多种“树裂”战法轰炸“亲迪部队”阵地。除了用81毫米迫击炮炸断“亲迪部队”营舍上方的树木之外，日军飞机还低飞至“亲迪部队”头顶，投下一串串的“降落伞弹”，缓慢地落到地上，当这些炸弹精心设置的雷管触碰到树顶或者泥泞的地面时，便会引发剧烈的爆炸。

对“黑湖”的围困战到5月23日达到高潮。经过一天的狂轰滥炸之后，日军在日落时分杀入阵地的东部边界，攻占了一处炮兵阵地和一座防空炮台。整个夜晚，日军的增援部队源源不断地涌进缺口，在轻武器连绵的射击声中，炮弹也从豁口的两侧络绎不绝地落在“亲迪部队”的阵地上。到拂晓时分，一支较预期更为庞大的日军部队已经控制了该地带的形势，正向“黑湖”阵地的纵深推进。当“亲迪部队”的外围部队开始报告，有更多的日本军队正集结于“黑湖”外的数条山梁上时，“亲迪部队”战地指挥部下令全军开始战术性撤退。

但是如果“亲迪部队”立即撤出“黑湖”周边的山头阵地，尚在谷底平坦地带的“黑湖”阵地坚守的部队，势将遭受更猛烈的冲击，而且难以找到一条突围的路线。一位“亲迪部队”的高级军医官戴思蒙·惠特医生，后来回忆起当夜的最后一场反攻曾经何等惨烈:“在六十分钟的时间里，三百多发炮弹在我们的防御阵地内部爆炸，夺去了许多人和牲畜的生命。我们把自己从泥土中挖出来，力所能及地抢救伤员。忽然发现丛林里的鸟儿在震耳欲聋的爆炸声过后，竟然婉转地唱起歌来，那真是一种非常奇怪的反差……我们最主要的急救站里挤满了痛苦无助的伤员，有些人伤势非常严重，但根本无法处理得过来。镇痛吗啡的发明者是我们不得不祝福的人。”

5月24日的日出被季风雨完全遮掩了。大雨自云层中瓢泼而下，条条闪电撕裂着天际。爆裂的雷鸣与猛烈的炮火声交织在一起，另一道从黑湖撤退的命令向“亲迪部队”下达。在日军的重重包围之下，惠特医生、他的医疗队以及所有尚能行动的伤员，奉命以任何一种可行的方式从山谷的北部向外突围。没过多久——十九名伤员躺在担架上，另有三十名阵亡者只能被留置于曾充当“黑湖”急救所和停尸房的战壕里——一支由担架队、军医和坚持行走的伤病员组成的队伍开始沿着一条山脊，向“黑湖”的北部行进。

“我们将剩余的伤员随军转移，互相搀扶着，向泥泞的山丘上攀登。”惠特回忆道，“飞来的炮弹将人和动物撕得粉碎，日军的狙击手占据了唯一一条通路两旁的地势向我们射击。当我们跌撞摔滑地朝山上走时，那些眼睛被炸瞎的战士们被用布条捆成一列，防止他们跌落山下。一粒子弹击中了我身旁的一棵树，令我的耳朵产生轰鸣。倾盆大雨浇泼在山地上，当又一粒子弹打透我的急救箱时，我被震得不禁转了半圈，身后伤员的队列也被打乱了。我们爬上第一条山脊，并且努力翻过了山坡头，随后便等待敌军在所难免的又一轮攻击。但日军却没有紧追不舍，彻底消灭我们的残部，这其中的原因至今不得其解。”

尽管损兵折将，伤病严重，并且丢失了“黑湖”营地，“亲迪”军仍继续北征，向史迪威和孙立人指挥的X部队靠拢。但由于他们携带着伤员，加之雨季泥泞的地面状况，其北进的速度缓慢得令人懊恼。对于当下的“亲迪部队”而言，疗伤救人已取代了行军挺进的优先地位，他们挣扎在敌军的战线后方，而且越来越孤立无援。

1944年5月，约瑟夫·史迪威举目四望，一片狼藉。“掠夺者”部队，目前应该行进在攻打密支那战役的中途，却消失于功文山区，多日音讯全无。他的X部队在甘马因以北地区止步不前，虽然他多次命令孙立人将军及其军队向日军的据点发动进攻，但中国军队却不愿在兵力充足的情况下逼迫日军从甘马因撤退。而“亲迪部队”已经蒙受了沉重的伤亡打击，无法再从后方起到牵制敌军的作用。

在军事行动的战役层面上，史迪威的生活也不再平安无事。无线电台总是传出设在锡兰的蒙巴顿司令部或者蒋介石重庆司令部召他前往与会的指令，这些传票都被史迪威转手给他信任并且能干的二把手丹·苏丹，代替他出席会议。史迪威早已打定主意，在密支那战役结束之前，他决不离开前线指挥部。他面容憔悴、苍白，在许多天里他都心力交瘁到只能在日记中写下“病痛”一词。当他觉得自己有体力视察X部队的前线指挥所时，每一次努力都令他更加虚弱。“爬至山上的指挥所，精疲力竭……没有风，腿也不属于自己……当我蹒跚而入的时候活像一个老头子。”他在自己5月8日的日记中写道。他的睡眠也比以前每晚四到五个小时更短，现在，每当他熟睡的时候，便会梦见自己疯狂地潜到水下去寻找自己被淹死的孩子们。一到白天，他因为持续不断的胃部痉挛和小腹剧痛而遭受折磨，唯一能够支撑他站直身体，继续潜行的东西，他在日记中提到，是他的使命，这一使命是他所指挥的士兵们能够理解，而远在华盛顿、伦敦和重庆的官僚们永远也无法明了的。

中缅印战区的新闻报纸《综述》报，有一次发表了一篇有关该战区迄今为止种种军事行动的分析文章。这篇文章在结尾时评价其领导人:“有朝一日，当这场战争只剩一场丑恶的旧忆，有关史迪威在亚洲全部经历的描述应该是:一部关于一位毫不矫饰的男子汉手持宝剑，在恶龙的巢穴里，与它们所象征的种种艰难逆境奋勇作战的史诗故事。”

据说这番评论是整个缅北战役期间，令史迪威破颜微笑的绝少几条消息之一。

对“掠夺者”部队而言，不论X部队和“亲迪部队”遭遇了何种险阻，他们的使命都是摸索着向前跋涉。在4月28日和30日两天，当梅里尔将军在诺布建立了一座大本营之后，“掠夺者”第三营和第一营先后出发，到5月

7 日，仍在救治伤员的第二营也尾随其后，开始行动。5 月 3 日，“掠夺者”第一营在瑙拉·克亚特峰登顶，发现山的另一侧坡脊不但更为陡峭，而且生长着比他们已经经过的地区更为浓密的原始丛林。他们唯一的宽慰是这片丛林地带如此偏远而且渺无人烟，不会再有日军和他们交火。对日裔美军战士罗伊·仓木来说，“那真是一场无比漫长、炎热而又缓慢的行军。不但酷热而且湿闷。有些时候，我们不得不用双手和膝盖爬行，抓住树根让自己努力向上；有时，在下坡的时候，我们连滚带摔，活像直接跳下悬崖。”

在 5 月 5 日，第三营首先抵达了在密支那北部 15 英里处的克钦小村日朋郊外，该村驻扎着约 150 名日本士兵。当第三营的战士们连同新增援的中国军第 88 团向前进攻的时候，“掠夺者”们对中国军队发起冲锋前吹响军号的行为十分惊讶，也颇有几分着迷。中国军队作战十分出色，于是第三营营长亨利·金尼森上校决定让中国人在当天担任主力，将他自己的部队调遣至日朋以南地区，安排一个丛林伏击圈。战斗结束之后，虽然中国军队也有伤亡，但驻扎在日朋的 150 名日军，除四人之外全部被消灭。遗憾的是，这场战斗或许也提醒了日本人：盟军部队已经抵达功文山东部，锋芒将直捣密支那。

在拿下日朋之后，“掠夺者”第三营离开了即将开战的密支那主战场。按照梅里尔下达的命令，他们径直往东，在另一个日军驻扎的村庄廷库康与敌军进行了战斗，并准备前往东边另一条山谷中较大的物资供应城镇诺索普祖。夺取廷库康的战斗持续了三天，期间“掠夺者”第一营和第二营也完成了他们翻越功文山的苦旅，一路下坡，为他们攻打密支那的战斗做好准备。

但就在三个“掠夺者”营不断挺进的时候，饥饿与疾病依然与他们如影随形。一种新出现的、同时更具有生命危险性的病症开始现出魔影。在日朋战斗结束之后不久，多支部队的军医们都诊查到一种被他们称作 FUO，也就是“原因不明高烧”的病症。医生们后来发现，这种导致病人体温升高、皮肤感染的怪病，是一种由螨虫传染的致命疾病，名为“螨斑疹伤寒”，很可能是由日本人传播到丛林中来的。没过多久，149名参加“迂回战术”行动的“掠夺者”士兵便病倒不起，他们被一架往返飞行的轻型史汀森L–5通信联络飞机从村庄里不断地空运回印度，一条简便的飞机跑道就设立在村子南边凤毛麟角的一小片平地上。

尽管如此，到5月15日，“掠夺者”部队及其中国和克钦族友军，已经陈兵于密支那的西北方向，做好了一切战斗准备，等待着5月17日这个战斗打响的日子。5月16日，梅里尔致电史迪威：“如果你觉得这次赌博过于冒险，还可以在明天中午号令发出之前停止这场演出。我个人的意见是：我们时机尚好，不妨一试。”

史迪威回电道：“冲锋上前，荡平他们。”

5月17日上午10点，梅里尔指挥的“掠夺者”混编部队向密支那发起进攻。按照军事历史书中的评价，这场冲锋进行得如此顺利，使它看起来好像是一次“学校的游行，因为尽管日本守军深知密支那危如累卵，但攻击一旦发动，依然令他们措手不及”。

在密支那以北，第三营刚刚结束廷库康村的最新战斗，正在匆匆南下的途中。亨特上校派遣他位于城南的第一营，夺取这座城市最主要的渡口，阻断伊洛瓦底江上的一切水上交通。

按照计划，亨特的中国增援部队将会加入第一营的进攻力量，控制从曼德勒与西部地区进入密支那的铁路线，并进而包围城西的飞机场。这条铁道线刚好穿过通往机场的公路，在铁路以北数英里远的地方露宿一夜之后，随着进攻命令的下达，弗莱德·里昂斯上尉率领着他手下的第二营先头部队也逼近了战斗现场。

“我还记得我们沿着从仰光通往密支那的铁道线进行侦察，”里昂斯说，“在那时，我的痢疾已经非常严重，开始便血。我的双肩也被背包带磨破，队伍里人人病弱不堪，于是我们在铁路旁架设好机枪，因为我们知道日军会沿着铁轨巡逻，以保证道路的畅通。在我们前方的一名侦察兵忽然将他手中的步枪高高举起。那意味着‘敌人出现’。然后他又开始猛力地上下挥动他的步枪，也就是说‘敌人来者众多’。”

那名侦察兵迅速撤退到安全地带，里昂斯的侦察队趴在一丛灌木的后面。他本人被病痛和疲惫折磨得根本对战斗的结果漠不关心了。“至少，如果我死了，”他后来回忆道，“也就意味着战争结束了。”

里昂斯和他的侦察队看到在飞机场附近，足有一个营、上千人的日本部队，四人并排地沿着铁路旁的便道向他们的方向行近。“他们根本不知道我们埋伏在那里，我们的战士都匍匐在地面，身姿紧紧地压低。随着枪声大作，日本兵摔倒在地，到处都是，一下就死了几十人。剩下的人慌忙从队列中分散，钻进路边的树丛里。”

攻打密支那机场的战斗如火如荼地进行着，当第一营的“掠夺者”部队和中国军队第 150 团源源不断地赶来参战，子弹从各个方向倾射在飞机场上，大约 200 多名日本士兵在首轮伏击中命丧黄泉。但弗莱德·里昂斯的侦察队意识到他们必须马上撤退——否则便会被已经重新集结起来的敌军大部队消灭。他们收拾起机关枪，溜进丛林里，有时跌跌绊绊，有时紧赶慢跑，经常要彼此紧紧抓住才能穿过沼泽地和烂泥塘。在大汗淋漓地狂奔了一个小时之后，他们都忍不住呕吐出来。里昂斯和他的部队终于甩掉了日本追兵。“我那时真是病弱难支，根本不关心小日本儿是否会冲破包围圈。”里昂斯说，“我唯一想要的就是不省人事。”

当“掠夺者”部队和中国军队并肩横扫密支那机场时，指挥作战的亨特上校不禁肃然起敬。“掠夺者”没有在茂密的丛林中发起进攻，这还是头一次，战斗的进展全都历历在目。以一种令人难以置信的速度和技巧，“掠夺者”战士们穿过机场，冲向那些关键性的阵地，中国士兵举着与他们的身高相比略显过长的李－恩菲尔德点303步枪，枪端插着刺刀，这和挥舞着冲锋枪与卡宾枪的“掠夺者”们从形象上很好区分。由于日军迫击炮弹爆炸的间隔时间和目标间距都如有神佑似的宽大，“掠夺者”和中国军队都加紧了他们穿越机场的行动。到10点30分的时候，亨特上校致电史迪威，说他们已经“进入赛场”，意即他们已经全部进入飞机场。随着盟军的推进，更因为夺取了伊洛瓦底江渡口，切断了对岸日军营地增援部队的来路，日本守军对机场的防卫也愈发变得软弱和凌乱。

当天下午3时30分，亨特志得意满地再度向史迪威发去电报。这一次，他发送的电文代号为“威尼斯商人”，意味着飞机场已经可以启用，运输机能够在跑道上降落了。几个小时之内，满载着防空部队和中国X部队士兵的飞机便开始降落在密支那——但亨特曾要求随机运抵的补给物资却未见踪迹。

史迪威欣喜若狂。如果一切都能按计划进行，密支那将很快成为日本在亚洲第一个被盟军重新夺回的据点。同时，他曾多次被警告说在六月中旬雨季来临之前不可能攻下密支那的预言也将不攻自破。在史迪威写于5月17日的日记中，他写道，川流不息的货运飞机正夜以继日地飞往密支那，接着，他用大写字母写下“但愿这会让英国佬七窍生烟”。

正像他所预言的那样，丘吉尔立即致信蒙巴顿，要求他解释“美国人如何运用卓越的军事胜利令我们在密支那陷入被动”，蒙巴顿此时更关注他在英帕尔和科希玛对日军进攻的抵抗，甚至都没有被告知密支那行将被攻打的消息。

到5月19日，整团的X部队战士们都已经沿着密支那机场的飞机跑道搭起了宿营帐篷。同样在飞机场内，戈登·西格莱夫中校也东拼西凑地建起了他的露天野战医院。亨特则在头一天夜晚和次日白天的大部分时间里，斟酌拿下这座拥有700居民和数千日本占领军的城市的最佳方案——他刚获得的两项教训令他不得不如此小心谨慎。

两天之前的5月17日，乘着占领机场的东风，亨特曾派遣两个营的中国X部队新兵（隶属于刚刚开进缅甸的中国第150团）去攻打密支那城区。很不幸——或许是过于兴奋的原因——他们走上一条错路，不但感到非常困惑，最后竟彼此朝对方开火。其中一个版本声称当中国部队前进时，一些日本特务人员躲在树丛当中，他们等这两个中国营分别在其两边的时候，开始向双方开枪射击，挑动中国士兵开枪还击，使他们最终彼此对战起来。在另一个版本中，这两支中国部队逐渐分开，各自为战。因为许久没有发现任何敌人，逐渐变得神经紧张、焦躁不安，于是在遭遇第一支军队的时候便慌不择人地发起了攻击。次日，亨特又派遣了另外两营中国150团的战士，再度出发攻打密支那城区，但他们却犯了同样的错误。再一次，中国的两支营队互相打了起来，在两天之内，中国第150团自相残杀，造成了671人的伤亡。亨特非常希望能够引领战斗的风潮，特别是因为自从占领了密支那飞机场之后，他便再没有接到新的命令了。

在这间歇的两天里，密支那城内数千名日本守军战壕深挖，在城市内部以及河流对岸都修造出一次世界大战样式的土木壕沟工事系统。当“掠夺者”们最终发动攻击的时候，他们鲜少火炮，也无装甲车辆，由于浓云密布、暴雨倾盆的雨季天气，连空中支持的战斗机都少得可怜。在那时，80%的“掠夺者”战士都被西格莱夫中校诊断患有痢疾，其中一位名叫萨缪尔·威尔森的中尉，顶着“第二次世界大战最危重的病人”的“光环”被送到了印度。他被同时诊断出螨斑疹伤寒、阿米巴痢疾、疟疾、已经感染的丛林伤口溃烂、神经衰弱以及因长期饥饿引起的极度消瘦等一系列病患——但他最终居然从这些可怕的疾病中恢复了过来。

“我们用帆布床和担架制作出手术台，我们称其为担架台。”一位来自西弗吉尼亚，名叫米切尔·欧帕斯的卫生员说，“西格莱夫医生从一个台子走向另一个台子，为伤员做手术，或者宣布他们已经死亡。我还记得我们曾在一副担架边上连续工作了三十六个小时，夜里只能用灯光照亮，然后睡上四个小时觉，再在另一副担架前工作另一轮三十六小时。有一个多月的时间都是这样渡过的。我还记得当时的想法：如果有这么多的死者和伤员都是从我们手上被判定生死的话，那么这场战斗实在是太可怕了。”由于梅里尔的第二营和第三营损耗日甚，“掠夺者”第一营开始与固守阵地的日本军队进行战斗。在密支那主战场之外，一支来自“掠夺者”第三营的战斗队——没有携带任何补给物资与粮食——夺取了位于密支那西北五英里处的一个名为查佩特的村子。如今盟军已经控制了密支那以西、以南和西北方向的土地，但是在该城的北方和东方，日军仍可以渡过伊洛瓦底江进入密支那。随着季风雨带来的潮湿、泥滑、炎热的问题，攻打密支那的战斗开始陷入胶着状态。

在六月最初的几天里，史迪威不但指挥着部署于缅甸北部战区的中国和美国军队，同样也对“亲迪部队”拥有绝对的指挥和控制权（他对此早有预谋）。北部克钦联军也接到命令，开始从他们位于密支那北部80英里处的苏普拉邦战线沿伊洛瓦底江向南推进，试图封锁该城的北部边界。

以一种克钦人特有的热忱，联军部队在他们南下的路上沿途伏击。由于他们总是在有必胜把握的情况下才向日本人发起攻击，因此他们的伏击极少损失人马。他们是一支衣着褴褛、久经丛林战火考验的队伍，他们用绳子牵着随时可以屠宰食用的猪猡（此外他们还有一头名叫“肥肥”的黑色吉祥猪，可以自由地随队游走），宠物松鼠在他们的肩头上欢蹦乱跳。当他们行军的时候，经常哼唱一首他们自己的战歌，它是依照《子弹箱在飞转》的曲调，填入了景颇语的歌词：“我们是否该作战 / 我们是否该逃跑 / 一切都那么艰难……联军正在向前进。我们刚路过一个俏姑娘 / 为什么我们不和她在一起……联军正在向前进……”

伊洛瓦底江另一侧，在日本军队控制的东岸，其他方面的克钦联军部队也在向南方运动。几乎每一天，都能在伊洛瓦底江对岸听到激烈的枪声，在每一场战斗之后——某些可能持续数小时之久，主战的克钦部队便会向他们的英国指挥官福特上校发回电报："已经完事大吉了。"接着，伏击结束的几个小时之后，总会有一名克钦人游过伊洛瓦底江，随身携带着一条口袋，里面装有若干作为克钦人战功证据的日本士兵的耳朵。

盟军非常规部队的铜墙铁壁已经开始从北部压向密支那，进一步收紧了对日本人的包围圈。密支那的日本守军如今只求还有几分生存的机会了。一天，一位克钦联军的战地指挥官伊安·菲洛斯–戈登少校惊奇地发现，大约100名日本士兵蹑手蹑脚地通过了密支那以北10英里处的克钦联军无线电指挥部，没有任何攻击敌人的意图，显然期望着不被联军发现地逃出重围。但克钦人可不打算帮他们的大忙，他们抢在日军前面埋伏进丛林里，然后以一次伏击战结果了所有敌人的性命。不但被缅北丛林耗尽了精力，更从密支那的正面战场开了小差，那些日本兵显然早已丧失了希望。

"看来，日本人的士气，"菲洛斯–戈登猜测说，"终于要崩溃了。"

但在密支那城内，这样的良辰美景还需要数周的时间才能够呈现。日日夜夜，为摧垮日本人而进行的建设与集结持续不停。推土机在盟军控制的城郊土地上，又开辟出三座飞机场，以容纳如今络绎不绝飞抵前线的C–46和C–47运输机。在每一趟飞至密支那的行程中，飞机内都装满了新补充的中国部队和美国顾问，还载有食品、弹药、无线电台、医疗用品以及建筑装备等。

进入6月之后，大批"掠夺者"战士因为急需就医等原因而从战场撤防（"'格拉海德'中弹了。"史迪威在其5月30日的日记中写道）。新来换防的士兵们到处搜寻即将退阵的老兵，向他们学习如何同日本人作战，特别是如何熬过每一个痛苦、潮湿而又闷热的午后时光的最佳方法。士兵们在大雨与热浪中赤膊上阵，进行战备工作。密支那飞机场的气温在六月的许多天中都突破了一百华氏度。

每一趟返回印度的航程中，飞机内都挤满了中国、美国和克钦伤病员。在伤员救治最高峰的时期，“掠夺者”部队甚至以每天150人的频率涌进医院里。当弗莱德·里昂斯因为罹患疟疾和痢疾而奉命撤退，以“疗伤之旅”终结他的战场生涯时，他还记得自己是怀着一份自豪和面对那些参战的新兵时陡然战栗的心情，离开密支那机场的。“他们都还生机勃勃，勇猛无畏，之所以来到这里，是因为攻打密支那的战斗已经到了最关键的阶段。我们需要人手——不管什么样的人都可以。那些新上战场的士兵们抓住任何一个机会和‘掠夺者’交谈，甚至当我们已经坐进机舱之后，还在向我们寻求建议。”

为了支撑他的武装力量，史迪威下令将其战区之内所有体格强健、力所能及的男子都运往密支那。另外一些来自加尔各答的增援部队，则在他们抵达密支那之后，由亨特上校亲自负责武器操作训练。除了依然在役的“掠夺者”部队和已经就位的中国军队——其中一些部队的战斗力比其友军略胜一筹——之外，新近增援密支那的部队中，还包括从利多公路的修筑工地上赶来的两个美军工兵营（以及卡车司机、洗衣工、食堂服务员等），只有不多的人曾经在基础培训之后打过两枪。

史迪威对他的新兵迫不及待，每过一天，随着越来越多的士兵和物资在密支那周围集结累积，他都更加坐立不安，越发频繁地到访被他包围的那座城市。他开始变成一个心无旁骛的人，能否夺取密支那的悬疑令史迪威前所未有地心神不宁。

“又开始想象了，”他在其日记中未标日期的一个段落中写道，“我经常梦见自己下到地洞里将孩子们拉出来，或者在水中疯狂地找寻他们。我思考着时局……颇为没有必要地……失魂落魄。”

虽然说密支那的前景仍多叵测，盟军在缅甸其他地区的胜利希望却日渐光明。在 5 月 11 日，蒋介石麾下总计 11.5 万人马的 Y 部队中的 3.2 万人先头部队，乘坐橡皮艇和竹筏渡过萨尔温江（即中国境内的“怒江”），向缅甸方向挺进。如今被称作“中国远征军”的这支部队在一天之内从两处渡口越过了怒潮澎湃、漩流湍急的怒江，从江边巉岩千尺的峡谷地带开始攀登，向云遮雾罩、峰顶海拔超过一万英尺的喜马拉雅山区缓慢行进。

他们的首要目标是滇缅公路沿线一座于 1942 年被从缅甸出动的日军占领的古城龙陵。但是为了攻打龙陵，首先必须经过战壕密布、工事复杂并有数千日军盘踞其上的松山。松山如一座坚固的堡垒，由二十多道山脉彼此纠结，每一座山脉都有大约 6800 英尺高，控制着滇缅公路沿怒江的通道。由于松山石崖陡立，植被稀疏，曾经得了一个“东方直布罗陀”的诨号。当 5 月 11 日到来时，中国远征军开始沿着松山的陡坡发起进攻，准备从日军手中夺回滇缅公路在这一路段的控制权，但当他们攀登至一处能够围堵敌人的地点，便暂时停止进击，准备将攻打松山的艰巨战役留待将来（松山战斗实际上开始于 6 月 2 日，5 月 11 日是远征军反攻开始日，但那是攻打腾冲方向。——译注）。

与中国远征军一同行军的，是另一位备受史迪威青睐的美军指挥官，也曾是他的助手——弗兰克 · 多恩准将。早在 1942 年时，他就曾和梅里尔一起参加了史迪威“走出缅甸”的徒步行军。“他们干得漂亮！”多恩在 5 月 11 日发给史迪威的报告中写道，“队伍中甚至热情高涨。我从没有见过这么快活的一群人。”当他在一场寒冷的瓢泼大雨中乘坐吉普车，沿着滇缅公路，绕过松山朝龙陵进发的时候，一路躲闪着路上驮运物资的牛马、骡子和挑夫，多恩告诉史迪威：中国远征军的队伍浩浩荡荡，见首不见尾地前进着。“成群的士兵一起高喊着‘顶好’以及‘哈罗’、‘OK’，和其他一些快成为中国远征军口头禅的美语单词。”

随着 Y 部队开始在中国境内向日军发动进攻，驻扎在孟拱谷地的 X 部队似乎也骤然惊醒。经过史迪威几个星期的激励之后，孙立人将军指挥的中国第 38 师再度向前进发。在 5 月 19 日清晨，孙将军忽然对他的美方联络官说，“我们现在要攻打甘马因了。”便以一种令人印象深刻的速度召集起他全师的人马，从正面向甘马因发起猛攻。密集的炮火落在城郊的地面上，随之而来的是装甲坦克的进攻，空中轰炸则摧毁了甘马因的物资补给处，接着更将日军军火库炸上了半空。

当中国坦克部队平定了甘马因北部郊区地带后，孙将军开始派出他的步兵部队，他们发现日本守军几乎已经不再防守他们烟火熊熊的地面工事。田中的军队如今已被撕成碎片，还要感谢“亲迪部队”封锁了日军自南方北上的铁路补给线，驻守甘马因的每一个日本士兵都只能靠每日一小坨米饭，加上他能够找到的任何树根草叶充饥。正如在缅甸作战的任何一支军队——无论他们是英军、美军、印度军队还是中国军队——那样，日本第十八师团仅仅是勉力求生，用他们所能得手的随便什么武器，趁他们鼓足体力的一点时间进行战斗。第十八师团的日本军人努力将他们的弹药留到抵抗敌军最后一场猛烈进攻的决战关头。

在甘马因，尽管 X 部队占据压倒性优势，但田中新一饥饿的部队却靠希望和祈祷支撑着他们的精神。他们相信，他们的指挥官：曾经横扫新加坡、马来亚和南亚大陆的不败将军田中新一，一定能够再谋划出一条反败为胜的奇谋妙计。

第十四章

当1944年6月来临的时候，中缅印战场的每一项行动都打上了一个问号，甚至连这个战区本身也开始在巨大的压力下分崩离析。

在中缅印战场上，“美国人习惯于说：你需要一个水晶球，外加一本《艾丽思漫游奇境》，才能够搞得懂它。”《时代》杂志驻华记者西奥多·怀特在他关于缅甸战局的一篇文章中写道：“没有一个好莱坞制片人敢于拍摄一部电影来展现中缅印战场疯狂、苦闷、光怪陆离的图景。它无奇不有——土邦王公、舞女、军阀、猎头野人、丛林、沙漠、诈骗犯、秘密警察……美国飞行员从P–40战斗机上扫射敌军的大象。中国的密探从他们自己的司令部里搜出美丽的敌方间谍，而日本特务在加尔各答的街头刺杀一名美军情报官员。中国的军阀邀请美国军官共享吸食鸦片的美好时光；美国工兵则用鸦片来治疗患病的大象，并用它支付给本地劳工。豹子和老虎捕杀美军士兵，美国兵则用加兰德来复枪射猎虎豹。鸟儿在印度境内的B–17飞机排气口里做窝，可中国却在哭喊着渴望空军力量。”

这的确是一种疯狂。而所有这一切——血腥残酷的缅甸争夺战、利多–滇缅公路、飞虎队、驼峰空运、陈纳德第十四航空队的启用、租借物资通往昆明飞机场曲折漫长的路线以及英雄式的“远程渗透部队”——所有这些，都是为了能够保证自由中国继续参战而由盟国所作出的不懈努力。每当新的一天来临，从二战开始以来就不断深陷混乱泥潭的盟军官兵仍然在挣扎着踉跄前行，如今，当1944年的夏季以它连绵的暴雨之躯到来的时候，中缅印战区却注定将更为泥泞与艰难。

在密支那，亨特上校和他手下的“掠夺者”部队已经油尽灯枯，不得不从前线撤退。更糟的是，密支那仍然被至少3500名日本士兵所把守，他们都藏身在战壕里，对抗着才从印度赶来参战，大部分尚未经过战火试炼的中国和美国增援部队。6月3日，史迪威派驻密支那的指挥官海登·波特纳将军向史迪威在沙杜祖的司令部发来了更多的坏消息：就在当日的一天之内，便损失了320名中国士兵，并且由于季风雨太过猛烈，战士们甚至不能在面前看见他们自己的双手，飞机场被迫关闭，进攻行动也不得不停止。夺取密支那的战斗实际上已经停步不前。

在胡康河谷，中国的X部队仍在狂攻日军坚守的甘马因（“那本应是稳赚不赔的买卖”，史迪威在他的日记中写道）。尽管他们每天都向日军第十八师团的阵地突进得更深——用大炮、坦克和紧随其后的步兵推进其战线——他们仍未能击溃田中及其部队。使情形更为复杂的是，除非甘马因城中的日军被彻底消灭，X部队便无法沿着甘马因路前往孟拱和密支那，以协助“掠夺者”的增援部队。尽管史迪威全力督促孙立人将军和廖耀湘将军，但X部队迄今仍没能完成这一使命。

与此同时，在中国境内的远征军同样也陷入了困境。在兴致勃勃地合围松山和攻袭龙陵之后，中国远征军被日本部队老谋深算的反击——如同他们在密支那运用的那样——打得不知所措，迭遭败绩。与密支那战场十分相似的另一番场景，是这片地球上海拔最高的战斗地带，逐渐恶化成了一种一次大战式的壕沟消耗战。但是中国军队并没有手软，尽管双方都遭受了重大的伤亡，中国远征军还是在6月10日攻占了龙陵。现在他们终于将注意力击中到龙陵以北四十英里处的另一座日军屯兵的城市腾冲，以及仍然控制在日本人手中，依旧威胁着滇缅公路及其跨越怒江的唯一通道。

最后，在密支那与甘马因南部的缅甸境内，惯于游击和快速运动战的“亲迪部队”依然过于虚弱，无法从后方牵制日本人。只有一支“亲迪部队”分队——巡弋在密支那以南、伊洛瓦底江东岸的莫里斯部队，还在运动之中。

经过整整两年的谋划与训练，进攻缅甸的战役竟然已糜烂成泥垢堆积、鲜血浸透、雨水泡烂的一步僵局。

6月4日，就在史迪威获知密支那战役被迫停滞的第二天，“醋乔”被要求即刻前往重庆，去参加一个标称为“有关缅北战役命运问题”的最高级别会议。但是当他于6月5日抵达蒋介石的官邸时，却发现与他见面的只有满脸含笑的蒋介石和忿忿不平的克莱尔·李·陈纳德。蒋请陈纳德主持会议，这位第十四航空队的指挥官开始将他一连串冗长的指责发射到史迪威的身上。陈纳德的前线飞机场已经被敌人夺走了，陈纳德说道，但史迪威、中缅印战区指挥部以及东南亚战区司令部都没有尽足够的努力去保卫它们。其次，第十四航空队需要更多的汽油，而陈纳德所拥有的为数不多的那些飞机，他指出，甚至也不能有效地发挥它们的作用，因为它们待在地面上的时间实在是太长了。

史迪威聆听完陈纳德的全盘陈述，然后他跳上能找寻到的第一架飞机返回沙杜祖。在会后，史迪威曾在他的日记中写道，“正如所料，想要为第十四航空队骗到汽油。他想要的是整个世界，却从来不知回报……‘花生’对缅北的胜局深感惊讶。”

回到沙杜祖之后，史迪威重又投入将日本人赶出缅甸北部的事业当中。

似乎是让他在密支那和甘马因的困境更为险恶，他立即非常沮丧地得知在 6 月 9 日，总共有 1867 名中国伤员被从密支那撤走。他的部队正在被躲在暗堡里的日本士兵摧毁，但由于暴雨的阻隔，几乎没有从印度来的飞机带给他新的兵源。由于顶着巨大的压力——同时他的腹痛也日渐严重，军医认为可能是因为他的胃病，或者是他的肝和黄疸的疾病造成的——史迪威已是形容枯槁，面色苍白，并且虚弱不堪。当他在某些下午觉得自己有足够的体力去视察密支那城或 X 部队在前线的指挥所时，病痛的发作有时会将他彻底垮倒，迫使他在自己的帐篷里度过一天当中剩下的时光。

在 6 月 4 日被召往重庆开会之前的某一天下午，当他待在闷热的帐篷里备受煎熬的时候，史迪威下定决心，一定要摧毁日军的重重阻挠。如果 X 部队能够最终消灭甘马因的日军，中国军队就能放手在密支那作战。但问题依然存在：如何取胜呢？参照他的地图，史迪威看到在甘马因和密支那之间，甘马因路自东向西延伸如一个拉扁的字母“u”。X 部队占据了这条道路位于甘马因城的西端，而中国和美国的主攻部队则在这条道路最东端的密支那，在二者之间，便是那条 70 英里长的甘马因路。在这条道路的中心位置，是一座日本军队的驻军要塞——孟拱，它为两翼的战场提供士兵和物资的补充。为了击败日本军队，史迪威决定从道路的中部下手，进攻日军在孟拱的增援部队，机会只有一次，他需要一支能征惯战的部队来执行任务。

在考察了部署在缅甸北部的盟军部队之后，史迪威发现能担当进攻孟拱重任的军队只有一支，那就是硕果仅存的“亲迪部队”。他手下其他的部队或者已经在进行战斗，或者如 V 部队、克钦联军以及 101 特遣队等，都过于弱小和非正规化，无法胜任这项艰巨的任务。自从 5 月 24 日，兰泰根麾下的队伍被迫放弃了“黑湖”营地以来，他们一路向北穿越丛林——用担架抬着伤员——环绕着一片名为“瞿道奇”的二十英里狭长湖面扎下营盘，当这片湖区被“亲迪部队”控制之后，桑德兰水上飞机开始降落在水面上，将阵亡者和伤病员以每天数百人的速度撤离缅甸。每当一架飞机降落的时候，那些还算健康的人——他们开始自称为“亲迪海军”了——便划着装满了死者与伤员的本地独木舟，慢慢向飞机靠拢。

史迪威决定让“温盖特杂技团”重新参战。他调遣1300人的莫里斯部队沿伊洛瓦底江北上，协助梅里尔指挥的军队在密支那作战，同时命令“亲迪部队”的最精锐部队：迈克·卡尔沃特的第77步兵旅，离开“瞿道奇”湖地区，向东北部方向推进十五英里。他们奉命袭击并破坏日本人占领的山头城镇孟拱，将甘马因路一分为二，孤立密支那和甘马因这两大战场。6月3日，也正是海登·波特纳致电史迪威，汇报进攻密支那的战斗被迫中止的当天，卡尔沃特旅长站在一座海拔1200英尺的山顶上，俯视孟拱城内被雨水沤酥的长街短巷，那里还在他所立之处以北两英里的地方。

从湖边前往孟拱城外这座小山的十五英里道路趔趄难行，就在前一天——忽然出乎意料地遭遇了几支日本部队之后——卡尔沃特的第77旅在与敌军交战时阵亡五人，受伤二十六人。如今，他原本足有1200人的队伍只剩下大约700人左右，但驻守孟拱的日军估计足有1500人之多，卡尔沃特紧急请求“亲迪”军的其他战士以及克钦人，从“瞿道奇”湖边的部队中抽离出来增援己方，然后，他开始考虑将如何摧毁孟拱的山顶工事。

作为军事目标，孟拱是一座易守难攻的堡垒。在它坡头呈网格状分布的街道北部和西部，被雨季的洪水涨满的孟拱河曲包围着城中低矮、烟熏火燎的茅草屋和几座两层的小楼。在城东，两道涨水的小溪流过地表，将这一地区的水稻田和杂粮地都变成了极深的泥沼。唯一能够成功进攻孟拱的通路，卡尔沃特认为，是穿过城镇南部几片相对干燥一些的稻田耕地，但是那里势必也正是日军预料并重兵把守的地方。

卡尔沃特决心扫清敌人的防御。他让队伍中一支六百人的大部队——南斯塔福德营和他本人的廓尔喀来复枪部队——从南部直接向孟拱发起进攻，但他的首次进攻却将从东南方向发起。在那边，有一条道路在一处名为屏米的偏僻村庄附近，经过一座破损的桥梁，可越过两道小溪当中的一条：三十英尺宽的韦托克溪，再伸向孟拱。他决定让这场攻打孟拱的战斗从屏米村和韦托克溪打响。

为了夺取屏米村，卡尔沃特在他最精锐的兰开夏燧发枪团当中挑选了数百人，在三天之内，没有进行猛烈的交火便首战告捷，攻占屏米村，而且毙伤敌军 200 人。除了赢得 20 座大型军火仓库和 15 辆卡车之外，燧发枪团还发现这座村庄竟然是安置在甘马因和密支那战斗中受伤者的伤兵医院。麻烦的是，许多日本伤兵甚至在他们的病床上还继续抵抗，譬如说，当第一名燧发枪团士兵在发现第一座医院并推门而入时，便被一枪击中头部而丧命，迫使“亲迪部队”用一排手榴弹彻底摧毁了这间病房。在其他的医疗所中，“亲迪部队”发现了不少日本士兵围拢在一颗手榴弹前集体自杀的尸体；另一名已被俘虏的日本兵吞咽毛毯让自己窒息身亡。不过控制这个村庄的行动进展得仍然迅速而且顺利。三天之后，屏米平定，燧发枪团便开始向韦托克溪畔的桥头进发，等待他们的下一道命令。在他们待命之际，部队中的克钦士兵继续在丛林中进行情报侦察，在雨林中搜索敌军的部队，并在夜晚归队时带回满满一袋日本士兵的耳朵。虽然违反了史迪威的军令，但卡尔沃特仍然为每一只日式右耳支付一枚印度卢比的奖金。

在屏米桥头，卡尔沃特和他的部下原本期待能看到日军的防卫部队在韦托克溪对岸据险防守。但是当他们抵达桥梁附近的时候，敌军的方位、人数甚至是否存在都难以得到证实，因为这座桥梁在溪流对岸便隐没到沼泽草丛和灌木的遮掩之中，必须要下一番赌注了，在 6 月 8 日的黄昏六点钟，卡尔沃特旅长亲抵桥头，决定验证敌军的防守火力。

在这个夏日的傍晚，“亲迪部队”先向溪流的对岸和桥梁的上方发射了一排迫击炮弹。虽然炮击还在继续，燧发枪团的战士们却愈发面色铁青。尽管这番猛烈的轰炸没能让任何一个日本人在对岸的丛林当中现身，但这并不意味着这座桥梁没有敌军把守。屏米桥很有可能是一个非常致命的陷阱。为了互相宽慰，燧发枪团士兵们彼此用手拍了拍面颊，一边说道："振作一些，咱们出发吧，振作一些！"然后他们将刺刀顶上枪头，随着卡尔沃特的一声令下，向桥上冲去。

这是一个守株待兔的冷酷杀阵。溪流对岸的日本士兵一直等到燧发枪兵们行进至桥梁的中段时，才开始举枪射击。大批"亲迪部队"的士兵中弹倒下。仍有一小部分战士腹部贴着桥面，继续匍匐前进，试图爬到足够远的距离朝日军的碉堡投掷手榴弹。但日本人的火力却太过猛烈。从日军步枪和机关枪中发射出来的子弹在桥梁的上下左右，特别是抵近的斜坡上四处激射。在好几分钟的时间里，场面一片混乱，枪炮发出的浓烟与噪音吞噬了整座桥梁。当"亲迪部队"的进攻显然已彻底停顿并且难以为继的时候，一位名为戴维·蒙帖斯的燧发枪团连长下达了从桥头撤退的命令。当"亲迪部队"向后返身，再度暴露于开阔地时，死伤人数迅猛攀升。这场 30 分钟的战斗还没有结束，便有至少一百名燧发枪团的士兵阵亡或受伤。

当天深夜，在视察了屏米村的伤员之后，蒙帖斯少校发誓要找到一种过桥的方法。第二天，也就是 6 月 9 日清晨，就在蒙帖斯重返桥头，准备为下一次进攻勘测路径时，却被溪流对岸一名狙击手射出的子弹命中身亡。

卡尔沃特知道自己犯了一个错误——因此他着手加以修正。在 6 月 10 日的拂晓之前，他派遣了一个连的廓尔喀士兵，由代行连长职权的迈克尔·阿尔蒙德中尉率领，从远离日军阵地的下游河湾处涉水渡溪。他又佯装在桥头继续集结队伍，以此吸引日军的注意力。一小时之后，廓尔喀士兵从埋伏在碉堡中的敌人后方用步枪和手榴弹发起了进攻，但这轮攻势被日军遏制，廓尔喀兵被迫退回到丛林里。他们随即加强了火力卷土重来，这一次是从溪流下游的侧翼，涉过韦托克溪中黑浊的流水、齐腰深的淤泥，更穿过茂密的苇丛，朝向日军的暗堡艰难前进。一段冷静的射击和前进，接着另一段射击和前进，每一步行动都在廓尔喀士兵手榴弹的掩护之下，这一轮进攻总算取得了胜利。当廓尔喀人终于控制了日军的桥头阵地时，他们发现了 35 具日本士兵的尸体。

桥梁如今畅通无阻，但这番延误却代价惨重：卡尔沃特失去了 130 名战士，就在两天的停顿期间，日军已经从密支那又调遣了两个营支援孟拱，令这座城市的守军达到四个营之多，按照卡尔沃特的估算，至少有 3000 至 4000 人的兵力。毋庸置疑，孟拱即将成为一场大屠杀血染的沙场，但只有一个问题悬而未决：对阵的两支军队当中，谁将流出更多的鲜血？

当燧发枪团开始离开屏米，朝孟拱方向进发时，在沿着屏米路向西约一公里的地方，日军进行了激烈的抵抗。在其后三天的时间里，从东南方向进逼孟拱的燧发枪团和南斯塔福德团的一个营，被日军火力牢牢地钉在当地，无法行动。

在孟拱南侧，阵容较大的那支“亲迪部队”部队仍在等候全面进攻这座城市的信号，但他们也同样感到紧张不安。日军的搜索队已经开始在城南的丘陵地区进行刺探，在这样的遭遇战中，“亲迪部队”的廓尔喀和克钦士兵消灭了至少 20 名日本军人。更令事态趋于严重的是，一位南斯塔福德团内新就任的连长：阿切·魏维尔少校——他是印度总督阿齐博德·魏维尔将军的儿子——被一名日本狙击手射中手腕，击碎了他的桡骨和尺骨，需要将其手掌切除。这一事件令卡尔沃特坚信总督阁下绝不会与他善罢甘休。

卡尔沃特的部队继续向孟拱施加压力。他们经常沿着屏米路朝孟拱缓慢爬行，却被日军牢固的防御阵地和狙击手挡住去路。又有 60 名士兵战死或负伤，但卡尔沃特用温盖特式的不合逻辑的断语为自己和他手下的战士们宽心顺气：“当你们觉得自己被击倒的时候，另外一边的家伙们可能伤得更惨，所以让我们再战一局。”

卡尔沃特旋即接到了兰泰根发来的电令：“除非阿切·魏维尔立即撤出战场，否则你将不再担任这个旅的指挥官。”很显然，魏维尔总督已经获知他儿子的伤势，并要求他返回印度。每当一架轻型飞机降落在屏米村水涝严重的跑道上时，卡尔沃特都会竭尽全力地说服小魏维尔登上这些专门运送“亲迪部队”阵亡者与伤病员的飞机，但小魏维尔坚决不肯就范。他很清楚有许多“亲迪部队”的伤员比他本人伤势更为致命，因此不管卡尔沃特如何勒令他搭机撤退，魏维尔硬是顽固地拒绝离开战场。最终，当两百多名亲迪伤亡者中的六十多人已被空运出境之后，卡尔沃特才总算能够将小魏维尔送上飞机，也从他的生活当中一笔勾销。

不分昼夜，日本军队继续全力以赴地守卫孟拱的门户。“亲迪部队”的战斗力被迅速削弱。6 月 13 日，卡尔沃特手下的三名营长站在“疯狂迈克”的面前，向他汇报了严酷的事实：在东南和南方这两个主攻方向，“亲迪部队”距孟拱都还有 400 码至 600 码的距离，但日军占据了防守这座城市的最佳位置。进攻屏米和孟拱之初的 800 多名“亲迪部队”士兵，如今只剩下 550 人左右，而几乎所有坚持战斗的战士都在忍受着疟疾、战壕足病、纳迦创伤以及极度疲劳的煎熬。

卡尔沃特深知他的指挥官们所言极是。第二天，他派遣缅甸步兵团一位名叫安德鲁斯的上尉，向西渡过孟拱河，前往设在沙杜祖的史迪威司令部。安德鲁斯接受的命令简单明了：如果没有搬来一支至少五六百人的中国援军，他就不用再回来了。与此同时，卡尔沃特手下的兰开夏燧发枪团也暂时停止了他们沿屏米路北上的脚步，得以短暂地休整，而他另外两支尚能行动的部队——廓尔喀步枪团与南斯塔福德团——开始自南方朝向孟拱的郊外缓缓地移动。他们的这一进犯举动，立时招来了日本军队的大炮与迫击炮片刻不停地狂轰滥炸。

6 月 18 日，安德鲁斯上尉返回卡尔沃特的掩体，告知在孟拱城以西的河流对岸，他已经搬来了中国军队第 114 团的第一营——约有 1200 名士兵。但是，和安德鲁斯站在一起的，却是一名美国中校军官（此人系一名“军事顾问”，姓名已湮没不闻）。卡尔沃特立刻便猜到了这个美国人到此的原因所在：他是史迪威派来的“保姆”，要确保卡尔沃特和他的部队继续战斗。美国人不断地在卡尔沃特的掩体地面上吐口水，令这位“亲迪部队”的指挥官迅速而且坚定不移地对他厌恶之极。这名美军中校，卡尔沃特后来回忆道：“属于每个国家都不时会冒出几个来的那类人。他对军队和战斗几乎一无所知，却整天坐在我的工事里虚张声势，将口水吐得满地都是，以显示自己的强硬彪悍。他称中国士兵为懦夫，催促我们去作战，并且宣称自己代表着史迪威将军，还代表着美利坚合众国、自由女神以及其他的什么东西。”

（终于，当这名美军中校在卡尔沃特的地板上擤鼻涕之后，“疯狂迈克”据说将他带到了孟拱河畔一片没有遮蔽的开阔地——正好是日军好几处狙击手阵地的火力交叉点——来讨论战术问题。一旦进入狙击手的瞄准视野之内，卡尔沃特在他的吉普车前止步，却鼓励这个美国人走到汽车附近的地方更好地观察战况。但令卡尔沃特颇为不悦的是，没有一名狙击手朝这位中校开枪。）

当中国增援部队开始铺开，在孟拱的南部和西南方向设立炮位的时候，卡尔沃特和他手下的部队都暂时休整。如今他的人马已经和孟拱城中的日本军队在数量上不甚悬殊，他已经做好了攻城的准备。

6 月 21 日，一支卡尔沃特属下的夜袭队将一则令人难以置信的消息带进他的指挥所：从曼德勒通往孟拱的一座铁路桥梁无人把守。次日清晨，卡尔沃特传令进行一次试探性进攻，但正如曾经在屏米桥遭遇的陷阱一样，这次袭击被巧妙隐蔽在碉堡中的日本守卫部队所挫败，他们一直等到最后一刻才开火，击毙了 11 名“亲迪部队”士兵，另有 16 人身负重伤。

接下来，在6月22日的傍晚，卡尔沃特指挥部的无线电台收到报告：中国部队已在孟拱城周边部署完毕，随时可以投入战斗。当天夜晚是一个罕见的晴朗之夜，为了确保这场进攻取得胜利，史迪威为卡尔沃特提供了在缅北战役中规模空前的空袭支持。在6月22日的夜幕笼罩下，第十航空队超过70架轰炸机从印度启程，他们在孟拱不但投下常规炸弹，还投掷了带有延时装置的炸弹，即便在飞机离去之后，仍将继续产生爆炸。随后，在凌晨3时至3:15，从孟拱以南的“亲迪部队”前沿阵地，发射出数以千计的迫击炮弹，疾风骤雨般地落在日军的防御阵地上。当迫击炮发射告一段落之后，数百名背负着更多弹药和手榴弹的南斯塔福德团士兵开始自南向北穿越400码宽的水稻田，试图攻入被日军钢筋水泥建造的碉堡群所环绕的孟拱城中。

日军用他们的迫击炮和步枪朝“亲迪部队”还击。但由于南斯塔福德团的士兵前进速度极快，日军的炮弹大都落在了他们的后方。到黎明时分，“亲迪部队”使用火焰喷射器的士兵开始将日本守军活活烧死在他们的暗堡之内。“你能听到他们发出的惨叫，嗅到肉体被烧焦的味道。”南斯塔福德团的一名排长汤姆·奥雷利回忆道，“但是，一名操作火焰喷射器的小伙子被子弹击中，误使自己也被喷射器的烈焰点燃。他一边绕圈狂奔一边嘶声喊叫，没有任何办法能够救他活命，于是我们不得不开枪打死了他。”

翌日，在勇猛善战的中国军队协助下，三支“亲迪部队”部队激战一整天，终于深入到孟拱城内部。在几乎每一座房屋建筑里，都有躲藏在暗堡中的日军向南斯塔福德团的士兵开枪射击，但“亲迪部队”用火焰喷射器逐一扫除了这些障碍。其中防御最为坚强的一座日军阵地，是一道修筑在一座大屋地下的战壕工事，其枪眼被用铁格网遮盖，以阻隔手榴弹的投入。但南斯塔福德团的数支火焰喷射器同时开火，不但熔化了厚密的铁网，还活活烤死了里面二十多名日本士兵。

“亲迪部队”步伐稳健地压倒了他们的对手。就在南斯塔福德团向前推进的同时，廓尔喀团也攻占了那座铁路桥，但在进攻期间，他们备受爱戴的领袖之一，曾经指挥廓尔喀部队从屏米桥后方摧毁日军碉堡的代连长迈克尔·阿尔蒙德中尉却光荣阵亡。当他组织一场机枪并排扫射的时候，又一次被日本的守桥部队所攻击——这一次是在孟拱河畔——并不幸中弹负伤，数个小时之后阿尔蒙德中尉去世，令“亲迪部队”的士气遭到严重的打击。

夜幕降临时，卡尔沃特同他的指挥部成员进驻孟拱城，但却被日军火力压制，在城郊度过了一个不眠之夜。次日清晨，兰开夏燧发枪团从西南方向攻入孟拱，而奉命夺取位于屏米和孟拱之间的火车站的中国军队，也成功地驱除了负责守卫车站的一支日军大部队。

孟拱的防御战线开始土崩瓦解，但6月24日全天，日军在他们逐渐缩小的城中地盘上继续顽强地进行战斗。时间推进至当天夜里，当日军的迫击炮弹和步枪子弹仍在威胁着“亲迪部队”与中国部队士兵的生命时，卡尔沃特的后卫部队却听到了一条英国广播公司的新闻报道：中美联军据信已经夺取了孟拱。卡尔沃特被这条不实新闻气得脸色铁青，他迅即查到了消息来源：那名美国军官在根本不清楚战斗还远未结束的情况下，向史迪威汇报了他谬误的结论。为了修正其过错，卡尔沃特毫不犹豫地致电史迪威在沙杜祖的司令部：“中国军队已经夺取孟拱，英军第77旅正在进军‘不悦’村。”

如果史迪威的每一位指挥官都像他派驻孟拱的这名中校一样愚蠢，卡尔沃特调笑道，或许沙杜祖上下正忙着在地图上搜寻‘不悦’村究竟位于什么地方。

但是，日军一定也收听了那天夜里的BBC新闻，因为他们似乎从中有所意会。6月25日一早，当卡尔沃特的士兵和中国军队再度出发侦察，并向孟拱城中推进时，他们发现守城的日本士兵的确都已经撤走了。到中午时分，在美军P–51野马式战斗机的辅助之下——它们投下的500磅炸弹摧毁了几座负隅顽抗的日军碉堡。孟拱已经在盟军的掌握之下了。

日军败退。甘马因路如今已被一分为二。

当孟拱城牢牢在手之后，史迪威毫不迟疑地命令“亲迪部队”再接再厉。6 月 25 日，也就是攻占孟拱的当天——正如他曾对刚刚结束纳普迦战斗的梅里尔“掠夺者”部队所做过的那样——“醋乔”立即向卡尔沃特和他的人马发出了新的指示。他们应攻袭位于孟拱西南方向一座日军占领的铁路村庄胡频。从那里出发，“亲迪部队”便可以一路强攻北上，从甘马因城的后方刺穿日军第十八师团的防线，与 X 部队会师，并将永远埋葬田中新一的第十八师团。

但是卡尔沃特却另有心思。孟拱一役，他损失了 255 名战士，另有 521 人受伤，人员已不足创军初期的四分之一。那些勉强还可参战的士兵也在忍受着各种轻伤的折磨，因为疾病和体力衰竭而苟延残喘。卡尔沃特的第 77 旅，曾经是“亲迪部队”最引以为豪、斗志旺盛的王牌部队——拥有廓尔喀来复枪团、王座利物浦团、兰开夏燧发枪团以及南斯塔福德团——如今只残存了 300 名尚可一战的士兵。而且他们已经被投入战场长达四个月，远远超过了早在印度训练时曾被郑重承诺的 90 天作战时限。卡尔沃特决定带他的第七十七旅回家，或者至少赢得一些休息的时间和补充力量。

于是在 6 月 25 日黄昏，当史迪威电令他们进攻胡频的时候，卡尔沃特发回电报，拒绝执行这一命令，声称他没有足够的人力完成任务。

“那就派一个连去作战。”史迪威通过电波回复道。“如果让我搜罗每一名还能站立起来的士兵，我都难以凑够一个连的人数。”卡尔沃特在回电中说道，“我总共只有三百名战士。你是想让我组建一支‘皇家 – 王座 – 斯塔福德 – 廓尔喀燧发枪连’吗？”

为了惩罚卡尔沃特的抗命行径，史迪威改变了他最初的想法。卡尔沃特和他的部队必须直接开往密支那，参加在那里进行的战斗。曾经公开承认对密支那“心存恐惧”的卡尔沃特，选择了一种与史迪威的命令迥异却更加桀骜不驯的行动方式。他根本不去进攻任何地方的日本人，而是命令将其部队的电台关闭。然后他从孟拱出发，沿着西北方向的道路直扑甘马因。“亲迪部队”与前来支援的中国部队将在那里与中国X部队会合。卡尔沃特打定主意，要让他和他的部队从缅甸战场撤离。

这一旅途非常艰辛。在长达两个半月的暴雨冲泡之后，通往甘马因的土路早已沤成一条麦片粥般没膝深的烂泥塘。“亲迪部队”实在是精疲力尽，区区二十五英里的行程竟耗费了一个多星期的时间。因为过度劳累，两名卡尔沃特手下的士兵甚至在行军途中不支身亡。就在第七十七旅的先头部队抵达甘马因的当天，已经沉默了数日的史迪威命令这位抗拒军令的迈克尔·卡尔沃特立刻到沙杜祖来见——刻不容缓。

“疯狂迈克”被吉普车带到了史迪威的司令部，看来他将走向战场上的另一场暴风骤雨。在史迪威司令部附近一座帐篷里的行军床上甜美地酣睡一夜之后，次日清晨，卡尔沃特便直接被带到了将军的帐下。他看到史迪威坐在一张桌子的后面，左右是波特纳将军和史迪威的长子约瑟夫·史迪威中校。对在场的每一个人来说，这番场景都像是一场军事审判。卡尔沃特礼貌地与三位美国人握手致意，然后在史迪威的桌子对面，他坐在了一把椅子上。史迪威首先开腔。“好啊，卡尔沃特，”他说，“我想和你见面已经等了很长时间了。”

“我也一直等待着与您会面，阁下。”史迪威点点头：“你曾发给我一些非常强烈的信号。”“您应该看看我旅中的参谋官不肯让我发的那些信息。”卡尔沃特回应道。史迪威那张布满皱纹、原本铁青着的贵族式面孔，开始在嘴角微微露出一丝笑意。接着他嗤嗤地低笑，随即忍不住放声大笑起来。他甚至笑得弯腰驼背，不停地拍打他的膝盖和他身边两位军官的后背。“我也有同样的麻烦，”他最终调顺了呼吸，说道，“当我草拟向华盛顿发回的电报时，我自己的参谋官也不让我如愿以偿。”

卡尔沃特精妙地说出了他最该说的话。随着会议的紧张气氛消散无踪，卡尔沃特开始向史迪威讲述“亲迪部队”所作出的重大牺牲。他谈到当“皮卡迪利”降落场无法使用之后，他们如何飞到“百老汇”集结力量。他回顾“亲迪部队”如何按照史迪威进军胡康河谷的时间表，热切地期待与X部队会师，却因为X部队的行动过于缓慢，被迫放弃了这一计划。他们又是如何在没有掩护的情况下，被困丛林，在日军毫无间歇的炮弹轰炸中夺路北进，连续四个月的时间里既无补给，又无外援，直到他们因为要偕同大量伤员前进，不得不放慢了脚步。再有在“黑湖”营地之围中，当“亲迪部队”的营长们看到众多阵亡将士的尸体，又是怎样地放声大哭。与梅里尔的“掠夺者”部队不同，直到孟拱战斗之前，“亲迪部队”几乎从未得到过正规部队的支援，在四个月的时间里，他们在一座又一座临时搭建的丛林营地之间腾来挪去，总是处于敌军势力范围的腹心地带。只有在孟拱，美国的空军和中国增援部队协助他们击溃日本守军，“亲迪部队”才算获得了一些真正的援助。这真称得上是一个奇迹，卡尔沃特说，“亲迪部队”居然没有死伤更多的战士。

“这是真的吗？”当卡尔沃特讲述他们在“白城”和“黑湖”所遭遇的不断围攻时，史迪威不断地问道，“为什么从没有人告诉我？”

卡尔沃特非但没有受到史迪威的军法处置，反而当场获得了银星勋章——他手下的四名部队指挥官均获此殊荣。作为对他们勇猛战斗的回报，硕果仅存的“亲迪部队”部队都将被撤离战场——也就是说，驻扎在罂道奇湖沿岸的“亲迪部队”部队将北上扼守甘马因路，直到甘马因战斗宣告结束。卡尔沃特本人被送上飞机，先期前往印度阿萨姆飞机场。他朝舷窗外俯视，看到被暴雨浸没的利多公路悠长、笔直的轨迹闪闪发亮。它像一条轻浅的丝线，在周围莽莽的丛林之间静静地穿行。

当史迪威下达的为“亲迪部队”授勋和遣返的命令传出之后，居然是美国人——尤其是同样精疲力竭，却仍然坚持战斗的一小部分美军“掠夺者”官兵们——感到格外忿忿不平。

就在“亲迪部队”等待飞机，准备返回印度之前，驻扎在沙杜祖的英、美两国军人发展出友善的同志情谊。这主要是因为，除了日本人之外，美国军人如今确信，他们在缅甸的第二号仇敌，正是他们自己的最高长官——史迪威。由于缅北战役的胜局比起“掠夺者”部队的休养生息更为紧要，史迪威便将他们一直滞留在战场，远远超过了温盖特曾经承诺的九十天期限。作为他们的指挥官，这样的决定当然由史迪威独自作出，但他也为之付出了身为指挥官所必须承担的苦痛。

一天晚上，一位名叫弗莱德·弗里曼的“亲迪部队”上尉正待在他临近史迪威司令部的宿营地里，为撤退做最后的准备，一名刚从密支那前线作战归来的美国军官走过来，邀请他一起吃晚餐，并观赏餐后在营地食堂里放映的电影。数月以来没有吃过一顿热饭的弗里曼欣然前往。当他们坐在食堂的帐篷里，品尝着由货真价实的牛肉、土豆和蔬菜烹制的盛宴时，一瓶黑格威士忌酒被送上桌来。酒过三巡之后，这名美国军人转头望着弗里曼，说道，“上尉，我想直截了当地问你一个问题，也希望能得到一个直截了当的答案。告诉我，你对史迪威将军最坦率的看法是怎样的？”

弗里曼长时间地斟酌这个问题：美国人是热爱他们的指挥官……还是痛恨他呢？对他们来说，他是否像温盖特之于“亲迪部队”那样是一个英雄？还是早已沦为每一个恶毒玩笑攻击的笑柄？无论如何，史迪威是整个中缅印战场以及东南亚战区司令部的所有盟军指挥官之中，唯一坚定不移地贯彻他的所有承诺的人。

但是弗里曼不愿撒谎，并且他觉得史迪威对他的部下毫无必要地太过粗暴。“我猜想，”弗里曼终于回答道，“他身上拥有一些我们在‘亲迪部队’中难以觉察到的优秀品质。”

“好吧，”那名美国人回答说，“如果你想知道我们对他的看法，我们觉得他是一坨粪。”

第十五章

6月29日，经过对甘马因日本第十八师团守军连续40天的不懈打击，田中新一将军已经别无选择了。中国军队的大炮、坦克以及步兵部队每一个小时都向甘马因城的纵深挺进，而通往孟拱的补给线也已经被“亲迪部队”和中国部队切断。经过对胡康和孟拱河谷的顽强抵抗之后，田中的部队损兵折将，与X部队已经有了不小的差距。他的军队几乎一无所有，每天仅靠一点米饭以及四处搜罗来的树根和树叶充饥，他们也不再拥有足够的弹药和力量来组织有效的防御。鉴于再无其他的道路可走，田中被迫下令从缅甸北部全面撤退。

在甘马因城的街巷上，田中麾下的士兵（这些二十多岁的年轻人早已虚弱不堪，当他们站起身来的时候，就像是弯腰驼背的老人）开始从西面和南面两个方向撤入丛林之中。田中曾经统帅着六千人马，如今只剩下不足三千人。他们与从孟拱和密支那乘船过来支援田中守军的另外两千名日本士兵一道，徒步或是搭乘卡车，朝向150英里以南的另一个日军据点曼德勒前进。

在一些地方，大量的日本伤病员被迫在丛林中建起临时的“救护所”，数百名伤势或疾病严重因而无法跟上部队的士兵就只能躺倒在林中的空地上，或者是靠在路边的树底下，这样他们能够向路过的队伍讨一些水和吃的东西。在另外一些地方，不少用枪自杀身亡的士兵尸体躺在路旁的野草丛里。有些时候，如果一名伤病员过于病弱难以疗救，按照日军西岛泰正上士的回忆，他就会“得到一枚手榴弹，并被无声地劝告自裁成仁”。又有时，西岛回忆说：“伤员们两两结对了断生命。他们彼此拥抱在一起，将手榴弹置于他们当中。我们称之为‘双人自杀’。”

对于在缅甸的日本军队来说，崩溃已是势不可挡了。

如果说随着 X 部队沿甘马因路东进，直扑密支那，令史迪威已经看到了胜利的曙光，他自己的军事生涯却又一次跌向了危险的边缘。由于他坚持拒绝离开缅甸北部，并且一门心思扎在缅北战役的战场上，这一战区的许多指挥官——包括蒋介石在内，但宽容的威廉姆·斯利姆将军却是例外——都公然或者暗地里向乔治·马歇尔和罗斯福总统杯葛史迪威，要求将他召回美国。而在印度，东南亚战区司令官蒙巴顿勋爵不断地拜访又一次因为心脏病住院疗养的弗兰克·梅里尔，并开始建议由史迪威的副手丹尼尔·苏丹将军，或者是东南亚战区的美国参谋长魏德迈将军，接替“醋乔”的职务。“我的天哪——因为青睐魏德迈而把我赶走！”史迪威在 6 月 22 日的日记中写道，“真是令我丢脸！”

但是史迪威继续对这些有关他将被解职的谣传无动于衷，相反，他倾尽全力要最终消灭据守在密支那壕沟里的日本军队。日军已经被史迪威能够调动的各类武装部队从北、西、南三个方向包围，尽管他们背靠着的是水势浩大的伊洛瓦底江，但是日本守军依然拒绝交出这座城市，在宽广河流的对岸，克钦联军的小股部队继续骚扰勐那、米那和芒茅等地的日本军营，第十航空队的发动的空中打击则不断地摧毁河流两岸的物资补给点和房屋建筑。即便如此，日军仍负隅顽抗。他们在几乎弹尽粮绝的条件下继续战斗，抵挡着盟军对密支那的猛攻。

6 月的每一天以及 7 月的开始，在大雨和泥浆的搅拌下，密支那都笼罩在战斗的呐喊与炮火的呼啸声中。西格莱夫医疗队中的一位名叫米切尔·奥帕斯的成员回忆道：

“在围困密支那的整个夏季里，我们每周七日不停，每天都至少工作十八个小时，连续工作三十六小时也是家常便饭。伤员源源不断地被送进医院，我们将头一天处理好的伤员集中在一起，准备送回后方，还没休息几个小时，大量的伤兵在黎明时分便又涌了进来。西格莱夫是一个宗教信仰非常坚定的人——战前他曾经是一名在缅甸传教的神父——每天他都会提醒我们上帝站在我们一边。但是，每天在手术台边站十八个小时，我可不那么确信上帝真的在我们身边。在 1944 年的整个夏季，我不记得自己见过任何阳光。刚好相反，每天我只能看见手术室里的内部设施，俯身站在一名被子弹击中或炸断肢体的士兵身旁。在那个漫长的夏天，我日复一日都是在黑夜里走近那间手术室，然后在另一个黑夜中默默离开。密支那的战斗似乎永远也没个完。”

史迪威决不打算中途放弃，虽然在密支那，他每天都因为疾病和伤亡而损失 130 名战士，但他继续推进。从几名日本战俘口中，他得知守城日军已经被切断了外来的支援和补给，他也根据情报获悉，日本的军医开始用竹筏将他们的伤亡人员顺着伊洛瓦底江向下游输送。

到 7 月中旬，从密支那俘获的极少几个日本战俘向盟军审讯人员透露，防守密支那的 3500 名日本士兵如今已有 790 人战死，1180 人受伤，但是由水上源藏少将指挥的日本军队却决不会投降。他们已接到日军总司令部的指示，誓将战斗到最后一人。从战斗的密集角度而言，密支那已经成为二战期间堪与美国海军陆战队九个月前在太平洋战役中攻打的塔拉瓦岛相媲美的惨烈战场。

“下雨，下雨，烂泥，烂泥，烂泥，伤寒，疟疾，痢疾，虚脱，溃烂的双脚，身体的苦痛。”史迪威在写给温妮的家书中诉道，“如果我们称得上困窘，那么缺医少药、补给被断绝的日本佬又当何论？这是一场残酷无情的战斗……我对密支那颇怀歉疚，但我们一定会适时进占城中。”

但在密支那战场驻防的日本部队终于准备放弃了。当时已是7月末，而他们从5月17日以来就开始没日没夜地作战。他们饥饿难耐——不少人好几天粒米未进——尚能坚持战斗的士兵或者已筋疲力尽，或者伤痕累累，但在军令之下仍继续战斗下去。在如此恐怖的情形下，一些日本士兵开始弃城而逃，或是顺着伊洛瓦底江漂流而下，或是想办法横渡八百英尺宽的大江，消失在河流东岸的丛林里。注意到不断减少的日军人数，美国人和克钦人决定不让他们轻易逃脱。当7月进入尾声的时候，两支101特遣队的小分队开始追杀那些日本逃兵。他们在伊洛瓦底江下游20英里的沿岸守株待兔，又在东岸的丛林中仔细地搜查——但与日军的濒死营地保持安全的距离。这两支特遣队虽然是逐一清剿，在很短的时间里竟发现并消灭了500至600名日本逃兵。1944年7月底，密支那的日军指挥官水上源藏少将知道他在缅甸北部最后一个防御据点将很快陷落，而他的军队也即将被盟军摧毁。

在8月1日的黎明时分，经过一场激烈的战斗之后，水上准备像任何一名具有荣誉感的日本武士一样采取最终的行动。他沐浴并换上最干净的一身军装，离开指挥所，向一棵树走去。然后面朝日本的东北方向坐下。

从他的公文箱中，他取出一页白纸和一支钢笔，写下了最后一道命令：“密支那驻军的现余部队依令向南方前进。”

然后他将这道命令压在他面前的一块小石头下面，双膝跪倒——仍旧面朝东北方向——将他的胸口抵住一棵小树的树干，以确保他死去时能够庄严地前倾而不是仰面朝天。在河流的另一侧，水上能够听到盟军的炮声、手榴弹和来复枪子弹的声音愈来愈近，当初升的太阳映照得红霞满天时，泥浊而涨满的伊洛瓦底江缓缓地流过，正如它千百年来那般，逝者如斯，不舍昼夜。

水上解开了他手枪的皮套，打开它的保险，拉动枪栓。他用了漫长的一分钟向日本的天皇和人民请求宽恕。然后举起他的手枪，将枪口对准自己的头颅，扣动了扳机。密支那的日本守军正式覆灭了。

三天之后，也就是 1944 年 8 月 4 日，约瑟夫 · W · 史迪威麾下民族混杂的进攻部队，将最后一批顽抗的日本士兵从密支那的街巷和房屋驱赶入伊洛瓦底江中。最后，在城南伊洛瓦底江沿岸的一片名为“昆宾达”的柚木林畔，三名曾藏身战壕抵挡数百名中国和美国军人的日本士兵纵身跳进伊洛瓦底江，向下游潜逃。日本帝国军队终于被从缅甸北部彻底肃清。

顶着来自战役各方的冲突与压力，冒着胜算几乎为零的风险，约瑟夫 · W · 史迪威和他的军队终于赢得了胜利。在他当天的日记中，史迪威只是简单地写道：“密支那——终于结束了。感谢上帝。今天上午总算万事无忧——五分钟总是有的吧。”

第十六章

如果说在第二次世界大战中还有某位军事指挥官对沃德·温盖特的"亲迪部队"如温斯顿·丘吉尔一样印象深刻，那就是日本驻缅甸的第十五军团的司令官——身材粗壮、两眼乌黑、剃着光头的牟田口廉中将。牟田口廉在日本早期对华发动的战争中就担任联队长，并参与了攻陷北平的军事行动。当他辖下的日本军队占领了日渐广大的中国版图时，牟田口廉经常公开地鄙夷中国人没有自卫的能力，随着中国军队的每一次战败，他对中国人的憎恨便愈发强烈。在无暇贬低中国人的时候，他便花费每天的一部分精力来纵情地挖苦英国人——他们在新加坡对牟田口廉的军队所进行的抵抗，不到一周便崩溃了。

其后，在 1943 年春天，随着温盖特在缅甸成功地完成了——虽然代价高昂的——"远程渗透"任务，牟田口廉也决心将他的反英行动付诸实践。如果孱弱的英国人都能从印度徒步穿越缅甸密不透风的丛林和山区，那么他手下纪律严明、服从指挥的日本皇军更能够朝相反的方向发动路程更远的进攻。

这个计划在他的头脑中盘绕了一年多。事实上，当日军在 1942 年杀入缅甸并将其占领的时候，就曾有过一个名为"第 21 号行动"次要计划，目的是要彰显日本帝国的战势，毫不停顿地沿着两条不同的路线进攻印度。第一条路线是顺着胡康谷地直扑阿萨姆，在驼峰航线蹒跚起步的初期阶段便将其扼杀在摇篮里。第二条也是更主要的突进路线——真正的必杀技——将是待日军穿越了缅甸中部海拔7000英尺高的钦山之后，夺取印度东部的英帕尔和科希玛城，乘势捣毁已经乱作一团的英、印军队的老巢。

牟田口廉信心十足而且准备就绪。他甚至采取了在入侵缅甸后获得成功的一些预备措施（日军铃木敬二大佐已经在缅甸军队的意识中灌输了赶走英国殖民者的思想），并准备在印度如法炮制。在过去的一年中，一位名为藤原岩市的少佐已经训练了四万至四万五千人的“印度民族军”，这些印度士兵自从在1941年末至1942年初的马来亚战役中被俘以来便宣布效忠于日本人。他们在一个名叫苏巴斯·昌德拉·鲍斯的印度极端民族主义者领导下，相信印度即便处在日本人的统治之下，也不会比在英国殖民者的统治下更糟糕。

但在1942年7月，“第21号行动”被临时取消。当这份入侵计划的最后细节已被一一敲定时，东京的日军最高指挥部却改变了主意。因为军队和补给线已经延伸至极限，他们决定否决这一冒险的入侵行动。十八个月已经过去，到1943年12月，随着甘地发起的“印度停战”运动继续激励着印度民众并瓦解了英国的殖民统治，牟田口廉认为发动“第21号行动”的时机终于成熟了。

尽管补给匮乏的问题依然困扰着驻缅日军，但牟田口廉和他的上司东条英机——如今已是日本首相、大将以及陆军大臣——就这一入侵计划已经达成了共识。史迪威的中国军队已经离开印度，蒋介石从中国出发的部队也可能在缅北被包围，但斯利姆将军驻英国的军队却似将很快展开他们进军缅甸的行动。英国军队已在若开向南集结，显然准备继1943年的失败尝试之后，重新沿若开半岛南下进军阿恰布岛。这一次，如果他们能够成功地攻占阿恰布，他们势将进军仰光。牟田口廉还坚信，在温盖特于1943年取得了有限的战果之后，很快将会有另一支规模更大的英军和印度非正规部队，沿着温盖特走过的老路再度攻入缅甸。因此对于日本人来说，策动一场先发制人的入侵并且占领印度，将会彻底涤除横亘在日本及其对整个亚洲的控制之间的最后一道障碍。

当史迪威的部队正全力进攻胡康河谷的消息传到牟田口廉耳中的时候，他决定放弃原定沿胡康谷地进军的计划。如此一来，留给日军侵入印度的路径便只剩下了一处。首先，牟田口廉将在若开半岛以猛烈的佯攻迫使英国动用其预备队。随即，当英军被牵制之后，牟田口廉的第十五军团将动用三个全员的步兵师团——第三十一师团、第三十三师团以及第十五师团——在印度–缅甸边境宽广的中部地带向设于英帕尔的英军司令部发动进攻。他同样相信，如果他麾下的军队行动足够迅速，组织涣散的英国人将被迫作出他们唯一的战略决策——从印度北部全面撤退，这将在即将到来的雨季为日军赢得大批的补给物资。牟田口廉坚信，这是一个绝对不可能失败的军事计划。

引人注目的是，在同一时期，英国将军威廉姆·斯利姆已经预见到了牟田口廉的整个战略计划。在通盘考虑过各种可能的选项之后，斯利姆决定直接迎击牟田口廉的战法。不过，为了增加己方的胜算，他甚至准备让日本军队离自己更近一些。

斯利姆回想起“亲迪部队”第一次入缅作战时，他在交通和补给方面遇到的困难，决定对于入侵的日军不作立即的抵抗。相反，他将自己的两支最前线的部队——第十七师和第二十印度师——从印缅边境最陡峻多山的混乱地带撤回印度本土。接下来，他集中精力，将其他的部队和武器都部署在宽广的英帕尔平原：一片位于印度境内，距缅甸边境足有五十英里之遥的二十乘四十英里方圆的平坦碟形谷地。

为了消灭日本军队，斯利姆将迫使他们过度延伸其交通和补给线。他很清楚，这意味着一部分宝贵的缅甸边境地区将被牺牲，并且，在一开始，没有一位他手下的军官愿意无条件地同意他的计划。但正如他所判断的那样，这种“诱敌深入”的战术是唯一能确保将日本军队敲得粉碎的有效方式，它还能够让斯利姆统帅的第十四军在即将到来的重返缅甸战役之前，不至于战斗得太过艰难。对双方而言，决定印度未来命运的战斗场地已经毋庸再议。这两支军队——各自拥有三万至四万名精兵强将——将会在英帕尔附近迎头相遇，胜者通吃。广阔的英帕尔平原即将成为杀戮的战场。

1944 年 1 月 7 日，牟田口廉将军收到了令其进攻印度的命令——该攻势并被命名为“U-go”（乌号作战）。在 2 月初，牟田口廉选定他麾下的第五十五师团负责在若开半岛施行的牵制性进攻，他将这场入侵若开半岛的佯攻称作“Ha–Go”行动（阿号作战）。为了实现其作战目的，大约一万人的日本军队将攻击英军第十五军团（由英印第七师和第五师组成）各部，势必阻挠英国军队朝阿恰布岛以及最终的目的地仰光的进军计划。

在若开半岛，牟田口廉的作战计划是首先进攻并包围相对暴露的第七师，因为该师距他的军队较近，并且部署在陡峭的梅宇山东侧。一旦第七师被消灭或重创，他的部队就将从那里出发，穿过梅宇山区，攻打并围困第五师。他的希望是这两次进攻——如果进展得足够迅猛的话——能够将一部分斯利姆下辖的部队也吸引到南方来协助防御，削弱英军在英帕尔附近的力量，更有利于牟田口廉在那里发动真正的战役。

就在 1944 年 2 月 6 日曙光初现的时候，一支驻扎在山顶，以便更好地接收无线电信号的英军通讯连，被发起最初攻势的日军部队迅速击败并消灭。当日本人开始监听他们缴获的电台时，他们朝向南边的山谷里张望。通过升腾的晨雾，他们惊讶地看到英军的帐篷和坦克排成的阵列一直伸向远方，看不到尽头。这两百名隶属于日军第五十五师团第二大队的日本士兵所占领的，居然是位于英印第七师司令部——名为“辛兹维亚”的地方——上方一处绝佳的制高点。随后，雾气缓缓下沉，再度令他们下方的山谷朦胧一片。

当这些日本士兵分散开来，穿过山地，进行更周密的侦察时，他们发现在辛兹维亚和他们所处的位置之间，还有一座名为“郎洋”的小山包，其上不但有若干顶营帐，更停有几辆坦克。

情况紧急，因为英国人将很快发现他们设在山头的电台哨所出了问题。除此之外，也没有其他的日军战斗部队能够马上赶到（第五十五师团的大部分兵马要么正在截断从半岛通往大陆的道路，要么还在大后方没有跟上），于是，第二营的两百名日军士兵决定自己动手，夺取“郎洋”山头的英军营地。

他们的指挥官绿川上尉，将这支部队分作两支人数相等的战斗队，并让手下做好了进攻“郎洋”的准备。大约在上午十一时，他们开始进攻。令人惊奇的是，绿川的两百名日本步兵没有战斗便夺取了这座英军阵地。尽管有坦克摆在阵前助威，但“郎洋”的主要驻守者都是办事员和打字员等非战斗人员，许多英军和印军士兵根本没有进行任何抵抗，而是迅速从他们身边的办公桌和文件柜前站起身来，一路逃向南边山谷中的辛兹维亚大营。

绿川上尉和他的日本士兵深感振奋。经过一年多耐心地等候和漫长的忍饥挨饿之后，日本军队如今取得了他们在 Ha–Go/U–Go 入侵中的首场胜利。那天晚上，绿川的一部分部下在已被他们命名为“旗丘”的山头上升起了日本军旗，队伍中的另一部分士兵则在一个物资储藏帐篷中发现了一批英国食品和洋酒。当 1944 年 2 月 6 日的夜幕降临之际，进占郎洋的日本部队开怀大嚼他们缴获的食品，共同举杯庆祝他们取得的胜利。

但是，那天夜晚的欢庆，竟是日军在入侵印度的战役中所能达到的最高潮了。

第二天，也就是 2 月 7 日清晨，日军的 Ha–Go 攻势进展到第二个阶段——超过一百架日本零式战斗机对辛兹维亚展开了全面的空袭。整整一天的时间里，日军战斗机一遍又一遍地俯冲扫射辛兹维亚开阔地带的帐篷和坦克，连串的机枪子弹不停地泼洒到地面上。与此同时，日军第五十五步兵师团的两个营——全师团一万士兵当中的两千多人——在辛兹维亚上方的山地集结，准备一声令下，便向山谷发起冲锋。

作为一个防御阵地，辛兹维亚在地势上利弊互见。它大约 1200 码见方，建立在一片被矮丘和高山环绕的干硬稻田中，使其对周边山地的视野构成了防御意义上的一项优势。一座位于辛兹维亚中心的小丘——刚好是这条山谷的焦点——被设计成英印第七师的弹药库。在辛兹维亚的山谷东侧，另外一座较小但更引人注目的山丘是英军的炮兵仓库。同样也在这条山谷中——在构成军营的帐篷界线之外——还有一座野战医院、一家野战药房、几块第十五军团（包括第五师和第七师）的办公区域，若干座车辆调配场，还有一些餐厅帐篷和补给物资仓库。由于这一地区的平坦开阔，所有这些地点都可以轻而易举地彼此守望和来往，这也可以被视作一种防守上的优势，因为守军能够看到任何冲下谷底的敌人。整座营地的布局就好像第七师占据了一只箱子平板的底部，并且在事实上，为了将“第十五军团行政指挥部”的名称缩短，每一个人都将其称之为“行政箱子”（Admin Box）。

经过早晨的第一轮飞机扫射，再加上头一天丢失的郎洋营地，同时指挥第七和第五两个师的英军准将杰弗里·亚当斯心知一场进攻已经迫在眉睫。为了保卫“行政箱子”，他及早用电台发出召唤，第七师外派的所有五个旅都必须立即携武器装备赶回大本营。如果日本人敢于进攻，亚当斯断言，那就让他们在已经做好百分之百防御准备的英－印钢铁防线前彻底失败吧。当他所有的部队均被委派任务并部署到山谷的各个阵地之后，亚当斯在他的会议室内召开了一个简短的会议。他所发布的唯一一道战斗命令——亚当斯对他的战地指挥官们说，既简单又明确：“你们的任务就是坚守阵地，将日本人驱逐出去。”

2月7日的黄昏时刻，经过一整天的日军空袭之后，弹坑与骡子的死尸在辛兹维亚散布得到处都是。在夜幕的掩护之下，日本军队开始以闪电般的速度向“行政箱子”发起进攻。日军将这一攻势称作“汽缸位置行动”，意即日军的弹药和部队都将如水流穿过漏斗一样奔腾到山下，冲进辛兹维亚暴露无遗的山谷底部。按照预定计划，日军的迫击炮开始从谷地四周的山坡上一齐向“行政箱子”开火。在万分危急的情况下，被包围的英国和印度军队按兵不动，试图辨认出日本部队和炮兵阵地的精确位置。亚当斯认定日军的主力应当是在“行政盒子”的东侧，于是他命令第七师的摩托化坦克部队和75毫米大炮朝日军阵地发动攻击。为了让步兵部队更好地在大炮轰击之后接手战斗，亚当斯还派出了不列颠西约克团的一个营，他们将突破英军的营界，发动一场旨在将日军从辛兹维亚东部的丘陵地带击退的夜袭战。

但是亚当斯没有料到的是，日军扑向辛兹维亚的“漏斗”是360度全方位的。由于英军大部分火力以及战略目标被暂时导向了东方，亚当斯和他的部队便忽视了辛兹维亚阵地其他方向的防卫。忽然，在他们背后，亚当斯及其指挥人员听到日军小口径步枪的射击声从西方传来，就在那时亚当斯听到有人喊道：“我的天哪，他们攻进了医院。”

形势其实比这更加危急。日军不仅仅设法攻进了战地医院——该医院距“行政箱子”的参谋总部仅仅三百码之遥——他们还在周边修造了一道防御阵地。医院的防守非常薄弱（之前仅有二十名西约克团士兵和一些尚能行动的伤员把守），在任何人来得及赶来救援之前，它就已经陷落了。日军在医院里刑讯他们的俘虏，将其中一部分人的手脚捆住，而另一部分人则被他们用刺刀在病床上挑死。医院的一名印度军医——巴苏中尉被一名日本军官严加审问，他索要医院里所有的奎宁、吗啡以及抗破伤风的血清，其余的日本士兵则动手破坏任何他们无法利用的东西。

整个夜晚，由于炮弹无法识别敌友，亚当斯准将没有下令向医院开火。

但是，第二天一早，当日军开始将战俘拖出医院，并且当着英军的面用机枪向他们扫射时，亚当斯不得不重新思考他的对策。大约 20 名英军士兵被拉到一座建筑物的后面，日本人告诉他们“接受治疗”的时候到了。当这些囚徒走到医院背后一条干涸的河床上时，日军向他们开枪射击，直到所有的英国人都倒在血泊之中。但是其中的三名士兵——包括巴苏中尉在内——居然躲过了死劫，为了求生，巴苏和另两名生还者也像被子弹击中一般佯装倒地，然后——在日军不注意的时候——伸出手去，沾满他们的同胞与朋友们流出的鲜血，再涂抹在自己的脸上和身上，显出身受致命创伤的样子。其后几个小时的时间里，他们都躺在身边的尸体堆里一动不动，等待着日军看守松懈的时机。最终，这三名幸存者成功地逃奔向自由。

2 月 9 日清晨，日军对“行政箱子”的包围已经长达 36 个小时，当亚当斯判定医院里面所有的英国和印度士兵都已遭日军处决之后，英军开始用大炮和坦克向医院建筑开火。在炮火的掩护下，一队西约克团士兵插上刺刀冲进医院，准备与日军决战。但他们发现大多数入侵者早已放弃了这座建筑。当医院最终被夺回之后，英军在里面发现了三十一具英国和印度军人以及四名军医的尸体。

夺取医院是日军在辛兹维亚战斗中距胜利最为接近的一个回合。在随后十三天的时间里，英印第七师将迎着每日的枪林弹雨坚守“行政箱子”。牟田口廉麾下的日军第五十五师团最终将弹尽粮绝。第七师拥有充足的武器弹药和坦克，而日军为了快速前进所携带的装备中只有八门小加农炮和榴弹炮，不得不主要用步枪和轻机枪发动进攻。

由于在军需补给上占有优势，英军开始用他们的大炮轰击日军，逐渐在保卫“行政箱子”的战斗中逐渐占据上风。运气在这场战斗中也发挥了一定的作用。在 1944 年 2 月 11 日，一位名叫马罗那的西约克团哨兵独自把守在“行政箱子”南部的阵地边缘。他的任务是监控一条岸堤陡峭、蜿蜒延伸至山岭之外的干涸河床。天黑之后不久，他忽然发现两名日本士兵沿着河床，正朝他所在的位置不断逼近。当日本兵进入射程之后，马罗那用一梭子步枪子弹将两个敌人结伴消灭。第二天夜里，马罗那又发现一支规模更大的日军部队，沿着河床上同一条路径再度朝他的阵地走来。这一次，马罗那不仅仅自己准备充分，他还找了另外几个人和他并肩作战。当日军靠近之后，这支至少四十人的小分队中了埋伏，被英国士兵用机关枪和手榴弹剿灭一空。

英印第七师的好运气还不止如此。一位战斗力最为强悍的日本兵——他居然跳上陡峭的河岸，用军刀攻击马罗那的一名战友——被击毙之后，从他的尸体上发现了一张战术地图。原来马罗那设立观察哨的那处河湾刚好是日军的一处集合点，从那以后，每个晚上都会有不少日本士兵闯入马罗那布下的死亡陷阱。没过多久，在没有损伤一名第七师战士的情况下，足有 110 个日本兵在这一地点死于非命。

随着时间流逝，日军对"行政箱子"的进攻仍然猛烈无情。近距离的创伤——主要是由子弹和刺刀造成的——是双方士兵伤亡的主要原因。对于日军第五十五师团指挥官樱井召三准将来说，在夜色中发起攻击是最合其口味的战术。在 2 月 14 日和 16 日，精确到晚间十点二十分，樱井都派出大批日本士兵从"行政箱子"六边形营盘的某一或某几个山坡上向下俯冲。但由于第七师的顽强防御，日本人"万岁"的临阵高呼总是被英军坦克的炮弹轰炸、机枪怒吼和飞射的步枪子弹迅速地压至无声。在这两个夜晚，仅仅激战 35 分钟之后，枪炮声便戛然停止，在夜空中回响的全是受伤的日本士兵痛苦的惨叫声。随后，当英军发射的照明弹像烟花一样划破黑暗的夜空时，英国人便会看到数百名身穿咔叽布军装的日本军人在地面上翻滚，或者在阵地的铁丝网下晃抖着身躯，直至鲜血流尽而死。

由于"行政箱子"到处都是车辆、骡马、军人、仓库以及各种设施，因此只要日军朝辛兹维亚射击，很难打不中某个目标。很快，英军的野战医院又一次住满了英国和印度伤员，两名胡须满面、心力交瘁的外科医生每隔 36 小时相互轮换，不停地工作着，他们的围裙上沾满了血迹。

在“行政箱子”被包围整整一周之后，英军的物资补给出现短缺。亚当斯和他的部下开始担忧他们手中的炮弹和枪械弹药的数辆能否够用，以及库中的存粮还能供军队食用多久。一天夜里，七十五架日本零式战斗机发动了一场可怕的空袭，多发机枪子弹引燃了小丘上的军火仓库，造成了几场剧烈的爆炸——其中若干重炮炮弹的爆炸声响彻夜空——这更加重了亚当斯对军需供应的忧虑。

夜复一夜，尽管弹药储备有告罄之虞，但英军的坦克和大炮还是慢慢地压倒了日军的攻势。在白天，第七师的坦克巡视在营地的边界，一旦察知任何敌军的举动，当即向那边的丛林中发射炮弹。到了夜间，亚当斯将这些坦克布置在丘陵丛林的关键地点，将它们用作移动碉堡。一天晚上，在“行政箱子”的南端，一支由 865 人组成的日本大队试图从在英军地图上标称为“315 丘”的山上朝英军营地渗透。但是当日军突击队沿坡而下，冲向“行政箱子”的阵地边界时，一排坦克射出的炮火和机枪子弹将他们毫不客气地驱赶回去。在几轮冲锋都遭挫败之后，樱井派出几组敢死队员准备摧毁坦克。但甚至没有一个人能够靠拢它们。某几天，通常由坦克的冲锋陷阵为先导，英印第七师还向日本人发动了反攻。当隶属于第 25 装甲骑兵团的十辆坦克奉命夺回一座位于“行政箱子”北侧的名为“C 连丘”的小山时，他们先用远程 75 毫米高爆破性炮弹射向隐蔽在战壕中的日本部队，炸平周边的林木并将日军阵地暴露出来。当坦克进一步逼近，并有几支西约克步兵团的特遣队紧随其后的时候，坦克炮手将弹药从高爆破炮弹换为实心炮弹，不但可以继续击打敌人，还能够更好地保障他们参战的士兵不会被己方的炮弹误伤。当坦克最终直抵日军的战壕前方之后，它们继续向敌军发射实心炮弹，并伴之以机枪扫射。一俟机械化进攻告一段落，西约克团的士兵们便从坦克后面冲进战壕，用装上刺刀的步枪结束战斗。

经过十三天对“行政箱子”的里外围困，从辛兹维亚的山头发动进攻的日本第五十五步兵师团已经被装备更为精良、状态更为稳定的英国守军消灭殆尽——日军的人员损失的确令人瞠目。在战斗进入第四天时的2月11日，在辛兹维亚四周的山坡上，樱井将军还指挥着2190名士兵，他们当中的每一个人都满怀信心，时刻准备发起进攻。但是十天之后，到了2月21日，只剩下四百名日本士兵尚可一战了。

2月22日，樱井决定向辛兹维亚发动最后一次猛攻：他下令准备第二回合的全方位攻势，让日军倾巢出动，向下方的英军阵地发起冲锋。但是，命令刚刚发出不久，这一进攻便忽然被推迟了。当他的大队指挥官们在冲锋发起前向樱井进行汇报时，他才意识到军中不但再也没有炮弹可用，并且因为疾病与创伤，整个第五十五师团能够发起冲锋的士兵竟然只有一百人左右。

两天之后，樱井终止了他在辛兹维亚的一切军事行动，下令从“行政箱子”周边的山区全面撤军。在补给匮乏并且没有野战大炮和反坦克武器的条件之下，日军曾将赌注押在他们那招牌式的强攻猛打和战术包围会令英国人屈服的牌局上，但日本人一招算错，满盘皆输。

日本军队从辛兹维亚的撤退，成为了成功地检验英国军队勇气的一块试金石，同时也是在缅甸对日战争的转折点之一。“行政盒子”一役，“英国人和印度人证明了他们自己，在与日军各自为战的战斗中，最优秀的日本士兵也不是他们的对手。”威廉姆·斯利姆将军写道，“这是一场胜利，一场无人再能争议的胜利，而它的影响……极为深远。”

正如“亲迪部队”、中国X部队和梅里尔的“掠夺者”部队几乎在同一时间内所发现的那样，英国正规军如今也意识到日军不但可能被击败，他们更有可能被打得溃不成军。这是斯利姆将军和他的部队必须铭记的一回经验，因为在缅甸战争期间规模最大的一场战斗已经如雷暴云砧一样，从东方逼近印度。就在印缅边境的印度一侧，一支四万人的日军入侵队伍已经陈兵待命，随时准备发起进攻了。

虽然在“行政箱子”战役中日军尸横遍野，但对于牟田口廉来说，攻打辛兹维亚的战斗从来也不过是其入侵英帕尔平原并消灭英印军队这一重大战略的牵制性环节。在 1944 年 3 月初，仅仅从辛兹维亚撤退两周之后，日军便再度开始了他们热情高涨的新进攻。

牟田口廉用所有的日本军官都惯用的蛊惑式花言巧语来激励他手下的士兵们，向部队发出了 U–go 行动的命令：“我们的部队如今已经达到了战无不胜的境界，太阳旗高高飘扬在印度土地上的胜利之日已经为时不远。当我们进攻时，我们必须以野火一般的速度冲向我们的目标，无论前方的阻碍是河流、高山还是迷宫一样的丛林……我们必须横扫一切敢于拦路的卑贱对手，以全歼敌人的伟大胜利为我军的常胜传统增光添彩。”

在这番声嘶力竭的动员令之后，U–go 行动宣告正式开始。在 3 月 8 日，斯利姆麾下第十四军的一支廓尔喀巡逻队发现了两千人的日军部队正从穆拉白和提杜姆两城附近，穿过丛林向西推进。廓尔喀巡逻队将他们获得的情报迅速向英军司令部汇报，但斯利姆军中却无人相信一支两千人的日军能够造成多大的危险。斯利姆清楚很快将会有更多的日本部队涌来，他按兵不动，等待敌人前进到超出其补给和交通能力以外的地界。

到 3 月 13 日时，斯利姆和他的军队已经无法再对日军的行动视而不见了。一支大股入侵部队出现在丛林之外，他们开始着手封锁斯利姆设在英帕尔的司令部以南的提杜姆路段。就在那一天，临近午夜的时候，命令英印第十七师撤回英帕尔的命令终于下达，但为时已晚。日军早就设法在英帕尔以南 110 英里处的通藏封锁住提杜姆路，隔离了第十七师以及位于其更南侧的第二十师。在其后的一周内，日本人又沿着道路，在另外两处地点楔入第十七师和第二十师之间。对斯利姆来说，英、印部队和日本军队如今在提杜姆路的沿途一层又一层地彼此交叠，好像一块从缅甸边境一直延伸的 110 英里长的“那不勒斯冰淇淋”。由于提杜姆路在马尼坡河谷的山峦上下所修造的之字路蜿蜒曲折——如今它已经用砖铺成了路面，使得这道三千英尺高、有四十道险弯的“巧克力阶梯”至少尚能通行——任何一处路段都可能被设置路障，进行伏击。因此，与其让这两师英军沿着危机四伏的道路返回英帕尔，斯利姆宁可决定让他们暂时原地驻守，并空投下更多的士兵、弹药和食品以备不时之需。

到 3 月 19 日，从各种表现来看，U–go 攻势似乎都是按照牟田口廉的思路顺利进展。尽管英印第十七师拥有 1.3 万名士兵，其中还包括若干擅长丛林作战的廓尔喀特遣队，他们却无法阻挠日军第 33 师团在通藏地区跨过提杜姆路。第十七师运用他们的大炮和包抄战术，与日军巧妙地周旋，但日本人虽然闯入印度本土不过寥寥数日，却进行了相当周密的部署和分布。并且日军也决不肯被动挨打，他们的主力一面在通藏抵抗英印第十七师的进攻，一面又派遣出若干支队，沿着道路向北部移动，直扑英国第十四军的指挥总部。没过几天，他们就抵达了距英帕尔不足 36 英里的地方。

但是斯利姆将军继续按照原计划作战。他命令沿着提杜姆路驻守的英军持续向日军发起攻击，同时指挥英国皇家空军和美国陆军的 C–47 运输机向第十七师和第二十师空运补给物资和增援部队。经过史迪威的批准，这些援军和物资均是从阿萨姆转运过来的，经过长达两年的驼峰飞行，各空运机组都已对空投技术出奇地精通，他们能够用降落伞将供应一支 800 人部队的全部食品，百分之百精确地投放到一个 100 码直径的圆圈之内，并且能够在几分钟的时间里便从一架着陆的 C–47 运输机里卸下重达 4 吨的各类物资。

随着提杜姆路沿线的战斗在英帕尔以南战势缓慢地进行，斯利姆将军逐渐对其对手的人数与战斗风格有所掌握，他开始更为慎重地组织对英帕尔的防御。经过蒙巴顿和史迪威的授权之后，斯利姆将久经沙场的“火球”英印第五师从若开半岛空运至英帕尔。一个月之前，由于英军在“行政箱子”激战的胜利，第五师没有遭遇日军第 55 步兵师团的佯攻。在十一天的时间里，第五师的 1.2 万名士兵——加上大炮、骡马、吉普、弹药以及后勤和辅助人员——被运输机送抵英帕尔协助防守。正如亚当斯曾在“行政箱子”一役中采取的方式一样，斯利姆将其第十四军压缩在一个严密保护的阵地之内，以一种钢铁般的防御阵容，极难让日军将其拆散打垮。他们已经基本准备就绪。

如今万事大吉，只欠用时间、补给问题以及漫长的征途来摧垮日本侵略者了。

实际上，防御英帕尔平原以及贯穿其南北的道路的任务相当艰巨。虽然英帕尔城自身易守难攻，但从城中延伸出去的道路却很难保证视野的开阔，它们被茂密丛林所覆盖的险峻群山所限制，使敌军的规模、武器装备以及所处位置都难以清晰地判断。

在英帕尔的北方，道路通往 80 英里开外的第二座（却小得多的）英军基地科希玛城。从科希玛再沿着同一条盘旋的山路向西北前进 45 英里，就是设在迪马坡（Dimapur）城的一座至关重要的铁路枢纽。如果将连通迪马坡的道路阻断，断绝科希玛和英帕尔的铁路供给，整个东印度地区的英国和印度军队——约有六万士兵——便不得不靠空投物资进行补给，而这将是一项不可能完成的任务。

在英帕尔南部，提杜姆路已经被日本军队在三个位置完全切断。首先，一支日本中路部队从南部沿路北上，杀出缅甸，直扑提杜姆城；其次，一支日本左翼部队从这条道路朝西部进行大范围迂回，穿过丛林，在通藏以北约 10 英里的位置重返提杜姆路，攻夺这座城镇，并且将英印军队的撤退路径完全封锁。最后，第三支日军大队向北穿过马尼坡河谷以东的山区，在提杜姆路 109 英里的里程碑附近以及通藏附近的丛林外现形，夺取英印军队贮存在通藏的大批弹药和食品。当这座物资仓库最终于 3 月 18 日陷落之后，日军清点了库存的物资，头晕目眩地向牟田口廉报告说，缴获的食品、弹药与炮弹足够支持在战线最南部进行战斗的日军第 33 师团达两个月之久。

驻扎在英帕尔以南的英军第十七师和第二十师如今已被完全包围，斯利姆仍在贯彻他更宏大的计划。他命令这两支部队继续在道路受阻地段进行战斗，但不得朝北部的英帕尔过度回移。毕竟当牟田口廉执行完他所有的战略计划之前，英军对于重新打开提杜姆路几乎无能为力。斯利姆提醒他自己，只要己方的部队能够获得足够的空投物资，而日本军队不断地消耗他们从缅甸带来的少量弹药与食物的话，提杜姆路的封锁最终可以被冲破，日军也终将被英军击败。

在 1944 年的 3 月，牟田口廉的战略计划始终不甚明了。该月下旬，虽然英印第五十空降旅在英帕尔东北部的桑山克村击败了日军的先头部队，并造成 850 名日军的伤亡，但牟田口廉的第三十一师团却不在英军的视野之内。他们在英帕尔和科希玛东部山峦起伏的丛林荫翳下集结，而斯利姆对此也别无选择，只有静候牟田口廉图穷匕见。但是在四月初，除了已经从若开半岛空运来英帕尔负责协防的英印第五师之外，斯利姆还将英军第三十三军团借调至东印度地区，作为最后一支增援部队防守科希玛和迪马坡之间的交通走廊。

由于有英印第五师和第三十三军团的加盟，英国人在人员和武器方面已经较日军占据了优势地位。曾经期望利用其快速运动的轻装备部队对垒三个英国师的牟田口廉，如今却被迫面对近五个师的强大对手。此外，他似乎过度地倚赖于他发动这场入侵行动的一条信念——他仍然期望这场进攻印度的战役只需三周即可大功告成。

为了给他手下的士兵提供膳食，同时也可协助驮运武器装备，牟田口廉用“行餐走肉”来补给他的部队——也就是驱赶着数千头牛随军前进。但是当牟田口廉的军队在山高坡陡、水汽蒸腾的丛林中，朝着英帕尔和科希玛的方向攀爬颠簸的时候，情形逐渐开始恶化。到4月份，牛群因为疾病和体力衰竭而不断死亡，因为它们原是用于在道路上牵引大车，而不是身负重担在丛林当中穿山越岭。

“牛群无法顺着岩壁陡峭的山路攀爬，甚至连我们这些军人也很难顺利地行进。”一位隶属于牟田口廉麾下第三十一师运输队的上等兵和田学说，“我们的牛马带着我们的食品物资一同掉下悬崖，因为山坡陡峭，我们根本无法下到山沟找回任何东西。”

虽然通藏的军粮仓库落到了日军手中，但绝大多数军用物资依然牢牢地把持在英国人的控制之下，这更加剧了日军的饥荒程度。牟田口廉必须着手他对印度东部的征服计划了，否则他的士兵都将饿肚子。

1944年4月5日，日军佐藤幸德中将指挥其两万人的第31师团开始首攻科希玛。对于将主力部队集中收缩在英帕尔的英国人而言，他们能够用于防御科希玛城的士兵只有3800人，而这支防御力量的主力是地方警察、处于康复期的伤病和后备队成员，部队中只有不到1500人是受过训练的步兵和来复枪射手。问题更严重的是，科希玛军营根本没有在城市四周架设铁丝网，作为防御警戒线之用。当日军的包围开始之后，科希玛守军被迫收紧了他们的阵地防线。接着，由于唯一用于军队补给的水管被入侵者切断，日军的神枪手更打穿了科希玛军营里的贮水钢罐，数小时之后，守城的英军就只剩下他们水壶里的饮水，熬过日复一日的围困时光。

随着战斗升级，一些来自英印第161旅（隶属于“火球”第五师）的部队从东北方向下推，试图增援科希玛，但他们被早已包围了该城的佐藤部队驱赶了回去。如同一条缠绕碾压其猎获物，直至其窒息而死的巨蟒一样，佐藤指挥的日本军队用步枪和迫击炮弹接连不断地压迫英军的防御阵地。到了

4月16日下午——在24小时之内的第二次——科希玛守军被迫再度收缩他们的防线。

对于佐藤及其第31师团来说，由于科希玛城被他的部队在开战后一天之内便斩断了外援，一个千载难逢的机会便浮出水面：趁着英军顾此失彼，日军正可以借此良机向科希玛西北突进四十六英里，攻夺迪马坡的铁路枢纽。一旦这座铁路要塞被拿下，势必阻遏军用物资和枪支弹药向斯利姆及其东印度军队的运输流程，英、印军队自然日渐衰弱，而日本部队则将朝着胜利迈出意义重大的脚步。牟田口廉本人赞同佐藤的进攻计划，但是当他向自己的顶头上司——河边正三将军——建议采取这一关键性的步骤时，河边这位头脑僵化、作风老派却执掌缅甸所有军事力量的日本武士，却对此坚定地持否定态度。他确信夺取迪马坡铁路枢纽“根本不在战略部目标之内”，命令牟田口廉和佐藤放弃攻打迪马坡的计划，全心扑在科希玛的战事上。

到头来，被迫流产的“攻袭迪马坡”计划或许会被列为日军入侵印度期间最不应错过的一次机会。由于迪马坡的火车枢纽继续保持畅通——使得武器、士兵和补给物资源源不断地送往英帕尔和科希玛——日军在入侵印度的行动中的压倒性潜力已不复存在，而这场侵略行动赢得胜利的可能性也随之荡然无存。

尽管逃过了迪马坡遭攻击的劫难，1944年4月最初的几周却让守御科希玛的英国和印度部队麻烦成堆，危机四伏。被日本军队持续打击了仅仅两天之后，3800名英国和印度守军便被围困在科希玛城内一片边长只有400–500码的三角形区域内。但尽管遭到重重围困，这支英－印军队却坚决不肯放弃。在其后一个星期内，科希玛的守军靠极少的食物与每日不足一品脱的饮水艰难维生，他们以一种勇毅的精神，全力以赴地进行防御，使这些英国人和印度人足以立足于整个第二次世界大战期间最英勇的战士当中。

日复一日，日军在一条能够俯视科希玛小城的山脊上攻夺高地。当他们在一座山头上占领了一座可监视英军阵地的物资补给站之后，便利用其中的面包房和巨大的铸铁烤炉作为掩体，朝科希玛守军开枪射击或投掷手榴弹，而在英军反击之前便紧紧关严烤炉的铁门。为了消灭躲在掩体里的日本士兵，一名年轻的英国军需官发明了一种“长竿攻势”：将二十五磅重的炸药装进空弹药箱中，再用长竹竿将其送进仓库和烤炉里，这种方法杀伤力惊人，货真价实地将许多日本士兵炸成了碎片。

接着，到4月7日，英军决心夺回野战补给仓库以及“补给山丘”——也就是仓库所在那条山梁的诨名。当“皇家西肯特团”的战士们在自动武器和手榴弹的枪林弹雨下，发起向补给站山头的强行进攻时，一等兵约翰·哈蒙也在此后的两天内展现出他超人一般的英雄气概。在第一次冲锋开始之后，哈蒙发现在英军侧翼的一座小工事中，有两挺日军的机关枪威胁着西肯特团的攻势，他便避开机枪的扫射幅宽，径直朝敌人的阵地走去，再用牙齿扯开两枚手榴弹的拉环，将它们抛进机枪工事里。随着手榴弹的一声巨响，他纵身跳进敌军阵地，用枪端的刺刀结束了他的战斗任务。然后，他将其中的一挺机枪高举过头顶，以难抑的狂喜向他的连队高声呐喊，汇报这一惊人的胜利。

被哈蒙的勇气所感召，皇家西肯特团D连的全体战士开始纵声欢呼，并且步调一致地向补给站发起冲锋。他们用步枪枪托、双手、刺刀和军刀当作武器，不但夺回了补给仓库，而且将原本占据了这座建筑的整支日本部队驱除或从肉体上消灭。在补给站失而复得之后，哈蒙发现还有几名日本士兵被锁在面包房的烤炉里。他飞奔出去，收集来满满一抱手榴弹，又急忙冲回室内，将手榴弹逐一投入十具烤炉的烟囱里。随着一声声爆炸响过，哈蒙逐一打开烤炉的铁门，在狼藉的尸体中，他又找到了两名尚未断气的敌兵。哈蒙将这两个人举了起来——再度受到皇家西肯特团战友们疯狂的喝彩——并将他们作为战俘拖回英军营地。4月8日，也就是第二天上午，经过一整夜片刻不停（并且相当精确）的炮击和对日军地面攻势的详尽侦察之后，哈蒙所在的D连奉命攻袭另一处日军机枪阵地，这座阵地位于英军营地另外一侧崖头凸起的山坡上。在示意其布伦式轻机枪手向设在壕沟边缘的日军机枪工事进行扫射，对他进行火力掩护之后，哈蒙再次镇定地朝日本军队走去。他先用步枪击毙了两名藏身战壕的前哨机枪手，插上刺刀之后再冲向机枪岗位，跳入日军的战壕，又杀死了所有三名日本机枪手。当这个阵地被夺下之后，哈蒙——正如他在前一天所做的那样——跃出战壕，将一柄重机枪高高举过头顶，放声吼叫来庆祝他的胜利。

英军战友们齐声喝彩，直到他们惧意丛生地注视着哈蒙在不断密集的敌军步枪和机枪弹雨散射中，开始转过身形，不急不缓地朝着山下走去。他们喊叫着，要哈蒙跑动起来，但他继续悠然行走。为了掩护哈蒙，皇家西肯特团的战士们朝视线所及的任何一个日军阵地开火，然而，当哈蒙走到至英军阵地已不足半程的距离时，一名日军狙击手射中了他的脊背，使其身受致命的枪伤。一群西肯特团的军医舍命冲出去将哈蒙拖回英军的战壕，当他已奄奄一息的时候，那份潇洒依然令人激赏。他用最后的一口气激励着他的战友，“我中了彩，”他说，“但很值得。”

4月8日夜晚，整场科希玛激战中最为古怪的一次战斗拉开了帷幕。位于本地前副税务长官邸上方一座曾经十分雅致、战略位置也颇为紧要的网球场上，几支日本部队正向在那里驻守的一支英国特遣队发起猛攻，试图夺取这座球场充作瞭望台之用。

每当日军发起又一轮新攻势，隐蔽在球场底线一端沙袋后面的英军士兵便会用步枪和手榴弹击退这些入侵者。整个夜晚，日军也试图在球场另一侧的底线上建立“网球场滩头阵地”。子弹和手榴弹不停地横飞过场地中央的球网。好像一场宏大的温布尔登公开赛，这场争夺网球场的战斗不但通宵酣烈，而且持续到第二天的上午和下午。最终，经过整整一天分秒不停地激战和爆炸，英军勉力压制了日本人的攻势，将他们分割包围并且彻底消灭。在科希玛，英国人总算保住了他们网球场。

但是双方的伤亡人数都在以一种令人震惊的速度增加。保卫科希玛军营的战斗早已超出了战壕战的范围，英军的军医每天二十四小时不停地为伤员缝合伤口。而在 4 月 13 日，英国的诊疗楼房更遭到两发日军炮弹的直接轰击，人员规模原本就很小的手术治疗队伍又失去了四名医生。

到 4 月 15 日，经过长达十一天持续不断的进攻和防御转换，日军看起来终于要将英国守军在战局上将死。在一场长时间的战斗之后，位于科希玛三角形防御阵地上方一座非常关键的山梁终于被佐藤麾下的日本军队夺取。

对英国人而言，这不啻是失去了最后一根稻草。早在两天以前，已经在缺食绝水、弹药匮乏的困境中坚持了一周的英国守军，注视着英国和美国的运输机冒着两万名日军地面部队发射的漫天弹幕，从北方飞进狭窄的科希玛山谷，并且向防守科希玛的战士们空投补给物资。不幸的是，从飞机上投下的食品、子弹、迫击炮和炮弹都没能落到它们正确的着陆地点，而是被一阵轻风直接吹送给了日本人。唯一准确地落入科希玛防御阵地内部的盟军伞降物资，却是本应投送给仍被围困在城西北 2.5 英里处的英印军第 161 旅的大炮炮弹。于是，科希玛守军获得的寥寥几枚炮弹和他们所拥有的大炮在口径型号上根本不匹配。很快，日军便开始用英制武器攻击科希玛城内的英国人和印度人，并且在战斗的间隙，他们还穿过两军之间的无人地带，对英军营地的防御者们大声地嘲弄：英国人空投的军粮品质真是上乘啊！

被围困在科希玛军营的英国部队似乎已能看到临近的末日。4 月 18 日上午，被包围了整整十三天的科希玛守军，已经准备好用刺刀展开最后的白刃战，与他们的阵地共存亡。但奇迹般地，就在同一天早晨，英印第 161 旅的印度士兵们终于冲破日军的包围圈，开进了科希玛城，用他们新补充的人员和武器令科希玛的守卫者们如释重负。

两天之后，由于英印第二师的一个旅也赶来增援守城部队，161旅在日军围困科希玛的包围圈上打开的缺口已经被英军牢牢守住，在战斗中负伤和患病的士兵以及战场阵亡者都能够从城中陆续运往后方。在这十三天的重围期间，共有超过600名英国和印度士兵牺牲，但是新近赶来的增援部队即将面临的景象，在恐怖程度上也丝毫不弱于此前的两周。人体的残肢断臂与参差不齐的光秃树桩以及被鲜血浸透的军靴凌乱地混杂在一起，随处都是因腐烂而肿胀的尸体和红、蓝、绿、白各种颜色的降落伞碎屑。“这里的每一寸土地都已被炮火深犁过一番，”约翰·奈特菲尔德少校曾写道，“死人的残骸随其腐烂，战火继续在它们上方燃烧。苍蝇成群结队无处不在，并且以惊人的速度迅速繁衍。当士兵开挖战壕时，经常难忍呕吐的欲望。恶臭的气息在空气中弥漫，甚至渗透进每一个人的衣服和头发里。”

但是，这番血污和绝望的场景并非仅仅为科希玛的英国守军所独享，在战场的另一侧，日本士兵也处于濒死的边缘，他们正在被战争的车轮碾成碎片。“我们苦涩地彼此抱怨着我们那些将军的无能，”佐藤第三十一师团的运输队上等兵和田学说：

“在4月中旬，我们已经粮草断绝。英国人将他们的粮仓和补给站烧得精光，没有给我们留下一粒米或者是一包弹药……我们仅够维持三周的军粮早已被耗尽……敌军的重型和中型火炮不断地朝我们开火，当作他们的步兵发起进攻的前奏。我们这一方，每天只限于回应寥寥的几发炮弹，英国人却将成百上千枚炮弹铺天盖地地砸在我们的头上……我们眼看着敌军的增援部队用卡车拉来越来越多的弹药，并且旋即朝我们倾泻过来。每天只有在下午三点钟左右，当英国人开始喝下午茶的时候，我们才能从炮弹的空隙间稍作喘息，用望远镜向远处张望一下。但我们根本没有办法用步枪朝他们射击，因为这当间的距离实在是太远了。"

这场战斗远没有结束。4 月 18 日傍晚，就在印度援军刚刚突入重围之后不久，另一场争夺网球场的激战再度爆发。尽管英军有着增援部队和充裕武器的乐观前景，但日军仍然围困着科希玛城，并且他们仍在能够俯视这座城市的最为突出的几个地点开挖战壕，伺机待战。

但是慢慢地，尽管每一次呼吸都让腐尸的恶臭呛入肺叶，尽管每到日落时分，日军的迫击炮和野炮继续将炮弹射落入科希玛城内，但英军和印度军队终于开始扩展他们阵地的边界。一天又过一天，随着越来越多的英国人、印度人以及枪支弹药涌入城中——其中甚至包括英印第二师整整一旅的人马——这场战斗中的优势重心最终发生了转移。

经过一场富于耐心而又卓有成效的攻山之战，英国和印度部队重新夺回了科希玛山脊上一座关键性的指挥中心。由于在较高的地势再次占有了一个立足点，他们开始扰乱日军的攻势，并且沿着这条山梁，将日本部队从其他的阵地中驱逐出去。就好像一把断线钳在一枚结婚戒指上寻找柔软的黄金部件那样，在日军重围之中的英国人、印度人和廓尔喀人开始将日渐衰弱的敌军切分成碎片。他们首先把日本军队沿着东西轴线一分为二，再自北而南打开一道通路，将日军进一步分成四半。他们不得不和佐藤的部队争夺每一座碉堡，每一个山头，但当 6 月开始时，日军已经显露出彻底衰竭的清晰迹象。

"到 5 月中旬的时候，英国人发现他们能够从我们手中夺回科希玛山脉，这其实没什么可惊讶的。"和田学回忆说，"我们的损失异常可怕，虽然我们的士兵作战勇敢，但是他们既没有口粮，也没有步枪和机枪子弹，更没有可供大炮发射的炮弹。最主要的是，根本得不到后方预备队的支援。当这场军事行动才开始时，我们的联队足有 3800 名战士，但到现在，我们已削弱到只剩下区区几百人了。"

虽然科希玛之战正朝向盟军取胜的方向发展，但英国和印度军队防卫提杜姆路和英帕尔平原的战斗正进行到白热化。3 月 21 和 22 日，在提杜姆路 109 英里里程碑附近，英－印军队为了夺回对通藏补给站的控制权，再度与日本军队展开激战。在英军轰炸机轮番投弹的辅助之下，通藏城及其补给站点于 3 月 25 日重新回到盟军的手中。负责打扫战场的英国分队在通藏城中的发现既振奋士气，又令人憎恨日军的残暴。

首先，从日军对库存粮秣暴饮暴食式的浪费——食物被像垃圾一样扔得到处都是——可以明显地判知日军已近饥荒的深渊。另外，英国人还发现了两具印度士兵的尸体，他们被剥光衣服，颈上系着绞索，悬挂在城镇的中心。在他们被处死之后，这两名印度人的遗骸显然成了日军练习刺杀的肉靶。虽然通藏城中有如此暴虐的景象，但英军和印度军队都坚信他们能在英帕尔以南的提杜姆路上打败柳田指挥的日军第三十三师团。威廉姆·斯利姆“诱敌深入”，将日本军队引进印度的战略已然开始奏效。特别是借助于占据优势的人力资源、络绎不绝的轰炸机狂潮以及大量储备的空投物资和武器，当日军逐渐萎缩衰败的时候，英国与印度部队却继续保持着强大的战斗力。

各有三万至四万名士兵的两支军队为争夺英帕尔和科希玛而进行的战斗，成为这一地区的角力焦点。自从 3 月下旬日军切断了通往科希玛的道路，并封锁了所有地面补给线之后，斯利姆就只能通过源源不断的空运满足其补给需求。从 4 月 18 日起，英国和美国的飞机将 1.9 万吨物资和 1.2 万名士兵运送到英帕尔平原。看起来每一名战士、每一口米饭都为斯利姆将军所急需，正如牟田口廉将军、他麾下的日本第十五师团以及这支军队的指挥官山内雅史中将，也正在不遗余力地调兵遣将，向英帕尔发动猛攻。

正如两年前对缅甸发起的侵略行动那样，日军“向德里进军”的军事计划也被分解为一系列步骤，在新近占领的区域没有被彻底扫荡和建造碉堡之前，日军绝不再向前迈进一步。在英帕尔上方的山坡头，山内将军的第十五步兵师团将入侵并征服一片土地，用沙袋和水泥浇注的碉堡强化其防御能力，然后再以一种近乎自杀式的狂热精神向前冲锋。当英国和印度士兵距这些新建造的碉堡近得足以用“长竿爆破法”发起攻击时，里面的日本士兵却从不逃跑。正好相反，面对必然降临的死亡命运，他们继续朝敌人开枪射击，直到炸药箱被引爆，将他们撕成碎片时为止。

日本人全然不惧于他们个人的末日救赎——也极少有人形于颜色地害怕死亡。每一位日本帝国军队的战士都清楚，勋章和荣誉只会被授予为天皇陛下成功地赢得了战役胜利的人们，没有谁仅仅因为在战场上的勇敢而受到嘉奖。每一个士兵都只不过是整支军队当中的一小部分，如果他不作出最大的努力，那么他所在的小队、大队、联队甚至师团都将蒙受耻辱。他同样也很清楚，当他离家远征的时候，他的父母、兄弟姐妹以及其他家庭成员都绝不被准许做、说或在信中写到任何可能令士兵们对为天皇献身稍感犹疑的事情。这就是满脑子进攻念头的日本帝国军队官兵们长期被灌输的思想。实际上，为了能够完成死在偏远的战场上时难以履行的礼仪，很多日本军人——尤其是受到武士道训练的军官们，甚至在离开日本本土赴海外参战之前，就已经为自己举行了葬礼。

一位名叫宫下进的日军步兵曾经说：“在战争临近开始的时候，日本的一切都显得有些疯狂。一开始，只有一小批狂热分子鼓吹战争，而战争在我们的历史上其实只是非常的特例，我们其实是一个和平的民族。但是随着战争发动并且逐步升级，一种病态的爱国主义开始控制社会，那些一开始并不支持战争的人也逐渐被拖进这种疯狂之中。我们中的大多数人都不是武士道信徒，但后来，尊奉它并且为荣誉而战的压力开始潜入我们的意识深处。一旦你被拖入那种文化之内，它便无处不在，而你再也无法回到外面的世界。那些信念不断地感染着你，直到你也全身心地相信与其被捉为战俘，倒不如舍身战死更为荣耀……能够为你的家庭、你的国家和你的天皇而献身是毕生最大的光荣，这种光荣感激励着日本人在亚洲的军事进军。对几乎每一个人来说，我们都视死如归。我们认为那样的命运，比起在征服亚洲的事业中失败而苟且偷生要幸福得多。”

甚至威廉姆·斯利姆将军（尽管他担负着抵抗日本人武士一般狂热进攻的重任）也对于他的敌手们的勇敢印象深刻。“日本军队所展现出来的力量，”他后来在回忆录中写道，“正基于每一个士兵的精神。他战斗、行军至死方休。如果有五百名日本人奉命坚守一处阵地，我们必须消灭四百九十五人，才能最终夺取它，然后，剩下的五个日本人便集体自杀了。”

没过多久，有关日本士兵自杀的种种故事便传遍了英帕尔、科希玛乃至整个中缅印战区。如果一名士兵疾病或伤势过于严重，无法逃脱被捕获的命运，他更宁愿结束自己的生命，而不是作为战俘生存下来。一些已经成为战俘的日军官兵用罐头盒的马口铁盖刎颈自杀，另一些人则吞服煤油自尽，还有人企图上吊，或者用头撞向洋灰楼房或路边的岩石，直至脑浆崩裂而亡，从楼梯平台或阳台上跳楼自尽的也不在少数。

在英帕尔、科希玛乃至提杜姆路沿线的各个战场，威廉姆·斯利姆首倡的“诱敌深入”战略方针，开始闪现出它卓越不凡、满怀自信的力量所在：高耸的崇山峻岭与上百英里宽广的热带丛林，将日本军队与他们远在缅甸境内的菲薄补给线隔离开来，使他们日渐衰弱与混乱。但是日军仍在战斗。虽然英军的坦克部队、空中轰炸和“长竿爆破”威力昭彰——更毋庸指出英国和印度步兵的前沿阵地逐渐拓宽，不断将日军驱回来路——但日本军队依然拼尽全力，发动一次又一次凶猛的进攻。

即便他们在战场上每四至五个人当中就有一人阵亡，每一名日本兵都宁愿奋战至死。在提杜姆路一次清理战场的过程中，当几名日本士兵选择装死，再突然袭击一支负责收尸安葬的廓尔喀小分队之后，这些廓尔喀士兵不得不采取一些自发的防备措施。他们抽出佩在腰带上的又长又锋利的廓尔喀弯刀，在抬起一具看上去已经死亡的士兵尸体之前，先用刀切断他的喉咙，以确保袭击事件之后所有躺倒在地的敌人都不再有生命的迹象。一次，当一名廓尔喀士兵正准备割断一个直到最后一刻还在装死的日本兵的喉咙时，被一位恰巧路过此地的英国军官看到这一杀戮的现场，并立即遭到他的制止："你绝对不能这么干，吉姆！"军官说。

听到命令之后，廓尔喀士兵颇有些失望地转过身望着那名军官，将弯刀收了回来，他的脸上浮现出一丝痛苦的表情，回答道："但是，大人，我们不应该将他活埋了吧？"

到1944年5月下旬，日本军队已经吃光了他们所有的牲口，并且几乎用尽了全部的弹药。从南部的提杜姆路到北部的科希玛城，在进攻印度的日本侵略军当中流传着一个充满希望的预言：全面撤回缅甸的命令将很快被签发。但是牟田口廉将军拒绝言败。当部署在提杜姆路和英帕尔的第十五与第三十三师团指挥官山内和柳田两位将军向牟田口廉发出信息，表明他们的口粮和武器均已告罄时，牟田口廉命令他们不惜任何代价继续战斗。他用这样的指示结束了督战命令："在所有的武器弹药全部用尽之前必须坚持战斗。如果你的双手已破碎，就用脚来战斗。如果你的手脚均已折断，就用上你的牙齿。如果你的身体已经气绝，就用你的精神作战。缺乏武器绝不是战败的借口。"

就在牟田口廉将他的这些命令电传出去之时，对他的背叛却早已诉诸行动。5月13日，奉命进攻科希玛的佐藤将军第一个请求让他的部队撤离战场。在过去的六周之内，尽管曾一度差点摧垮科希玛的英军阵营，佐藤如今却已战殁了3000名士兵，更有4000人身负重伤。当英军第二十三军团开始从迪马坡方向对他的部队施加强压时，驻守科希玛的英国和印度军队也乘势收复了科希玛山脉的大部分要地。佐藤的军队既无粮可食用，也几乎不再有弹药可供发射。由于他麾下的部队要么遭受了致命的损伤，要么已经消耗殆尽，他设想撤退到缅甸边境地区，在那里能够较为便利地获得食品补给和医疗救助。

在听到佐藤的这一请求之后，牟田口廉断然予以否决。当佐藤第二次要求从科希玛进行战术性撤退的时候，牟田口廉再度不予批准。佐藤火冒三丈，怒骂连连。“真是太可耻了！”他朝手下的参谋人员咆哮道，“牟田口廉应该为自己的过错向死去的士兵以及日本人民道歉。他根本不应该将其罪过推给他的下级。”

虽然恼怒，佐藤还是遵奉了牟田口廉的命令——尽管围困科希玛的战斗已经毫无希望可言。断断续续地又坚持了两个星期，佐藤的部队试图再度合围科希玛城，但英印守军的力量已经太过强大。当佐藤请求缅甸境内的日本空军为他们空投粮饷时，他遭到拒绝。当他第二次要求获得空投补给时，佐藤绝望地加上了一条附注：“自从离开亲敦江之后，我们没有从你处获得一发子弹，也没有得到过一粒稻米。”然而，再一次，既没有日军飞机，也没有空投补给降落到佐藤部队的头上。

5 月 25 日，佐藤通知牟田口廉，他本人及其军队正在从科希玛撤军。这一回，佐藤发出的信息并非请求，而只是一条简短的声明。“我师团的粮秣已然耗尽，”他在发去的电报中说道，“我们用于山炮和步兵重武器的弹药也全部告罄。因此我师团至迟将于 6 月 1 日撤离科希玛，转移至一处能够获得补给的地点。”

牟田口廉也用他自己的声明做出了回答：“一旦撤退，我将对你军法处置。”他回电道。收到这条信息的佐藤表示他已经受够了。“悉听尊便。”他致电牟田口廉，“我会拉你为我垫背。”

佐藤已经超离了武士道的准则。他同样很清楚自己的行动虽然能拯救他的军队，却将为他个人带来极其可怕的后果。

由于佐藤已经消失在科希玛东部的某个地方，牟田口廉怒不可遏，甚至有些丧心病狂。“这个败军之将！”他喊道。怀着能扭转佐藤撤退计划的最后一分希望，牟田口廉派遣他的参谋长野村少将寻找佐藤，并命令他返回包围科希玛的战场。当野村在5月27日找到了佐藤，并转述了牟田口廉的命令之后——他还提醒佐藤抗命不从的严重后果——佐藤吼叫着回答道：“自从战斗开始之后，军部就再没有给我补充过物资和弹药！这种过错已经令我不必承担任何遵守命令的义务。并且不管从哪个方面说，我都不可能服从这项命令！”

当野村再一次警告佐藤他将在日本帝国军队中处境危险时，佐藤索性告诉他的上级说：他已不再在乎牟田口廉。刚好相反，他——佐藤幸德，将会呈示日军司令部：“牟田口廉一直是多么愚蠢无能！”作为先下手为强的一项措施，佐藤将最后一道电文发送给驻仰光的日本帝国陆军司令部：“第十五军指挥官的战术素养甚至比军校学生还要低下。”在5月31日的午夜，佐藤命令他的部队从科希玛撤退。他以一道关闭军中所有电台的命令，结束了他的通讯指挥。

当1944年6月到来之时，在印度境内作战的日本将军们之间的争论变得毫无意义。由于缺乏食物和弹药，四个月前出发征服印度的四万日本侵略军已经陷于崩溃。士兵们靠吞食蚂蟥、鼻涕虫、树芽乃至煮过的野草充饥。一支曾经一度拥有4000名战士的日本联队，如今竟仅剩下460名饥饿难当的残兵败将，而这些幸存者当中，还有能力端稳步枪、瞄准射击的，甚至不足个中的半数。

正如在数周之前应对佐藤那样，牟田口廉如今要考虑提杜姆路沿线的柳田中将和包围英帕尔城的山内雅史中将提出来的撤军请求。经过在战场上长达四个月的战斗之后，牟田口廉终于意识到他所提出的三个星期侵占印度的计划是一场彻底而且令人羞耻的失败。他因柳田和山内的软弱而解除了他们的职务，又向驻仰光的日本缅甸战区最高长官河边将军提出了将三个师团全部撤出印度的请求。但是正如牟田口廉此前对他的将军们所做的那样，河边对此断然拒绝。反之，缅甸战区司令部命令牟田口廉将侵略行动继续下去。

牟田口廉手下兵微将寡，弹尽粮绝，他的士兵也不再有战斗精神可言。更糟糕的是，在6月22日，豪迈善战的科希玛及此前的若开半岛守卫者——英印第五师重新打通了连接科希玛和英帕尔之间的道路，使得人员、坦克、大炮、弹药和补给物资能够在这两个战斗区域之间自由来往。

当斯利姆将军的两支军队重新会师之后，日本人只能恭候英国和印度部队对他们实施更大规模的打击。7月7日，出于对他手下官兵和他们即将遭受的大屠杀的绝望，牟田口廉不辞劳苦地爬上一座能够俯视英帕尔的山丘，吟唱一首神道教的祷词，冀望能获得天神的帮助。就在第二天，7月8日，也就是牟田口廉的牵制部队在若开半岛打响“进军德里”第一枪的整整五个月之后，令人惊奇的事情发生了——让日本军队从印度撤回缅甸的命令终于下达。

一个随同牟田口廉的部队远征的日本新闻记者如此描述了这场败退：“到头来，我们再也没有弹药和衣服，更没有食物和枪支。士兵们衣衫褴褛，蓬头赤足。除了一根用来助行的木棍之外，他们抛弃了所有的东西。在孱弱的身躯上，灼人的双眼发着寒光。支撑这些人不断行进的唯一能量是野草和水。到处都是丛林、高山以及泛滥的河水阻隔着他们的退路。”当第三十一师团的上等兵和田学拄着一支木棍，从科希玛城上方的山区向缅甸方向撤退时，他生动地描绘这条死亡之旅：“我们通往安全地带的道路延伸在丛林密布的高山之中。那些在我们之前沿着这条道路撤退的战友们的尸体无处不在，他们被雨水沤烂，散发出腐尸的恶臭。尽管我们用手杖支撑着身体，但被岩石或树根绊倒之后，还是会一次又一次地摔倒在这些尸体的旁边……而我们总在向前摸索，走一步，又走一步。成千上万条蛆虫在尸体内外蠕动……我怎么也无法忘记曾见过一具躺在没膝深的水坑里的尸体，他的肌肉和血液都已被蛆虫和污水分解殆尽，因此他那时只不过是一身沤白的军装而已。”

当这些幸存下来的日本士兵渡过亲敦江，重返被日军占领的缅甸境内之后，他们试图整编重组，却发现这项任务几乎难以完成。在英帕尔和科希玛，再加上提杜姆路沿途各战场，牟田口廉麾下共阵亡了三万名士兵，更有数千人伤病缠身。当他被一名记者追问对这场失败做何感想时，牟田口廉只能回答道：“我杀害了成千上万我自己的战士。”

从印度撤退之后，牟田口廉被撤销军职，声誉扫地地送往新加坡。而抗命的佐藤在他的撤退期间也被褫夺军衔，牟田口廉的参谋官木下秀明上校还递给他一柄军刀，其暗示非常简单，让他剖腹自裁，以在陆军司令部统帅们的心目中恢复其名誉。但当佐藤拒绝自杀之后，他便被送交军事法庭。尽管佐藤已准备为自己辩护，但是医生们却宣称他的精神健康已被其痛苦的经历所摧垮，因此不适于接受审判。

对于威廉姆·斯利姆将军麾下的英国和印度军队而言，成功保卫了英帕尔、科希玛以及提杜姆路的战绩激发了他们的战斗豪情。尽管斯利姆的军队在防御战役中也损失了 1.5 万人，但是当日军从印度朝向缅甸落荒而逃的时候，英印军队穿过丛林乘胜追击，就好像猎狗追逐四散奔逃的兔子一样。

追杀日军的英国和印度军队忽然闯入了一个四处散落着日本士兵尸体的恐怖世界。沿途密布的尸体指引着通往缅甸的丛林小道，而在日军的野战医院和救护所中，已经腐烂膨胀的死尸有时竟叠摞得高及屋顶。这些曾经在战场上负伤的士兵，随后被他们的战友射杀在病床上，使他们免受被英军捕获成为战俘的耻辱。

在位于英帕尔至科希玛道路中途一座曾被日军占领的村庄——茅村，英国军队在一所房屋的墙上，发现了一幅日军在逃离之前匆忙写下的涂鸦。一个能写英文的无名日本士兵用棱角分明的字体写下了一行既语义精确又内容险恶的话：

“英国人——太多的枪支、坦克和部队。”墙上写道，“日本人走了，但六个月内我们还会回来。”

写这段话的人真是大错特错了。

第十七章

对约瑟夫·史迪威来说，1944年的初秋一定是他最甜美的季节。经过两年多不停地争论、训练、卑劣的陷害、哀婉的抱怨、相互倾轧、遭遇苦难、战斗、吵闹以及不时为之的威逼利诱，他手下的盟军部队终于实现了他的夙愿——而且这一胜利非比寻常。随着盟军在胡康、孟拱河谷，在密支那，还有在英帕尔和科希玛所取得的胜利，入侵缅甸的日军已经遭逢灭顶之灾，最令他焦虑不安的利多公路也已经一路延伸到中国境外与滇缅公路交汇的地点。

在十五个月的时间里，刘易斯·匹克准将指挥的工程兵部队已经搬走了1350万立方码的泥土（如果有人愿意换算的话，大约是148.5亿磅重）。按照《纽约时报》记者迪尔曼·多丁的估算，这些泥土足够在纽约和旧金山之间修建一道三英尺宽、十英尺高的实心土墙。几乎每一英尺长的路面都要穿过茂密的丛林，这条道路的大部分路段还要翻越陡峻的群山或是幅员宽广的泥沼。利多公路的修造者们将700座桥梁搭建在十条大河以及155条支流的水面上，其中的许多道河流在夏天雨季到来时，河水会暴涨45英尺高。为了确保这条公路不会因为山洪暴发而被彻底冲毁，匹克将军还下令在狭窄的路基下面，以平均每英里十三处的密度设置涵洞管道。如果将这些涵洞首尾相连，它们能接成一条105英里长的单线管道。

到1944秋天的时候，这条道路已经穿过密支那，向南通往伊洛瓦底江畔的港口城市八莫。在筑路者的前方，是以“掠夺者”部队为蓝本新组建的“火星任务”部队以及中国X部队，他们仍在继续将日本占领军朝缅甸的偏南方向驱赶。现在，如果在中国境内滇缅公路沿线的日军同样被驱逐出境，这条道路很快就可以重新开通，将迢迢千里之外的印度与昆明顺畅地连接在一起。

1944年10月1日，在利多公路沿线的罗格莱小镇，第858空降工程兵营庆祝了他们在海外服役的第一周年庆典。作为这条道路最主要的修造者，正如我们曾经提到的，第858营的士兵们是在整个太平洋战区服役的唯一一支美国黑人部队。但正如中缅印战区文化多元、种族融合的诸多和谐风貌一样，肤色的差异在缅甸的土地上比在美国本土更无关紧要。作为例证，每天第858营的筑路部队都和廓尔喀战士、白种人的机械化部队以及沿途各部落中的克钦人、佤人、掸人、傈僳人和纳迦人所组成的劳工大军在一起工作。在晚上，当所有的筑路者都在各自的帐篷中享用晚餐的时候，他们经常在饭后聚在一起，观看新上映的好莱坞电影。另一些夜晚，在筑路工地上还会举办晚会或舞会，由第858营自己组织的摇摆管弦乐队“驼峰最大的小乐队”为大家伴奏助兴。某一次，“驼峰最大的小乐队”的一场演出甚至通过无线电转播，从他们在缅甸的基地直接传送到美国本土。

是夜，当第858营的兄弟们欢庆他们的周年庆典——其中还包括一场教堂礼拜活动以及为参谋军士蓝姆金斯颁发铜星勋章的颁奖仪式——的时候，丛林的夜空里再度回响着“驼峰最大的小乐队”演奏的踩脚舞乐曲声。盟军正在将日本人逐出缅甸，尽管宣言胜利为时尚早，但庆典的感觉依然很好。

在滇缅公路的中国境内，被称作“Y部队”的中国远征军同样进展顺利。

自六月从日本人手上重新夺回龙陵之后（实际上，中国远征军6月一度占领龙陵，但很快败退，为此十一集团军司令宋希濂被撤职。直到1944年11月2日，龙陵才最终被占领。——译注），中国远征军兵分两路。第一支部队向北方挺进40英里，逼近群山环抱的古城腾冲。在那里，中国第三十六师将进攻他们的日本对手——日军第五十六师团，该师团盘踞在腾冲城内已有将近两年的时间。另一支队伍则马不停蹄地攻打松山——那座位于龙陵西北十五英里处，日军在其山顶修筑了碉堡阵地的“东方直布罗陀”。将日本人从松山上赶走的总攻时刻终于到来了。

但是，无论你怎样朝松山靠拢，远在能开始向日军发动进攻之前——大约有1500至2000名日本士兵利用坑道，据守在绵延26英里长的松山山脉上——你必须先攀爬1200英尺高、长满矮小浓密松林的陡峭山坡。利用第十四航空队的空中支援，以及架设在附近另一座山麓上的150毫米榴弹炮和76毫米火炮的轰击，中国远征军准备先行“弱化”日军的防御阵地，以便发动进攻。

紧接着，就在8月初，中国军队开始从东西两个方向朝松山的侧翼攀登。得益于非常精准有效的炮火覆盖，中国军人缓慢而沉着地沿山而上，而炮弹有时就在他们上方二十五至四十英尺的山间爆炸。虽然付出了惨重的代价，但中国的士兵们手持火焰喷射器，从一个碉堡冲向另一个碉堡，逐渐压制住日军在山坡两侧的火力优势，日本守军的反击也愈来愈缓慢。多恩将军与其他美国顾问很快便判定，日军已经或将要耗尽其弹药，这一点很快便得到证实。

当日本飞机空投的物资落向松山山顶的时候，狂风将其中不少补给品吹到了中国军队的手中。盘踞在松山上的日本部队仍然准备继续顽抗。当日本人被中国军队有效地从各个方向合围，困守在松山狭窄的山脊上时，他们隐蔽在战壕中，让中国士兵向他们发起冲锋。美军联络组的一名成员霍雷斯·格林中士回忆说，中国军队在其后一个星期之内，长时间被压制在距山顶不足四十英尺的山坡上。在他们上方，日本士兵用手榴弹、迫击炮弹和自制炸弹不断地轰炸下面的裸露地带，但中国军队继续向顶峰挺进。到那个时候，根据格林中士目击所见，中国远征军死伤已经十分惨重，甚至连炊事员和剥骡皮的小工也作为步兵被送上火线。当一名中国团长发现他手下能够向山顶进攻的士兵已经不足一个连的人数时，他甚至以这样的方式激励战士们的士气："从现在开始，"他喊道，"每一名阵亡的将士下葬时都将有一具棺木！"

到 1944 年 8 月中旬，中国远征军已经攻至山顶，一个月的手榴弹对掷和白刃甚至徒手战斗，在日军的战壕与坑道中达到愤怒的顶点。甚至在战斗结束之前，有六十二对中国和日本士兵被发现紧紧抓着对方的身体同归于尽。在此后的两个星期里，当中国军队继续毫不留情地向山坡上的日本阵地推进时，日本人开始认清他们的处境。他们又一次枪杀军中的伤员，在这些伤兵可能被中国人俘获之前杀害他们。在松山的顶峰和各处战壕里，死亡人数上升得如此迅速，以至于两支军队的数千具尸体——身穿中国军装或日本咔叽布作战服——散落在山间，腐烂得难以辨认。

对于日本人来说，当他们聚在山顶一座巨大的四层碉堡内，准备在那里战斗到最后一个人的时候，也正是他们在松山的末日到来之时。在九天的时间里，中国士兵在碉堡底下的山体中挖出了两条二十二英尺长的地道，又将总计六千磅重的炸药放入这两条地道之中，将碉堡以及松山的峰巅炸成了尘土。那天是 1944 年 8 月 20 日，困守碉堡的四十二名日军士兵从此灰飞烟灭，另外五名日本兵虽然在爆炸中幸存，但他们当中没有一人与盟军抓捕者合作。

听说松山胜利的消息之后，史迪威向多恩发电报祝贺："向那些将松山缩小了的铁人们表示祝贺。成就非凡，诚挚致敬，不可言表。不应忘记七千名为此献出生命的战士。现在，如果能够夺取腾冲，你就大可以高枕无忧了。”

令人振奋的是，贺电发出仅仅四天之后，腾冲便被中国远征军一举攻克。这场围困战历时五十一天，当中国第三十六师抵达城市边缘的时候，正看到日本第五十六师团要么在撤出周边的山谷，要么撤入腾冲四墙高耸的古城之中（进攻腾冲的是中国远征军第二十集团军的第五十三、五十四军的五个师，其中包括第三十六师。——译注）。

腾冲历史悠久，甚至早在十三世纪的时候，马可·波罗据说就曾到访此地。这座城市的核心区处于城墙保护的内城里，从中世纪起这里就交易玉石与其他各种珍玩贵物，有两万人得以在城中安居乐业。甚至朝据守城池的日军士兵开枪都被证明是一件不易的事情，因为腾冲古城的城墙足有三十五至四十英尺高，基部厚达六十英尺，顶部周边也有八英尺厚。

在一段时期里，中国第三十六师从远处的山区朝腾冲城墙内外发射迫击炮和野炮的炮弹，等待日军陷入饥荒的绝境。但是，经过数周的炮击之后，当“将日军饿出来”的计划看来比预期的时间更漫长时，中国军队决定向腾冲发动正面进攻，先将没有躲在城墙以内的少数日军据点拔除干净。然后，他们开始并不成功地架起云梯，朝城墙的上方攀爬，但绝大部分都被日本哨兵所阻挠。最终起到决定作用的，还是陈纳德第十四航空队的轰炸机，它们不单炸毁了城墙以内的一切建筑——摧毁是为了更好的拯救，而且在城墙上炸出了巨大的孔洞。当古城的高墙现出了破绽，中国军队——在他们前进的方向泼洒汽油，又用火焰喷射器将其点燃——烧死了任何靠近城墙豁口的日本守军，终于夺下了这座历经沧桑的老城。

正如中国第三十六师的一位名叫李世福的士兵所记得的那样：“许多中国士兵因为搭云梯或用其他方式翻越城墙而牺牲。我们的确死了很多人。但是一旦城墙被炸开洞口，我们能够闯入城内作战，日本人就迅速败下阵去。由于使用了炸弹和火焰喷射器，城中到处都是大火，这正是中国浴火重生的象征。从古城周边的群山上，任一个角度三十五英里之远，你都能看见这座城市在火焰中燃烧。”

当中国士兵冲杀到坍塌成烟火废墟的老城深处，他们所见的一切都超乎想象。李世福回忆说：“在城里有一座慰安所，里面的女人都用手枪自杀了。在老城的其他地方，我们有时会发现还有一些日本兵朝我们射击。但这个时候，我们人数更多，所以能迅速包围并消灭他们。当我们攻克了敌人的阵地时，竟看到日本人竟用铁链将他们的士兵拴在地上。他们用一枚铁环绕在士兵的脚踝上，再将铁链的另一端固定在楔入蛮石或房屋石基内的大铁钉上。在铁链的周围有一些军粮罐头供这些士兵食用，每个人都得到少量的弹药。但每一回我们走近这些被铁链束缚的日本人，我们都感到震惊！震惊啊！被拴在战场上！我们究竟是在和什么样的敌人作战？”

除了在缅甸与中国战场上所赢得的胜利之外，1944 年的秋季之所以令史迪威感到欣慰，尚有另一个原因：8 月 1 日，当他胜券在握的缅甸北部战役已近尾声时，史迪威被授予四星上将军衔。这一军衔在那时只有另外四名上将拥有：马歇尔、麦克阿瑟、艾森豪威尔以及阿诺德。但是在 8 月 2 日，当史迪威才听说这一晋升的好消息时，尽管对这一荣誉颇为欣喜，他却在日记中轻描淡写。对他而言，这和他当初被升为三星上将时的感受并没有多大的差异：“颇似从前，并无惊喜。”

令史迪威感觉更为有趣的，是他曾经对蒋介石和陈纳德所下的论断，最终被证明切实无虚。从 1944 年 4 月开始，日本军队发动了一场横扫中国东部的大规模进攻，蒋介石和陈纳德对阻止日军的行动似乎无能为力。作为命名为“第一号”军事行动一部分，日军调集了十五个师团及另外五个独立的旅团，开始从中国的北部和东部向华中地区无情地冲杀过来，威吓说要将全部的中国国土奉献给日本天皇。日军每一步闪电般迅疾的新军事步骤，都令蒋介石的国民军——他曾让盟国确信这支军队已备战充分——一触即溃：日军五百人的队伍竟会追得数千人之多的中国国民党师望风而逃。基于对谋反的担忧，蒋介石仍然不愿武装自己麾下的军队，因此他的士兵们几乎没有用以战斗的武器。史迪威多年以来一直警告的蒋氏秘诀继续灵验不爽。

在渡过长江进入华中地区之后，日军朝长沙方向挺进，那里集合着陈纳德最主要的前沿空军基地，从 1942 年以来，第十四航空队便是从长沙的机场出发，不断地轰炸和骚扰日军的地面部队和水路运输。自从日本于 1938 年正式入侵中国以来，长沙曾三度遭到日军的进攻。在每一场战役中，足智多谋的中国将军薛岳都曾率部击退了入侵者。这三场生龙活虎的战斗为薛岳赢得了“长沙之虎”的美名，他的部队也被称为“铁军”。

为了准备下一场对阵，薛岳将他的军队分布在城市周围，并将其炮兵安置在一座能够掌控下方街区的山头上。他的计划十分简明：他会让日本步兵靠近长沙，然后再用重炮轰击他们，随即让他的步兵部队隔离已被打得头昏脑涨的小股日军部队，最后将他们攻而歼之。

不幸的是，就在日军进攻开始前不久，薛岳却奉命前往一百英里以南的衡阳，筹备该城的防务，因为日军的攻势迟早将波及这座城市。因为并未打算离开长沙太久，薛岳便没有安排人选在他不在的时候负责协调长沙的防御计划。中国军队的炮兵指挥官要求派遣一队步兵保护他辖下的重武器——进犯的日军势必首先将它们当作头号标靶，但他的要求却没有得到满足。

6 月 17 日晚，日军进攻炮兵阵地，并且利用这一错误，夺取了山间的炮台。随后他们开始朝山下丧失了炮火保护的中国步兵靠近。这座城市在几个小时之内便陷于崩溃。6 月 18 日黄昏，长沙沦入日军之手。

数日之后，长沙“铁军”的一名副官被要求给盟军指挥部一个解释。他向美军的联络官员声称日军使用的大炮炮弹和空投炸弹内装有毒气，迫使长沙守军立即撤退。但是这名副官有所不知的是，一名美国中士在6月18日的上午刚好也在长沙，他所讲述的情形却截然不同。这名中士说道，在日军进攻开始的那天早晨，当他醒来的时候，发现整支中国军队在头天夜里早已撤离一空。不但没有毒气之说，甚至连真正的战斗都没有发生。

正如中国军方所判断的那样，日军从长沙进犯的下一个目标便是衡阳。蒋介石在重庆的发言人宣称：国民党军队准备在那里发动一场规模巨大的艰苦反击。尽管史迪威相信任何支援给这场战争的武器都将落入“匪类”的囊中，但他还是被说服将1.2万吨的枪支和弹药，通过驼峰航线送到薛岳及其部下的手上。然而，当这些武器抵达昆明之后，却再也没有能在衡阳露面。这大约又一次印证了蒋介石的个人偏好：绝不武装他麾下最能干的将军们，以免他们反戈一击。

不过，尽管缺乏作战必需的武器弹药，驻守衡阳的国民党军队仍然准备进行一场历史性的防御战斗。为了见证这场大战，美国记者西奥多·H·怀特也赶往这座城市。但他并未见到有多少个师的中国国民党军正在积极备战。反之，他只看见两个装备低劣的团——仅仅数百人而已——看上去已经知道他们将被充当炮灰的命运。在他们的支持下，陈纳德的第十四航空队在空中展开了凶猛而机敏的防御作战。抢在入侵者的前面扫射日军的补给队伍，轰炸他们必经的桥梁，但日本人继续向衡阳逼近，而中国军队明显不是对手。

“士兵们安静地行进，这些中国军人怀着一种怪异的苦涩之情——他们明知行程的尽头只能是一场灾难。”怀特在他关于中国部队向衡阳调动的报道中写道，“他们身材瘦削，风尘满面，但是形体单薄。他们的枪械陈旧过时，黄棕色的军装早已经线头外露。每个士兵都在皮带上挂着两枚手榴弹，脖子边上则斜挎着一条鼓鼓囊囊的蓝色长袋，活像一条大腊肠一样，里面装的是中国士兵在战场上唯一能充饥的食品：炒米。他们都赤着双足，脚下一双草鞋，头顶戴着用树叶编织的鸟窝似的草帽，既可以遮挡阳光，也多少起到一点伪装隐蔽的作用。汗水从这些士兵的身上滚滚流淌，尘土从他们的脚下蒸腾而上。酷热的天气似乎灼伤了整个国家，而从注满水的稻田中发散出来的波波热浪，在粼粼水汽中令人晕眩。”

在战场的最前线，这支部队所能获得的炮火支持仅仅来自两门第一次世界大战时代的75毫米加农炮，而用以向敌方发射的炮弹不过区区两百枚而已。陈纳德努力想为薛将军的部队助一臂之力，承诺从他自己的军火库中调拨一千吨弹药，但这样的武器交割只能是在不通过中央政府的情况下私自进行。在陈纳德第一次，也是唯一的一次对他战争期间最主要的支持者蒋介石的指责中，“老皮脸”承认道：“我对于将这桩事务交由陆军部办理并不感兴趣，因为一旦如此行事，薛岳极有可能一无所获。”

“伟大”的衡阳保卫战并未如约上映，这座城市迅速落入了日军的手中。由于一万两千吨军火下落不明，从未运达急需这批弹药的薛岳将军之手，蒋介石对租借物资的挪用操纵如今彻底暴露于盟军首脑们的眼前，特别是罗斯福总统对于蒋总司令的优柔寡断与言而无信尤其感到厌倦。

罗斯福决定有必要对运往中国的新租借物资采取一定的限制措施。除此之外，为了避免类似的事件再度发生，他和马歇尔将军开始通过秘密渠道，向蒋介石的外交部长提出建议，适时让整个东南亚与中缅印战区唯一一位主张采取进攻态势（而非消极防守）的将军——史迪威，对这一战场拥有更大的控制权。

让史迪威指挥更多的中国国民党军队，这一可怕的威胁将蒋介石置于一种难以想象的境地，他很清楚自己的未来并不仅仅取决于战胜日本人，一旦对日战争终结，更主要的竞争对手来自毛泽东的共产党军队和游击队。尽管数百万早已进占中国领土的日本军队始终是真实而且致命的危险，但毛泽东领导的共产党显然更加可怕：他们的正规军已经增长到三百万人，而且征兵募员的热情丝毫也没有减弱的趋势。因为团结在中国共产党旗帜下的军队数量与日俱增，美国也采取了同样不可思议的步骤，希望他们和国民党的军队并肩作战，为中国的福祉共同打击日本侵略者。

即便日本人能够被从中国彻底撵走，但一个日益明晰的情势却是即将获得解放的中国将很快出现两个政府，并且分裂为国民党和共产党各自统治的地区。蒋同样意识到，如果他拒绝选择与共产党人合作抵抗日本侵略的道路，一旦日军从中国撤离之后，一场与毛泽东领导的军队对抗的战争就将很快拉开帷幕。

无论他朝哪个方向眺望前景，蒋介石都感到风雨飘摇，四面楚歌。

但是蒋介石并不是唯一的一个在东亚大陆上命运黯淡的人，在过去几年中曾得到罗斯福总统慷慨支持的陈纳德如今也已运乖命蹇。当日军发动的“第一号”行动直插中国腹地的时候，陈纳德的空军基地也遭到非常沉重的压力，那些处于最前沿的基地已经被“老皮脸”自己的部队先行摧毁了。

为了不让机场和武器落入日军之手，第十四航空队被迫轰炸自己的飞机跑道，炸毁军火仓库，焚烧空军基地的建筑物，绝不眼看着它们为敌所用。陈纳德曾经声称的用空军力量在中国赢得战争，并最终于1944年1月将日本全境置于其空中打击之下的计划，不但已逾期多月未能兑现，而且日益显露出其“空头救世主”式的虚妄本色。

当罗斯福和马歇尔将军向史迪威征询其对第十四航空队面临处境的评价时，“醋乔”很高兴对此提出建议，“陈纳德曾经说服蒋总司令，空军力量就是问题的答案。”史迪威写道，“他对蒋说，如果第十四航空队能够获得足够的支持，他便能成功地制止日军的侵略行动。现在他发现此事决然不可能，于是便提出更高的要求，让我们无法满足他的欲壑，以便为自己抽身事外找到借口。他试图逃避因为自己的货不对票造成的不幸后果，并且将责任推到长期以来指出这一危险所在，而且努力采取补救措施的那些人头上。”

史迪威的论述定稿并送出之后，陈纳德立即风闻此事，于是置史迪威的直接命令于不顾，向华府递交了一份他本人撰写的事态报告。当陈纳德的信件送交总统之后，在史迪威和陈纳德之间长期闷烧的怒火终于爆发了。通过无线电报和书面请求，史迪威要求“将陈纳德立即撤职查办”。被逼迫得无处藏身的陈纳德还有唯一的一副防身铠甲，那就是他个人的明星效应。华盛顿陆军部的多名要员磋商许久之后，美国军方决定——鉴于其在“飞虎队”草创时期的英雄业绩——陈纳德将军有必要在更长的一段时期内留任原职。

史迪威对这一决定十分不快，但很快就会有其他更重要的事务填满他的日程。

数月之前，也就是 1944 年 7 月 6 日，当史迪威指挥下的中国部队还在攻打密支那，而薛岳将军麾下的蒋介石军队仍在衡阳准备他们“历史性的反击”时，富兰克林·罗斯福总统向蒋介石发送了一封紧急公函。

罗斯福总统首先向蒋总司令申明，他相信“整个亚洲的前途危如累卵”。他还向蒋提醒道，尽管“非常清楚您对史迪威将军的观感，但是据我所知，再没有其他人能拥有如此的能力、魄力与意志，能抗衡这场直接威胁到中国的存亡与美国对日作战全盘计划的巨大灾难。我已提升史迪威为四星上将，并且我最紧迫地建议您考虑将史迪威将军从缅甸召回，并在您的直接领导之下，指挥在华的全部中国与美国军队。您可授权让他承担起协调与指挥任何阻止敌人进攻狂潮的军事行动之一切权责”。

几乎是以末尾附言的形式，罗斯福对于蒋介石和陈纳德在中国所采取的军事策略进行了一番措辞生硬的当头棒喝。“请记住，”罗斯福写道，“在意大利，在法国和太平洋地区所发生的一切都清楚地表明：单凭空军力量绝不可能阻止一个意志坚定的敌人。”

罗斯福发出的信息非但毫不容情，并且直截了当。史迪威这位地球上最新擢升的美国四星将军，将成为在华与在缅甸所有中国军队的大老板。如果这一建议未能得到重视，罗斯福将不排除可能导致的任何后果。没有一种后果——特别是停止租借物资的运输或者美国人全面撤军——会成为中国国民党领导人乐于接受的选项。就在这封信件于 7 月 6 日发出之后，罗斯福已经将蒋介石总司令贬入“小人物”的行列之内了。

尽管蒋介石对这封公函的最初反应无从知晓，他想必对个中的暗示心知肚明。如果罗斯福所提的要求没有得到满足，这位在第二次世界大战期间对国民党中国最热心的支持者，看来准备让蒋介石的政府在日本侵略者的刺刀面前彻底消亡。

作为回应，蒋介石让他的外交部长宋子文给美国特使哈里·霍普金斯发去电报：“今天，华盛顿再次作出了一个致命的决定。陆军部想要让史迪威将军扼断他（蒋介石）的喉咙。我个人可以无条件地向你保证：在这一点上，总司令将不会也绝不可能屈服。”

在史迪威向陈纳德最终摊牌之后，他与蒋介石正面为敌的时刻也终于到来了。

其后的六个星期之内，蒋对罗斯福在 6 月 6 日来函中提及的议题保持沉默。但是，最终迫使蒋介石作出反应的，并不是罗斯福，而是越俎代庖的侵华日军。

1944 年 8 月 26 日，一支 6000 多人的日本部队沿着滇缅公路东出缅甸，在中国云南的龙陵向中国远征军发起进攻。在巨大的压力下，蒋介石麾下的军队被迫后撤，并失掉了龙陵的部分城区，其中一些中国远征军部队甚至远撤至怒江沿岸。尽管日本人尚无沿滇缅公路进一步向中国西南地区挺进的意图，但蒋介石开始担忧敌人会攻打昆明以及位于该地的驼峰机场。

在九月第二周举行于重庆的高层作战计划会议上，蒋总司令要求史迪威率领中国 X 部队和美国火星任务部队从密支那南部急速返华，从日军后方发动进攻。史迪威对此予以拒绝：他手下的士兵已经劳累过度，他声称，并且他们还将从密支那以南清理利多公路沿线的残敌，使其能够顺畅地与滇缅公路在中国边境会合。鉴于史迪威拒绝派兵助战，蒋介石作出威胁：将中国远征军从滇缅公路全线撤退，让他们退守昆明。蒋还提出，从现在开始，他将令远征军驻扎在龙陵附近的滇缅路上待命，除非他能够自主地掌握租借物资的全部流向。

蒋介石的虚张声势令"醋乔"怒火万丈。"他从来不讲道理，"史迪威在给乔治·马歇尔的信中写道，"只是不断地重复他自己发明的种种谬论。他总幻想着能够躲在萨尔温江（怒江）的对岸，安全地等待着美国人结束战争。"

在他写于 9 月 8 日的日记中，史迪威一如既往一针见血地写道："总司令必须掌控租借物资……真是无耻。那就是蒋真正想要得到的——一张空白支票。现在我们终于要摊牌了。"

9 月 16 日，马歇尔将军将史迪威的意见转达给罗斯福总统，对罗斯福而言，这意味着对他的致命打击。数日之内，罗斯福交给史迪威一封信件，并命其"亲自转呈"蒋介石。这封信——被史迪威称作每一句话都火药味十足的"一枚大爆竹"——对蒋发出了警告：如果中国远征军从战场上撤退，蒋必须承担由此导致的"一切后果以及个人责任"。罗斯福进而言道：如果蒋介石不立即增援萨尔温江（怒江）彼岸的中国军队，并向龙陵进军的话——以及如果他不肯授权史迪威指挥中国和缅甸境内的全部中国国民党军队的话——将会有"灾难性的后果"产生。对于史迪威和蒋介石来说，他们二人生死对决的时刻已须臾将至。1944 年 9 月 19 日，当史迪威携罗斯福的信函抵达蒋介石位于重庆的私人住所时，他首先遇到了帕特里克 · W · 赫利少将，这位身材高大、性情炽烈并且在政治上十分敏感的美国人，是两个月以前由罗斯福特派至重庆，意在协调蒋介石与“醋乔”史迪威之间紧张关系的特使。

史迪威将赫利拖进一间会议室，并把罗斯福总统的信函交给他过目。赫利嗅到了灾难的气息，建议或许可以由他以特使的身份向蒋介石口述信中的内容，以舒缓其中的语言强度。史迪威对此予以拒绝，辩称这封信件毋需修饰词句，再者，总统曾命令他亲自将这封信函转交到蒋介石的手上。

几分钟之后，当史迪威和赫利步入蒋介石的内室——寒暄敬茶等礼数一一周到之后——史迪威将罗斯福总统的信函递给一名翻译，要求他即刻笔译以供诵读。由于在房中还有其他几名中国官员——包括宋子文在内——赫利不得不插手，让翻译用中文辞藻对这封信件再作一番斟酌。当翻译完成之后，史迪威拿起这页中文译稿，将它折叠起来。

以一种自鸣得意的满足感，“我将这捆辣椒面递给‘花生’，然后一声长叹，坐回座椅。”史迪威在他的日记中写道，“鱼叉正中那家伙的心窝并且刺他了个透心凉。”

蒋读完这份信件译稿，没有流露出任何困窘甚至丝毫异样的表情。他随后看了看史迪威并只说了一句话:“我明白了。”

经过将近三年的吵闹不休和讨价还价，史迪威终于觉得他对蒋介石取得了全面的胜利。在漫长的等待之后，他总算羞辱了这位总司令，当着他众多的下属让蒋介石颜面尽失，在中国，这已经堪称是一种无上的凌侮。

“什么？！”史迪威在他 1944 年 9 月 19 日的日记末尾写道，“没有茶壶掷地？没有，只有平和的静默。我快速走出大门走回自己的寓所。江对岸风光旖旎，重庆华灯初上。”

当他在自己的重庆指挥部安顿下来之后，史迪威给他的妻子发去了一封情感丰沛，甚至令人尴尬地沾沾自喜的长信。在信中，他除了对刚刚取得的个人胜利自我庆祝之后，居然还附带了一首青春期气息浓重的打油诗——其实他本打算留给自己独自欣赏的：

我漫长地等待着复仇之日
终于机会从天而至
我对“花生”怒目而视
一脚踢向他的裤子

老鱼叉已经握在手中
目标与时机正可成功
我一插到底直没手柄
穿他一个透明窟窿

坏小子吓得浑身发抖
没了力气张不了口
他的脸色变绿抽搐
死撑着不肯尖叫哀求

为了我那疲惫的征战
为了我所有悲哀的时辰
最终到了我还击的机会
将“花生”一击打倒在地

我自知仍将遭受痛苦

继续操劳地向前跑路

但是哦！我那神赐的幸福！

我把“花生”的脸面砸入泥土

尽管他自觉取得了胜利，但是史迪威和蒋介石以及中国的恩怨纠葛还远没有完结。事实证明，未来的几个星期对约瑟夫 · W · 史迪威比对其他任何中缅印战区或东南亚战区司令部的领导人都来得更为险恶。

9 月 23 日，当赫利准备向蒋介石通报有关毛泽东领导的共产党军队与美国达成的谈判成果时，他忽然遭到蒋的当头一棒。蒋介石似乎不再关心共产党人是否愿为解放中国而战斗，他最想要做的事情，蒋说，是让罗斯福总统知道：史迪威已不再被授权指挥中国国民党军队。根据蒋介石的评价，史迪威已经“无法承担新的作战计划所赋予的广泛而复杂的军事职责”。其次，更为重要的一点，蒋介石说他要求史迪威辞去在中缅印战区和东南亚战区司令部的一切职务：该命令立即生效。

赫利目瞪口呆。在蒋介石接到罗斯福来信之后的四天时间里——又经过与宋子文深入的讨论之后——蒋介石得出的结论是美国人不会让中国陷入苦海。不管罗斯福做何表示，蒋断言：美国总统与人民仍将会按照租借法案，将武器和物资输送到中国。按照总司令的估计，这封信件只是美国人的恫吓而已。实际上，美国早已草拟了一份支持中国战后重建的重大计划，因为有法律约束力的条约已经全部谈判完成并签署，美国人已不可能撤销该协议，从中国抽身而退。

蒋介石总司令已决定向罗斯福总统的虚言威吓叫板要牌，而“醋乔”史迪威的指挥权正在这架天平上左右摇摆。

终于，在过去两年半的时间里曾多次躲过遣返回国厄运的约瑟夫·W·史迪威，如今却遭遇旋风的摧残。虽然他所从事的每一桩事业都赢得了胜利——徒步走出缅甸，兴建利多公路，清剿盘踞在缅甸北部的日军，很快将再度开通的滇缅公路，训练骁勇善战的中国军队以及开创驼峰航线——但看起来这位“老水手”最终还是面临着被召回美国的真实险境。

由于蒋介石断然拒绝授予史迪威掌控全部中国国民党军队的指挥权，在此后三个星期的时间里，美国人和蒋介石、宋子文进行了艰苦的磋商，却不能令总司令退步半分。赫利少将、陆军部长亨利·史汀生、美国驻华大使克莱伦斯·高斯甚至乔治·马歇尔将军本人都试图居中调解，让史迪威继续留任，但蒋介石不为所动，绝不接受任何妥协。美国人提议史迪威可以通过一位中国军事中介向中国军队发布命令，但是蒋介石说“不”。美国人又建议让史迪威留任，但委派另外一名美国官员来掌管租借物资在中国的分配事务，但是总司令也断然拒绝。他们又提出让史迪威只指挥中国X部队和中国远征军以及负责开通滇缅公路——而且他也不会去指挥共产党的军队，如果这将对蒋的国民党政权造成致命的利益冲突的话。但一切都为时过晚，蒋介石与他麾下的军官们拒不接受任何由史迪威作出的指挥部署。他们声明：将考虑接纳另外一个美国人来指挥中国境内的中国军队，但不是——并且永远也不会是——史迪威。

约瑟夫·W·史迪威必须卷铺盖回家。

到1944年10月，尽管史迪威在战场上取得了一连串难以想象的胜利，但他在中缅印战区、东南亚战区司令部甚至在华盛顿，都几乎没有什么支持者。只有这一地区唯一的铁杆盟友威廉姆·斯利姆将军，仍在继续对“醋乔”表示支持与欣赏之情。早在7月末的时候，史迪威甚至成功地激恼了温和而慷慨的海军上将蒙巴顿勋爵。在 7 月 30 日，按照蒙巴顿的指示，身为东南亚战区副总指挥（或者按照史迪威自己的说法：“受气包”）的史迪威从缅甸北部动身，前往锡兰的康提市东南亚战区司令部，在蒙巴顿外出旅行期间坐镇一周。

史迪威十分期待这次访问以及一番久违了的舒适休整。但他依然保持着自己朴实无华的老兵本色，与蒙巴顿那种力求完美无瑕的自我推销风格形成了鲜明的对照。

一年以来，当蒙巴顿反复修饰和朗读那些关于他自己的公关文稿时，史迪威都在一边袖手旁观，他还不得不无言地忍耐蒙巴顿每一次对自己部队的视察——每一处逗留点都事先得到一份印好的命令，仔细标明恭迎敬送的规矩。譬如，每一次视察军队的时候，蒙巴顿都提前命令士兵们必须背对着太阳坐在操场上，这样他们就可以在充足的光线下看清他们的司令长官而不会感到阳光刺眼。接下来，东南亚战区司令部长官将会以“自然迸发的生命活力”，从一辆吉普车中抬起身子，跃出车门，再跳到一组早已事先被精心放置妥当的木箱上。一旦在他现场发言的讲台上站定，这位东南亚战区的首脑就会发表“一通绝对一流的并且显然是即兴发挥的讲话。简洁、直率并且坦诚地富于鼓动性。战士们都会对此乐而不疲”。

但是，史迪威对蒙巴顿的表演却日渐厌倦（尽管在实际上，史迪威那份美国佬式的贵族心理也在费尽心机地维护着他直来直去、粗糙不羁的战场老兵形象）。当史迪威搭乘飞机来到康提时，他并没有穿着他那身笔挺的东南亚战区副总司令正式制服，而是自己那身毫无装饰的战场作战服。如以往一样，史迪威的服装都没有任何表明其将军身份的将军星、徽章、勋章和绶带之类饰物，这经常让“醋乔”，按照威廉姆·斯利姆的话说，看起来“像一个打野鸭子的家伙”。在康提的齐兹飞机场，蒙巴顿装饰着燕尾官旗的黑色卡迪拉克汽车正等待着史迪威，他看了看这辆汽车，摇了摇头说：“给我一辆吉普车。”

然后他将自己的行李扔进卡迪拉克，自己驾车驶上康提和东南亚战区司令部的山路，他的左脚晃荡在吉普车门外，尾随着那辆典礼用车，来到了蒙巴顿设在王室领地的官邸。

在一周的时间里，史迪威不单列席东南亚战区司令部的会议，并且在蒙巴顿的餐桌上用餐。（“我必须要戒除享用路易斯的饮食，”他写道，“我的确是太喜欢那些兰姆鸡尾酒了。”）在康提的大部分时间，史迪威总是厌倦于从世界各地潮涌而来的崭新的当天报纸、蒙着皮面的俱乐部座椅、成帮结队的赤足仆人以及来回走动的多达三千人的职员队伍——最令史迪威感到不悦的，是其中还包括大量英国女性军官。

史迪威从来没有对东南亚战区司令部感到身心舒畅。“康提的司令部总有什么不大对头……”他后来在日记中写道，“我总是陷入半睡眠状态。”

在访问锡兰期间，史迪威从不掩饰他对每天下午参加盛装会议的百无聊赖，史迪威总是缺席这些讨论员工长期规划或登录后备队后勤状况的乏味会议。为了让自己的生活多一些刺激，由于他是事实上的缅甸军事首脑，因此总在喧嚷地谈及一些旨在令这个国家的前殖民者们感到窘迫的命令，诸如“让克钦人获得自由”等等，以此获得一种恶作剧般的乐趣。当史迪威在康提的一周结束时，外出归来的蒙巴顿也感到如释重负。他做东邀请史迪威共进最后一顿告别午餐，然后——也将是最后一次——送他离开了锡兰。从 9 月 23 日至 10 月 19 日，有关约瑟夫 · W · 史迪威和中缅印战区前途命运的谈判仍在重庆与华盛顿进行。蒋介石有条件地同意毛泽东的共产党军队和游击队与国民党军队共同作战，但他决不允许史迪威再染指中国的任何指挥权力。

在华盛顿看来，鉴于缅甸境内的战争已接近全胜，而且利多公路将很快与滇缅公路彼此对接，史迪威如今已经是一枚可以放弃的棋子。由于中国国统区抵抗日本进攻的形势已日趋恶化，因此这一临阵换将的程序务必从速。

日本第十一军从北方发动的强攻已经扫过衡阳，如今正指向桂林和柳州。如果日军不减慢速度或迅速被遏止，整个中国的东部地区都将被一道北起蒙古，南到印度支那边境的长达一千二百英里的交通线切分，中国很快会被一分为二。

到10月的第二周，中美两国对史迪威及其战区命运的协商结果大体上已尘埃落定。按照早已制定的决议，史迪威与中缅印战区宣告终结。史迪威将被召回美国，与此同时，中国－缅甸－印度战区将被拆散，并重新组建成两个新的战区。第一个战区是印度－缅甸战区，将由史迪威最称职的参谋长美国将军丹尼尔·苏丹指挥。这一地区的第二个战区是中国战区，美国将军阿尔伯特·C·魏德迈将指挥该战区所有的美国部队，并担任蒋介石的总参谋长（接任史迪威在东南亚战区司令部职位的，是他在指挥员序列中的第二号人物：雷蒙德·A·惠勒中将）。

自从最早在六月听说这一切分方案之后，史迪威对于苏丹将军在印度和缅甸的工作前景持乐观的态度，毕竟在史迪威沿胡康河谷直捣密支那的期间，苏丹已经卓有成效地主持该战区工作达数月之久。但是对于魏德迈的任命却令史迪威十分恼怒。“醋乔”认为这位四十六岁的东南亚战区参谋长“自我评价过于良好”，这或许也是史迪威对他人的品质最为极端的一番批评。

眼见魏德迈升迁，史迪威回忆起他写于三个月前的一段日记。在6月22日，史迪威曾经写道：“我的天哪——因为青睐魏德迈而把我赶走！真是令我丢脸！”如今看来，这段日记真是一语成谶。

10月19日，乔治·马歇尔通过无线电讯先期向史迪威发出警告：他将会即刻被召回华盛顿。“大斧劈落！”正是史迪威当日简短而格外苦涩的日记的开篇语。

史迪威在重庆多耽留了两日。他拜访了手下的指挥官们以及几位和他投缘的记者，特别是《时代》杂志的西奥多·怀特和《纽约时报》的布鲁克斯·阿特金森。他给孙中山的夫人宋庆龄女士打去电话，并向驻印度的奥金莱克将军和斯利姆将军发去了情深义重的正式告别信。

最后，在10月20日下午5时，他动身前去拜访蒋介石。一旦史迪威被召回美国的大局已定，蒋便授予他“青天白日大勋章”（中国授予外国人士的最高荣誉）。但史迪威淡然拒绝接受。如今，清茶一杯之后，史迪威向蒋介石有礼貌地告别。史迪威希望蒋总司令能够记得，他所做的一切都是为了中国的福祉。然后他向蒋祝辞告退——向他敬礼的同时说道：“最后胜利！”——便转身离去了。

1944年10月21日，一个寒冷而多云的下午，约瑟夫·W·史迪威将他的随身物品装入行囊，卷起桌上的作战地图，要车前往重庆机场。在机场上等候他的是帕特里克·赫利（由于时任驻华大使的高斯因同情史迪威愤而辞职，赫利很快将接任这一职务）和宋子文。当他们站在寒风刺骨的飞机场上道别时，赫利向史迪威承认说，作为一名特使，他“把事情搞砸了”。史迪威对此不表示反对。史迪威早就自嘲他会被“棒打（英文与赫利同一词汇。——译注）出中国”，而且成为“被蒋帮驱逐的逃亡者”。

就在史迪威向二人告辞时，一辆中国旅行车沿着飞机跑道朝这一小群人开过来，车中的何应钦将军——中国的参谋总长，有时也算史迪威的支持者——也赶来向史迪威道别。

1944年10月21日下午2:30，约瑟夫·W·史迪威登上开往昆明的一架美国运输机的舷梯。当机长开始发动引擎时，史迪威站在飞机的舱门口，向重庆阴云翻卷的天空望了最后一眼。“我们还在等什么？”他随后问道，然后便动手关闭了舱门。

告别中缅印战区之前，史迪威又逗留了三日，向各地的战友们一一作别：在昆明，在驻保山的中国远征军司令部，在缅甸的密支那以及印度的兰姆迦。有趣的是，他并没有去锡兰的康提，向东南亚战区司令部道一声珍重再见。

10月24日，“老水手”终于抵达德里，最后一次拜访这座城市。两天之后，“醋乔”史迪威登上另一架运输机——经过三十二个月为不可能完成的任务而持续进行的战斗——他最终离开印度，朝向美国的华盛顿开始漫长的飞行里程。“离开了……”他写道，“中缅印战区的最后一日。”

第十八章

当史迪威和中缅印战区如今终于正式成为往事，所有认为缅甸和中国战场的问题将变得简单化的幻想都将很快被证明，仅仅是幻想而已。

驻守缅甸的日军仍在为他们的天皇舍命拼杀——为了彻底击败他们，盟军必须一路追杀，在一座又一座村镇中和一道又一道战壕里，将他们逐一消灭。在缅甸北部，苏丹将军指挥中国X部队与美国火星任务部队继续追赶密支那日本守军撤退的残部，将他们向南驱入伊洛瓦底江的河谷地带。在印度东部与缅甸西部地区，威廉姆·斯利姆将军的第十四军也在向敌军方向推进，但是从1944年3月以来，斯利姆的部队所发现的，大多都只是日本人的尸体。

日本人从印度和缅甸西部极尽所能地快速撤军，只留下少量巡逻哨兵用移动骚扰的办法减慢英国和印度部队的追击速度。日军驻缅甸的最高军事长官河边决定战略性撤退，他们的最新方案是在伊洛瓦底江的南北一线构筑一道铜墙铁壁似的防御阵地。该阵地将北起腊戌，南下沿江到曼德勒，使得日军防线能够从河区经由陆路连接仰光，直到海上。随着日军的不断后撤，英国军队被迫清理敌人遗留下来的乱象，他们最主要的工作不是与敌人作战，而是将他们遗弃的士兵尸体就地掩埋。

“在缅甸作战期间，进入一座在地图上有标识并且作为战斗目标付出过伤亡代价的城镇，总是令人大失所望。”斯利姆写道，“对胜利者们而言，根本不会有像在巴黎、罗马那种虽然遭到破坏，但依然伟大、古老的城市里列队经过时所产生的震撼感。不但没有被解放的人民向行进中的部队欢呼，刚好相反，许多士兵不得不谨慎行动，随时对死亡陷阱和狙击手保持警惕。最多只有寥寥无几的缅甸人，衣衫褴褛地朝他们惊恐地偷窥，有时羞涩地挥手表示欢迎。但再怎么说也不是一种催人奋战的状态。”

英－印军队与其说在战斗，倒不如说是在印－缅边境处理那些恐怖的战争遗留物。在毗邻印度边界的缅甸塔木镇上，斯利姆手下的第二师没有经过作战便进入到城内。当他们控制全镇之后，斯利姆的士兵们目光所见与鼻子所嗅到的，是驻缅甸的日军最终赤贫而悲惨的恐怖情形。在塔木，超过 550 名日本士兵曝尸街头，他们腐烂而肿胀的躯体散发出恶臭的气味，身上的军服早已破碎不堪。第二师的侦察队还经常在塔木的石雕佛像下方发现成堆的日军尸体，佛像的表情依然平静，淡定的双眼无动于衷地透过脚下腐烂的尸身，朝远方凝望。在另外一些地方——通常是在救护所或小型的露天野战医院——英国人会看见躺在行军床或担架上的日本伤兵，他们的头部都被子弹射穿，因为日军无法将他们带走，又绝不允许这些人沦为战俘，便着人先行结束了他们的生命。在缅甸的日本人疲惫不堪、饥饿难耐、一路奔逃，而最糟糕的是：已经陷入了绝望。

在最高峰的时候，日本曾在缅甸驻扎了 8.5 万人的军队。经过史迪威在胡康河谷的战役、英军防御“行政箱子”的激战以及在英帕尔、科希玛和提杜姆路沿线的一系列战斗之后，只有两至三万日本士兵幸存。十分明显的是，补给匮乏和疾病横生更令这些苟延残喘的日本军人雪上加霜。

如今，威廉姆·斯利姆必须进行的工作是在缅甸搜寻并解决日军残部——并在他们能够强化其新防线之前完成这一任务。“但是我们的问题在于，”斯利姆后来写道，“要在尽可能快的时间内获得尽可能充足的部队和武器，然后进入缅甸中部的瑞波平原，在那里展开大规模战斗。”

在中国，史迪威离去之后的一周之内，日军发动的“一号作战计划”已经赢得了毁灭性的可怕成果。正如史迪威曾经预言的那样，从1944年9月至10月——也就是猝然旁出的“史迪威事件”期间——第十四航空队继续将其最前沿的空军基地失陷在从北方快速推进的日本第十一军团的手中。当日军占领了衡阳和泉溪之后，第十一军团挥兵直取桂林。对盟军而言非常不幸的是，桂林郊区有陈纳德最大的一座空军基地，并且陈纳德早就对他的秧塘机场防守之薄弱（更不用提他在距桂林以南一百英里处的柳州机场的危险处境了），向任何一个愿意听他讲话的人咆哮不已。

1944年10月末，当新就任的魏德迈将军终于向蒋介石表达了他对桂林和柳州防务的担忧之时，总司令向他“保证”中国军队能够坚守桂林“至少两个月之久”。

魏德迈是一个身材高大、举止优雅并受过高等教育的人。他有一头浓密而泛着银光的黑发，像鹰一样五官硬朗挺拔的明星面孔，以及已经近乎偏执的强烈自信（他的个人自传被命名为《魏德迈报告》）。由于对自己的洞察力和亲和力的深切自豪，他准备在和蒋介石的关系上用“蜜来代替醋”，并且作为这种绅士派头的起始，他早已将与史迪威和蒋介石有关的所有文件与往来信件束之高阁，发誓在战争结束之前绝不阅读它们。尽管魏德迈聪颖不俗、仪表堂堂，并且具有一些最优秀的品质，但魏德迈仍然有一项缺陷——他宁肯用蒋介石的言辞判断其为人。

11月10日，桂林在一天之内便落入日军之手。由于受到闯至家门口的侵略者的威胁，桂林的数十万居民早已拥挤在轨道车里、小木船中甚至徒步逃离这座城市。在这期间，陈纳德的部下放弃并摧毁了空军基地内所有的550所建筑物，他们将能够带走的每一加仑汽油和每一件器材都带在身边，然后将剩下的所有东西付诸一炬。

留守这座城市的是蒋介石麾下士气低落、饥饿难耐的国民党军队。一支防卫桂林的部队——约有 1.4 万人——仅有两千支勉强能用的步枪，但是用来发射的子弹却少得可怜。“那些七零八落，被从其他前线上仓猝调到桂林来的后备部队，”西奥多·怀特写道，“毫无组织性地分布在方圆五百英里之内的地区，其中的许多人早已疲累过度，另一些人则未经训练，但所有人都像是散兵游勇，无人领导。有些士兵带着老式的中国造步枪，有些人用俄国枪，还有人使用战前日本造的老炮。没有任何人拥有足够的弹药。”

在一座已经人走屋空的城市里——城中的餐馆和店铺里到处都是被遗弃的免费食物和饮料——国民党军队决定先填饱肚子，再做防御桂林的打算不迟。作为中国最为美丽，而且最生机勃勃的一座城市，桂林似有无穷无尽的美食供这些士兵品尝。当西奥多·怀特赶在日本侵略军前不久离开这座城市的时候，“我在北门看见的最后五名士兵，”他写道，“脚边摆着十七个已经喝干的酒瓶子，兴高采烈地等着敌人到来。”

桂林失守的数日之后，在桂林南方一百英里开外的柳州也被日军第十一军团攻克，并与从中国东部以及印度支那出兵的日本侵略部队联成一线。中国已被一分为二。

至 1944 年 11 月中旬，日本军队不仅已封锁了中国东部，他们更将六万名侵略军汇合在一起。而这支联军看起来正准备将蒋介石的战时首都——重庆作为他们下一个目标。

虽然在表面上，蒋介石与他新到任的美国参谋长展现出一种热忱而诚挚的关系，但在幕后，曾试图将中国军队改造成一支卓有成效的武装力量的魏德迈很快便被逼得陷入发狂的境地。“倘若中国人能够合作就好了！”他在给乔治·马歇尔与陆军部的报告中写道。按照魏德迈的汇报，蒋和他的顾问们“既无能又昏庸”，而中国军队的指挥官们则被“政治阴谋和妄自尊大”弄得僵化而陈腐。

在美国陆军部，马歇尔只能日渐怀恋他昔日的好时光。至少史迪威曾默默地奋斗着，去解决中国所面临的难题，而不是没完没了地寻求援助。

1944年，在整个中国东部地区，一支美国战略情报局下属的小分队——由十五名美国军官和若干应募的士兵组成——是盟军当中鲜有的从事了一些积极行动的部队之一。这支小分队由时年25岁、一头红发的宾夕法尼亚人弗兰克·格里森少校指挥，他们不但破坏了柳州以西公路沿线上的所有设施，还炸毁桥梁，摧毁城镇，不让日军得到任何可能到手的战利品。

在柳州以西150英里处的土山，格里森再次听到一条他曾以为荒诞不经的消息：一个当地人告诉他，中国军队在城外某处藏有大批的军火。当格里森派人打探之后，所获知的情况令他目瞪口呆。在这座小城的四周，分布着三个巨大的弹药库，每一个弹药库都有二十到三十间库房，贮存着总计约五万吨的子弹以及五十余尊崭新的大炮，数万发炮弹，各种类型的枪械武器以及——最合格里森胃口的——二十吨炸药。由于中国军队已经一溃千里，中国东部的危机又迫在眉睫，他们已经没有时间分发这一数量庞大的军火藏货，格里森被迫要将它们全部炸毁。

当天下午四点之前，这批秘藏的武器弹药便告烟消云散——被炸成了废物一堆。当格里森和他的部下离开土山，继续向西进发之后不久，日军的第一批搜索队便从东边进入城中。他们发现这座城镇已经近乎一片焦土，便派人将损毁的情报告知主力部队，令日军主力放弃了大举向土山运动的初衷。日军先头部队在土山逗留了数日，随即放弃此城，重新加入到日本侵略军的大部队当中。

随着中国东部地区战役的结束，日本首相东条英机麾下的第十一军团终于暂时心满意足。在中国东部横行无忌的日本军队总算可以进行一番应得的休整。

尽管中国东部仍然被日军牢靠地握在掌心，但在1944年末的缅甸和中国西南地区，战势已经明显地有利于盟军一方。经过缅北战役，加之威廉姆·斯利姆从印度迅猛出击，缅甸五万平方英里的土地已经被盟军光复，一道长达450英里的战线从印度的火车站一直延伸到缅甸的中部平原。

威廉姆·斯利姆一方面追击日本第十五军团，另一方面早已计划在瑞波平原发动一场大规模的战役。在伊洛瓦底江以西宽广而平坦的地区，这场战役将使得早已疲惫不堪的日军彻底暴露于在兵力、飞机、火炮等方面占据绝对优势的英国和印度军队的火力之下。但斯利姆的计划没能实现。1944年9月，日本第十五军团蓄着髭须的河边将军因为英帕尔和科希玛战役的惨败，而被刚从东京派来缅甸的木村兵太郎中将——一位经验丰富的战术专家和炮兵指挥官所取代。他明智地决定将部队撤退至伊洛瓦底江对岸，在大江东岸，他能够构造一道磐石一般坚不可摧的防御阵线。

这一战术动作对斯利姆而言意图明显。虽然他无疑能够攻打并占领位于伊洛瓦底江西岸的曼德勒，但他麾下第十四军的部队却必须渡江才能够进攻对岸的日本军队。并且斯利姆深知，无论他的人马从何处渡江，都将遭到非常强劲的抵抗。事实上，在敌方的火力威胁之下渡过江河，迄今依然是任何一支军队所能遭遇到的最为困难的挑战，而河面宽达上千英尺的伊洛瓦底江可不是随便的一条河流，它本身便是一道难以逾越的天堑。

在缅甸更为北部的地区，苏丹将军指挥的中国X部队与美国火星任务部队取得的战果，辉煌得超出想象。他们已经将滇缅公路与利多公路连在了一起，后者从密支那以南地区出发，经过世界上最长的一道浮桥——长达1180英尺，由匹克将军指挥的美国工程兵所架设——越过了伊洛瓦底江。他们已将日本军队驱逐出缅北地区，长期的征战早已将这支军队打造成一支力量强大、令人望而生畏的武装力量。曾经瘦骨嶙峋、病弱无力的中国 X 部队，如今更散发着强健而勇武的气息。

“史迪威带出来的队伍，”西奥多·怀特写道，“不但强壮、优秀，而且他们对此确信无疑。他们的肌肉坚实，身体壮硕。他们用与美军一样的信心操作着手中的美式武器装备。他们岂止满怀自信，他们甚至傲睨天下。不论是美国人、英国人还是缅甸人，任何人如果妨碍了他们，都将遭到迎头痛击。他们是中国所拥有的最优秀的军队，当这支军队冲向将他们与自己的祖国隔开的最后一道敌军屏障时，内心满怀着必胜的骄傲。”

X 部队终于要返回中国了。在清除了缅甸北部的日本军队之后——与此同时，威廉姆·斯利姆将军的英国第十四军更在缅甸南部将日军包围——X 部队又有了新任务。苏丹将军和中国军队将沿着滇缅公路一路追击日军，向上直入中国，与中国境内的中国远征军在前线会师，彻底消灭那些仍然封锁着滇缅公路的日本军队。

第十九章

随着盟军在缅甸与中国转入全面进攻态势，空中战场日益成为盟军地面部队与意志顽强（虽然补给严重匮乏）的日本军队作战的有力补充。到1944年底，虽然在整个二战期间的中缅印战场上，飞虎队、驼峰飞行队以及陈纳德麾下炙手可热的第十四航空队赢得了最辉煌的空中荣誉，但在那一时期，真正对敌人造成重创的却是基地位于印度的美国第十航空队。在1944年一段为期三个月的时间内，第十航空队在印度和缅甸境内的日军上空，一共出动了8500多架次的飞机，朝敌人投掷了370多万磅的炸弹。仅在密支那一场战役当中，空军的混合机群便向据守在战壕中的日军倾投了754吨炸弹，较之同一时期陆军大炮所耗费的炸药总量超出20%之多。

除了负责运送部队的运输机中队和驼峰机组在1944年后期已经能用令人瞠目的速度将士兵和物资送往该战区的每一个角落之外，第十航空队的轰炸机组也向日本人展开了日复一日、排山倒海般的空中打击。第十航空队飞旋在铁路、机场、通讯场所、补给基地以及——或许是最主要的——桥梁的上空，朝这些目标发起攻击。其中的一支轰炸机中队：第490中队，曾经在七天之内炸毁了八座桥梁。他们还将一种起源于欧洲战场的被称作“低空水平轰炸”的技巧发挥得淋漓尽致：当飞机在河流上方做低空俯冲时，及时将炸弹释出弹舱，使炸弹以腹部落入水面，向前滑入桥梁的桥墩之间，然后引发爆炸。另外一支轰炸机部队：第七轰炸机群，则被称为航空界的“大肚汉”。他们用钢条将 250 磅重的炸弹固定在弹舱内原本配装的 500 磅炸弹的下方，这样，标定载弹量仅为 8800 磅的 B–24 型轰炸机就可以装载多达 1.2 万吨的炸弹。

第七轰炸机群下辖的一个飞行机组：T–333（以字母 T 打头，是因为该机组成员都曾在内华达州的托诺帕空军基地集合并培训），则因为另外一桩壮举而闻名遐迩。他们将奉命炸毁桂河大桥。

T–333 机组的十名成员来自美国的各个地区：他们的家乡天各一方，既有蒙大拿州的卡斯凯德，得克萨斯州的贝尔顿，明尼苏达州的明尼亚波利斯，也有密西西比州的格林伍德和纽约州的洛彻斯特。他们的年龄从十八岁到二十七岁不等，平均年龄还不足二十二岁。在最年轻的几个人当中，还包括 T–333 的飞行员：年仅二十二岁的小伙子查尔斯 · F · 利纳曼。绰号“卷毛”的利纳曼是一个身材高大、性情豪爽的空军少尉，他有一张宽阔的面庞、一丝不苟的行事风格以及自诩“对驾驶飞机情有独钟”的空中情怀。利纳曼从小便不喜欢上学读书，当他在读十一年级时辍学回家，很快就在军队找到了自己发展的方向。一开始，利纳曼接受了维修飞机的技工训练，但经过一系列资格考试、体能测验以及复核委员会的审查之后，他于 1942 年被保送到空军军官学校就学，并在一年之后学成毕业。接下来，他和 T– 333 的其他成员一道，在内华达州继续接受为期数月的训练，随后便被送往旧金山郊外的汉密尔顿空军基地，搭乘一架崭新的 B–24“解放者”轰炸机前往中缅印战区作战。1944 年 8 月，当他们在接到赴海外参战的命令之后，便一路经停纽芬兰的甘德尔、西班牙境外的亚速尔群岛、马拉克什、突尼斯、开罗、伊朗、卡拉奇和潘德维斯沃，最终抵达了他们的大本营：位于加尔各答西北部的马德海甘吉空军基地。无论利纳曼在哪里受训，抑或是旅行到世界的任何角落，他都始终清楚地意识到：自己来自俄亥俄州一个名叫沃伦的城市。不管是在北非、印度还是在内华达州，当他走近一座喷泉并向下俯视的时候，他都能够看到故乡的名字被镂刻在喷泉精钢制成的水管上。“就在水从钢管里喷出来的地方，刻有‘哈尔西 · W · 泰勒’的字母，而在水管的顶部以及底部，都打有‘沃伦，俄亥俄’的标记。不论在地球的哪一座喷泉边上，当我低头俯视的那一刹那，就好像回到了家里一样。”

随着 1945 年紧随着 1944 年抵临人世，经过几个月驼峰飞行的运输工作之后，利纳曼和他的机组奉命回到马德海甘吉基地。盟军将要发动新的攻势：不但进攻缅甸腹地，还要长驱直下，重新开通连接中国的滇缅公路，T–333 也要助一臂之力。按照利纳曼的说法，T–333 机组当中没有谁对这一调令感到遗憾：“驼峰飞行是极为艰险的一项工作。如今人们会觉得什么样的飞行难以完成？可如果你曾飞过驼峰航线，你会觉得其他的一切空中作业都是小菜一碟。在这条线路上永远都有雷雨大风，这里先遭遇一道飙升的气流，那里又碰上一股下降的激流，撞在飞机上的狂风能够达到三百英里的时速。在这些暴风雨之中还夹杂着冰雹。我曾亲眼看到一架飞机在降落的时候，机身的蒙布已经被冰雹密密麻麻地打穿了葡萄大小的孔洞。所以，从某种意义上说，是的，我们很高兴可以不用再顶风冒雨地飞往中国，而是在较低的海拔高度上进行轰炸和战斗。”

利纳曼和他的机组成员对于能避开中国的艰难时局同样感到庆幸，虽然补给物资从驼峰航线源源输入，这个国家却仍面临着悲惨的食品短缺问题。“虽然最终他们对日本人取得了一定的优势，”T–333 机组仪容整洁、掷弹准确的投弹手比尔 · 亨德森说，“每一个人却都能够看到，渎职与贪污已摧毁了这个国家的灵魂。这真是可怕，太可怕了。一天早晨，一位瘦小的中国老妇——她紧紧地扎着绑腿，特别凸显出她缠过的双足之纤小——在我们的垃圾桶里翻来找去。她试图找到一点食物，只要有营养，什么都可以。我们看着她将手指伸入一个空沙丁鱼罐头盒里刮擦内壁，那只罐头盒不知是谁从美国的食品套装箱中带过来的。然后她吸吮自己的手指，尝着罐头里残存的哪怕一点点沙丁鱼油脂。我所能想到的唯一念头只是：那就是忍饥挨饿者的样子，她正被饿得奄奄一息。”

在马德海甘吉基地。T–333 机组接到的第一组指令，是轰炸并摧毁缅甸–暹罗的铁道线。他们的首次航程配备了一架老旧的“D 型”B–24 轰炸机，机首的图案旁写着“红色啄木鸟”的字样。在中缅印战场——以及后来的印度战区——由于飞机匮乏，B–24 轰炸机的机组每一天早晨都要根据他们当日的飞行日程以及命令要求，由地勤人员根据每架飞机的特点，配合本次任务的性质，分给不同的飞机来驾乘。年头较新或者引擎比较强劲的飞机——鉴于它们有能力长途飞行——将会被配给轰炸缅甸或新加坡远程目标的机组。弹舱经过改造，能够装载特殊型号武器——如形状古怪的“香蕉碎裂弹”、500 或 1000 磅重的炸弹——的飞机，会在它们的超常性能得以最好施展的场合下投入战斗。

刚开始的时候，人人都想驾驶马德海甘吉基地最新、最炫，性能最优的飞机，在那些飞机尾翼机枪的炮塔支柱上，还留有年轻的女工用钢笔写下的电话号码和个人信息。但是战斗打响之后不久，便再也没有人垂涎最新型的飞机了。“后来变成了你最希望得到尽可能最老最旧的那架飞机。”利纳曼回忆道，“每当日本人发现在空中有一架形制或者型号较新的飞机，他们都会首先朝它开火，因为它是个新鲜事物，所以想当然地，便具有更大的危险性。”

在 1945 年的 1 月至 4 月期间，T–333 从马德海甘吉出发，一共执行了 52 次轰炸任务，但对他们当中的许多人——尤其是对“卷毛”利纳曼本人来说，其中的一项使命最为与众不同。“那是在 1945 年 4 月，当时在桂河上早已经贯通了两座桥梁，其中一座是以前就有的旧木桥，另外的一座则是日军新修起的钢桥。不管怎样，盟军司令部认定将这两座桥梁一劳永逸地炸沉河底的时机已经到来了。”

两座大桥并排架设在桂河上方，彼此之间相隔约一百码左右的距离。它们纵伸数百码，横跨这一地区最为宽广的一条大河，却也是缅甸－暹罗铁道线上最薄弱、最容易遭到损毁的薄弱环节。有鉴于此，日军在桥头重兵把守，布下防空武器的天罗地网。尽管阻力重重，但第七轰炸机群的决策者们依然坚信：一旦两座桥梁双双被破坏，所有经由铁路运输的物资都将被迫在桂河东岸卸下火车，搬上驳船，摆渡到桂河的西岸，然后才能够被再度装上火车，继续沿铁道线前进。当大量物资在桂河两岸堆积起来之后，第七轰炸机群的谋划者们觉得这些成堆的包裹也将成为脆弱的空袭目标。对第七轰炸机群的人来说，这两座桥梁早已令他们魂牵梦绕。从 1944 年 10 月起，也就是在雨季结束之后，几次成功的轰炸行动都曾对双桥造成过损坏，但每一次又都被日本人迅速地修复如初。

最终，经过长达六个月的常规轰炸后，在 1945 年 4 月 2 日，“卷毛”利纳曼钻进一架 B–24 轰炸机的驾驶舱，为本次行动的机长：他的顶头上司约翰·希姆斯担任副驾驶员。从马德海甘吉到堪察纳布里和桂河是一段很远的距离，但经过长达七个小时的飞行之后，利纳曼注视着希姆斯驾驶着飞机完美地飞临桂河上钢架桥的上空，给出投弹信号，旋即便将新桥的两截钢制的桥身送入河流之中。由于日本人已经再没有足够的钢铁来更换被炸毁的桥身，因此，桂河上方的那座钢桥也正式宣告报废。

第二天，也就是 1945 年 4 月 3 日的清晨，轮到 T–333 机组执行任务了。就在午夜过后不久，T–333 组与其他几个机组的成员一齐在作训室集合，听候命令。他们将于凌晨 2:30 分出发，而不是如平时那样：在破晓前几分钟时才开始行动。到上午 9 点时，他们将轰炸本次任务的目标：桂河之上的那座木桥。当经行的航线和目标被重申之后，作训室内传出一阵低沉的抱怨声。轰炸目标距基地足有七八个小时的飞行距离，即便飞机上配有新式的自动驾驶仪和设置在弹仓内的加大型油箱，这段往返的航程依然太过漫长：需要整整十四至十六个小时，并且很不幸地，他们要在午夜 2:30 分立即出动，直到当天夜里的七点或八点钟才能够返回。

比长途飞行更为可怕的是这项任务显而易见的危险性。由于钢桥已经报销，日本守军无疑会集中全部的防御力量保卫那座木桥，使之更加难以被轻易炸掉。因此行动指挥部另外派遣了一支 B–24 中队，赶在“桥梁终结者”的前面，担任“防空火力压制者”的角色。他们将比 T–333 机组提前十到十五分钟抵达轰炸目标上空，向敌人的防空阵地区域投掷杀伤性榴霰弹，然后再撤离现场。

专门为了这趟行程，T–333 机组更被配发了一架崭新得既没有来得及取名，也没有在机头上绘影图形的 B–24 轰炸机。在机舱内还安装了一套新式的、更为复杂的雷达系统，飞机的腹部被涂成了黑色——而不是通常的绿色或天蓝返白的隐蔽色——这说明该飞机原本计划用于“夜间侦察”与航空绘图的别样目的。

在起飞之后的六七个小时内，一切都运作正常。他们用低速飞行，以利于节省燃油，而且避免惊扰敌人。B–24 轰炸机群经过印度与缅甸，从“三塔关”附近进入泰国上空。完全按照原计划，当 T–333 机组及其轰炸机编队开始折转机身，进入轰炸阵型时，时间刚好是上午 8∶59 分。

然而，就在利纳曼及其他轰炸机朝向目标准备行动时，却发现原本负责压制敌军防空火力的那些飞机根本无迹可寻。更为糟糕的是，在桥梁附近的半空中，既没有蒸腾的黑烟，也没有扬起的尘雾，这意味着桥畔的防御阵地并没有遭到我方的攻击。除了利纳曼的飞机编队以外，在空中他们视线所及的范围内，再也没有其他飞行器的存在。T–333 及其他几架轰炸机居然被人“放了鸽子”。

“我必须作出抉择。”利纳曼说道，“我们是否继续前进执行轰炸任务，还是掉头返航？我的副驾驶员布拉德·汉布莱特注视着我，问道：‘我们该怎么办？’我说：‘我们没有足够的汽油在这里瞎转和等待，我们必须行动。’”

如他通常所宣告的那样：“机组人员，驾驶员说话：做好准备，我们要动手了。”“卷毛”利纳曼开始在桂河桥的上空进行他三次轰炸行动的第一个回合。当他们抵达目标上方的时候，利纳曼——亦像他平时所做的那样——将飞机的控制权经由自动驾驶仪转交给投弹手，这样比尔·亨德森就可以通过轰炸瞄准器的十字准线朝目标瞄准。在很远的地方，那座木桥看上去纤细如线，难以辨认，但体形强健、身姿稳固的亨德森面带一丝紧张的微笑却依然保持着镇静。就在B–24来到目标上空时，亨德森完成了他的导航预行计算，对空中速度、距离和风速进行了因式分解。然后，就在那座木桥经过他眼前的瞄准器十字准线的精确瞬间，他启动了投弹装置的控制杆。

虽然理论上应该有两枚一千磅重的炸弹从B–24轰炸机的机腹落下，但只有一枚炸弹在飞机下方现身。当这枚炸弹不断下降的时候，亨德森的心中既满怀期待，心头又不免有些沮丧。他查验了定时器，该仪器告诉他机上共载有多少枚炸弹，而其中的几枚已经被投出——很遗憾，它是正确的，仅有一枚一千磅的炸弹被投放了出去。

但那是怎样的一击啊！炸弹完美地向下坠落……下落，下落，下落，随着它直线下降，体形也愈来愈小。最后，当那些在飞机上占据了有利位置的机组成员们齐声发出一声惊叹的时候，这枚重达一千磅的炸弹不偏不斜地撞上桥面：刚好落在了木桥中部两道铁轨之间的位置上。数秒钟之后，炸弹爆炸，将木桥炸作两截。

横跨桂河的木桥也已沉沦水底。亨德森将B–24轰炸机的控制杆交还给利纳曼，后者迅速驾机返回起始点，准备开始三轮轰炸的第二个回合。就在利纳曼在木桥南侧的丛林上空大幅转弯的同时，亨德森已经将另一枚一千磅重的炸弹在打开的弹舱门上方准备就位。下一次飞临接踵而至，当亨德森再一次接过了 B–24 的控制杆，二度来到目标上方的时候，两枚炸弹都被投掷下去，但它们略微有些偏离轨迹，落在了桥南侧（或者说左侧）大约十英尺的河水中。心知在地面的防空武器确定他们的飞行高度并朝飞机扫射之前，只可能再有一次临桥掷弹的机会，亨德森索性将剩余的三枚炸弹全部置于准备投掷的位置。

当 B–24 开始进行它最后一轮轰炸时，利纳曼与亨德森听到舱内的机枪手报告说：地面高射机枪射出的子弹距飞机已非常接近。但他们继续向前飞行，而且离目标愈来愈近。就在准备投弹的那一刻，亨德森通过他的轰炸瞄准器注意到，那座桥梁标靶稍稍偏向了十字准线中心的右侧。所有的三枚炸弹都从飞机下方滑落，朝着桥梁细小的身形直降而去。随着它们距离那座已经破裂的木桥愈近，很明显地可以发现，这些炸弹也没能再击中这一目标。

就在将 B–24 轰炸机的控制权再度交还给利纳曼之前，亨德森暂停下来，拍了一张照片——如今他承认那是犯了“一个愚蠢的错误”。当他拍完照片之后，亨德森调转自动驾驶仪。“由投弹手转给驾驶员，”他说道，“可以回转了。”

接到亨德森的口讯之后，利纳曼重掌 B–24 飞机，并立即沉下右翼，让左翼近乎垂直向上地做一次倾斜式折转。但就在同一时刻，一串高射机枪的子弹击中了这架飞机，使机身突然向后和向下疯狂地歪斜倾倒。他们被击中了，而且全体机组人员都很清楚：他们的飞机已遭受重创。

这架 B–24 轰炸机先是难以控制地大兜圈子，随即开始快速地旋转。在驾驶座舱内，仪表盘从原本固定的位置上松落开来，上下跳抖得一片模糊。副驾驶员布拉德 · 汉布莱特用他的双手竭力让仪表盘保持平稳，这样他能够测查各项数据。即便汉布莱特试图从仪表显示的指标中获知实情，这架翼宽 110 英尺、机身长达 64 英尺的 B–24 轰炸机正螺旋式地向下滑落。利纳曼要求汉布莱特协助控制住飞机，汉布莱特立即丢掉仪表盘，全力投入飞机的拯救工作。他用双脚拼命地下压飞机右方向舵的踏板，但方向舵却纹丝不动。

在B–24中的每一件物品都在颤抖与震动，除了引擎发出的噪音之外，飞机的支柱与加强杆因为挤压在一起，也传来了金属折断的破裂声。他们几乎已无法控制右方向舵——也就是说没有办法再让B–24向右转弯——副翼压杆也不再在他们的掌控之下。汉布莱特和利纳曼费尽心机，终于努力让B–24机头朝上，不再旋转，进入一种停转失速的状态（由于他们没有足够的飞行控制翼面让飞机右转，以摆脱机体旋转的局面，这是他们能够制止B–24螺旋形下降的唯一方法）。接下来，尽管非常缓慢，而且姿态笨拙，但这架B–24却开始向上飞升，以一个摆荡翻滚将自己转过身来，朝着左前方，也就是印度大致所在的西北方向驶去。

无论如何，机缘运气配合着娴熟技艺，他们终于化险为夷。T–333机组不仅仍然在天空飞翔，他们还在朝着大本营返航。现在飞机的引擎得力于紧急备用动力，两名驾驶员五分钟为一班，轮流铆足了力气踩在方向舵的踏板上，朝向安全的目的地飞行。B–24机体倾斜，上下颠簸。它的右翼向下低斜十至十五度角，机组人员也无法确知飞行高度与时速，但他们毕竟仍在空中，而且鼓足干劲，朝着马德海甘吉空军基地飞行。

当T–333机组直飞向西，距离安达曼海域还有约60英里远的时候，每个人都在思考同一个问题：我们还能够走多远？这架飞机每小时飞行175至180节，通过控制微调调整片和方向舵，它目前看起来飞得还算良好。如果有足够的油料能够支撑它飞过安达曼海、缅甸南部以及阿恰布岛，他们便至少能够在友军控制的领土上跳伞求生，并让这架飞机在孟加拉湾内深海长眠。

然而颇为古怪，几乎又是不约而同地，机组成员们开始估量机舱内这些仪器设备的价值。这架飞机，它的每一个零件，都是崭新的，这还是一架彻头彻尾的新飞机，如果抛弃它，损失实在是太过惨重。在接下来的几分钟之内，全体机组人员达成了十分可怕的一致意见：不管他们将被迫在哪里着陆，他们都要让这架 B–24 在地面迫降，决不能任其坠毁。

当他们朝已经近在视野之内的安达曼海飞去时，机组成员们开始通过内部通讯系统讨论他们的选择余地。没有人愿意在缅甸上空跳伞，同样重要的是，也没有人愿意损失这架飞机。相反，他们可以飞过安达曼海，向南绕过防空火力严密的仰光城，沿着阿拉坎半岛的海滩拐向阿恰布岛，在该岛后方，便是英国人设在印度东南部一个名为“考克斯巴扎”的空军机场。但所有人欲言又止的一个问题却是：他们能否飞得那么远？

最后一片热带丛林从他们的身下滑过，他们开始了飞越安达曼海的漫长行程。每一分钟，机组人员都对让这架残损的飞机安全地着陆增添了更大的信心，尽管仍然靠紧急动力全速运行的飞机引擎已经显现出一些过热的迹象。终于，在两个小时以后，阿拉坎半岛遥遥进入了视野之内。由于 T–333 机组的轰炸机又可以在地面上着陆，而他们已经身处友军的控制区，“卷毛”利纳曼宣布：他和布拉德将驾驶这架飞机一直飞到尽可能远的地方。随后他说道，当他们无法再让它保持在空中飞行的时候，他们将会在阿恰布岛和考克斯巴扎机场之间的海滩上使其迫降。如果有人想跳伞，他们建议到，尽可以在着陆前不久的时候朝海滩上跳出，很快将会有一支搜索救援队被派出去寻找跳伞的队员。

悠长的一分钟里，飞机的内部通讯系统鸦雀无声。没有人开腔讨论跳伞的话题，于是“卷毛”利纳曼的声音再一次回响在各人的耳机中：“我已准备好开始下降了。”

引擎的嗡鸣变弱的时候，一声回答从不知是谁的嘴里说了出来（事后也无人对此应承），“我们全都和你在一起，”那个声音说道，“你究竟还在等什么？”

利纳曼命令机组人员将所有可移动的设备都搬到飞机的后部，尽可能地增加机尾的重量。然后他继续减低飞行速度，让机组成员对飞机的迫降做好准备。利纳曼放下了起落架，在其后的一分钟内，飞机上的人都屏住呼吸，注视着利纳曼与汉布莱特将 B–24 轰炸机引导到沙滩上。当临近最后一秒的时候，B–24 飞机轻微上升——两位飞行员避开了一座小沙丘。在下一个瞬间，随着一阵剧烈的震颤和一声巨大的碰撞，B–24 开始急刹车，它的支柱与起落架疯狂地抖动着，他们着陆了，利纳曼和汉布莱特关掉飞机引擎，又奋力防止飞机翻转。

接下来的一秒钟，整架飞机都在痉挛，又忽然像是撞上了什么不可穿越的障碍物那样，完全地停顿下来。所有的机组成员都被抛向飞机的舱壁，利纳曼和汉布莱特也猛地被座椅上的安全带紧箍得透不过气来。

B–24 轰炸机的前轮陷入一片酥软的沙子里并折成两段，这使得 B–24 向前倾斜，机头扎在了沙滩上。飞机在一阵狂野激烈的摇晃以及震耳欲聋的金属碎裂声中戛然停止，然后便是一片寂静。T–333 机组的所有人员都奇迹一般地幸存了下来。

接下来，当每一个人都意识到飞机已经着陆并且停稳之后，他们都匆忙跑到机舱前方的救生出口，爬出舱门，沿着半截埋入沙中的 B–24 前炮塔跳下这架失事的飞机。虽然迫降已经完成，但机组人员担心飞机可能随时起火和爆炸。

B–24 的螺旋桨仍在不停地旋转，当布拉德 · 汉布莱特沿着倾斜的机头朝海滩下行的时候，他一脚踩在飞机前炮塔的树脂玻璃护罩上，不慎踏破陷落，被玻璃碎片深深地割伤了腿部。他设法将自己解救出来，继续向前迈进。T–333 全体机组成员沿着海滩，跑到一个安全的地点，然后，他们回过头来，观望他们已遭受重创的飞机。

这架刚刚炸毁了桂河大桥的 B–24 轰炸机已经破损不堪。它的起落架支柱全都弯曲或者断裂，机身以七十度角向前下方倾斜，它的机头深埋在沙土里。

当 T–333 的小伙子们等待着考克斯巴扎的英军赶来救援的时候，他们的目光越过飞机残骸，朝后面的海岸线望去，所见的情景令他们更加错愕不已。从开始着陆到完全停稳，这架 B–24 的全部迫降行动仅仅在海滩上滑行了一百码的距离。

第二十章

日本军队之所以再也没能修复桂河大桥，有其现实的原因。1945 年初的缅甸和中国西南部地区，盟军在地面战场上所取得的优势较之空军有过之无不及。对日军而言，补给物资无法运输周转，部队的状况也日渐窘迫难支。更为严重的是，由于第十航空队的空中打击，不论是物资补充还是军队撤退，情势上都将面临更为恶化的前景。

“我们早已精疲力竭，饥饿难忍。”日本步兵宫下进说，“我们没有粮食，也无处栖身。就那么暴露地睡在土地上。我们都形销骨立，腿上连一块肌肉都没有，就像是裹在破烂肮脏军服里的一具具骷髅。我们的皮靴已破烂不堪，也几乎没有武器弹药。野鸟啄食着倒毙在道路两旁没有掩埋的尸体，身后便是英国人朝我们追杀过来。”

仅仅三年前，宫下回忆道，日本帝国的军队还是不可战胜的，但如今在缅甸他们却彻底地——而且令人匪夷所思地——面临崩溃的下场。难耐的饥饿与困惑感交织在一起，这番失落的耻辱让许多日军士兵，其中也包括宫下本人，想到了自杀。

“我们曾在六个月之内征服了整个东南亚，”宫下说道，“但现在我们却一无所有。英国人卷土重来，他们变得非常强大，非常非常的强大。我们别无选择，只能节节败走。我因为身染疟疾，早已病体难支。有许多次我都考虑过自杀。我曾想，如果我把一枚手榴弹挂在胸前，一拉弹环，所有的痛苦便会烟消云散。只需轻轻一个动作，我就可以一了百了。但我终究还是无法下手，我只有苟延残喘，挣扎着继续往前赶路。”

在缅甸西南部的若开半岛，英国和印度军队正从日军手中大举收复失地，而且高歌猛进地逼近仰光。在缅甸中部地区，威廉姆·斯利姆将军的部队已经穿过瑞波平原，在伊洛瓦底江畔的几处地点安营扎寨。在一段时间内，他们按兵不动，监控着江对岸试图加强防御力量的日本军队。在中国，魏德迈将军将X部队两个师的兵力空运至昆明，准备抗击刚在中国东部大获全胜的日军第十一军团可能的进犯，但日军始终没有发动这场攻势。已经筋疲力尽、物资匮乏的第十一军团锋芒太劲，将他们的补给线远远地甩在了后面。因为食品与武器短缺，日本军队在中国东部发起的战役也不得不告一段落。

与此同时，在中国的北方和东部地区，中国共产党领导的军队开始对日本占领军发起猛攻，并且不时地将他们撕得粉碎。当蒋介石和国民党还在坚持用他们古旧的传统方法（外交与宣传）赢得美国的青睐与物资时，毛泽东却要在战场上让美国人认识到中国共产党的价值。毛相信：获得美国支持（及其武器与物资援助）最好的方式，是发动锐不可当的对日战斗。他更重大的战略目标是在抗日战争结束时，让中国共产党人控制如今被日本人占领的从上海到天津的东部沿海地区。如果中共军队能够完成这一任务，所有经由海路来到中国的美国高官都将受到共产党人的接待，这对于战后重建无疑是一种战略与物资供应方面的明显优势。同样，当日本人的威胁被击退之后，一旦和国民党之间的内战爆发，共产党也可以对国民党采取控制出海港口的勒颈策略。

在1944年末，毛泽东还派遣他最优秀的战地指挥官之一，面色红润、才华横溢的王震将军，率领他的部队在湖南省北部地区，也是中国共产主义运动的早期根据地，向日本人发动进攻。王震一路与日本占领军浴血作战，朝向头年秋天被日本第十一军团攻克的两座城市——萍乡和长沙发起进攻。

中国共产党麾下三百万战备精良的生力军，不单扭转了中国对日作战的时局，按照战略部署，毛泽东正准备在砸断日本人腰椎的同时，也让国民党筋断骨折。

1945 年 1 月 27 日，对盟军而言称得上是缅甸作战期间最为辉煌的一天。在那以前，威廉姆·斯利姆的英印第十四军已经控制了伊洛瓦底江以西的瑞波平原，而且，作为斯利姆将军展现其战术才华的重要范例，他正准备将木村将军的日本军队困扼在缅甸中部地区。

到 1945 年 1 月的时候，节节败退的日军已经被压制在伊洛瓦底江西岸唯一的一座防御阵地中——那就是位于缅甸楔形国土中部的河港城市曼德勒。在曼德勒市中心，方圆一平方英里的范围内，曾经是昔日的王宫，后来被英国殖民者改称为“达弗林堡”，它被二十六英尺高、三十英尺厚的城墙所环绕，堪称是一座牢不可破的坚强堡垒。不过，斯利姆并没有打算将炮火倾斜到达弗林堡的城墙上，而是选用其他的计策。他接到的情报显示，日军的第十五师团和第三十三师团并未向曼德勒方向前进，而是朝在伊洛瓦底江以东、曼德勒以南均为九十英里处的密铁拉城移动。如果斯利姆能够诱使木村相信他将在瑞波渡过伊洛瓦底江，并且也会从那里进攻曼德勒，他或许就可以派遣一支快速运动部队，赶在木村还没有来得及用军队和枪炮防卫密铁拉之前，从更南部的地点横渡伊江。如果他能够抢在日军之前占领密铁拉，就能够在缅甸中部将日本军队切断，让他们落入两支强大的英军合围的陷阱当中。

斯利姆方针已定：拥有 2.2 万兵马、曾经在科希玛战役的迪马坡战斗环节中表现出色的第三十三军团，将为攻打曼德勒以及在附近地点渡江做好准备。与此同时，一个假的第四军团司令部（实际是英印第五和第七师的指挥部）将被设置在瑞波以北地区，它将向更北部的野战部队发送并接收虚假的信息，进一步造成第四军团将会从瑞波北部的某地渡过伊洛瓦底江的假象。

实际上，斯利姆早已命令真正的第四军团保持无线电静默无声，并让他们在曼德勒以南靠近密铁拉的地方渡过伊洛瓦底江。一旦渡江成功，第四军团将向密铁拉的日军物资仓库发起突袭，将它们一举摧毁。这将切断木村军队的物资补给，而且有第三十三军团在其北方，第四军团在其南侧，木村除了束手就擒，再也没有别的选择。

1945 年 1 月 27 日，斯利姆的计划进展得非常顺利。木村将他的大部队集结在瑞波以北的江岸边，甚至还将原本在中国边境与苏丹将军指挥的美国火星任务部队和中国 X 部队作战的一些日军调来助战。与此同时，英军第四军团早已渡过伊洛瓦底江，朝密铁拉城直扑过去。

但那还不算是盟军在 1 月 27 日最辉煌的时刻。在缅甸南部的若开半岛上，一场攻打康高城的水陆两栖战斗也已转而呈现有利于盟军的态势。当 1 月 22 日盟军登陆之后，经过一场猛烈的炮战以及持续五日在惨烈与血腥程度上堪比科希玛和英帕尔战役的进攻与反攻大战之后，盟军终于设法封锁了从若开半岛向南延伸的公路干线。他们已经切断了日军逃往仰光的退路，日本士兵乱作一团，纷纷躲藏进了公路以北的原始森林里。

日本步兵宫下进回忆道："再也没有军令要求我们继续撤退了。可怕的丛林与我们糟糕的身体状况如同英国人和印度人一样，让我们死于非命。在撤退期间每死亡五个人，其中就有四人是死于饥饿和疾病。疟疾也在消灭我们。再也没有什么军纪可言，也不再有谁发号施令。我们在丛林之中挣扎着，人人都只能自谋生路。在保卫康高的战斗中，我曾两次中弹负伤，其中一颗子弹打穿了我的肩膀，另一颗则射穿了我的膝盖。每一天，当我跛着腿甚至是爬行着，朝东南方向的泰国前进时，我都努力搜寻装有汽油的汽车。如果我能侥幸找到一辆，就会用一根长竿从车子的油箱中吸出一点点汽油，用它来清洗我的伤口。如若不然，蛆就会在创口中大量孳生。汽油是我能够找来除蛆的唯一药剂。日复一日，我的生活就是奋力地让自己活下来。”

尽管少量顽强的日军部队继续为争夺这条道路，与英、印军队一直战斗到 2 月 11 日，但盟军的封锁线已经围拢。那些在若开半岛上衣食不济、一路溃败下来的日本军人，被驱赶进缅甸境内最茂密也最为可怕的热带丛林当中，残酷无情的折磨与死亡在等待着他们。

1945 年 1 月 27 日，在南亚地区作战的盟军也因为另外一个原因同声欢庆。在此前的三周时间里，由苏丹将军统辖的中国 X 部队和火星任务部队的几支分遣队沿着滇缅公路朝中国方向奔袭，以六比一的兵力优势追杀那些溃退的日本士兵，如今他们终于快要抵达中缅边境了。

与此同时，从相反的方向，中国远征军没有遭遇强大的抵抗，便将盘踞在芒市和遮放的日军驱逐出去，顺着滇缅公路朝国境的西、南两个方向长驱而下。他们以宽广的前锋一路消灭滇缅公路沿途的日本部队，经由青藏高原余脉上的天然关隘——黑山门，朝向缅甸低地进军。在 1944 年 9 月至 1945 年 1 月之间，据守龙陵、腾冲和松山的日本军队已经损失了 19620 人，尽管中国远征军付出了更大的伤亡代价——阵亡 37133 人——但战争的主动权却已经掌握在中国人和美国人的手上，他们已经将滇缅公路沿线残存的日军部队牢牢地控制在铁钳当中。

1945 年 1 月 27 日，由一列美制坦克前行开道，中国 X 部队向滇缅公路上最后一个被日军占领的村庄——由棚屋和木房聚落而成的凭海村发起了猛攻。自从在密支那击败日本守军之后，X 部队在战斗中便始终是装甲生辉、大炮轰鸣。当第一轮进攻发起时，X 部队的坦克用 75 毫米加农炮，在部队冲锋之前朝敌方阵地进行炮击。没有什么能够逃脱 X 部队坦克大炮的火力覆盖：房屋被摧毁，香蕉树林只剩下焦糊的树桩，帐篷和掩体也都灰飞烟灭。接下来，中国步兵从坦克后面发起了冲锋。他们蜷身飞速地跑下村落四周的山脊坡岭，手中的机关枪不停地向每一片灌木丛或任何一个日军可能藏身的隐匿处发射出致命的子弹。

但是当中国步兵部队在村子里消失之后，一桩前所未见的古怪情形却忽然呈现。没有任何抵抗的发生，也听不到半自动步枪发出的咔哒射击声，周遭所余只有一片寂静。在几座已经坍塌或勉强兀立的掩体内，中国士兵钻进厨房，拖出若干条青绿色的甘蔗，开始大嚼起来。很明显，日本人早已落荒而逃。中国距这里只有一个小时的路程，而且再也没有敌人阻挡在他们回家的路上。

中国军人一面继续咀嚼着甘蔗，一面再度沿滇缅公路北上，走进一条两侧都是稻田的山谷。忽然，就在前方不远处，大约一英里开外的一个岔路口，X 部队的侦察兵发现前方走来一支穿着破烂的蓝色、灰色军装的队伍。热望着杀死任何一名自投罗网的日本士兵的中国军队，立即在稻田周遭部署兵力，他们又从侧翼包围那个岔路口，以切断敌人逃跑的后路。就在开火的命令即将下达之前，美国派驻 X 部队的联络官乔治·斯利尼准将对眼前的情势作出了判断，他立刻跑到战线上，在 X 部队战士们的前方来回地奔走叫喊，命令他们不得开枪射击。在某一位已经搂不住火的机枪手面前，斯利尼准将甚至被迫纵身卧倒。那些蓝色和灰色的军装，斯利尼知道，是穿在中国远征军战士们身上的。

急急忙忙抢步向前，斯利尼朝着中国远征军的队伍走去。和他一样，站在岔路口上的中国士兵也认出了他身着的美军制服。好像多年失散的老朋友一样，中国远征军的战士们开始朝这位美国将军及其身后身着咔叽步军服的中国 X 部队奔跑过来。每个人都纵声欢呼，在空中挥舞着他们的拳头。当美国坦克沿着公路滚滚上前的时候，远征军士兵们继续向眼前所见的每一张美国人面孔开怀大笑，和他们紧紧地握手，拥抱，一边高喊着："顶好！"

走出中国的远征军形容枯槁。他们饥饿、肮脏而且疲惫。军服褴褛，面貌憔悴，许多人只穿着编织粗糙的草鞋。他们手中的武器陈旧破损，其中一些甚至还是一战时期的枪械。反观从缅甸方向开来的X部队的中国军人，刚好形成了鲜明的对比——他们身穿整洁的咔叽布制服和牢固的皮靴——不但营养良好、肌肉结实，而且配备着钢色闪亮的新式武器。就像是两年前的日本军队给人的那种印象：X部队如今看上去不可战胜。当这两支中国军队在途中相遇，远征军无法相信X部队竟拥有如此精良的装备——他们不但有运兵卡车和车载大炮，还拥有在中国几乎闻所未闻的坦克。此前从没有见过如此钢皮铁脚的巨兽，一些中国远征军的战士甚至伸出手去，试探性地触摸着眼前大象般的坦克车上手感温暖的钢板。

就在那里，在中国和缅甸边境一个十字路口的五辆坦克车旁，滇缅公路再度开通了。

第二十一章

1945年1月12日，第二次世界大战期间第一列从印度经由陆路开往中国的汽车运输队发动了引擎，在一阵或急或缓的隆隆声中，车队从利多出发，沿着利多公路朝西北方向前进，进入印度东北部地区。这支以“匹克第一运输队”闻名的车队的终点站，还远在一千一百英里之外。为了抵达那里，车队必须穿过印度和缅甸北部丛林密布的山区、胡康河谷沼泽般泥泞的低地，渡过宽广的伊洛瓦底江，攀上峰顶海拔一万英尺的西藏高原，再横跨波涛汹涌的萨尔温江和湄公河。然后继续向东北方向前进，才能够到达此行的目的地——中国昆明的物资仓库。整个行程总计要花费大约两周的时间。

这列车队由113辆汽车组成，其中包括吉普车、救护车、GMC 6×6货运卡车以及克莱斯勒武器运输车。当它们在第一天早晨集结的时候——正如中缅印战场上历来的行事风格——组织工作耗费了比预期更多的时间。但是中午之后不久，已在利多“〇英里”处等待多时的车队旁边，开过来丹尼尔·苏丹将军标绘着三颗将星的专用吉普。吉普车缓缓行过这列由深绿褐色的钢铁、军绿色的帆布以及黑色的橡胶所组成的长蛇，直到车队的最前端。根据苏丹和匹克下达的命令，现场没有新闻记者、杂志摄影师和新闻纪录片的摄像人员。这些新闻人员将在未来的三天之后，287英里开外的密支那与抵达该城的运输车队会合。而现在所要举行的第一运输队的发车仪式，将严格地限定在军队内部，纯由那些曾为这条道路的开通披荆斩棘、英勇战斗，付出辛劳血汗的士兵们所分享和体验。

当苏丹将军的吉普车最终来到了车队首辆引导车的前方，它停了下来，将军从车中一跃而出。他的举止和形象如同美国演员爱德华·G·罗宾森体形强壮的军人版本。利索地敬礼之后，刘易斯·匹克将军——他的军帽俏皮地斜扣在头部右侧，左手则紧紧地握着一根木质的牧羊杖——与苏丹将军会面，两个人紧紧地握了握手。

“阁下，”匹克说道，“利多公路，通往中国的生命线，已经开通。第一支运输队已组建完备，随时待命。我希望获得您的批准，令其向中国进发。”

苏丹将军微笑道：“祝贺您，匹克将军。”他说，“你完成了一桩无与伦比的任务。我可以肯定地说，这将是沿着这条道路开赴我们的中国盟军的许多运输车队中的第一支。”

迅捷地行完第二个军礼，匹克转过身来，高声朝车队指挥官德维特·穆立特上校喊道：“行车整队，穆立特！”穆立特向前方的第一批车辆挥手示意，已经空转了一个小时的汽车发动机开始加速旋转。在队伍最前端，两位头顶白盔，手戴白手套的宪兵，引导着第一辆卡车开出利多，驶向中国的昆明。运输队的领路卡车颠簸着开始行进，在车身上方驿马车式帆布车篷的两侧迎风招展的旗帜上，写着“利多公路第一运输队。匹克大道——通往中国的生命线”的字样。在第一辆卡车的帆布车篷下面，装载的却并非是其他卡车所运送的租借物资。在车厢里被拉链和护罩封闭起来的，是一挺能够旋转360度的防空机枪。日军的战斗机绝不可能从匹克的第一运输队那里讨到任何便宜。

卡车组成的长龙千里迢迢，向昆明驶去。

第一运输队离开了利多镇，经过汽油站与军用物资仓库，并在斋兰普尔镇铿锵作响地行过一座军用活动钢便桥。在前面几英里远的地方，一座名为南蓬的小镇上，车队又穿过了另一座被戏称为“地狱之门”的桥梁——那是他们在进入缅甸边境之前最后一个停靠站。再过两英里，他们开始朝向班哨关和缅甸进行漫长而又曲折的攀爬。就在两年前，这里曾开来第一辆美国推土机，噪音隆隆地冲进丛林，先将古老的树木连根拔起，再彻底铲除了森林中原本松软肥沃的腐殖土层。

好像一条绵延数英里长的巨蛇，利多公路上的汽车队滚滚向前。循着道路折来转去的U形急弯，他们翻过班哨关（在景颇语中是“陌生人来了”的意思）山口海拔3737英尺的最高点，又开始朝山脉的另一侧走下坡路。道路在荒草丛生的地区不断降低着海拔高度，当它滑入缅甸境内第一座山谷中的时候，变成了一条狭窄纤长的小径，穿行在浓密异常的丛林里，道路两旁的植物甚至从汽车的左右两侧十分险恶地斜侧过来。当仲冬时节的太阳落山之后，匹克将军下令在道路沿线所有可能出危险的地方，点燃一桶一桶的石油，为司机们提供警示。

卡车队伍穿过一个名为纳姆利特的土著人村落，村中茅草覆顶的吊脚楼和胸部裸露的纳迦妇女，都令驾驶或搭乘运兵卡车的美军和中国士兵感到惊异不已。虽然他们的兵营就在六十英里之外的地方，而且受到现代文明熏陶的纳迦人早已是当地生活场景的一部分，但他们却从来没有见过如此尚未开化的部落。随着傍晚的空气清新转凉，运输车队的第一批卡车已经驶离了帕特凯山脉的最后一片丘陵地带，进入到胡康河谷之中。再向前行驶五英里，便是他们当夜准备停车露宿的地方。他们将在利多路109英里的里程碑附近野营，那里恰好也曾是史迪威在缅甸第一个战地指挥部的所在地——小村庄新平洋。

当天夜里，第一运输队的所有人员在美军858空降工兵营的食堂里，品尝了一顿配有牛肉和土豆的丰盛大餐。然后，在丛林内外催人入眠的蝉鸣声中，匹克第一运输队的小伙子们在卡车之间拴好吊床，躺在上面沉沉地睡去了。

1945 年 1 月 13 日清晨，收拾好吊床并重新整理了卡车的货物之后，匹克将军麾下的第一运输队告别了新平洋村，驶入胡康河谷。

离开了褶皱状的帕特凯山丘陵地区，曾经蜿蜒起伏的道路如今向南一下子直插入河谷深处，笔直得好像是用尺子划出来的一样。当满载着中国和美国部队的运输车队继续前进时，他们沿途见到了更多 858 空降工兵营负责道路整修的士兵们。车队还邂逅了不少来自利多的印度劳工以及佩戴巨大的银耳环、身着明红色缠腰带的纳迦人，更有成群结队的克钦人穿着他们黑绿相间的花格围裙在路上行走，他们管这样的裙子称作腰布。

沿着胡康河谷继续颠簸南行，车队官兵开始发现不久前这一地区曾经战斗过的痕迹。他们经过了被战火烧得漆黑的盟军和日军坦克，在河道或丛林边上的灌木丛中，万弹攒身的日军的运兵车早已经支离破碎，又被筑路的工人们拖到了不挡道的地方。

他们驶过光彩照人的美式加油服务站，近几个月以来，盟军沿着利多公路每隔二十英里，就修造出一个服务站。同样是每隔二十至三十英里，他们还能看见一条又一条飞机跑道，建在路旁的土地上，与道路保持着平行。他们经由一座浮桥横渡了塔龙河，随后又在一片浅水区驱车涉过另一条河流：塔奈河。他们也穿过了河滨的两座小城：孟关和瓦鲁班，弗兰克·梅里尔的“掠夺者”部队和史迪威指挥的 X 部队曾在这里扭转了缅北战役的危局。然后他们马达轰鸣地开上横跨努派克河的桥梁，1944 年 3 月，几乎在同一个地点，“掠夺者”部队曾经顶住了日军用“断树”炮火向他们发起的凶猛反击。

又一个清晨，在乳白色浓雾的包围之下，“匹克第一运输队”穿行在云遮雾罩的间布山与功文山的崇山峻岭之中。在他们行进的时候，快要饱和的潮湿空气与利多公路上的扬尘混合在一起，在运输队的每一辆卡车上都覆盖了一层厚厚的泥浆。他们途经了因康迦塘村和甘马因镇，那里曾是趾高气扬、看似不可战胜的日军第十八师团的指挥部。

到晌午时分，随着运输队跨过孟拱河，进入伊洛瓦底河谷，雾气也已经悄然散去。在晴朗的天色里，吉普和卡车司机们发现他们的头顶上空，飞行着小型通讯联络飞机的身影。在每一架飞机里，都有来自陆军通信兵部队的摄影师和电影摄像师在记录运输队的最新进展。

接着，在距密支那还有十英里远的一处名为“匹克三岔口”（在那里，一条道路向南通往八莫，另一条则向东通往密支那）的道路交汇处，第一运输队被足有一个营的战地记者和摄影师包围了起来。车辆暂时都停下来，这样车组人员可以接受采访和拍摄照片。坐在车上的美国大兵和中国战士冲着照相机做出笑脸，更有超过四十家世界新闻机构争先恐后地采访他们。匹克将军拄着他那根弯曲的“朝圣拐杖”，在照相机的环伺下来回地走动，摆足了一副具有伟大冒险精神的领导人的模样。

如此又过了一小时之后，战士们纷纷爬回他们的座车，继续向东行进，前往房屋和街道都已被炮火摧毁的密支那城中一处专门为他们留出来的宿营地内休整。从利多至昆明，他们已经走完大约四分之一的里程，如果自三天前出发时开始计算，他们已行驶了 287 英里。

对于东亚和南亚地区的两个战区而言，第二次世界大战结束的这一年较之它开始的那一年，在混乱程度上可谓有过之而无不及。

在新成立的中国战区，魏德迈将军果然恪守他此前的誓言，和蒋介石维持着——至少在表面上看——诚恳热情的关系。他选用了一批年轻而聪慧的美国军官，通过一系列的培训项目和战略计划，希望能够在短时期内提升国民党军队的作战能力。在1945年初，他引进了一批营养专家、后勤专家以及武器训练专家，并开始主持每周三次的中美例行会议，以增进双方的坦率沟通和互信。由于中国东南地区和西南地区的两线战势相对平静——作战的中日双方都因为筋疲力尽、补给匮乏而难以再战——魏德迈得以劝说蒋介石用更好的武器和物资条件来整编被蒋称作"新军"的中国部队。

除了魏德迈从旁劝说之外，蒋介石还有另一个——或许是更为紧迫的——理由整编他的军队。在中国北部和东部地区，毛泽东领导的中国共产党军队显示出令人震撼的强大战斗力。他们似乎能够在同一时刻从各个地点向日本军队发起进攻，而且经常如燎原的野火一般消灭敌人。到1945年春季，当蒋介石手下的将军们也开始在芷江向日本人发动一系列攻势时，一个日渐明晰的事实是：一旦中国战败了外来的侵略者，一场争夺政权的内战将不可避免。

在缅甸和印度，中国X部队与斯利姆将军指挥的英国第十四军继续在战场上扫荡日寇。由于在密铁拉运用了钳形攻势，斯利姆设法将日本第十五军团团包围。日军彻底崩溃，他们落荒而逃——基本上靠徒步的方式——在他们早已枯槁的身体还能够支撑的情况下，穿过茂密的丛林，朝着泰国的方向尽可能快地挪动着脚步。

1945年3月，曼德勒的日本守军仍然在达弗林堡的王宫里负隅顽抗。在一道225英尺宽的护城河环绕之下，更倚仗着25英尺高的城墙，这座城堡，按照斯利姆将军的估计，对于"匆忙进攻的轻武器部队，无疑是一道非常可怕的障碍"。但是斯利姆始终是一个沉着冷静的现实主义者，他知道耐心等待和精心布局将会让战斗朝有利于自己的态势倾斜。

首先，他决定夺取达弗林堡西边一座山丘上的"巨石"。这块茶褐色的大石头高达774英尺，孑然兀立在城堡的上方，这座山丘上还散布着几座镏金的佛塔和寺庙。斯利姆认识到，被他称作“佛塔丘”的小山岗，有他打赢这场战斗所必需的高度优势。为了消灭在山间驻守的敌军，他派出了好几支廓尔喀特遣队，费尽心力将躲藏在每一座寺院和佛塔中的狙击手都驱逐出去。三天之后，经过激烈的战斗和迫击炮的轰击，这座小丘终于落入英军的手中。站在山头上，斯利姆和他的部下能够俯瞰达弗林堡中方圆一平方英里的城墙内景。它的壁垒与城壕令斯利姆回想起他“小时候曾经玩过的城堡模型的巨无霸版本”。

连日来，斯利姆都曾命令英国皇家空军和美国第十航空队的轰炸机——加上短程与中程火炮——向达弗林堡的城墙进行轰炸，但没能取得明显的效果。当500磅重的空投炸弹表现得威力不够时，斯利姆下令用2000磅重的炸弹穿过护城河，对这座堡垒的城墙进行低空水平轰炸。经过整整一周连续不断的狂轰滥炸，敦实的墙体上终于裂开了几处豁口。接下来，连续四个夜晚，英国人、廓尔喀人和印度人组成的攻城队伍乘着筏子，轮番想要渡过护城河，结果全部无功而返。斯利姆终于忍无可忍了，他下令再次对达弗林堡进行新一轮轰炸，随后在3月20日，当攻城队又一次整装待发的时候，六名缅甸士兵挥舞着白旗从城中走了出来。

达弗林堡已经被日本人放弃了。在夜色的掩护之下，日本守军顺着城堡的排水管道，经由护城河的下方溜入伊洛瓦底江。曼德勒落入英军的手中。

如今威廉姆·斯利姆将军唯一的未竟之事，便是尽快开赴仰光，并希望在雨季来临之前夺回此城。仰光，缅甸这最后一款闪闪发光的奖品，还在英国第十四军驻地以南三百英里开外的地方。按照斯利姆的估算，他的部队必须每天行军十英里，才能够赶在夏季的暴雨降下以前抵达并攻占仰光。他同样知晓，在前进途中，英军还一定会遭到日本正规军的顽强抵抗。

为了更有效地驱除那些沿途骚扰的日本部队，斯利姆决定让自己的突进大军装甲化与机械化。但斯利姆也知道他手下的坦克部队已经十分劳累，自从战争开始之后，他们便一直在进行战斗，而且主要依靠那些已经陈旧过时的武器装备。斯利姆明白他所有的坦克营都存在士气低落的问题，为了让其装甲部队深刻理解他们将会在这场战役中起到何等重要的作用，他亲自走访了每一位坦克部队指挥官，并请求他们保证让每一辆坦克都能行动和作战，直到抵达并重夺仰光。一旦仰光城被英军拿下，斯利姆开玩笑地说，坦克指挥官们可以听其自便地将他们的坦克从仰光的码头上推进海里去。

就在斯利姆的机械化部队朝仰光一路飞奔的时候，日本人已彻底置缅甸于不顾。成千上万的日军从他们三年多前入侵缅甸时曾经过的那座被炸毁的桥梁附近，打算反方向渡过锡唐河。他们早已心力衰竭，许多人在试图泅渡这条宽阔的河流时，直接便溺水而亡。

步兵宫下进回忆道："横渡锡唐河是整个战争期间最残酷的一幕场景。每个人都已经病弱得奄奄一息。我所属的师团原来有 16，575 名士兵，如今只活下来 4，492 人。其中一千人的确是在战斗中阵亡，其余的一万一千人却是在撤退途中死于非命。我还记得和许多人一起站在锡唐河的岸边上，随后有些人用毛竹扎了一个筏子。但是我担心如果乘坐那副竹筏的话，可能会跌落水中而被淹死。结果我们还是另找了一条缅甸传统样式的小船，乘着它渡河。当我们坐在船里的时候，我发现自己没有搭乘的那副竹筏上挤满了士兵，渐渐难荷重负，终于沉入水底，筏子上所有的人都淹死了。当渡河最终结束的时候，至少有一万名日本士兵在锡唐河中丧命，尽管英国人后来宣称他们只找到了六百具尸体。在缅甸发生了种种可怕的灾难之后，锡唐河上的悲剧仍然是其中最可怕的一幕。无论从怎样的意义上说，它都是一场悲剧。"

1945 年 1 月 15 日，由于中国远征军和 X 部队还没能完全肃清前路的残敌，匹克将军的第一运输队仍然被迫滞留在密支那。事实上，在此后的两周之内，道路安全也仍然难以保障。在密支那，匹克和他的手下只能是“束手无策，呆坐在那里苦熬日月”。

为了让小伙子们有事可做，匹克专门安排了音乐剧表演——除了两位勇敢的红十字会女志愿者：朱迪·阿丝狄和奥黛丽·爱德华兹之外——所有的角色，不论是男性还是女性，全都由红十字会的男士们化妆出演。匹克将军还确保每天夜里，运输队成员和新闻记者们都能享受到丰盛而美味的大餐。

但恼人的等待仍在缓慢地摧折队伍的士气。每天不知多少次，那些热切希望尽快上路，以便在标题署名时可以写上“发自滇缅公路”的记者们都向苏丹将军的公关主任唐·汤普森中校发出逼问。汤普森终于对没完没了的“我们什么时候动身”的问询感到极为厌倦，为了能让自己有些空闲时间，他宣称即将提供一份相关信息应有尽有的新闻通稿。在享受了一段不受记者骚扰的安逸时光之后，他戏仿格特鲁·斯坦因的诗句，向新闻界散发了一份完全不着调的文稿：“山是什么？山。泥是什么？泥。运输队就是运输队，就是那么令人讨厌。”

但是在密支那，那些令人讨厌的事情才刚刚开始，因为另外一支与匹克运输队展开竞争的队伍似乎将首先离开缅甸，抵达云南昆明。在头年八月和九月，美国火星任务部队和工兵部队的一些士兵在美军上校罗伯特·西德洛克的率领下，自密支那向东在丛林中披荆斩棘，试图另外找到一条离昆明更近的备选路线。这条道路被称为“腾冲捷径”，曾经是隔山跨水地连结密支那与云南腾冲——不久前刚刚被中国第36师解放的古城——的“马可·波罗小道”。西德洛克为期九天的探险成就卓著，他所发现的道路不但更近，而且更好走。

1945年1月20日，当匹克将军和汤普森中校继续在密支那困守的时候，“腾冲捷径车队”——在休·A·珀克中尉指挥下，从密支那启程，由一辆牵引卡车和两辆美式6×6载货卡车组成——驶过了中国边境。两天之后，也就是1月22日，珀克中尉的车队已经抵达昆明，这令匹克和汤普森感到大为震怒。汤普森和匹克不得不鸡蛋里挑骨头，争辩说官方意义上的第一运输队仍然是“匹克”而非“珀克”，因为经由腾冲的车队既没有从利多启程，在中国境内也没有完全行进在滇缅公路上，特别是车上没有运载任何租借物资。正如过去四年中在中缅印战场上不断重演的荒诞历史，即便是这一战区最为辉煌的历史性事件——利多第一运输队和重开滇缅公路——也缩水成一出略嫌卑琐的滑稽剧。

终于，在1945年1月23日，经过八天的等待之后，利多公路与滇缅公路上的日军残部已基本肃清，匹克和他的第一运输队又可以重新上路了。他们经过一道1180英尺长的浮桥跨过了伊洛瓦底江，随后平安无事地沿宽广的伊洛瓦底河谷继续南下。在天黑之前，匹克将军率其车队抵达了距利多369英里远的小镇八莫，也正是他们下一个宿营地。为了表示庆祝，运输队成员在将丛林吊床挂在卡车前面露宿之前，大啖了一顿热巧克力。

但是运输队在1月23日那天行车80英里的速度甚至没能保持到第二天，因为1月24日的行程是自出发以来最短的一段。按照计划，车队离开八莫之后，将逶迤翻越喜马拉雅山系的一座山嘴，沿利多公路前行40英里，到达当天的目的地——南坎镇。

南坎沿瑞丽江铺散开来，这座城和这条江长久以来都被视为缅甸与中国西南部地区分割的疆界。由于日本人被从南坎驱逐才不过是一周以前的事情，匹克和苏丹两位将军希望将它当作应急的中转基地，以防日本残余部队在这一带对运输队发起攻击。

当他们沿着狭窄的砾石小道进入南坎时，车队中的美国和中国士兵第一次见证了硝烟未灭的战场痕迹。城中的许多座建筑物都已一片狼藉，弹孔累累地坍塌在地面上，冒着浓重的黑烟。著名的金目佛寺，曾经是柚木殿堂、金塔林立的辉煌建筑，如今已被夷为废墟。在金目寺的院墙内，镀金的佛陀与诸神的塑像都倾倒在断壁残垣与倒塌的屋梁之中，那些仍然保持直立姿态的佛像要么刎颈断头，要么折臂残手。在城里极少数能够遮风避雨的屋檐下，成群面容疲惫的美国兵坐在门廊中阅读杂志，心不在焉地朝他们在运输队中的战友挥手致意。作为一道凯旋的门关，南坎却在迎接他们的时候，充满了沮丧的气息。

这份沮丧的感觉甚至愈发强烈。运输队的下一段旅程也同样是稍行辄止，这一回是朝东北方向前行三十英里，抵达缅甸与中国交界处的小城芒友。

芒友是利多公路与滇缅公路会合的地方，道路从这里开始出离缅甸国土，进入中国云南省的畹町。不妙的是，日本军队已经预想到运输队将很快沿滇缅公路朝昆明进发，他们遂在一座能俯视畹町和芒友的山头上布下重炮，多日以来，十分精准地朝公路上的目标发动炮击。因此，在接下来的三天里，第一运输队不得不又坐等中国远征军和 X 部队在坦克、大炮轰炸和步兵包围的组合战术下，击退日军设在山坡上的炮兵阵地。

1945 年 1 月 28 日上午，在离开利多第十六天的时候，刘易斯·匹克将军抵达了中国和缅甸边境线上的关口，这里横亘着一条专门为此场合准备的红色条幅。匹克缓步走下吉普车，将一把呈递给他的剪刀高高举起，然后剪断了这条仪式性地分割开缅甸与中国的红色缎带。

就在匹克的右侧，一块巨大的标志牌插在土中，与边界上的条幅相比邻。在牌子上绘有两个箭头，其中一个指向匹克的身后，正是运输队驶来的方向。在它的下面写着两行字：

利多公路

利多 478 英里

另外一个箭头指向匹克的吉普车准备进发的中国方向，下面写着：

滇缅公路

昆明 566 英里

出席这一仪式的还有盟军高官当中地位最显赫的几个人：宋子文、苏丹将军和陈纳德将军（不久之后他便辞去了第十四航空队的领导职务）以及来自第十航空队的霍华德·戴维森，甚至孙立人将军和负责中国怒江防务的卫立煌将军也亲临现场。尽管史迪威和这一战区作别已有三个月之久，但人人都能够强烈地感知他精神意义上的在场。

剪彩仪式结束后不久，苏丹将军来到讲台上，朗读一封"醋乔"史迪威发来的祝贺信，信中赞美了所有那些已经阵亡或依然健在的，曾为修筑这条道路付出了艰辛努力的人们。"我脱帽致敬，"他写道，"向那些为之而战斗和奋斗过的男子汉们。"

很不幸，史迪威在畹町大会祝贺信中的潜台词没能对任何人产生影响。利多－滇缅公路以及那些曾为之而英勇奋战、浴血筑路的人们都已不再合时宜。在庆祝会的阴影里，每一个来到畹町的人都很清楚，自从史迪威离开中缅印战区之后，从陆路进攻日本的计划就已被束之高阁。

盟军的统帅们已拟定经由太平洋诸岛而不是从中国大陆攻打日本的基本策略。这种思路也使得"确保中国继续作战"的努力显得无的放矢。如今，与日本的战争主要是由从太平洋岛屿上起飞的战机从空中进行的，美国军队早已在为攻占琉球群岛和日本人展开激战，一旦得手，日本本土就将落入盟军轰炸机的攻击范围之内。

尽管修筑利多－滇缅公路付出了如此艰辛的汗水与苦工，尽管为了支援这条道路的开通，无数人的鲜血滴洒在缅甸、印度和中国的土地上，但利多－

滇缅公路甚至在它刚刚开通的时候，就已经成为历史的陈迹。这场战争已经不再需要一道从印度通往中国的大陆补给线。逝者如斯，良辰美景皆不再。

在畹町的庆祝仪式结束后，匹克第一运输队全速开动，攀上西藏高原的余脉——黑山门，驶往仍然在566英里开外的昆明。在整整一周的时间里，这列卡车与吉普车的纵队从黎明开到黄昏，沿着一条惊险地悬挂在群山之间的卵石路盘旋周转，滚滚不停。

一旦驶过黑山门，这条长长的车龙便经过了遮放以及沿着道路更远一些的龙陵城废墟。他们又路经曾在山顶布满日本人堑壕与碉堡的松山，从那里能够俯控下方的怒江——也就是萨尔温江水域。运输队沿着这条道路，在一系列之字形回转之后驶出山区，穿过一道重新修好的悬桥，来到怒江的另一岸。一旦重新回到云南高原上，运输队横穿了大理附近以多风而著称的开阔谷地，山间那黑色间杂着桃红色的花岗岩在日夜不停地寒风吹掠下，锯齿状的边缘和孔穴总在发出尖利的哨声。

1945年2月4日，从利多出发之后的第二十四天，已经走完了一千一百多英里路程，刘易斯·匹克将军率领的第一运输队发现，他们又被另一道礼仪式的彩带拦住了去路。

这条彩带悬挂在昆明西门外的卵石道路上。他们终于正式地抵达了此行的终点。匹克第一运输队是在"腾冲捷径运输队"到达昆明的十二天之后才来到这座古城的，而另外一支从利多出发的小队——两名隶属于中美合作组织的美国人，驾驶着一辆海军的吉普，更是早在十四天前便抢先到达了目的地。但是现在，只有当匹克的行程结束之时，官方的第一运输队才算最终完成了他们的使命：利多－滇缅公路开通了。

在昆明西门，云南省政府主席——尊敬的龙云先生向匹克和他的车队表示欢迎。"这是一个举国欢庆的时刻，"他说，"运输车队的到来标志着一条崭新而伟大的道路开通，而这条道路刚刚被命名为'史迪威公路'。"

似乎是为了让这一命名更具有权威性，龙云援引了蒋介石发布的一道指令。“我们已突破了敌人对中国的围困，”蒋在他的电令中宣称，“请允许我将这条道路以约瑟夫·史迪威将军的名字来命名，为了纪念他杰出的贡献以及在其指挥之下，盟军与中国军队在缅甸战役和筑路过程中所发挥的重要作用。”

在龙云对这条公路重新命名之后，匹克将军发表了一番简短的讲话。他在讲话中赞美了那些“历尽艰辛、流血奋战地将这条道路穿过丛林与沼泽，跨越崇山峻岭使之与滇缅公路连在一起的工程兵们”。接下来，当匹克结束其演讲的时候，他向龙云稍一颔首，后者用剪刀将封闭着昆明西门的彩带剪为两段。匹克将军的第一运输队终于可以自由地进入昆明了。

远在美国，正当他为电台的“军队时光”节目就这条道路的通车典礼准备一番讲辞的时候，约瑟夫·W·史迪威才听说这条道路的名称发生了变化。但是史迪威既没有对有关“史迪威公路”的新闻表示喜悦，也没有表现出愤怒的神色，他坐在电台播音间里，身穿呢子军官夹克套装，打着领带，看起来苍白憔悴，对这一命名表现得漠不关心。

“我在想是谁让他这么做的？”对于蒋介石送出的这份礼物，史迪威仅表达了一丝讶然。然后，正如他在匹克运输队从畹町进入中国时所发表的那番致辞一样，史迪威通过电台，赞美了所有的勇士们——那些步兵、工程兵、劳工、卡车司机、军需官、军医、驼峰飞行员、驱逐机和轰炸机驾驶员以及机组成员们——他们不单开辟了这条道路，更全力以赴地在道路修筑期间，让中国顽强地挺立在战火之中。

当利多–滇缅公路开通之后，第二次世界大战又继续血腥地持续了将近七个月的时间。在战争结束之前，早已经疲倦、消瘦，皮肤与他头发的颜色都变成浅灰色的约瑟夫·W·史迪威，竟得以重返美国陆军指挥部。

1945年6月，史迪威拜访了道格拉斯·麦克阿瑟在菲律宾危机四伏的司令部，并向陆军部提出了自己的建议。随即，当美国第十军司令西蒙·玻利瓦尔·巴克纳将军在冲绳岛遇炮火阵亡之后，史迪威奉命接替了这一职务。

一个月之前的5月8日，德国无条件投降，欧洲战场的战争终于宣告结束。而到了1945年6月，许多仍然具有战斗力的盟军部队被调往东方，抵达中国或太平洋诸岛，以协助结束太平洋战区的惨烈战争。史迪威深知其新岗位的重要性以及源源不断涌入亚洲的盟国军队意味着什么。根据长期以来对日本与朝鲜的了解，他意识到他的部队很有可能成为登陆朝鲜和日本的第一支队伍。

在经历了缅甸和蒋介石这两场噩梦之后，史迪威再一次斗志昂扬。尽管身体已非常孱弱，但史迪威知道他再次赢得了至关重要的指挥权，这将是他屡屡遭受挫折的军事生涯中最后的也是足可自慰的封刀之作。史迪威依然是最受马歇尔青睐的战地名将，在冲绳，正如同在中缅印战场，史迪威又一次要担当一项艰巨无匹的重大使命。

从1945年4月以来，第十军便担负起将冲绳岛从日本占领军的固守下夺取过来的艰巨任务。日军的防御虽然被连续数月的空袭和炮轰所削弱，但总是战斗到最后一兵和最后一发子弹。在登陆冲绳之后，第十军——其中还包括史迪威战前在奥德堡指挥过的旧部：第七师——开始向日本守军发动猛攻，后者则动用他们手中的一切武器发起反扑。仅仅数周之后，这座区区六十英里长的小岛上便布满了弹坑，更被炮灰熏染得漆黑一片。

每一天，美军都沿着该岛陡峭的火山山脊朝纵深推进，他们将敌军逐排包围，用火焰喷射器喷出的火海，将日本人消灭在墓地和一连串的山洞里。日军的伏击和交叉火力经常令美军损失惨重，迫击炮战以及在泥沼中的搏斗更是令人精神崩溃。当冲绳最终被夺取的时候，共有1.2万名美军士兵阵亡，3.6万人在战斗中负伤。但是日本人付出的代价更为惨重：超过10万名日军士兵在冲绳岛之战中被击毙，另有8千人被美军俘获。

1945年6月23日，约瑟夫·W·史迪威接过第十军的指挥大权，在一方面肃清冲绳岛上的敌军同时，他还准备对其部队进行“一天二十四小时、一周七天”的强化训练，因为他确信这支军队将很快登上日本的土地作战。和他的许多部下想法一致，史迪威心里清楚：尽管冲绳之战残酷而血腥，但是攻打日本本土的战役只可能比事先想象的还要远为可怕。他知晓有“神风敢死队”的存在，他也知道在最近的几周内，有许多日本人身穿藏有炸药的衣物，装作投降的样子接近盟军部队，随即引爆炸弹，与之同归于尽。史迪威更知道，和日本人的战争比起世界上任何一场曾经发生的战争，都要丑陋得更加令人厌恶。“我将不得不成为一个混蛋或者灾星。”他在日记中写道。

然而，史迪威为进攻日本所做的训练却最终没能派上用场。1945年8月3日，史迪威收到代号为“黑名单”的命令，他与第十军的六万士兵将进攻朝鲜，切断日本经由该半岛与亚洲大陆的联系。为了支援第十军的行动，史迪威高兴地看到，他还将指挥一支三万人的加拿大人军团、一支三万人的澳大利亚军团以及一支从东南亚战区调派来的一万三千七百人的印度步兵师。“蒙巴顿不得不为这一战役割让出他的军队！”史迪威在笔记本中写道，“生活真是荒唐！”

但是生活对于约瑟夫·W·史迪威来说也总是荒唐不断。1945年8月6日，第一颗原子弹被投到日本上空，随着它的爆炸以及三天以后的另一场核爆，第二次世界大战最终走到了尽头，和全世界所有人一样，史迪威也为之感到欢欣鼓舞。

当第二次世界大战正式结束的时候，约瑟夫·W·史迪威站在东京湾内美国密苏里号战列舰的甲板上，他是登舰的美军高级军官之一，与代表盟国受降的道格拉斯·麦克阿瑟将军站在一起。和其他一些盟军指挥官一道，他见证了六名日本军事与政府领导人在一份名为《日本投降书》的文件上签字。

第二次世界大战终于正式地并且不可变更地结束了。约瑟夫·史迪威可以回家了。

当第十军解散之后（其他较少战斗历练的美军部队则奉命占领日本），史迪威立即被召回华盛顿，“升任”陆军部军需装备委员会主席。该机构的任务是和世界各国探讨如何处置那些散布全球的租借物资和装备。对这一职务，史迪威曾经评价道：“我显然更适于干些别的什么工作，即便让我坐在大头针上都无所谓。”

1946 年 1 月，无疑是在乔治·马歇尔的干预之下，史迪威被重新安排了工作。他奉命在旧金山的驻地统率西部防御司令部。司令部就在金门大桥内，距他十多年前在卡梅尔修建的房屋——并几乎没有入住——不过几个小时的路程。在这一时期，史迪威继续对即将爆发的中国国共内战、日本事务以及军需装备委员会的工作提供建议，1946 年 7 月，军事装备局还两次邀请他前往马绍尔群岛的比基尼岛担任核试验的观察员。当史迪威从马绍尔群岛归来之后，他的妻子发现他的身体比以往任何时候都濒临崩溃。

尽管多年以来史迪威就是身材瘦削，满脸皱纹，但他今次却显得格外皱缩。他的衣服不再合体，他不时感到间歇性的眩晕和寒战，他的体能衰竭也越来越严重，不管他和温妮在做什么，随时都可能坐在椅子上陷入昏睡状态。终于，在回家数周之后，史迪威咨询了一位医生，后者提醒了他，“我的肝部有些可疑的情况”。

第二天，似乎是为了将医生的诊断书掷回他的脸上，史迪威走出房门，沿着加利福尼亚的海岸线步行了数英里。

那也是他最后一次徒步旅行。1946 年 9 月 28 日，约瑟夫·W·史迪威被送进莱特曼将军医院接受检查。一周之后，在 10 月 3 日，他做了诊测式腹部手术，在他的胃、肝和躯干内均发现了晚期转移性肿瘤。他和自己的身体状况已经进行了多年的战斗，并不感到癌症的痛楚，这令医生们十分困惑，但其预后却不容乐观。“醋乔”史迪威，这位一直坚持到最后的战争幸存者，或许到了对他的一生进行总结的时候了。

他曾经见证了 1904 年的菲律宾战役以及两次世界大战的始末。在此期间，他不单建立了一个家庭，也预知日本作为世界强国的崛起，预言日本将抢占中国的东部地区。他还预见到蒋介石的国民党政府终将因为贪污腐败而崩溃。他曾赢得了手下官兵的爱戴，也经受住被驱逐回国的羞辱，并且在冲绳，再度成为世界上最位高权重的军事指挥官之一。

具有讽刺性的是，这场凤凰涅槃式的浴火重生并非史迪威最为骄傲的回忆，正好相反，他刚刚抵达冲绳时的一段个人经历才最让他珍视不已。那时他才接手第十军的指挥工作，坐在一辆吉普车里巡视战场。一名美国士兵正和其他几位战友清理路边的一个窟窿，忽然看到这辆吉普车从身边驶过，便用一种十分喜悦的声音喊道：“嘿，伙计们，老乔回来了！”

当要面对自己的死亡时，史迪威仍然如他经常所说的那样：拒绝只是“躺倒和认命算了”。他还希望能实现最后一个目标。尽管他已经拥有了四颗将军星，还有优异服务十字勋章、优异服务奖章、荣誉军团勋章这些军队的最高奖赏，但还有另外一枚奖章，他觊觎许久却从未获得过。

那枚没能挂在史迪威胸前的奖章，是非常朴素而低级别的战斗步兵徽章，一枚只有那些在战场的炮火中证明他们为部队、为祖国进行了勇敢战斗的步兵们才能够得到的纪念章。

此时，在他第一次踏足西点军校的土地，成为一名军校学生的四十六年之后，除了他的家人能在卡梅尔宅中和他团聚之外，这枚朴素的奖章就是史迪威想要从这个世界上得到的唯一一样东西。这虽然有些奇怪，但的确是史迪威式的愿望。陆军部的官员没有眨一下眼睛便同意了这一请求。

1946 年 10 月 11 日，在床边举行了一场仪式之后，熟睡中的约瑟夫 · W

· 史迪威被授予了他的战斗步兵徽章。第二天，也就是 1946 年 10 月 12 日，史迪威在床上轻微地动了动身体，短暂地醒了过来，问他的护士道："告诉我，今天是不是星期六？"然后他便翻身过去，最后一次进入了梦乡，他最新获得的奖章还摆在床头的桌子上。当天中午过后不久，约瑟夫 · W · 史迪威与世长辞。

根据记录，1946 年 10 月 12 日的确是一个星期六。史迪威是正确的。

尾声

然后，那条道路便在我的身后了。

2002年10月的一个上午，我发现自己在灰蒙蒙的天色和细雨中，走在六条车道的东风东路上，它是拥有350万人口的中国昆明市内最宽阔的一条东西向林荫大道。摩天大厦四处林立，将远处1.2万英尺高的山峰遮挡在视线之外。繁忙的市民匆匆走在上班的路上，他们的西裤熨得笔挺，风衣被拉链严实地扣紧。除了街道上繁忙的车流在雨中发出的溅水声音之外，唯一可闻的噪音就是移动电话此起彼伏的铃声。

老战士们当中不会有谁能认出今日的昆明，连我本人也总是愕然难辨。自从我第一次到访以后，那还是2001年我在斋兰普尔的边境哨所，与那位"太阳镜"相遇数周之后的事情，我又两次重走这条道路，搜集有关它的历史故事。每一次在路上，都会看到原本古老的生活方式正在被新事物迅猛无缰地碾碎消失。在昆明，城市面貌的改变甚至比水泥变干的速度还要快。沿着这条公路朝印度方向逆行，变化却显得更加不易察觉。在密支那，电灯泡替换了蜡烛和煤油灯；在孟拱河谷，引擎咆哮的卡车正缓慢地取代嘎嘎作响的木轮牛车。而在距昆明一千一百英里远的利多，餐馆里烧木柴的小泥炉也在被液化石油气炉所淘汰。

骨痛腰酸，汗流浃背，我回想自己从印度北部前往昆明的漫漫长途：途中满是吸血的蚂蟥、泥沼、挫折沮丧、友情、汗水、欢笑、臭虫以及经常严苛难忍的生活处境。

回到2001年，就在我离开“太阳镜”和他在斋兰普尔的路障之后不久——并且依然横下心来要看到整条道路——我总算鼓足勇气，施尽狡谋，在丛林中用古老而有效的披荆斩棘的方法，看了一眼班哨关口的水泥界碑。

然后，从印度东北部经由加尔各答和曼谷，我飞抵仰光，三度前往缅甸北部的班哨边境。途中我所搭乘的交通工具不单有飞机、小汽车、卡车、大象，甚至还有一辆战时遗存的1943年产威利斯吉普车送我前往目的地。在缅甸，我采访了数以百计的人士——其中还包括许多克钦和纳迦土著居民——他们不仅见证了这条道路的诞生，更曾投身到保障公路完工所进行的热血战斗之中。

一天夜晚，在棚屋林立的新平洋村，我肃然起敬地仰望着许多五颜六色、由烛光照亮的气球，在毗邻史迪威修建的旧飞机跑道附近的公园里，被人们冉冉升上天空，它们随即在群星闪烁的夜色之下，飘过帕特凯山黑黝黝的峰峦。在塔奈（Tanai）——也就是昔日的瓦鲁班——我和臭虫们一起挤在密不透风、令人窒息的房间里，通宵未眠，听着蝙蝠在房中鼓翼横飞的声音直到黎明。在密支那，我花了几天时间和迈克尔·罗斯纳——刚去世的前克钦联军上尉、英－印混血儿丹尼斯·罗斯纳的儿子——待在一起，并且与热情开朗的克钦人领袖，也曾是著名的克钦老兵阿古迪共享了许多餐美食。

随后，我踏上通往八莫和中国的旅程，这也是本次行程之中最令人筋疲力竭的一段道路。如果说从缅甸的班哨关至新平洋的那段路已经退化成一条人行小路，那么眼前的这段路程虽然宽度尚可以通车，却满是坑洼和被水冲毁的路面，使得每一天的车行都如一场粉身碎骨的痛苦煎熬。

在中国，沿着从畹町通向昆明的老滇缅公路碎石旧线，我经过了彻底重建起来的芒市和龙陵新城，参观了“东方直布罗陀”松山上残留的坑道遗迹。

当汽车在多风、高海拔的西藏–云南高原上奔行时，我眺望着窗外风光迤逦的大地风景。在那里，在群山之间，正如詹姆斯·希尔顿在他的小说《消失的地平线》中描写的那样，层叠的水稻梯田朝着一座座山峰围拢过去，就好像通往天堂的阶梯那样。

又一次来到昆明，我在脑海中不断闪现着在这条迂回曲折的道路上曾经遭逢，或许即将淡忘的心灵图景：在沙杜祖村外，一只野孔雀高高地栖息在热带雨林的树枝上，展现它幻彩迷离的翠绿身姿；在斋兰普尔附近，一条十八英尺长的眼镜蛇在我面前迅速地横穿泥泞的路面，它猛地蹿动，仿佛被一条木偶艺人的线索牵引着。在密支那的一个黄昏，我长久俯视伊洛瓦底江宽阔的水域，镀金的佛塔从森林密布的山脊线上透出身形，向我反射着闪闪的金光，它们的倒影正好映现在平静无波的江面上。不料十二个小时以后，当我从睡梦中惊醒，却发现上游的暴雨将这条八百英尺宽的大江骤然提升了足足十五英尺，成百上千棵大树被冲倒之后，裹胁在洪水中浩荡奔流。“继续观察，”我的向导对我说，“如果我们运气好的话，可能会看见小老虎紧紧地趴在漂流的树干上。”

而所有的那些人们：采矿者与传教士、士兵和学生、农民、小店老板以及政府官员们，他们当中的每一个人，仍在时时日日地使用着这条道路，将现今的生命瞬间与这条饱经沧桑，泥泞破败，几乎被外人所遗忘的道路，与史迪威曾经眷恋的被风雨打磨得光滑圆润的铺路卵石联系在一起。这条道路并不只是历史，它依然欣欣向荣。

站立在雨中，全身已被淋得湿透。在这次行程将近尾声的时候，我忽然绽露出一丝笑容，正如我曾在故事一开始时，站在斋兰普尔那位“太阳镜”的哨所门廊中所做的那样。因为，不管老战士们怎么说，这条道路，它仍然生生不息地存在着。

译后记：荒芜英雄路——滇缅公路的行迹

引子：1937年底，为获取国际援华的抗战物资，民国政府下令修筑一条由昆明至畹町，再辗转与缅甸、印度相沟通的国际通道。云南举全省之力，以9个月的时间和举世罕匹的艰苦耐劳精神，建成了一条全长959.2公里的道路——滇缅公路。其后7年的道路史完全是由鲜血写成：中国远征军沿这条路赴缅甸作战，日本军队也沿这条路进犯云南。中国军民与日本侵略者鏖战于滇西、缅北的丛林和山野，用二十万条生命的代价将倭寇驱逐出中国的西南门户。而这条“血路”至今仍坚实地盘旋在云南的崇山峻岭之中。

下午的阳光洒在漫坡的草地上，十几头山羊在灌丛间自在地嬉戏。75岁的农夫陆少仓攀在一棵老树上砍折柴枝，一条碎石铺就的“搪石路”从他眼前逶迤着伸向远方。他和这条道路相伴已有65年的时光，修路时他还是个十岁左右的孩子，和家人、邻居们一起用锄头、撬棒在连绵的山脊上开槽挖土，叠石平地，在莽莽苍苍的滇西山野刻划出一道曲折的痕迹。至于这条道路的两端究竟通向何方，陆少仓并不知晓，他只看到几年的时间里，无数的士兵和车马沿着他们修好的道路忽而涌来，忽而退去，其中有身材矮小、面目凶悍的日本兵，有来自外省、草鞋步枪的中国兵，还有些高鼻深目的西洋人坐在吉普车里匆匆经过。

一个甲子的岁月倏然逝去，除了偶尔驶过几辆偷运木材的卡车，村边的搪石路已极少碾过外乡人的辙印。被荒草侵染的道路依旧指示着开通时的方向：东北方的昆明城与西南方的缅甸国，而这条被称作“滇缅公路”的英雄故道，在羊群归圈的夕阳映照下也逐渐淡漠了它血色的壮丽，一如每一条平常的乡间的小路，供陆少仓这样的农人赶集走场，牧羊拾柴。

与陆少仓的邂逅已是我们沿滇缅公路向昆明行进的第四天。这次旅程在我而言起始于缅甸的木姐镇，一个与云南瑞丽市一墙之隔的边贸小城。而两名同伴——美国《国家地理杂志》的玛丽亚和多诺万则已经在印度和缅甸的丛林里，沿着荒废泥泞的小径艰难跋涉了一个多月。在他们的眼里，瑞丽如同天堂一样，他们几周以来头一次洗了热水澡、上了互联网、喝到可口可乐，还在宾馆的电视里看见了自家的电视节目——美国“国家地理频道”。当然，在中国，最大的不同还在于旅行工具的变更——两辆越野汽车接替了大象和脚夫，而他们引以为豪的“五星级”露营帐篷也从此被塞到了箱子底下。

小城瑞丽散发着南部边城特有的气息：高大的棕榈树遮蔽着新旧斑驳的街区，美丽的凤尾竹蓬勃地生长，令人恍然忆起这里曾经是傣家的村寨。细雨不时地飘落下来，潮湿的空气令呼吸有些慵懒，因此每一个在街头行走的路人都显得悠哉游哉。与邻国缅甸的边贸是这里大多数居民的主业，据说除了港澳台胞尚未在此常驻，这个巴掌大的小城云集了来自全国各个省份的生意人，交易的内容从合法贩运的日用百货到非法走私的木材珠宝无所不有，而作为缅北鸦片偷运的要津孔道，瑞丽在平和闲散的气氛里也夹杂着几分不安的悸动。

在瑞丽郊外最靠西南的角落，一片空空的水泥坝子堆积着附近农家的粮食和柴草。很少还有人记得，这里曾经是抗战时期中国唯一的战斗机生产厂：

雷允飞机修造厂。从 1939 年 7 月建成投产直至 1940 年 12 月被日军炸毁，短短一年半的时间里，这家兵工厂打造出一百余架作战飞机，抗衡日军于万里长空之上，顽强守卫着中国西南的疆野与当时的陪都重庆。

而眼前这片荒草丛生的空场，除了一座纪念碑上依稀可辨的铭文，再没有什么可资凭吊的遗迹旧物了。几只鸡安详地踱步在废弃的厂房地基上，娃娃们倚着门框偷看这几个奇形异状的外国人，浑然不知当年从这里起飞的飞行员里，有不少都是这般金发碧眼的模样。时光模糊了历史的足迹，疯长的草木也掩埋了过客的身影。从这个场院里隆隆开出来的，再也不是旋舞着螺旋桨冲向蓝天的飞机，庄户人的拖拉机和收割机早已成为了这里的主人。

畹町市曾经是滇缅公路通往缅甸的唯一门户，也是中日军队反复争夺的雄关要隘。1945 年 1 月，中国军队将进犯云南的日本侵略者全部赶出国门，最后一役即大胜于畹町。由于高速公路的改道以及瑞丽新口岸的便捷，这座曾繁荣一时的小城多少显得有些败落了，却又比当红的瑞丽多了几分沧桑的意味。我们从边防哨卡旁最后望了一眼雾气蒸腾的缅甸方向，便掉头驶上坎坷不平的滇缅故道。山回路转，曾经逝去的一切似又重新呈现在我们面前。颠簸过无数辆辎重卡车、磨破过无数双草鞋脚板的搪石路白森森地伸展着，嵌成路面的每一块石头都牢牢地扎在土里，如生根一般，骨气坚硬地证明它们存在的价值。一些小村寨掩映在路旁的竹林里，妇女们坐在房门外缝补衣衫；不时经过正在收割的蔗田，劳作的农人会邀请我们品尝新砍下来的甘蔗。由于大多数汽车都已改行柏油新路，这条蛮石铺就的老路几乎不再承担运输的使命，它如同一位饱经风霜的老人，与世无争，只和村中的父老把酒话一话桑麻。

车到龙陵县，田园诗般的风景渐渐让位于一袭萧瑟的寒意。也许是因为这里的地势较其他县镇高峻，也许是因为这里曾阵亡过近三万名中国军人，使龙陵的山川草木皆有国殇浩荡之气，总之一入县境，神情便不觉肃穆起来。县城道路平整，楼房大都是近些年新建的，看不到太多过往的痕迹，但一座日军修筑的暗堡却特意保留下来，埋伏在一幢高楼的底层，森然窥视着沧桑的改变。从射击口向外张望，明亮的阳光洒在行人的身上，与堡垒中的阴冷黑暗恰成鲜明的对比。几枚锈迹斑驳的炸弹丢在地面上，提醒人们战争距和平从来都不遥远。

沿滇缅公路在龙陵的群山之间行走，随处都可以望见昔日的战场，一些地名，如“逐日坡”，则将血写的历史溶入人们日常的念诵里。而海拔 2267 米的松山更是一种锥心的震撼，1944 年，中国远征军第 71 军与第 8 军强攻松山，历时 3 个月，牺牲 7600 余名将士，最终夺取了这个被称作“东方直布罗陀”的战略制高点。至今在松山的坡谷之间，战壕交错，弹坑密布，青苔爬满终年不见阳光的沟底，令人感到阴气弥漫，回荡着死亡的残渣碎屑。那些略微平缓的山间空地曾经是两军血战搏杀的角斗场，据说一场战斗结束以后，有几十对中日士兵的尸体死死地拧在一起，再也无法分开，而鲜血浸透的这片土地，几年之后还有微茫的红色。松山大战的惨烈在整个中国抗战史上都是罕有的，当地流传着这样的传说：每逢雷雨天气，松山上便会传来喊杀与枪炮的声音，乡人认为那是阵亡的中日军人继续在阴间作战，遂敲锣打鼓，呐喊助威，为英勇的中国军魂助阵，要他们在九泉之下也不能输给日本鬼子。如今，松山之上漫山遍野的松树，都是人们在战后重新栽植的，唯有一棵老树，虽然被炮弹炸得千疮百孔，却顽强地活下来，无言地昭示着生命的奇迹。

在松山脚下的大垭口村，唯一健在的战争亲历者杨家印老人已经年近八旬。他曾经被日军掳去作伙夫，在松山战役前夜逃出敌营，此后与一名在战争中父母双亡的孤女结合，生儿育女，如今已是子孙满堂，安享晚年的天伦之乐。杨家印先生领我们到村外一条山沟边上，说这里曾经是日本军队的慰安所，二十余名日本与朝鲜籍妇女被安置在这里供日军官兵淫乐。当战役结束时，全体日籍慰安妇随日军自杀，剩下的八名朝鲜籍妇女后来被遣送回国。为躲避日军的蹂躏，松山左近的妇女也被迫逃离家园，在荒山野岭搭起窝棚，一住就是一两年，不少人因此冻饿而死。回溯日本在亚洲的侵略史，被占领土上妇女被侮辱、被虐杀的暴行始终是无可回避的黑暗篇章。虽然这真相总被懦弱的日本政客遮掩，但即便是远在滇西山野中一道无名的山沟，也将在历史的审判堂上大声地说道：“看，这是你们的罪证！”

距松山数十里开外，横跨怒江的一道铁索桥，就是滇缅公路上最著名的桥梁：惠通桥。这座跨径84米的木板悬桥曾经是沟通怒江两岸唯一的咽喉要道，从1938年12月至1942年5月，共有四十五万多吨的国际援华物资装载在卡车上碾过了惠通桥颤动的桥板。当远征军在缅甸作战失利，日军乘势大举入侵滇西，并准备渡江奔袭保山的紧要关头，惠通桥以它的粉身碎骨阻断了敌寇的强攻之势，使中国军队得以据怒江天险与日军对峙两年之久。如今，这座屡毁屡修的老桥也已经功成身退，被当作文物保护起来。虽然十来根铁索上还残留有当年的弹痕，但怒江两岸又长起蓊郁的森林，鸟鸣幽谷，还有猴群在树丛间嬉戏。在滇缅公路沿途各地，如此秀美的风物大都伴有悲壮的历史。曾被中原雅客们不屑地视为“化外蛮夷”的云南各族民众都曾无比英勇地抗击过日军的侵略，只是在我们的教科书里，这些都被轻轻地一笔带过了，几十年来，滇西军民抗战的历史竟未能为众多年轻一代的中国人所知悉。在保山市的一家网吧里，美国作家多诺万很想问一问坐在电脑前的年轻人，是否知道滇缅公路的往事，但看着他们玩电子游戏时浑然忘我的表情，多诺万先生欲言又止。

矢志于为湮灭的历史拂去尘灰的众人当中，保山博物馆馆长李枝彩先生是其中的一位。他主编的《中国远征军滇西大战》首次向国人全景式地展示了那场悲壮的战争。在一间环形的展厅里，陈列着他从乡下收集来的各种枪支弹药、军需器具。“在保山城乡，几乎家家户户都藏有这些战时的遗物。”李枝彩说，“这是一场全民的抗战，无分党派，无论军民。不管我们用什么样的标准看待这场战争，首先必须明确的原则是：与日本侵略者血战到底的都是铁骨铮铮的中国人。”2002 年秋天，当一群失散在缅甸的远征军老兵来保山访问时，李枝彩的这番话让他们失声痛哭——60 年了，头一次有人承认他们是卫国的英雄。

保山自古是滇西重镇，日军侵占龙陵、腾冲之后，这座古城便成为直接抗衡侵略者的前敌要塞，也是中国远征军司令长官部驻地。1942 年 5 月 4 日，日本飞机轰炸保山，当场炸死中国军民 8800 余人，日军投下的细菌弹更先后夺去了数万人的生命。时隔 60 年，保山籍音乐家马莲先生回忆此事时依然泣不成声。他的老师、同学中有不少人惨死于日军的狂轰滥炸，侥幸逃生的马莲家业尽破，几乎流落街头。

但也是在战争期间，马莲遇到了影响他一生命运的音乐启蒙老师——一位美国随军牧师。这位军旅牧师教会马莲拉小提琴，并鼓励他长大以后从事音乐事业。马莲先生的大半生身世坎坷：他于 50 年代考入中央音乐学院，毕业后回云南工作，却因家庭出身问题，下放到一所小学教书。退休以后，他重操祖业，开了一家专营珠宝玉器的商店。在为《国家地理杂志》的两位美国朋友挥毫赠书之后，马莲先生郑重地请求他们帮他寻找那位启蒙老师——

“如果他还在世，应该是九十多岁高龄的老人了。”纵贯滇西的高速公路已经从大理直通保山，经常与老旧的滇缅公路平行或交叉，如母子之间的依恋。老路上的牛马羊群与新路上的豪华汽车有时会同时出现在视野之内，让我们一次次地感受着时空交错的情致。大理素来以苍山洱海名闻天下，如今更成了游览丽江古城与藏区中甸——也就是被炒作为神秘王国“香格里拉”的门户，却很少有人还记得，这里也曾是滇缅公路上最大的物资集散地，抗战期间的辎重车辆来到大理的下关，就算回到了大后方，得以稍作休整，再驶往昆明、重庆。《国家地理杂志》的女摄影师玛丽亚感慨地说：“一条路通往一个虚妄的神话，另一条路通向真实的历史。我们该如何选择心灵的方向呢？”

由大理径直往东，经过楚雄，城镇愈发密集起来。空寥少车的滇缅公路居然成了各地驾驶学校训练司机的练习场，不时可以看到摇摇晃晃的教练车载着兴奋的年轻司机行驶在山间水湄，如同郊游一般。这大约是中国最壮丽的练车场，它训育出来的不仅仅是翻山越岭娴熟的车技，也许还在无形中给予了这些青年人难以言传的勇气与力量。

颠簸难行的老路在安宁市戛然而止，汇入通往昆明的高速公路。时光也随之切换到喧嚣拥挤、空气污浊的二十一世纪。两辆沾满了历史尘埃的越野汽车如同两只落伍的怪兽，腼腆地尾随着滚滚车流，驶入高楼林立的云南省会——昆明。

几年前刚刚重建起来的碧鸡金马牌坊在夕阳映照下闪着金色的光芒，似乎还可以看到欢庆抗战胜利的凯旋车队从牌坊底下缓缓行过，听得见喧天的锣鼓与狂热的欢呼。金碧辉煌的商场和写字楼环绕在它们的周围，仿佛嘲讽地质疑历史的真实意义。在见证了百年历史的云南讲武堂院内，英语补习班红火地招募新丁；“昆明老照片”展览用满清官员和贵妇的巨幅海报招揽看客；而曾经留下过朱德、龙云这些中国名将汗水与脚印的操练跑道上，至少还有一个青年在默默地奔跑着。

透过西南方向如黛的群山，我依稀看到一条九曲十八盘的“搪石路”旋舞着伸向远方，通向我们一路行来的城镇与村寨，更在莽莽的热带丛林里插入缅甸、勾连印度，最终抵达蔚蓝色的印度洋。在某个不起眼的小山坡上，

75 岁的农夫陆少仓默默地坐在他亲手修建的道路旁，吸饱一口烟草，注视着他的十几头山羊从树丛间下来，遂收拾起捆好的柴枝、蓑衣和陪伴了他几十年的木壳砍刀，沿着脚下坚硬而雪白的滇缅公路回家了。